权威·前沿·原创

皮书系列为
"十二五""十三五""十四五"时期国家重点出版物出版专项规划项目

BLUE BOOK

智库成果出版与传播平台

珠江—西江经济带蓝皮书

BLUE BOOK OF THE PEARL
RIVER-XIJIANG RIVER ECONOMIC BELT

珠江—西江经济带发展报告
（2022~2023）

REPORT ON THE DEVELOPMENT OF THE PEARL RIVER-XIJIANG RIVER
ECONOMIC BELT (2022-2023)

"双碳"目标下的绿色发展

组织编写／广西师范大学
　　　　　广西社会科学院
　　　　　广西壮族自治区发展和改革委员会
主　　编／刘俊杰　吴　坚　覃　迪
副 主 编／钟学思　曹剑飞　皮小明

社会科学文献出版社
SOCIAL SCIENCES ACADEMIC PRESS（CHINA）

图书在版编目（CIP）数据

珠江-西江经济带发展报告. 2022~2023 / 刘俊杰，
吴坚，覃迪主编. --北京：社会科学文献出版社，
2023.6
（珠江-西江经济带蓝皮书）
ISBN 978-7-5228-1769-9

Ⅰ.①珠… Ⅱ.①刘… ②吴… ③覃… Ⅲ.①区域经
济发展-研究报告-广东-2022-2023 ②区域经济发展-
研究报告-广西-2022-2023 Ⅳ.①F127.65 ②F127.67

中国国家版本馆 CIP 数据核字（2023）第 076232 号

珠江—西江经济带蓝皮书
珠江—西江经济带发展报告（2022~2023）

主　　编／刘俊杰　吴　坚　覃　迪
副 主 编／钟学思　曹剑飞　皮小明

出 版 人／王利民
组稿编辑／周　丽
责任编辑／王玉山
文稿编辑／王雅琪
责任印制／王京美

出　　版／社会科学文献出版社·城市和绿色发展分社（010）59367143
　　　　　地址：北京市北三环中路甲 29 号院华龙大厦　邮编：100029
　　　　　网址：www.ssap.com.cn
发　　行／社会科学文献出版社（010）59367028
印　　装／三河市东方印刷有限公司

规　　格／开　本：787mm×1092mm　1/16
　　　　　印　张：25.25　字　数：379 千字
版　　次／2023 年 6 月第 1 版　2023 年 6 月第 1 次印刷
书　　号／ISBN 978-7-5228-1769-9
定　　价／168.00 元

读者服务电话：4008918866

主编简介

刘俊杰　广西师范大学经济管理学院三级教授，经济学博士，中国区域经济学会珠江—西江经济带专业委员会常务副主任兼秘书长，广西高校人文社会科学重点研究基地珠江—西江经济带发展研究院副院长、研究员。研究方向为区域发展与城乡关系、区域产业结构与产业组织、区域可持续发展。主持多项国家级、省部级课题；出版著作8部，发表学术论文80余篇。

吴　坚　广西社会科学院区域发展研究所所长、西江经济带发展研究中心主任、金融研究中心主任，正高级经济师。研究方向为区域经济发展战略及规划、产业经济、非公有制经济、经济体制改革、企业管理。共主持完成包括自治区重大课题在内的80多项课题，参与完成课题100多项。先后担任5本蓝皮书、白皮书和志书的主编或执行主编，合著出版了7部专著，发表论文近20篇。相关成果获得省部级奖10项，获地厅级优秀成果奖40项。

覃　迪　广西壮族自治区发展与改革委员会区域开放处处长。研究方向为区域经济合作与协同发展、中国—东盟自由贸易区、澜湄合作、大湄公河次区域经济合作等。参与编写书籍5部。获广西壮族自治区社会科学优秀成果奖二等奖1项、三等奖1项；广西壮族自治区政府决策咨询成果奖三等奖1项。

摘　要

　　《珠江—西江经济带发展报告（2022～2023）——"双碳"目标下的绿色发展》以习近平新时代中国特色社会主义思想为指导，聚焦"双碳"目标与绿色发展、全方位推进流域生态文明建设等主题，系统分析近年珠江—西江经济带绿色发展的形势与特点，对2023年乃至"十四五"时期的碳排放及绿色发展态势进行展望。研究内容涵盖沿线各地区碳排放与绿色发展以及流域国土空间优化、生态文明建设的现实基础，剖析流域绿色发展经验模式及问题短板，多视角探讨珠江—西江经济带推进节能减排与绿色发展、人地关系协调、国土空间优化的主要思路和对策。本书由总报告、专题篇、地区篇三个部分构成。

　　本书认为，党的十九大以来，珠江—西江经济带生态环境治理能力显著增强，绿色发展水平不断提升，流域突出环境问题得到有效解决，上下游共建共治共享"大环保"格局初步形成，生态文明建设基本进入制度化、法治化轨道。珠江—西江经济带沿线各地区陆续出台了一系列涉及国土空间优化、自然资源利用、能源结构优化、产业绿色转型等的规划政策或地方性法规，生态文明顶层设计和制度体系不断完善。但珠江—西江经济带仍然存在对"双碳"目标与绿色发展认识不到位、绿色发展绩效区域差距大、粗放式发展格局没有根本改变、生态产品和服务的价值没有充分发掘、绿水青山向金山银山转化的长效机制尚未建立等问题。"十四五"时期，珠江—西江经济带要聚力推进"双碳"目标下的绿色发展创新和探索实践，完善绿色发展统筹协调机制，构建多主体参与、激励约束并重、系统完整的绿色发展制度体系。树立"两山"理念，转变发展方式，充分发挥中心城市带动作用。针对绿色发展绩效区域差距大的现实，各地应结合区位优势和发展基础，因区施策，转变粗放消耗型发展模式，调整传统产业结构，完善绿色基础设施与创新能力建设。同时，加强流域生态补偿，构建跨流域城市协同维护生态环境的激励机制，如期实现"双碳"目标。本书就未来如何抢抓机遇，特别是国土空间优化、经济带协调发展机遇，进一步加强经济带绿色共建共治共享规划引领，突出经济带全要素生产率提高导向，推动经济带创新发展、绿色发展、开放发展、协调一体化发展，将经济带建成绿色高质量发展示范带提出对策思路。

本书专题篇主要从碳达峰碳中和背景下的区域高质量发展、能源结构优化与能源利用效率提升、县域经济发展与绿色高质量转型、数字经济与产业结构高级化、人口—资源—环境—经济—社会系统协调与优化、"三生空间"优化、城镇化与绿色转型等方面设定研究方向，力求全面反映珠江—西江经济带全面推进绿色高质量发展的现实基础、发展优势、战略机遇、问题短板以及对策措施等。

本书地区篇主要立足珠江—西江经济带不同区域实施"双碳"战略的资源环境基础与经济社会发展现状，揭示短板和不足，提出未来绿色发展的目标与对策。

关键词： 珠江—西江经济带　绿色发展　"双碳"目标　全要素生产率

目 录 ⤴

Ⅰ 总报告

Ⅱ 专题篇

Ⅲ　地区篇

皮书数据库阅读**使用指南**

总 报 告
General Report

B.1
"双碳"背景下珠江—西江经济带绿色发展时空格局、影响因素与对策研究

刘俊杰 桂 曦 叶茂贵*

摘 要： 本报告在梳理珠江—西江经济带绿色发展现状的基础上，构建经济带绿色发展指标体系，揭示绿色发展影响因素，提出相关对策。结果显示，2016～2021 年，珠江—西江经济带 11 个城市的绿色发展水平均明显提升，绿色发展状态持续向好，但区域变动不均衡，绿色发展差距明显，空间集聚现象显著，具有较明显的空间异质性。绿色发展变动的影响因素存在综合协同特征，环境承载力是前提，经济驱动力是基础，科技引领力是根本动力，政策支撑力形成一种自上而下的"命令型"发展特征。本报告据

* 刘俊杰，博士，广西师范大学经济管理学院教授，珠江—西江经济带发展研究院副院长、研究员，研究方向为区域发展与城乡关系、区域产业结构与产业组织、区域可持续发展；桂曦，广西师范大学硕士研究生，研究方向为人口、资源与环境经济学；叶茂贵，广东亚太创新经济研究院战略研究所副所长，研究方向为产业经济、区域经济。

此提出：全面实施绿色低碳技术创新行动，转变发展方式，发挥中心城市带动作用是提高珠江—西江经济带绿色发展水平的重要切入点。结合区位优势和发展基础，在侧重完善绿色基础设施与公共服务建设的同时，广西段需着力加快传统产业转型步伐，提高经济发展质量和效率，促进生态资源价值持续增长；广东段需发挥高端创新对节能减排的作用，全面培育绿色节能型消费、生产和生活模式。此外，珠江—西江经济带需优化能源利用结构，完善生态补偿机制，推进跨区域绿色成果共建共治共享，缩小区域绿色发展差距。

关键词： 绿色发展 "双碳"目标 时空差异 珠江—西江经济带

改革开放以来，持续发展的工业化、城市化为我国带来了前所未有的财富，但资源依赖型、规模扩张型、出口导向型发展模式也导致了难以弥补的生态环境短板。2020年9月，习近平总书记在第75届联合国大会上庄严承诺，中国力争在2030年前二氧化碳排放达到峰值，努力争取在2060年前实现碳中和目标①。"双碳"目标已成为我国贯彻新发展理念、构建新发展格局和实现高质量发展的行动指南。节能、减排、降碳，优化产业结构，促进经济社会全面绿色发展，实现绿色化、低碳化变革和数字化、智能化创新"双轮驱动"，已成为"十四五"时期乃至未来较长时间内促进经济社会高质量发展的重要战略指向。"双碳"目标的实现要求中国必须坚持走生态优先、绿色发展之路，要求中国把碳达峰碳中和纳入生态文明建设整体布局，以习近平生态文明思想为指导，贯彻新发展理念，以经济社会发展全面绿色转型为引领，以能源绿色低碳发展为关键，建设经济和环境协调发

---

① 《观中国 | 按下绿色金融"放大键"，助力"双碳"目标早实现》，中国日报网，2022年2月7日，http：//cn.chinadaily.com.cn/a/202202/07/WS6200ffb3a3107be497a05670.html。

展的美丽国土。

珠江—西江经济带贯穿我国东西部地区，流域上、中、下游经济社会发展水平呈现明显的梯度差异，工业化、城市化的显著非均衡发展特征势必对地区绿色发展格局产生影响。结合珠江—西江经济带生态、经济、社会实际情况，构建经济带绿色发展指标体系，揭示经济带区域与城市绿色发展程度，把握经济带绿色发展空间格局动态演变特征，揭示经济带各地市空间分异情况和影响机制，识别经济带绿色发展短板和制约因素，对把握经济带生态、经济、社会互动发展态势，在"双碳"目标激励下探讨经济带各地区差异化绿色发展激励机制和对策，厘清经济带绿色发展路线，引导经济带千里绿色生态走廊建设具有重要的理论和实践意义。

一 珠江—西江经济带生态、经济、社会发展状况

（一）资源环境现状

1. 资源丰裕度

珠江—西江经济带以亚热带季风气候为主，适宜的气候为经济带充足多样的自然资源提供了优越的培育条件。但同时，经济带面临严重的资源分布不均问题，广西段依托西江黄金水道，拥有经济带大部分的水能、矿藏、生物资源。经济带的建立为两广地区资源互补、共享提供土壤，促进资源要素优化整合，助力区域协同发展。

（1）土地利用

第三次全国国土调查数据显示，珠江—西江经济带占地面积为165171.4平方公里，其中，林地面积为106207.8平方公里，占总面积的六成以上；耕地面积为24386.47平方公里，占总面积的14.76%；园地面积为11254.61平方公里，占总面积的6.81%；城镇村及工矿用地面积为8606.07平方公里，占总面积的5.21%；其他土地面积占比均不足5%。2020年珠江—西江经济带各城市土地利用情况见表1。

表1　2020 年珠江—西江经济带各城市土地利用情况

单位：万亩

城市	耕地	园地	林地	草地	湿地	城镇村及工矿用地	交通运输用地	水域及水利设施用地	其他土地
广州	134.24	157.35	379.50	4.20	118.93	112.20	46.95	143.10	18.69
佛山	31.75	27.20	116.97	16.84	2.05	202.21	22.64	144.85	16.74
肇庆	159.87	94.38	1653.39	17.35	1.74	122.68	26.08	145.99	36.92
云浮	111.03	98.21	804.25	7.78	0.62	78.63	16.12	41.05	9.16
南宁	719.96	223.71	1862.29	25.64	0.52	206.19	70.42	164.68	43.39
柳州	380.99	175.22	1918.10	37.17	4.86	104.07	42.68	82.54	47.07
梧州	135.45	149.06	1416.18	8.94	0.99	76.12	25.56	62.02	13.88
贵港	391.48	96.47	822.64	15.69	1.22	133.27	27.26	87.89	14.98
百色	505.05	425.10	4121.85	48.45	3.60	110.25	66.00	99.60	57.90
来宾	403.61	144.07	1256.66	21.91	4.69	71.01	34.93	63.01	11.76
崇左	684.54	97.42	1579.34	37.68	0.65	74.28	48.89	63.15	30.05

资料来源：第三次全国国土调查数据。

　　由表 1 可知，耕地、园地、林地、草地、湿地面积方面，南宁严守耕地保护红线，耕地数量、质量、生态"三位一体"协同推进，以 719.96 万亩领先于其他城市，连续多年保持耕地占补动态平衡；佛山仅有 31.75 万亩耕地，居经济带末位；百色的园地、林地和草地面积均位居经济带第一，分别为 425.10 万亩、4121.85 万亩和 48.45 万亩；广州草地面积最小，但其湿地面积高达 118.93 万亩，超过经济带其他城市湿地面积之和；佛山的园地、林地面积在经济带各城市中均为最小，分别为 27.20 万亩、116.97 万亩。城镇村及工矿用地方面，南宁面积最大，与其中国先进制造业基地的实际地位相符；来宾面积最小，与其相对薄弱的产业发展基础相呼应。南宁的交通运输用地面积和水域及水利设施用地面积均为最大，反映了南宁作为西南出海通道便捷枢纽的重要作用。其他土地方面，百色面积为 57.90 万亩，为经济带各城市之最；云浮面积为 9.16 万亩，不足百色的 1/5。从表 2 可以看出，在土地利用结构上，崇左、贵港、南宁、来宾的耕地面积占自身土地总面积的比重均超过 20%；广州的园地面积占比达 14.11%，远超经济带其他城市，高于云浮近 6 个百分点；百色、梧州和肇庆的林地面积占自身土地总面积的比重均超过 70%；佛山的城镇村及工矿用地面积占自身土地总面积的比重超三成，水域及水利设施用地面积约占自身土地总面积的 1/4。

表 2　2020 年珠江—西江经济带各城市土地利用结构

单位：%

城市	耕地	园地	林地	草地	湿地	城镇村及工矿用地	交通运输用地	水域及水利设施用地	其他土地
广州	12.04	14.11	34.03	0.38	10.66	10.06	4.21	12.83	1.68
佛山	5.46	4.68	20.12	2.90	0.35	34.79	3.90	24.92	2.88
肇庆	7.08	4.18	73.21	0.77	0.08	5.43	1.15	6.46	1.63
云浮	9.52	8.42	68.92	0.67	0.05	6.74	1.38	3.52	0.79
南宁	21.71	6.74	56.15	0.77	0.02	6.22	2.12	4.97	1.31
柳州	13.64	6.27	68.68	1.33	0.17	3.73	1.53	2.96	1.69
梧州	7.17	7.89	75.00	0.47	0.05	4.03	1.35	3.28	0.74
贵港	24.61	6.06	51.71	0.99	0.08	8.38	1.71	5.52	0.94
百色	9.29	7.82	75.80	0.89	0.07	2.03	1.21	1.83	1.06
来宾	20.06	7.16	62.47	1.09	0.23	3.53	1.74	3.13	0.58
崇左	26.17	3.72	60.37	1.44	0.02	2.84	1.87	2.41	1.15

资料来源：第三次全国国土调查数据。

综合来看，珠江—西江经济带上，广西段在耕地、园地、林地、草地和其他土地等生态服务功能性较强的土地类型上占据较大优势，广东段在城镇村及工矿用地、交通运输用地和水域及水利设施用地等经济属性较强的土地类型上有明显的比较优势。土地利用类型受地理、经济、科技等多方面因素影响，通过对珠江—西江经济带各城市土地利用情况进行分析，可以看出广东段和广西段分别具有制造业产出和生态服务产出的比较优势，为各城市间要素流动、产业协作与优势互补奠定了基础。

（2）水资源

珠江是我国第二大河流，年径流量约为黄河的 6 倍，仅次于长江。其主干西江是华南最长河流、中国第四大河流。珠江—西江经济带水资源充沛，水能储藏量巨大。表 3 展示了 2017~2021 年珠江—西江经济带水资源分布情况。可以看出,2017~2021 年,经济带水资源总量呈下降趋势,2021 年属经济带枯水年,降水总量为 2032.80 亿立方米,比上年下降 18.30%,较常年下降 21.14%;水资源总量为 970.00 亿立方米,比上年下降 23.43%,较常年下降 26.41%;地表水资源量为 966.50 亿立方米,比上年下降 23.57%,较常年下降 26.54%;地下水资源量为 235.50 亿立方米,比上年下降 20.39%,较常年下降 23.95%。

表 3　2017~2021 年珠江—西江经济带水资源分布情况

单位:亿立方米

年份	降水总量	地表水资源量	地下水资源量	水资源总量
2021	2032.80	966.50	235.50	970.00
2020	2488.00	1264.50	295.80	1266.80
2019	2530.70	1349.60	325.60	1352.10
2018	2535.32	1254.54	301.68	1256.89
2017	2746.55	1416.46	304.05	1418.76

资料来源:相关年份《广西壮族自治区水资源公报》《广东省水资源公报》。

为进一步分析经济带内部的水资源分布情况,对 2017 年和 2021 年珠江—西江经济带各城市水资源分布情况进行对比分析(见图 1、图 2)。对比分析可知,除柳州、百色和崇左外,其他城市 2021 年的水资源总量均比 2017 年有不同程度下降。其中,贵港 2021 年的水资源总量较 2017 年下降了近 50%,贵港地表水资源量和地下水资源量的降幅均大于珠江—西江经济带其他城市;与此同时,来宾的降水总量下降了 47.3%。相较而言,柳州和百色得益于充沛的降雨量,水资源总量较高,佛山和云浮水资源较匮乏。

从用水结构看,2017~2021 年,珠江—西江经济带以农业用水和工业用水为主,农业和工业用水量占用水总量的 75% 以上;生态环境用水量最少,2021 年经济带生态环境用水量上涨近六成,但其占用水总量的比重仍不足

□ 降水总量　▨ 地表水资源量　▧ 地下水资源量　■ 水资源总量

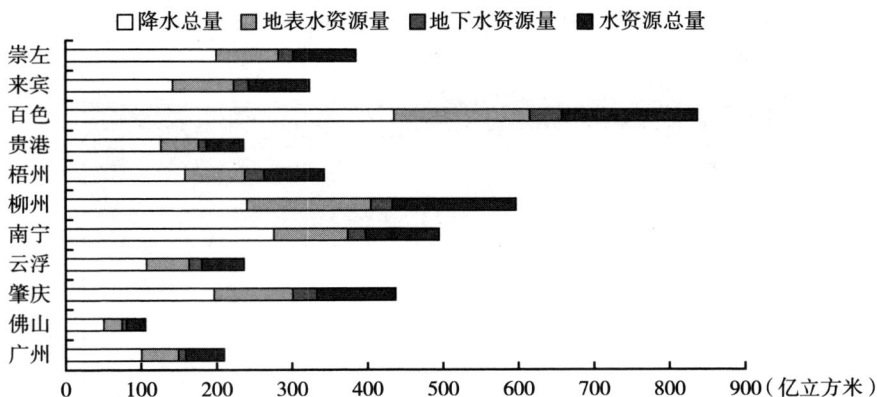

图1　2021年珠江—西江经济带各城市水资源分布情况

资料来源：相关年份《广西壮族自治区水资源公报》《广东省水资源公报》。

□ 降水总量　▨ 地表水资源量　▧ 地下水资源量　■ 水资源总量

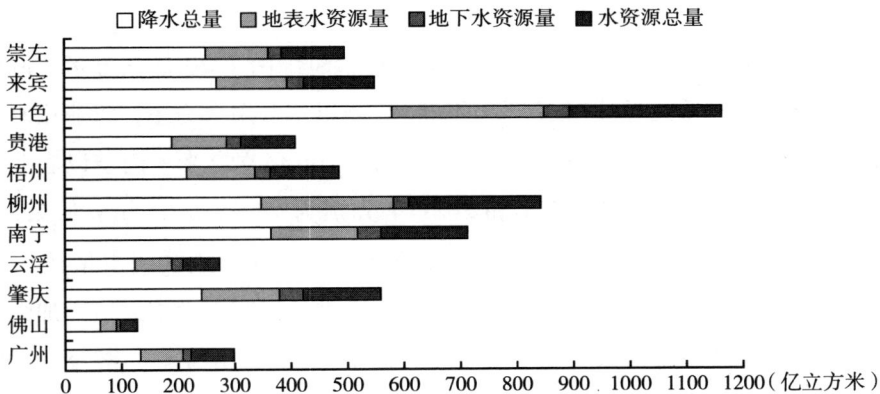

图2　2017年珠江—西江经济带各城市水资源分布情况

资料来源：相关年份《广西壮族自治区水资源公报》《广东省水资源公报》。

2.5%（见图3）。经济带用水总量整体呈下降趋势，主要得益于农业和工业节水政策以及节水技术的普及和推广，高效集约用水促使工农业用水量大幅减少，侧面反映了经济带水资源利用效率的提升。

进一步对比2017年和2021年珠江—西江经济带各城市用水结构可知，用水总量较大的城市为广州和南宁（见表4）。作为广东和广西的经济、政治和文化中心，广州和南宁经济体量大、人口集聚程度高，用水总量占经济

□ 农业用水　　　■ 工业用水　　　■ 建筑业和服务业用水
■ 居民生活用水　　□ 生态环境用水

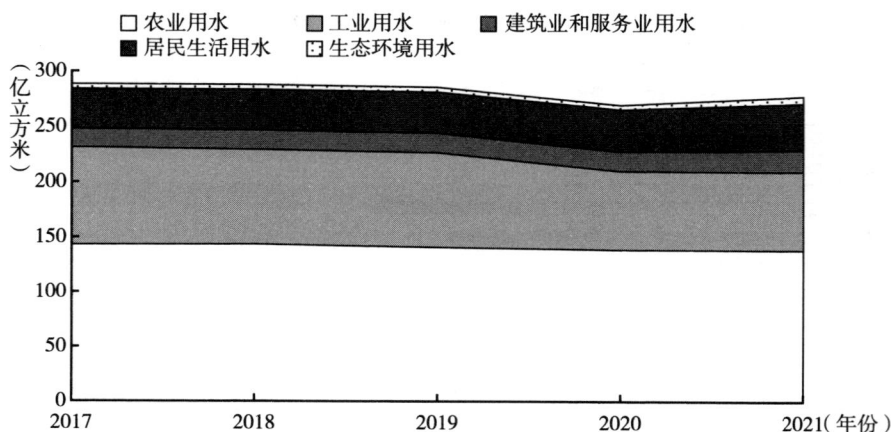

图3　2017～2021年珠江—西江经济带用水结构

资料来源：相关年份《广西壮族自治区水资源公报》《广东省水资源公报》。

带用水总量的比重高。但同时，广州用水总量超出南宁20亿立方米，两城市产业结构的异质性导致用水差距明显。广州以工业用水为主，工业用水量从2017年的36.49亿立方米降至2021年的24.60亿立方米；南宁以农业用水为主，农业用水量在2017年和2021年分别为24.27亿立方米和23.88亿立方米。2021年，佛山用水总量次于南宁，但其居民生活用水量达6.60亿立方米，说明佛山在培养居民节水意识、推进社区节水设施改造、加强节水型城市基础建设方面潜力巨大。崇左、梧州和云浮的用水总量较小，观察这三市的用水结构可以看出，农业用水量较高，这与地区经济发展水平和产业结构分布有较高关联度。

表4　2017年和2021年珠江—西江经济带各城市用水结构

单位：亿立方米

年份	城市	农业用水	工业用水	建筑业和服务业用水	居民生活用水	生态环境用水	用水总量
2021	广州	11.80	24.60	8.60	15.80	1.10	61.90
	佛山	5.90	13.80	4.30	6.60	0.44	31.04
	肇庆	12.30	1.80	0.89	2.20	0.29	17.48

续表

年份	城市	农业用水	工业用水	建筑业和服务业用水	居民生活用水	生态环境用水	用水总量
2021	云浮	9.50	0.64	0.39	1.30	0.04	11.87
	南宁	23.88	6.88	2.37	5.74	3.03	41.90
	柳州	11.39	1.73	0.78	2.57	0.38	16.85
	梧州	8.37	0.60	0.50	1.78	0.23	11.48
	贵港	19.70	6.11	0.60	2.31	0.19	28.91
	百色	13.82	1.67	0.44	1.71	0.27	17.91
	来宾	12.99	12.18	0.38	1.19	0.11	26.85
	崇左	8.29	0.83	0.26	1.12	0.28	10.78
2017	广州	11.06	36.49	6.53	10.36	0.95	65.39
	佛山	7.08	15.16	2.33	6.52	0.82	31.91
	肇庆	13.51	3.01	0.64	2.27	0.08	19.51
	云浮	10.44	1.56	0.41	1.25	0.29	13.95
	南宁	24.27	8.69	2.83	4.43	0.71	40.93
	柳州	13.32	5.31	1.03	2.44	0.20	22.30
	梧州	8.09	2.75	0.74	1.92	0.09	13.59
	贵港	19.93	3.92	0.90	2.55	0.19	27.49
	百色	14.01	3.14	0.61	1.99	0.11	19.86
	来宾	12.03	6.81	0.44	1.13	0.66	21.07
	崇左	9.42	1.36	0.30	1.18	0.25	12.51

资料来源：相关年份《广西壮族自治区水资源公报》《广东省水资源公报》。

综上，从水资源总量来看，珠江—西江经济带广西段水资源充沛，其中，柳州和百色水资源最为充足，而佛山和云浮水资源较为不足。从用水总量来看，各地用水集中于农业、工业和居民生活；广州和南宁作为省会和首府城市，用水总量最大，以工业、农业、居民生活用水为主；用水总量最小的崇左、梧州和云浮受制于自身经济体量和产业结构，以农业用水为主。珠江—西江经济带广东段和广西段在水资源上的差距与地区经济发展水平、人口集聚度和产业结构有关，广东段经济实力雄厚，工业化程度高，人口密度大，生产性和生活性服务业较发达，地表水资源相对不足，用水供需紧张。

（3）矿产和生物资源

得天独厚的地质地貌特征为经济带孕育了丰厚的矿藏资源。广西段的柳州拥有丰富的白云岩、熔剂用灰岩、水泥用灰岩等非金属矿；贵港三水铝土矿储量位居全国第一，主要矿产资源有60多种；百色是我国十大有色金属矿区之一，铝土矿远景储量超10亿吨，约占全国总量的25%；来宾煤炭、重晶石等7种矿藏储量位居广西第一，象州重晶石出口量位居广西第一，合山被誉为"广西煤都"，大瑶山因蕴藏多种矿石而得名"万宝山"；崇左坐拥全国1/4的锰矿，下属的宁明县拥有世界罕见的膨润土矿床。广东段的肇庆、云浮林地面积占比较高，矿石储备丰厚：肇庆已发现160余处金矿，是广东的"黄金之乡"，广宁玉石分布面积达10平方公里；云浮以石材闻名天下，是国内重要的多金属矿集中区之一、全国最大的硫化工生产基地、广东最大的不锈钢餐具生产基地，硫铁矿储量和品质均居世界首位。

生物多样性方面，广西段的自然保护区总面积已达74.53万公顷，拥有经济带内90%以上的陆地生态系统类型和野生动物种群，是几乎全部高等植物和150多种珍稀濒危动物的主要栖息地。南宁龙虎山自然保护区拥有中国特有的龙州锥，其被《中国物种红色名录》收录为极危树种；百色中药用植物有1200余种，被誉为"土特产仓库"和"天然中药库"；广州果树资源丰富，是荔枝、龙眼、黄皮、白（乌）榄等的起源和类型形成中心；崇左是我国重要的蔗糖基地，年产糖量占全国总量的20%，为我国的食糖安全做出了巨大贡献。

2. 环境承载力

环境承载力是指生态系统对人类生存发展活动的最大承受能力。分析珠江—西江经济带资源与生态环境质量必须考虑其环境承载力，污染物无差别、无节制排放是对环境承载力的最大威胁。生态系统拥有自我调节和净化的能力，一旦人类生存发展活动对环境造成的伤害超过其承受限度，势必会对生态系统造成不可逆转的破坏，进而对人类生存发展造成阻碍。

（1）碳排放量变化情况

2006~2011年，珠江—西江经济带人均碳排放量逐年增长且增速较快；2012~2015年，珠江—西江经济带人均碳排放量增速放缓，甚至出现短暂的负增长现象，此段时间恰逢珠江—西江经济带上升为国家战略，打造千里绿色生态走廊成为工作重心；2016~2021年，粤桂合作特别试验区的设立将两地工业发展推向新高潮，珠江—西江经济带人均碳排放量总体呈上升态势（见图4）。从地域组团①看，2006~2021年，广州—佛山人均碳排放量较稳定，变化幅度不大，符合其工业化成熟阶段的发展特征，城镇化水平高，人口密集，现代工业体系基本建成；其他组团尚处于从工业化初期向工业化中期过渡的转折阶段，传统产业占据主导地位，经济发展和环境保护之间矛盾尖锐，人均碳排放量呈阶段性增长特征。2010年之前，各组团差距明显，广州—佛山人均碳排放量远高于其他组团，但随着"十一五"规划的推进，各地加大经济发展力度，各组团特别是广西境内的组团不断发展资源型产业，人均碳排放量大幅增长，年均增长9%以上，各组团间的人均碳排放量差距逐渐缩小。"十二五"期间，广州—佛山人均碳排放量由增转降，其他组团绿色意识逐渐增强，在《广西西江经济带发展总体规划》的助推下，

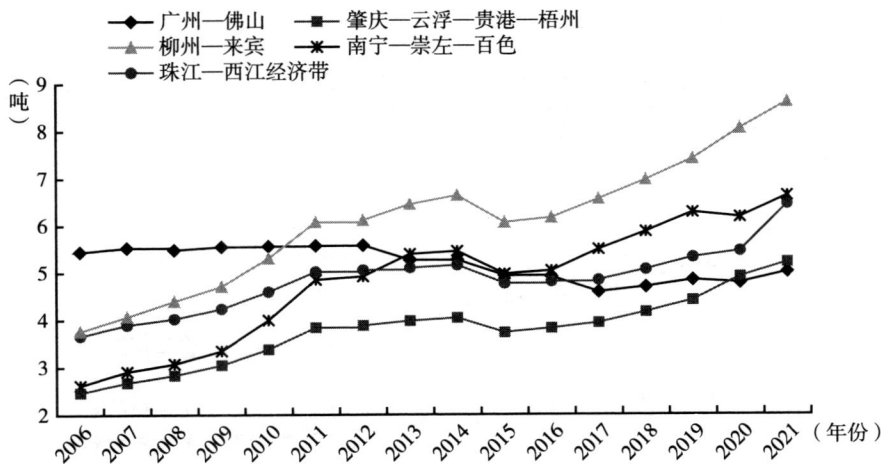

图4 2006~2021年珠江—西江经济带各组团人均碳排放量变化情况

资料来源：中国碳核算数据库。

---

① 地域组团划分参考《珠江—西江经济带发展规划》，包括广州—佛山、肇庆—云浮—贵港—梧州、柳州—来宾、南宁—崇左—百色4个组团。

广西和广东互联互通、优势互补，区域人均碳排放量走势平稳，出现下降趋势。进入"十三五"时期，除广州—佛山外，各组团人均碳排放量重新开始高速增长，广州—佛山的人均碳排放量降幅也较之前有所收窄。

碳排放强度方面，2006~2021年，珠江—西江经济带各组团碳排放强度下降明显（见图5）。2015年，《中共中央 国务院关于加快推进生态文明建设的意见》提出，2020年碳排放强度较2005年下降40%~45%。自珠江—西江经济带上升为国家战略后，广东段与广西段不断加强优势互补、互联互通，携手推进绿色发展，使珠江—西江经济带碳排放强度在2015年就已下降48.9%，较目标时限提前了5年。除广州—佛山外，各组团碳排放强度变化情况相似，均在2017年前保持高速下降态势。由于《中国城市统计年鉴—2017》用电量统计口径发生变化，2017年后数据较之前没有可比性。广州—佛山碳排放强度降幅虽不及其他组团，但其拥有雄厚的发展基础和经济实力，碳排放强度始终低于珠江—西江经济带平均水平。

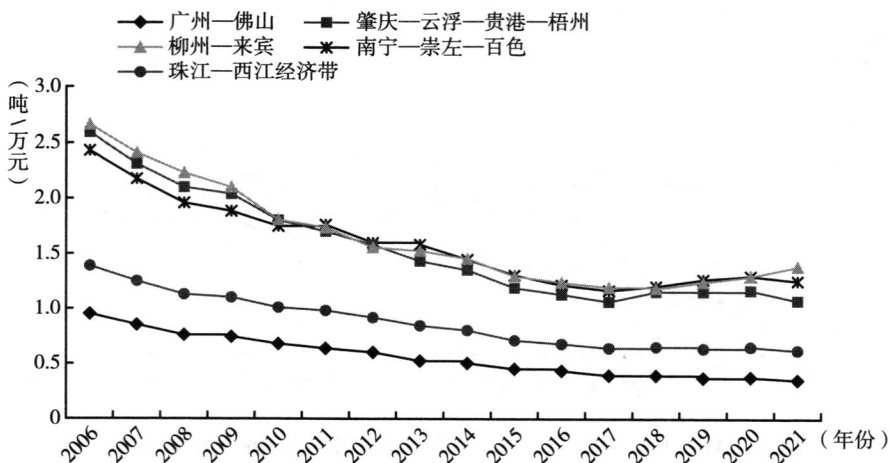

图5　2006~2021年珠江—西江经济带各组团碳排放强度变化情况

资料来源：中国碳核算数据库。

（2）能源消费情况

制造业大市佛山和广西最大的工业城市柳州能源供需矛盾尖锐，能源生产和消费速度直接关系经济带的绿色发展效率。2020年，佛山能源消费总量约为3300万吨标准煤，"十三五"时期全市能耗年均增长0.6%，较"十二五"时期下降2.6个百分点。2020年佛山全市单位GDP能耗较2015年累计下降24.34%，能效水平明显提升。2020年，佛山规模以上工业企业能源消费量约为1645.22万吨标准煤，占总量的49.86%。从行业看，电力、热力生产和供应业，通用设备制造业及非金属矿物制品业是佛山能源消耗主导行业。其中，电力、热力生产和供应业的原煤消耗占总量的六成以上；通用设备制造业的焦炭消耗占比超过总量的1/3；非金属矿物制品业的燃料油消耗占总量的52.30%，天然气、柴油和液化石油气消耗均占总量的1/5。2020年，柳州能源消费总量为1717.88万吨标准煤，"十三五"时期全市能耗年均增长1.24%，较"十二五"时期下降14.5%。"十三五"时期，柳州能源消费向柳北区集中，黑色金属冶炼和压延加工业，电力、热力生产和供应业及非金属矿物制品业成为城市能源消费大户，占比分别达到45.0%、28.7%、22.2%。2020年，柳州规模以上工业企业能源消费量约为1076.74万吨标准煤，占总量的62.68%。其中，七大高耗能行业能源消费量占比达95.02%，拉动规模以上工业企业综合能源消费增长2.1个百分点。广州和南宁作为中心城市，能耗强度领先经济带其他城市。2020年，广州能源消费总量达到6191.5万吨标准煤，"十三五"时期全市能耗年均增长1.7%，比同期广州GDP增速低4.3个百分点。规模以上工业企业能源消费量为2379.9万吨标准煤，仅占总量的38.44%。其中，电力、热力生产和供应业，计算机、通信和其他电子设备制造业，非金属矿物制品业为主要高耗能行业。南宁规模以上工业企业能源消费量为451.14万吨标准煤，同比降低2.26%。其中，重点耗能企业综合能源消费量为368.71万吨标准煤，拉动全市规模以上工业企业综合能耗下降近3.0个百分点。2020年，南宁规模以上工业企业万元增加值能耗同比下降5.11%。

从能源消费结构看，广州能源资源总体匮乏，煤炭、石油、天然气等化石能源多依赖域外调入和进口，能源消费以油品和电力净调入为主；佛山煤炭消费占比从 2015 年的 27.0% 下降至 2020 年的 24.6%，天然气消费占比从 2015 年的 5.4% 上升至 2020 年的 9.5%，能源消费结构优化取得明显成效（见图 6）；南宁主要能耗品种相对集中，原煤、电力和生物质废料用于燃料消费占规模以上工业企业能源消费总量的八成多，仅原煤就占近六成。工业经济增长对原煤的过度依赖成为南宁后期实现"双碳"目标的主要压力。类似情况同样存在于柳州。柳州属于重工业城市，能源消费刚性需求大，同时要保证柳钢钢铁指标燃煤供应和柳城、鹿寨化工专业园区建设，节能、减

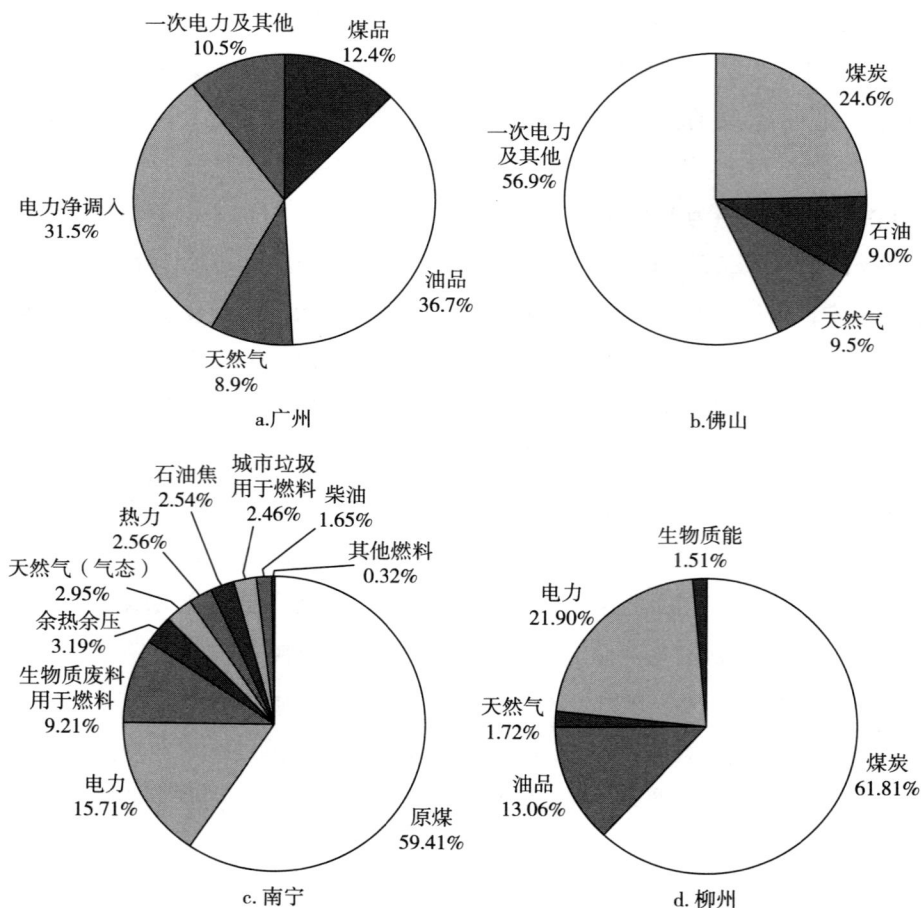

图 6　2020 年珠江—西江经济带节点城市广州、佛山、南宁、柳州能源消费结构

资料来源：广州、佛山、南宁、柳州能源发展"十四五"规划。

排、降碳道阻且艰，能源结构优化升级难度大、任务重。

（3）雾霾污染变化情况

雾霾污染是生态系统对人类经济粗放式发展的警示灯，党的十九大明确将污染防治作为全面建成小康社会的三大攻坚战之一，提出深入打好污染防治攻坚战，坚持实施大气污染治理行动、打赢蓝天保卫战、推动绿色发展成为重要方向。

2006~2021年，珠江—西江经济带的PM$_{2.5}$浓度降幅明显（见图7）。2011年之前，珠江—西江经济带的PM$_{2.5}$浓度处于波动状态，随着2012年《广西西江经济带发展总体规划》的出台，"生态优先"成为重点，珠江—西江经济带PM$_{2.5}$浓度出现大幅下降。随着2013年《大气污染防治行动计划》的颁布、2014年各省份《大气污染防治目标责任书》的签署、2015年修订的《中华人民共和国环境保护法》的实施，各种政策条例对污染防治工作提出更严格的要求。到2016年，珠江—西江经济带的PM$_{2.5}$浓度已降至29.20μg/m^3。此后，珠江—西江经济带以生态环境保护为前提，着力建设千里绿色生态走廊，空气质量总体稳定，2021年PM$_{2.5}$浓度已降至24.96μg/m^3。

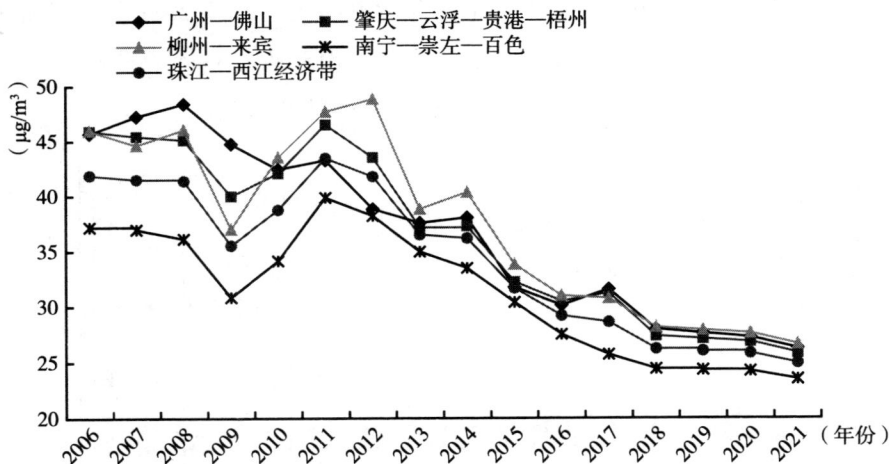

图7　2006~2021年珠江—西江经济带各组团PM$_{2.5}$浓度变化情况

资料来源：根据美国哥伦比亚大学社会经济数据与应用中心提供的全球PM$_{2.5}$年均浓度数据整理计算得到。

从空间上看，PM$_{2.5}$浓度较高地区主要为柳州—来宾中部，并逐渐向东西扩散。柳州、来宾均以工业为主导产业，在"工业强市"战略背景下，"重污、高排"企业较多，传统产业转型受阻，"三废"排放量较高。南宁、崇左和百色得益于天然的资源和地理优势，森林覆盖率高，PM$_{2.5}$浓度较低，但仍无法摆脱产业结构偏重的劣势。

（二）经济发展概况

1. 经济总量稳步提升，产业结构不断优化

从经济总量来看，珠江—西江经济带始终保持较稳定的增长态势，GDP从2006年的12607.35亿元增长至2021年的58617.43亿元，涨幅约为365%（见图8）。"十二五"期间，经济带GDP年均增速超过12%，经济高速发展；"十三五"期间，经济带经济由高速发展向高质量发展转变，增速逐渐放缓。从珠江—西江经济带产业结构分布可以看出，2016年之前，经济带第二、第三产业增加值占比接近，第二产业增加值占比略高于第三产业增加值占比。此后，经济带大力优化产业结构，着力发展第三产业，第三产业增加值占比提高，第二、第三产业差距逐渐拉大。截至2021年，经济带第三产业增加值占比已接近60%，高于我国平均水平7.33个百分点。

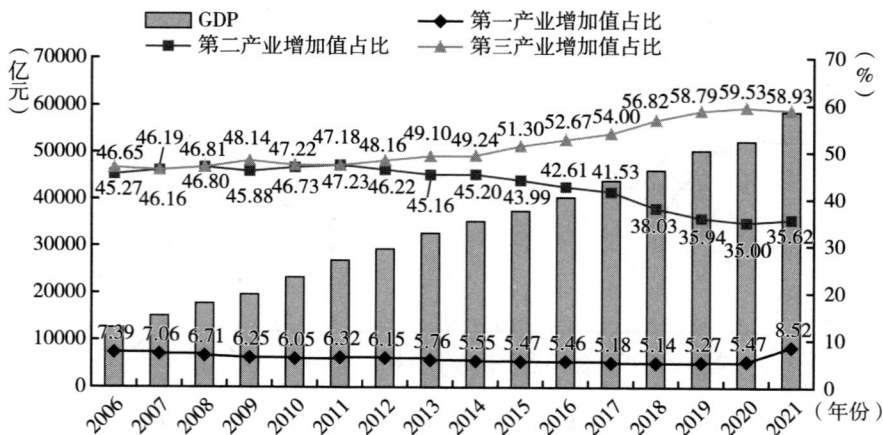

图8　2006~2021年珠江—西江经济带GDP及三大产业增加值占比变化情况

资料来源：2007~2022年珠江—西江经济带各城市统计年鉴。

2. 经济发展不平衡，地区差异明显

珠江—西江经济带横跨东部发达地区和西部欠发达地区，各地经济发展、资源承载、科技创新、产业结构等方面差距明显，发展水平参差不齐，仅广州、佛山两地的 GDP 就占整个经济带的近七成，要素资源集中，而崇左、来宾等地的不少县域是脱贫县，工业化水平偏低。

首先，经济带发展不平衡，各组团差距明显。从人均 GDP 看，2006年，广州—佛山人均 GDP 已达 58423.98 元，比肇庆—云浮—贵港—梧州2021 年的人均 GDP（48707.5 元）高出近 20%（见图 9）。地区发展的不平衡使得经济带"头重脚轻"，严重阻碍了一体化协调发展，给区域协调、地区联动敲响警钟。这种明显的梯度差距警示经济带在未来发展中必须进一步发挥广州、南宁中心城市的极化辐射带动作用，深挖贵港、来宾、百色等欠发达地区的发展潜力，实现协调稳定发展。

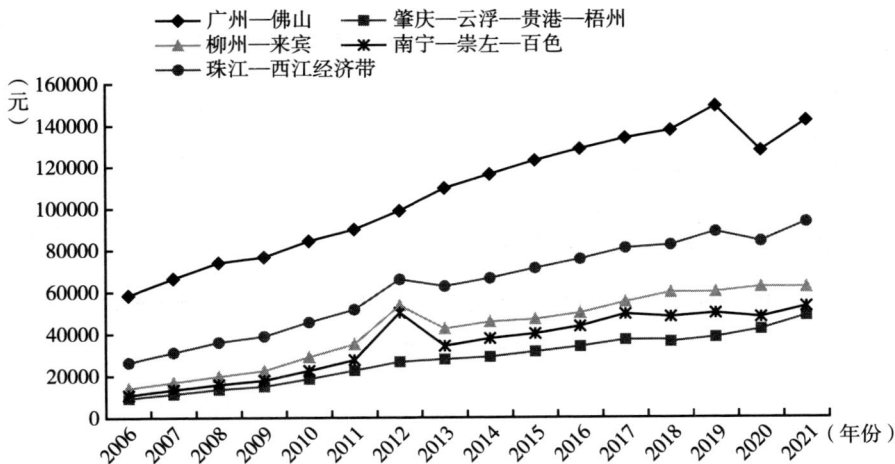

图 9　2006~2021 年珠江—西江经济带各组团人均 GDP 变化情况

资料来源：2007~2022 年珠江—西江经济带各城市统计年鉴。

其次，地区工业化程度不一，经济有效性差距过大。劳动生产率反映了劳动者在一定时期内创造劳动成果的能力、地区技术水平、生产资料效率和规模，可以衡量社会生产力水平，侧面反映经济发展的有效性。如图 10 所示，

2006～2021 年，珠江—西江经济带劳动生产率总体呈增长态势，反映了其经济发展具有一定的有效性，但地区差距成为制约经济有效性发挥的重要因素。广州—佛山的劳动生产率在 2014 年突破 7 万元/人，此后进入平稳波动阶段，并于 2021 年大幅增长。柳州—来宾的劳动生产率在 2006～2011 年高速增长，2012 年后缓慢波动增长，居经济带第 2 位，但 2018 年的峰值仅为 3.71 万元/人，远远低于广州—佛山的平均水平。南宁—崇左—百色的劳动生产率在 2017 年达到峰值（2.58 万元/人）后出现断崖式下降，降幅接近 50%，出现这种情况主要是因为南宁在 2018 年对国民经济核算指标数据进行了修订。

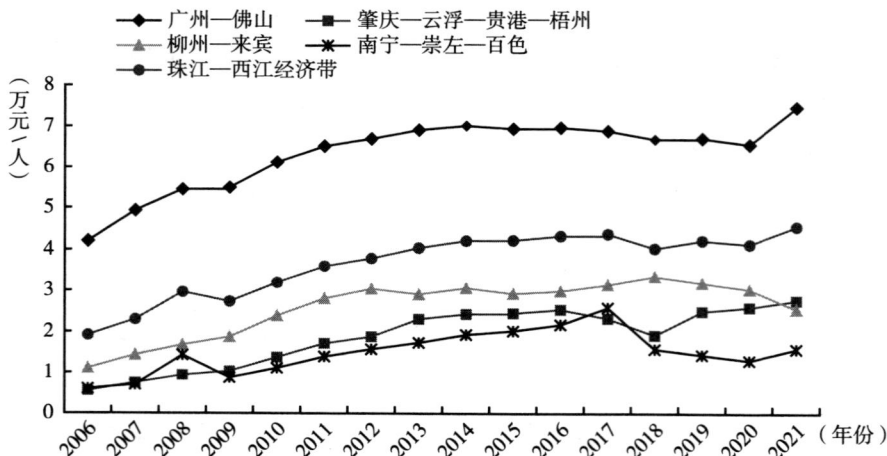

图 10　2006～2021 年珠江—西江经济带各组团劳动生产率变化情况

资料来源：2007～2022 年珠江—西江经济带各城市统计年鉴。

（三）社会发展态势

1. 城镇化不断加快，区域发展进程分化

城镇化是包括经济发展、社会进步、要素流动、城市扩张等方面的复杂过程，是地区实现工业化和现代化的必由之路[①]，城镇化率在一定程度上可

[①] Yueting, G., et al., "Space-time Indicators in Interdependent Urban-environmental Systems: A Study on the Huai River Basin in China," *Habitat International* 45 （2015）: 135-146.

以反映一个地区的经济发展方式、产业结构水平、社会生活方式,是衡量区域社会发展的重要指标。从图 11 可以看出,2006～2021 年,珠江—西江经济带城镇化率呈明显上升态势,从 2006 年的 54.61% 上升至 2021 年的 72.19%,年均增长 1.88%。各组团间城镇化发展水平差距逐渐缩小。2006～2021 年,广东—佛山城镇化率均处于 85% 以上,明显领先其他组团。柳州—来宾 2006 年的城镇化率为 39.63%,仅高于肇庆—云浮—贵港—梧州,但 2021 年柳州—来宾的城镇化率跃升至 63.01%,仅次于广州—佛山,年均增长率达到 3.14%。相比之下,肇庆—云浮—贵港—梧州城镇化水平较低且发展相对缓慢,"洼地"现象明显。总体上,珠江—西江经济带城镇化水平增长动力不足,肇庆—云浮—贵港—梧州的低城镇化水平成为限制经济带结构转型和社会发展的关键。

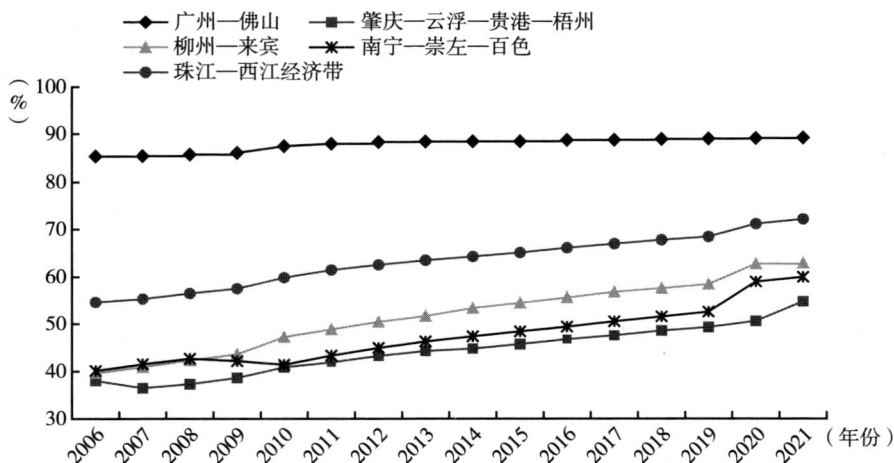

图 11　2006～2021 年珠江—西江经济带各组团城镇化率变化情况

资料来源:2007～2022 年珠江—西江经济带各城市统计年鉴。

根据"诺瑟姆曲线",地区城镇化发展曲线总体呈"S"形,分为初级、快速和成熟三大阶段[①];城市化速度曲线则呈倒"U"形,分为孕育、加

---

① Northam, M., *Urban Geography* (New York: John Wiley & Sons, 1975), pp.65–67.

速、减速和趋零四大阶段①。对应珠江—西江经济带不难看出,广东—佛山已初步进入城镇化"成熟"阶段,城镇化发展速度逐渐趋于平稳,地区现代化体系已经建成,新型工业化、城镇化、信息化和农业现代化已基本实现;其他组团尚处于城镇化"快速"阶段,城镇化进程不断加快,这意味着这些组团正进入转型升级的战略机遇期,第三产业占比逐渐提高,城市规模不断扩大,城市竞争力不断增强;经济带正处于从工业化中期向工业化后期发展的关键成长阶段,城镇化进程加快,大量农村劳动力向城市转移,"城市病"进入多发期,绿色发展面临严峻考验。

2. 消费规模不断扩大,居民收入持续增长

从社会消费品零售总额看,随着粤桂经济合作越来越紧密,珠江—西江经济带消费规模不断扩大,总量再攀高峰。2006～2021 年,珠江—西江经济带社会消费品零售总额从 3995.63 亿元增长至 20503.52 亿元,年均增长率超过 10%(见图 12)。

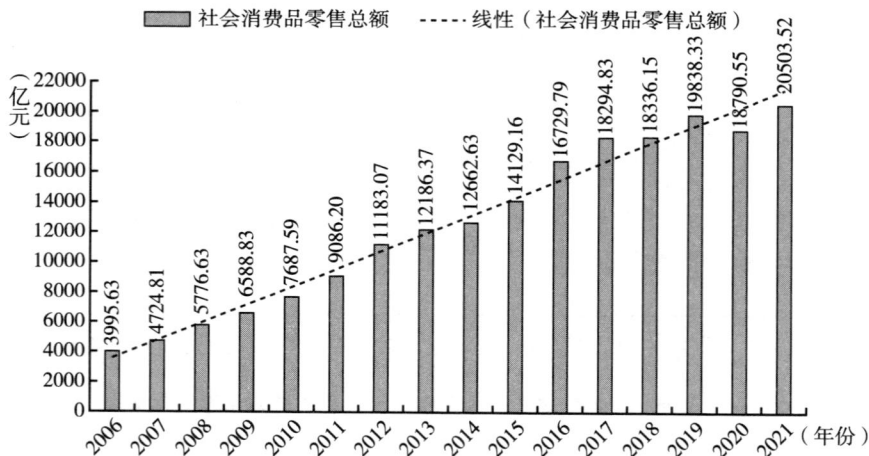

图 12 2006～2021 年珠江—西江经济带社会消费品零售总额变化情况

资料来源:2007～2022 年珠江—西江经济带各城市统计年鉴。

① 陈明星、叶超、周义:《城市化速度曲线及其政策启示——对诺瑟姆曲线的讨论与发展》,《地理研究》2011 年第 8 期,第 1499～1507 页。

人民生活水平方面，随着城乡发展一体化的深入推进，民生福祉不断增进，人民生活明显改善，城乡收入水平不断提高，城乡差距逐渐缩小。从增长率看，农村居民人均可支配收入涨幅明显高于城镇。如表5所示，2017年梧州农村居民人均可支配收入仅有11085元，处于经济带落后水平，但到了2021年，梧州农村居民人均可支配收入涨幅达到47.33%，居经济带首位。广西段7个城市的农村居民人均可支配收入涨幅均高于40%，脱贫攻坚成绩斐然。同时期，佛山城镇居民人均可支配收入增长34.35%，居经济带领先水平，比末位的来宾（24.67%）高9.68个百分点。从城乡收入差距看，梧州2017年的城乡收入比重达到2.65，到2021年降至2.28，降幅达13.96%，此外，广西段其他城市的城乡收入比重均下降10%以上。相较于广西段，广东段城乡收入比重降幅放缓，肇庆从2017年的1.72降至2021年的1.67，降幅仅为2.9%。综合来看，广西段农村居民人均可支配收入不断增长，城乡收入差距逐渐缩小；广东段城镇居民人均可支配收入明显提高，城乡收入差距趋于稳定。

表5　2017年和2021年珠江—西江经济带各城市城乡居民人均可支配收入

单位：元

年份	2021		2017	
地区	农村	城镇	农村	城镇
广州	34533	74416	23484	55400
佛山	37067	62942	26390	46849
肇庆	22689	37791	16431	28276
云浮	19675	30952	14124	23446
南宁	17808	41394	12515	33217
柳州	17369	41442	12151	32661
梧州	16331	37185	11085	29359
贵港	18381	36756	12544	28806
百色	14755	36375	10171	29126
来宾	15317	38705	10674	31047
崇左	15694	36947	10860	28813

资料来源：相关年份《广东统计年鉴》《广西统计年鉴》。

（四）绿色政策体系建设概况

珠江—西江经济带上、中、下游各地区经济发展所处阶段不同，区域规划发展目标有所差别，各地对环境治理和绿色发展的投入力度也不尽相同，生态文明建设侧重点和发展目标与地区产业结构、能源结构、城镇化水平及区域功能定位密切相关。随着珠江—西江经济带经济水平的不断提高，各城市牢固贯彻"绿水青山就是金山银山"理念，各级政府相继出台并完善契合地区实际的绿色发展政策规划（见表 6），以解决城市突出生态问题为核心，注重自然资源保护，加强能源结构转型升级，充分发挥区位优势和要素禀赋，一个全方位、多层次、现代化、符合地区比较优势和要素禀赋的绿色高质量发展制度保障体系正在加速形成。

表 6　珠江—西江经济带各地绿色发展政策规划概览

地区		主要政策规划
广东段	省级	2021 年 10 月《广东省生态文明建设"十四五"规划》 2021 年 10 月《广东省绿色矿业发展五年行动方案（2021—2025 年）》 2021 年 10 月《广东省水利发展"十四五"规划》 2021 年 12 月《关于加快建立健全绿色低碳循环发展经济体系的实施意见》 2021 年 12 月《关于实施"三线一单"生态环境分区管控的指导意见（试行）》 2022 年 4 月《广东省能源发展"十四五"规划》 2022 年 4 月《广东省土壤与地下水污染防治"十四五"规划》 2022 年 5 月《关于贯彻落实"十四五"环境影响评价与排污许可工作实施方案的通知》 2022 年 6 月《关于开展小微企业危险废物收集试点的通知》 2022 年 6 月《广东省"十四五"用水总量和强度管控方案》 2022 年 7 月《广东省应对气候变化"十四五"专项规划》 2022 年 8 月《广东省加快建设燃料电池汽车示范城市群行动计划（2022—2025 年）》 2022 年 9 月《广东省"十四五"节能减排实施方案》 2022 年 11 月《关于成立广东省农村人居环境整治提升领导小组的通知》
	广州	2021 年 7 月《广州市"三线一单"生态环境分区管控方案》 2022 年 1 月《广州市城市树木保护管理规定（试行）》 2022 年 5 月《广州市提高工业用地利用效率实施办法》 2022 年 8 月《广州市节约用水奖励办法》 2022 年 11 月《广州市产业园区规划环境影响评价与建设项目环境影响评价联动实施办法》 2022 年 12 月《广州市生产废水对公共排水与污水处理设施安全运行影响评估办法》

续表

地区		主要政策规划
广东段	佛山	2021 年 5 月《佛山市海绵城市规划建设管理办法》 2021 年 7 月《佛山市"三线一单"生态环境分区管控方案》 2021 年 8 月《佛山市人民政府关于调整扩大高污染燃料禁燃区的通告》 2021 年 11 月《佛山市重污染天气应急预案》 2022 年 1 月《佛山市水利发展"十四五"规划》 2022 年 5 月《佛山市"无废城市"建设试点实施方案》 2022 年 10 月《佛山市能源发展"十四五"规划》 2022 年 12 月《关于燃气锅炉执行大气污染物特别排放限值的通告》 2023 年 1 月《佛山市汽车排放检验与维护制度实施方案》
	肇庆	2021 年 7 月《肇庆市"三线一单"生态环境分区管控方案》 2021 年 12 月《肇庆市养殖池塘升级改造绿色发展三年行动方案》 2022 年 1 月《肇庆市内河航运绿色发展示范工程实施方案》 2022 年 6 月《肇庆市"无废城市"建设试点实施方案》 2022 年 6 月《肇庆市水利发展"十四五"规划》 2022 年 7 月《肇庆市城市节约用水管理规定》 2022 年 8 月《肇庆市能源发展"十四五"规划》
	云浮	2021 年 7 月《云浮市重污染天气应急预案》 2021 年 7 月《云浮市"三线一单"生态环境分区管控方案》 2021 年 12 月《云浮市生态环境保护"十四五"规划》 2022 年 6 月《云浮市能源发展"十四五"规划》 2022 年 9 月《云浮市生态环境行政处罚自由裁量权裁量规定》
广西段	自治区级	2021 年 9 月《广西壮族自治区人民政府关于加快建立健全绿色低碳循环发展经济体系的实施意见》 2021 年 12 月《广西生态环境保护"十四五"规划》 2021 年 12 月《广西生态文明强区建设"十四五"规划》 2022 年 1 月《广西现代林业产业示范区实施方案》 2022 年 2 月《广西壮族自治区土壤污染防治高质量发展"十四五"规划》 2022 年 2 月《广西农村生活污水治理"十四五"规划》 2022 年 3 月《广西壮族自治区人民政府关于加强矿产资源开发保护联合监管若干措施的通知》 2022 年 4 月《广西 2022 年度水、大气、土壤污染防治工作计划》 2022 年 5 月《广西壮族自治区"十四五"空气质量全面改善规划》 2022 年 6 月《广西可再生能源发展"十四五"规划》 2022 年 7 月《关于加强生态环境保障助力经济稳中求进的若干措施》 2022 年 8 月《广西能源发展"十四五"规划》 2022 年 9 月《广西壮族自治区"三线一单"生态环境分区管控暂行管理规定》 2022 年 10 月《关于在矿产资源开发利用集中区域等特定区域执行污染物特别排放限值的通告》 2022 年 12 月《广西生态保护正面清单（2022）》 2022 年 12 月《广西生态保护禁止事项清单（2022）》

地区		主要政策规划
广西段	南宁	2021 年 12 月《南宁市生活垃圾分类"十四五"发展规划》 2021 年 12 月《南宁市天然林保护修复制度实施方案》 2022 年 1 月《南宁市关于进一步推进生活垃圾分类工作的实施方案》 2022 年 1 月《南宁市水安全保障"十四五"发展规划》 2022 年 3 月《南宁市生态环境保护"十四五"发展规划》 2022 年 7 月《南宁市重点建设用地土壤污染状况调查实施细则（试行）》 2022 年 11 月《南宁市人民政府关于加强市区排水设施规划建设管理工作的实施意见（修订）》
	柳州	2021 年 9 月《柳州市柳江流域水土保持综合治理实施方案》 2021 年 11 月《柳州市生态环境保护"十四五"规划》 2021 年 11 月《进一步加强全市自然保护地监督管理工作方案》 2021 年 12 月《柳州市新能源汽车推广应用三年行动计划（2021—2023 年）》 2021 年 12 月《柳州市水安全保障"十四五"规划》 2021 年 12 月《柳州市贯彻落实〈广西打造国内国际双循环重要节点枢纽行动方案〉的实施方案》 2022 年 5 月《柳州市能源发展"十四五"规划》 2022 年 5 月《柳州市自然资源"十四五"规划》 2022 年 6 月《柳州市城镇生活污水和垃圾处理设施建设工作实施方案（2022—2025 年）》 2022 年 9 月《柳州市加快建立健全绿色低碳循环发展经济体系实施方案》 2022 年 11 月《柳州市推动钢铁产业绿色协同发展实施方案》 2023 年 1 月《柳州市"十四五"节能减排综合实施方案》
	梧州	2021 年 7 月《梧州市城市水利规划（2021—2035 年）》 2021 年 7 月《梧州市饮用水水源保护区森林更新改造实施方案》 2021 年 12 月《梧州市城镇生活污水和垃圾处理设施 PPP 模式工作方案》 2022 年 1 月《梧州市推进"三线一单"落地应用试点工作方案》 2022 年 1 月《梧州市自然资源服务苍梧县六堡茶产业和乡村振兴措施》 2022 年 1 月《关于加快推动我市新能源汽车推广应用三年行动工作的若干措施》 2022 年 1 月《梧州市人民政府办公室关于规范我市风电光伏新能源产业发展的通知》 2022 年 4 月《梧州市城镇生活污水和垃圾处理设施建设工作实施方案（2022—2025 年）》 2022 年 5 月《梧州市生态环境保护"十四五"规划》 2022 年 6 月《梧州市水安全保障"十四五"规划》 2022 年 10 月《梧州市入河排污口监督管理实施方案（2022—2025 年）》 2022 年 11 月《梧州市 2022—2023 年秋冬季大气污染防治攻坚行动方案》 2022 年 11 月《梧州市矿产资源总体规划（2021—2025 年）》 2022 年 12 月《梧州市废旧物资循环利用体系建设实施方案（2022—2025 年）》

地区		主要政策规划
广西段	贵港	2021 年 7 月《贵港市人民政府关于印发我市"三线一单"生态环境分区管控实施意见的通知》 2021 年 9 月《关于支持汽车及新能源电动车产业高质量发展的若干措施》 2022 年 4 月《贵港市"十四五"水安全保障规划》 2022 年 5 月《贵港市生态环境保护"十四五"规划》 2022 年 8 月《贵港市城区污水处理提质增效工程 PPP 项目实施方案》 2022 年 8 月《贵港市中心城区内涝和环境整治三年攻坚大会战实施方案（2022—2024 年）》 2022 年 11 月《贵港市促进废旧物资循环利用实施方案》 2022 年 12 月《贵港市矿产资源总体规划（2021—2025 年）》
	百色	2021 年 11 月《百色市国家储备林项目建设实施方案》 2021 年 12 月《百色市推进新型生态铝产业高质量发展实施方案》 2022 年 4 月《百色市生态环境保护"十四五"规划》 2022 年 6 月《百色市"十四五"水安全保障规划》 2022 年 6 月《百色市水安全保障规划（2021—2035 年）》 2022 年 7 月《2022 年百色市城乡环卫一体化工作实施方案》 2022 年 9 月《百色市入河排污口监督管理工作实施方案（2022—2025 年）》 2022 年 11 月《百色市"十四五"节能减排综合实施方案》
	来宾	2021 年 10 月《来宾市 2021 年新能源项目建设百日攻坚实施方案》 2021 年 11 月《来宾加快建立健全绿色低碳循环发展经济体系的实施方案》 2021 年 11 月《2021 年来宾市本级土地储备计划》 2021 年 12 月《来宾市环境管控单元生态环境准入及管控要求清单（试行）》 2022 年 5 月《来宾市推进国家储备林项目建设实施方案》 2022 年 7 月《来宾市生态环境保护"十四五"规划》 2022 年 9 月《来宾市市级饮用水水源保护区树种结构调整和更新改造工作方案》 2022 年 9 月《来宾市入河排污口监督管理工作方案（2022—2025 年）》
	崇左	2021 年 6 月《2021 年崇左市耕地质量保护与提升行动方案》 2022 年 2 月《崇左市 2022 年开展冬春农田水利基础设施建设和植树造林活动方案》 2022 年 7 月《崇左市龙峡山保护规划（2021—2030 年）》 2022 年 7 月《崇左市城镇生活污水和垃圾处理设施建设工作实施方案（2022—2025 年）》 2022 年 9 月《关于开展"倡导绿色出行 共建美丽崇左"电动屋纯电汽车专场优惠购车活动的通知》

1. 广东段

《广东省生态文明建设"十四五"规划》指出，当前广东生态文明建设面临"五期叠加"① 新特征，应以高质量发展为主题，培育形成绿色发展方式和生活方式，构建绿色低碳循环发展经济体系。该规划就自然资源开发和保护、水利发展、土壤与地下水污染防治、节能减排等方面出台了具体内容和行动方案，绿色发展目标明确、路线清晰，为如期实现"双碳"目标提供了"广东方案"。广州、肇庆相继出台城市节水办法，打造节水型城市，倡导民众形成节约用水的绿色生活方式。同时，广州、佛山、肇庆大力推进工业固体废物减量化、资源化和无害化，促进城市绿色转型，探索"无废城市"② 建设模式。

优结构、防风险方面，广州坚持"绿色变革"，严守生态保护红线，先后出台了多项环境监督规范性文件，形成了"1+1+N"特色生态环境工作责任体系，在生态文明建设和绿色发展方面制定出台了评价考核办法。在推动生活垃圾分类，反餐饮浪费，倡导文明、健康、绿色、环保的生活方式等方面制定行动方案，大力推行绿色低碳生活方式。同时，落实企业治污主体责任，采取有奖举报等方式鼓励市民参与监督。针对突出结构性问题，佛山立足国家制造业高质量发展试验区建设，实施结构优化升级行动，推进科技创新高地建设，同时按照"减煤、控油、增电、提气、加氢"的思路优化能源结构，严格控制煤炭消费，提高清洁能源供给能力。此外，佛山积极建设"自然积存、自然渗透、自然净化"的海绵城市，修订《佛山市重污染天气应急预案》，提升防范和应对环境风险的能力。

强基础、治环境方面，肇庆和云浮针对水环境质量提升、能源结构改善、土壤污染防治等方面制定具体规划，以改善生态环境现状、提升环境质量。

---

① "五期叠加"指的是绿色转型机遇期、低碳发展关键期、环境治理提质期、体制创新攻坚期、绿色合作深化期叠加。

② "无废城市"是以创新、协调、开放、绿色、共享的发展理念为引领，通过推动形成绿色发展方式和生活方式，持续推进固体废物源头减量和资源化利用，最大限度地减少填埋量，将固体废物环境影响降至最低的城市发展模式，也是一种先进的城市管理理念。

肇庆全面实施"四个革命、一个合作"① 能源安全新战略，对"散乱污"企业②进行专项整治和分类处置，推进新型生态治理。云浮开展"清四乱""五清"③ 专项行动，落实能耗"双控"工作要求，力求打造粤北生态新高地。

2. 广西段

广西段立足生态资源多样性，发挥生态产品价值转换的后发优势，针对改善生态环境质量、加强生态环境基础设施建设和防范生态环境风险隐患三大突出问题出台了一揽子政策规划，致力打造壮美广西和生态文明强区。

改善生态环境质量方面，坚持污染防治和继续减排共同发力，出台《广西 2022 年度水、大气、土壤污染防治工作计划》，要求全区达到国家考核要求，断面水质优良比例不低于 98.2%，基本消除黑臭水体；力争消除重污染天气，全区优良天数不低于 95%；深化柳州自治区级土壤污染防治先行区建设，打好净土保卫战。《广西可再生能源发展"十四五"规划》《广西能源发展"十四五"规划》强调：在柳州打造新能源开发示范区，建设光伏发电和新型储能装备产业集群；在崇左、百色开展多能互补示范；在南宁、柳州、来宾、贵港、梧州打造能源创新发展示范区；加快形成陆上风电基地、储能装备产业园区布局。

加强生态环境基础设施建设方面，针对农村生活污水治理率不高问题降本增效、合理布局、严格监管，积极推广"三个两、无动力、低成本"④ 污

---

① "四个革命"：推动能源消费革命，抑制不合理能源消费；推动能源供给革命，建立多元供应体系；推动能源技术革命，带动产业升级；推动能源体制革命，打通能源发展快车道。"一个合作"：全方位加强国际合作，实现开放条件下能源安全。

② "散乱污"企业是指不符合产业政策、产业布局规划，污染物排放不达标，以及土地、环保、工商、质监等手续不全的生产经营单位。

③ "清四乱"包括清理乱占、乱采、乱堆、乱建四类违法行为；"五清"是指清理非法排污口、清理水面漂浮物、清理底泥污染物、清理河湖障碍物、清理涉河湖违法违建。

④ "三个两、无动力、低成本"是指两污同治、两次处理利用、实现两化（两污同治即对黑、灰污水进行同步治理；两次处理利用即黑水的第一次处理利用在前端小三格化粪池，第二次在后端大三格化粪池；实现两化即黑、灰污水实现了无害化、资源化"两化"目标），利用地势落差，全程无动力，在基本不增加建设成本的前提下，将 100 户/年的设施运维成本从 2 万~3 万元降至 1000 元，并实现无害化、资源化、达标排放。

水处理模式和"三低一高"① 适用技术；同步推进南宁、柳州"无废城市"建设，探索固废污染防治新路径。南宁打造资源利用循环产业链，推行企业"逆向回收"模式，推进废旧物资循环利用。柳州加快城镇生活污水治理，补短板、强弱项，分年度建设和改造城镇污水管网，因地制宜地提高设施管理运营水平。

防范生态环境风险隐患方面，广西在 2020 年启动"三线一单"② 生态环境分区管控，加强河流、湖库岸线保护与开发利用管理，对西江经济带内干流和主要支流岸线实施分区管理，不断巩固区域生态安全格局，提升生态系统质量和稳定性。广西各地纷纷出台入海排污口监督管理方案，不断提升入海排污口监管能力和水平，防范化解生态环境风险。百色先后颁布《百色市澄碧河水库水质保护条例》《百色市右江流域水环境保护条例》，深化生态环境体制机制改革，推动形成"大保护"格局。来宾对生态环境领域的腐败和作风问题开展专项整改，强化党员干部生态环保意识，为地区生态文明建设保驾护航。

二　珠江—西江经济带绿色发展指标体系构建与时空分异特征

（一）绿色发展指标体系构建

构建绿色发展指标体系是对区域绿色发展水平进行定量和定性分析的基础。目前，国内外对于绿色发展指标体系的构建不尽相同，研究重点和采用方法也千差万别。本报告基于 PSR 模型理论内涵，遵循科学性、全面性、典型性、综合可比性和数据可获得性，结合区域发展实际，将 PSR 模型应用于珠江—西江经济带绿色发展指标体系的构建，以科学反映区域绿色发展

---

① "三低一高"是指低投资、低运行费用、低技术含量、高处理效率。
② "三线一单"是指生态保护红线、环境质量底线、资源利用上线和生态环境准入清单，是推进生态环境保护精细化管理、强化国土空间环境管控、推进绿色高质量发展的一项重要工作。

水平。参考现有绿色发展研究，本报告从绿色发展压力、绿色发展状态和绿色发展响应三个方面构建珠江—西江经济带绿色发展指标体系，整个指标体系包含 1 个目标层、3 个评价层和 16 个评价因子（见表 7）。

表 7　珠江—西江经济带绿色发展指标体系

目标层	评价层	评价因子
珠江—西江经济带绿色发展综合指数（GD）	绿色发展压力（P）	人均碳排放量（P1）
		人均工业废水排放量（P2）
		人均工业二氧化硫排放量（P3）
		人均工业烟尘排放量（P4）
		$PM_{2.5}$ 浓度（P5）
		城市人口密度（P6）
	绿色发展状态（S）	人均 GDP（S1）
		产业结构合理化（S2）
		产业结构泰尔指数（S3）
		产业结构高级化（S4）
		产业系统结构熵（S5）
	绿色发展响应（R）	人均固定资产投资（R1）
		科学技术支出占一般公共预算支出的比重（R2）
		环境质量指数（R3）
		万元 GDP 水耗（R4）
		万元 GDP 电耗（R5）

其中，多数指标可从统计资料中直接获取，少数指标需经简单推演，具体如下。

产业结构合理化：产业结构合理化衡量了产业结构和就业结构耦合程度，本报告参考干春晖等学者[1]的研究，设置如下计算公式：

$$S2 = \sum_{i=1}^{n} \left| \frac{Y_i / L_i}{Y / L} - 1 \right| = \sum_{i=1}^{n} \left| \frac{Y_i / Y}{L_i / L} - 1 \right| \tag{1}$$

式中，Y 表示 GDP；Y_i 表示第 i 产业产值；L 表示就业人数；L_i 表示第

---

[1] 干春晖、郑若谷、余典范：《中国产业结构变迁对经济增长和波动的影响》，《经济研究》2011 年第 5 期，第 4~16、31 页。

i 产业就业人数。S2 越大，表示产业结构越不合理，经济处于非均衡状态，进而对区域绿色发展产生负面影响。

产业结构泰尔指数：泰尔指数早期用于收入差距研究，但因其能同时考虑产业相对性和结构偏离度，成为衡量产业结构合理化的一个重要指标，其计算公式为：

$$S3 = \sum_{i=1}^{n} \left(\frac{Y_i}{Y} \right) \ln \left(\frac{Y_i}{L_i} \Big/ \frac{Y}{L} \right) \tag{2}$$

产业结构高级化：本报告参考柯军[①]的方法，用产业结构层次系数来衡量产业结构高级化水平，其计算公式为：

$$S4 = \sum_{i=1}^{n} \left(\frac{Y_i}{Y} \right) \times w_i \tag{3}$$

式中，w_i 表示第 i 产业权重，根据现行产业结构发展规律，分别对第一产业、第二产业和第三产业的权重赋值 1、2、3，则：

$$S4 = \left(\frac{Y_1}{Y} \right) \times 1 + \left(\frac{Y_2}{Y} \right) \times 2 + \left(\frac{Y_3}{Y} \right) \times 3 \tag{4}$$

产业系统结构熵的计算公式为：

$$S5 = - \sum_{i=1}^{n} \left(\frac{Y_i}{Y} \right) \ln \left(\frac{Y_i}{Y} \right) \tag{5}$$

环境质量指数的计算公式为：

$$R3 = \sqrt[3]{CU \times CT \times HT} \tag{6}$$

式中，CU、CT、HT 分别代表工业固体废物综合利用率、城镇生活污水处理率和生活垃圾无害化处理率。

本报告以珠江—西江经济带 11 个地级市为研究单元，研究时段为 2006~2020 年。主要指标数据来自相关年份的《广东统计年鉴》《广西统计年鉴》《中国城市统计年鉴》《中国城市建设统计年鉴》，各地市统计年鉴、

---

① 柯军：《产业结构升级与经济增长的关系》，《统计与决策》2008 年第 11 期，第 83~84 页。

统计公报、水资源公报以及各地市农业、林业、财政、环保、统计、自然资源部门公报；碳排放数据来源于中国碳核算数据库，地级市碳排放总量由各县（市、区）碳排放量加总得出，部分缺失数据由插值法进行补充。

（二）绿色发展整体态势及构成要素分析

图 13 反映了 2006~2020 年珠江—西江经济带绿色发展综合指数及评价层变化。总体而言，2006~2020 年，珠江—西江经济带绿色发展综合指数持续上升，从 2006 年的 0.23 增长至 2020 年的 0.49，增长了约 1.13 倍。一方面，经济带绿色发展综合指数显著提升。随着生态环境对经济社会的外部影响越来越显著，各地政府牢固树立"绿水青山就是金山银山"理念，将绿色低碳高质量发展上升为更高战略，逐步扭转"杀鸡取卵、竭泽而渔"的传统发展观，将生态环境保护贯穿经济社会发展的全过程、各领域，更加自觉地强调绿色发展、循环发展、低碳发展，建立健全生态环境保护体制机制，促进产业结构、能源结构全面绿色转型，防范化解生态环境系统性风险。另一方面，自 2011 年广东、广西提出粤桂合作特别试验区构想以来，经济带绿色发展迈入新阶段，速度不断加快。

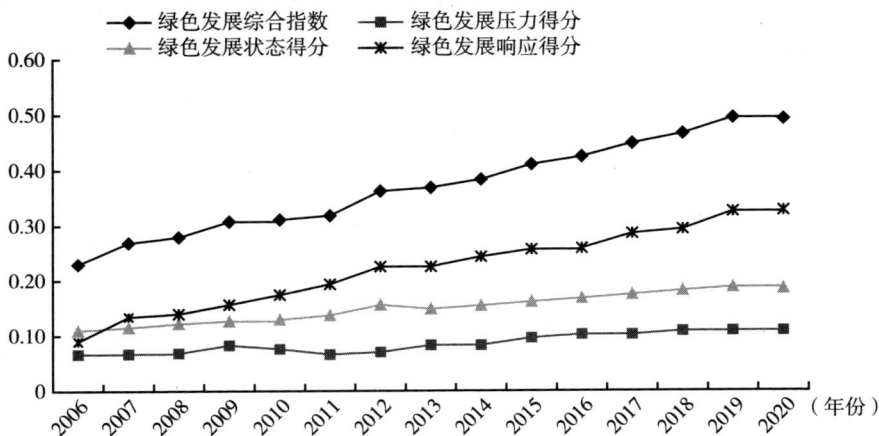

图 13　2006~2020 年珠江—西江经济带绿色发展综合指数及评价层变化

进一步分析珠江—西江经济带绿色发展构成指数在综合指数中的地位和变化趋势，有以下发现。经济带的绿色发展压力得分从2006年的0.066增长至2020年的0.108，年均增长3.58%。随着绿色保护不断加强，经济带节能减排工作持续推进，人均"三废"排放、碳排放、能源消耗得到有效控制。但由于区域发展要求不同，各地政府在经济增长和环境保护之间存在"政策摇摆"，使经济带绿色发展压力加大。珠江—西江经济带的绿色发展状态得分从2006年的0.110增长至2020年的0.185，年均增长3.78%。随着经济形势向好，人民生活水平不断提高，产业结构不断优化，但经济带产业结构高级化增速落后于合理化增速，经济向服务业转型受到制约。珠江—西江经济带的绿色发展响应得分从2006年的0.090增长至2020年的0.328，年均增长近10.00%，表明研究期内经济带推进环境改善和绿色发展的决心不断增强。以表征污染防治能力的环境质量指数为例，2006年，珠江—西江经济带内环境质量指数高于均值的城市占比为54.55%，到2020年已提高至81.82%，越来越多城市的污染防治能力增强，提升了经济带的环境质量水平，加之科技投入不断加大，政策支持逐渐发挥效用，珠江—西江经济带的绿色发展响应水平不断提升。

总结可知，绿色发展响应水平是珠江—西江经济带绿色发展的主要支撑力量，在以政府支持、科技创新为主的响应要素的影响下，经济带绿色发展具有较强的政府干预性。同时，以产业结构调整为主的状态要素对经济带绿色发展起重要作用。

（三）绿色发展水平差异的测度与分解

1. σ收敛

图14展示了2006~2020年珠江—西江经济带各组团绿色发展变异系数走势。2006~2014年，珠江—西江经济带绿色发展变异系数总体呈下降趋势，两广地区交流更加密切，绿色资源互换更加频繁；2014年，《珠江—西江经济带发展规划》提出将珠江—西江经济带建设成千里绿色生态走廊，粤桂合作特别试验区建设全面实施，两广差距明显缩小，绿色发展水平向均

值收敛，符合 σ 收敛特征。2015～2018 年，珠江—西江经济带绿色发展变异系数呈明显上升趋势。随后，广西经济增速高于全国的优势逐渐弱化，新常态下资源型企业转型升级、结构调整难度较大；同时期的广东已形成较完善的环境保护体制机制，在分区控制、污染防治、产业转型等方面贡献了"广东经验"，经济带区域绿色发展差距逐渐拉大。

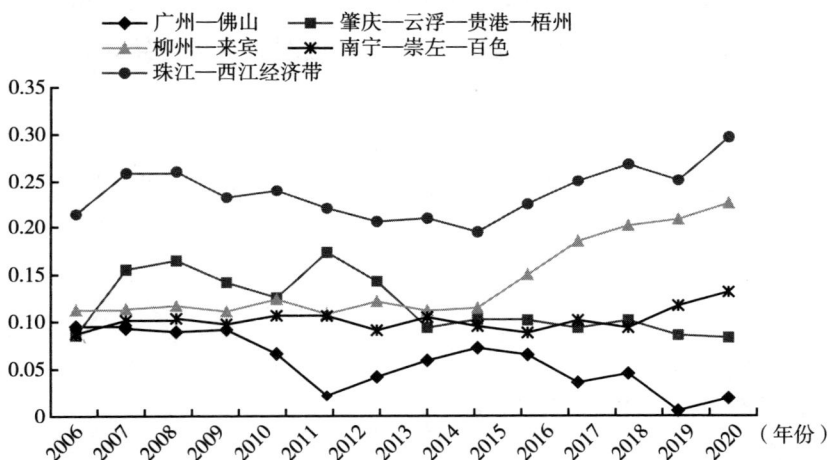

图 14　2006～2020 年珠江—西江经济带各组团绿色发展变异系数走势

从区域层面看，各组团绿色发展变异系数存在差异，整体而言，柳州—来宾变异系数最高，广州—佛山变异系数最低，其余两组团变异系数走势相近，处于中间水平。柳州—来宾变异系数在 2015～2020 年呈高速增长态势，不具有 σ 收敛特征。广州—佛山变异系数呈波动下降趋势，两地作为珠三角城市群核心区，产业互补性强、空间关系紧密、文化交流密切，广佛同城化稳步推进，"广佛经济"潜力进一步激发，绿色发展差距逐步缩小，出现 σ 收敛趋势。肇庆—云浮—贵港—梧州变异系数呈"前期波动、后期平稳"态势，以 2014 年为节点，2014 年前波动较大，整体发展偏离均值；2014 年后 σ 收敛特征越发凸显。南宁—崇左—百色变异系数走势整体趋于平稳，2017 年后出现小幅波动，不具有明显的 σ 收敛特征。

2. 泰尔指数测算和分解

泰尔指数在一定程度上能反映地区绿色发展水平差异和变动情况。将经济带按四大组团划分，泰尔指数可将绿色发展水平差异分解为四大组团内差异和组团间差异[1]。图15展示了2006～2020年珠江—西江经济带各组团绿色发展泰尔指数及分解。从整体看，经济带泰尔指数从2006年的0.028增至2008年的0.048，经过2009～2014年的小幅回落后再次高速增长，走势同变异系数走势相近。总体来看，经济带绿色发展水平差异具有一定发散特征。

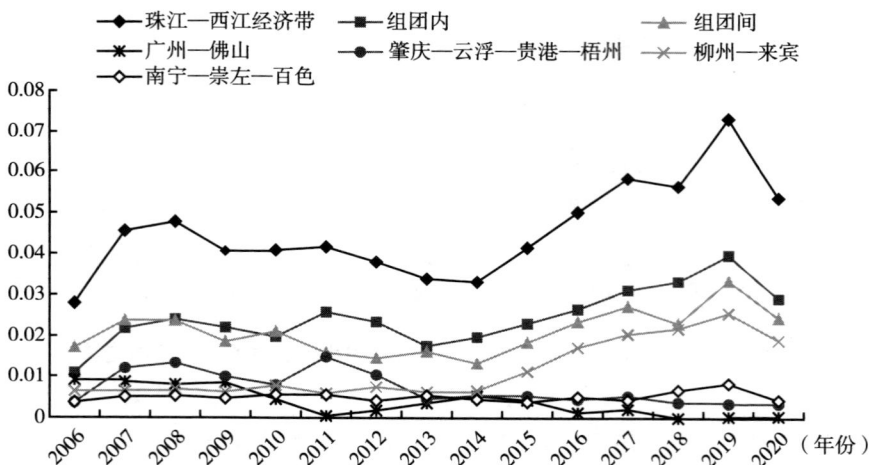

图15　2006～2020年珠江—西江经济带各组团绿色发展泰尔指数及分解

进一步基于泰尔指数分解计算四大组团间差异和组团内差异对经济带绿色发展水平差异的贡献度可以发现，绿色发展水平的组团内差异和组团间差异不断扩大，组团内差异对经济带绿色发展水平差异的贡献度为53.64%，组团间差异的贡献度为46.36%，说明组团内差异是珠江—西江经济带绿色发展水平差异的主要影响因素。具体来看，以2012年为节点，2006～2012

---

[1]　胡庆龙、伍亚：《基于社会经济因素的中国PM2.5排放的区域差异分解分析》，《数量经济技术经济研究》2020年第6期，第169～185页。

年，组团内差异从 0.011 波动增长至 0.023，对经济带绿色发展水平差异的贡献度从 38.77% 升至 61.64%，组团内差异不断扩大，进一步影响经济带绿色发展水平差异。2013 年开始，组团内差异和组团间差异进入共同扩大阶段，对珠江—西江经济带绿色发展水平差异的贡献度逐渐趋于平衡。这表明，随着经济带节点城市带动作用的增强，组团内差异将逐渐缩小，组团协调发展取得一定效果。

通过观察四大组团内泰尔指数动态演变情况可以看出，组团内差异演变有明显不同。2006 ~ 2020 年，广州—佛山泰尔指数区间为 0.00003 ~ 0.00903，均值为 0.00388；肇庆—云浮—贵港—梧州泰尔指数区间为 0.00353 ~ 0.01487，均值为 0.00719；柳州—来宾泰尔指数区间为 0.00587 ~ 0.02560，均值为 0.01170；南宁—崇左—百色泰尔指数区间为 0.00372 ~ 0.00850，均值为 0.00511。由此可知，柳州—来宾的绿色发展水平差异最大，广州—佛山的绿色发展水平差异最小。从各组团泰尔指数波动趋势可知，随着一体化的大力推进，广州—佛山的绿色发展水平差异逐渐缩小。南宁—崇左—百色泰尔指数整体走势较平稳，波动幅度不大，组团内绿色发展较均衡。肇庆—云浮—贵港—梧州 2006 ~ 2013 年的泰尔指数呈 "M" 形走势，而后呈平稳下降趋势，城市间绿色发展逐步均衡。柳州—来宾 2014 年之前的泰尔指数走势较平稳，2015 年起进入高速增长阶段，2019 年达到峰值，这说明柳州—来宾的绿色发展水平差异逐渐扩大。因此，各地政府在推动区域间绿色协调发展的同时，应关注各组团内的发展协调性。

（四）绿色发展水平主导要素演变及时空格局分析

1. 绿色发展主导要素演变

绿色发展水平受压力、状态和响应三个评价层指标共同影响，无论是资源环境压力，还是地区经济产业结构、环境规制力度，任何一个指标变化都无法独立左右经济带绿色发展水平差异的走势，绿色发展水平差异是压力、状态、响应三大系统相互作用的结果。鉴于此，将样本划分为 2006 ~ 2010 年、2011 ~ 2015 年和 2016 ~ 2020 年三个阶段，分别计算经济带各城市三个评价层指标均值，以便从微观层面分析各地主导要素阶段性演变特征（见图16）。

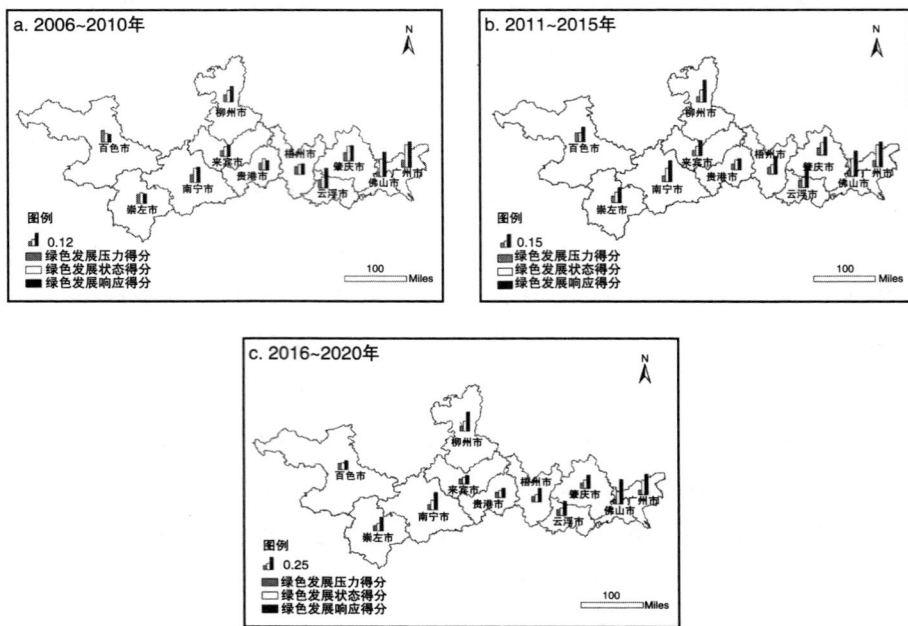

图16 2006~2020 年珠江—西江经济带绿色发展主导要素阶段性演变

资料来源：该图基于自然资源部标准地图服务网站下载的审图号为 GS（2022）4309 的标准地图制作，底图无修改，下图不再一一说明。

2006 年以来，大多数地区的绿色发展以响应水平为主导要素，少数地区的主导要素出现阶段性演变差异特征。具体来看，经济带全部城市第三阶段的绿色发展均由响应水平主导，但响应水平主要贡献指标有所差别，广州、佛山两地绿色发展响应水平的贡献主要来源于科学技术支出的增加，而其他城市则来自人均固定资产投资的增加。这在一定程度上反映了广州、佛山经济实力雄厚，科技创新能力强，技术创新赋能生态文明建设，区域碳达峰行动更高效可持续；其他城市绿色发展仍依赖政府政策，各地政府通过加大环境规制力度、完善生态保护体制机制、提升环境监管能力，及时对生态环境状态的变化做出反应，使各地绿色发展响应水平得到稳步提升。

此外，南宁和柳州第三阶段的绿色发展响应水平贡献有所减小，因为两地逐渐进入工业化中后期，都市型环境问题进一步恶化，难以摆脱对资源低价、环境无价的"环境红利"的重度依赖，绿色发展压力处于高负荷状态且不断经受新发展环境带来的挑战，环境欠账多，生态亏空大；肇庆绿色发展状态水平贡献不断减小，主要源于其长期突出的结构性问题，能源结构偏煤；梧州和贵港前期的绿色发展状态水平发挥了较大作用，但两地经济总量较低，产业层次和水平不高，产业转型难度大，绿色发展状态水平增长动力不足；百色绿色发展压力长期处于高水平，主要原因在于铝业和火电等重点领域污染物过度排放和局部地区的重金属污染；来宾后期的绿色发展响应水平降低，这是由于来宾能源消费刚性需求较大，产业结构偏重，污染治理难度加大，节能减排空间缩小，且作为欠发达地区，来宾科技创新投入比重降低，科技支撑作用不强，生态环境财政缺口较大，资金体制不健全，影响政策效果；崇左从以绿色发展状态水平为主导转向以绿色发展响应水平为主导，绿色发展响应水平增速较快，政策法规是主要推动力量。

2. 绿色发展空间分布变化

（1）组团绿色发展水平分析

2006~2020年，广州—佛山绿色发展水平整体高于其他3个组团，绿色发展平均速度也明显快于其他组团。绿色发展综合指数方面，广州—佛山绿色发展综合指数从2006年的0.320增长至2020年的0.738，涨幅超过100%，年均增长率超过6.00%；柳州—来宾2006年的绿色发展综合指数仅为0.187，到2020年达到0.441，增长了近1.4倍，年均增长率达6.32%；南宁—崇左—百色2006年的绿色发展综合指数为0.212，到2020年增长至0.439，年均增长率达5.34%；肇庆—云浮—贵港—梧州的绿色发展综合指数从2006年的0.220增长至2020年的0.439，增速虽居各组团末位，但涨幅接近100%。绿色发展压力方面，南宁—崇左—百色在2006年时面临严重的环境高压问题，但在南宁的带动下，该组团城市环境治理成效显著，绿色发展压力得以纾解。肇庆—云浮—贵港—梧州的绿色发展压力得分从2006年的0.067增长至2020年的0.114，增长了70.15%，年均增长率超过

3.86%。绿色发展状态方面，广州—佛山得分远高于其他组团，这表明两地经济实力雄厚，产业结构合理，绿色发展基础良好。南宁—崇左—百色因承受生态环境高压，绿色发展状态有待改善，其绿色发展状态得分从 2006 年的 0.089 增长至 2020 年的 0.166，足以反映其改善环境的决心以及产业结构转型升级的正外部性，绿色发展潜力巨大。绿色发展响应方面，南宁—崇左—百色 2006～2020 年的绿色发展响应得分增速位居各组团榜首；柳州—来宾的绿色发展响应得分从 2006 年的 0.079 增长至 2020 年的 0.298，年均增长近 10.00%，绿色发展响应水平的快速增长反映了地区对生态环境保护工作的重视，地区的环境治理能力和治理效率进一步得到提升（见表 8）。

表 8 2006～2020 年珠江—西江经济带各组团绿色发展水平

	组团	绿色发展综合指数	绿色发展压力得分	绿色发展状态得分	绿色发展响应得分
2006 年	广州—佛山	0.320	0.058	0.169	0.155
	肇庆—云浮—贵港—梧州	0.220	0.067	0.104	0.081
	柳州—来宾	0.187	0.049	0.092	0.079
	南宁—崇左—百色	0.212	0.082	0.089	0.064
2011 年	广州—佛山	0.444	0.066	0.217	0.250
	肇庆—云浮—贵港—梧州	0.293	0.066	0.124	0.179
	柳州—来宾	0.276	0.052	0.111	0.195
	南宁—崇左—百色	0.297	0.075	0.118	0.173
2016 年	广州—佛山	0.630	0.094	0.270	0.392
	肇庆—云浮—贵港—梧州	0.372	0.105	0.140	0.222
	柳州—来宾	0.378	0.096	0.147	0.234
	南宁—崇左—百色	0.391	0.106	0.148	0.235
2020 年	广州—佛山	0.738	0.101	0.272	0.511
	肇庆—云浮—贵港—梧州	0.439	0.114	0.161	0.285
	柳州—来宾	0.441	0.101	0.174	0.298
	南宁—崇左—百色	0.439	0.111	0.166	0.282

注：因篇幅有限，此表仅罗列部分年份数据。

种种数据表明，与广西相比，广东在经济实力、人才汇集、科技创新等各个方面都拥有绝对优势，广佛联动已迈入规模聚集阶段，带动肇庆、云浮进一步发展。广东4市城市群效应逐渐显现，吸引了广西大量资本、劳动力进入，相对减少了广西的发展机会。珠江—西江经济带绿色发展水平整体较低，一方面说明珠江—西江经济带内各地区发展不平衡、不充分，刚性化问题严重；另一方面说明珠江—西江经济带体制机制不健全，市场经济体制结构僵化，产业结构不合理，绿色要素不足。此外，广东、广西较大的绿色发展差距也表明，部分城市仍处于粗放式发展阶段，产业结构不合理、不协调，技术水平落后，创新驱动不强，珠江—西江经济带绿色发展质效提升任重而道远。

（2）市域层面绿色发展水平分析

为直观显示珠江—西江经济带内部绿色发展水平空间格局及变化情况，本报告借助 ArcGIS 软件，通过自然断点法将珠江—西江经济带分为高值区、次高值区、次低值区和低值区。

绿色发展水平方面，2006 年之前，高值区和次高值区分别为广东和南宁两个中心城市，来宾、贵港和云浮三市为低值区，其余城市均为次低值区。整体看，珠江—西江经济带绿色发展水平偏低，南宁作为中心城市，紧邻来宾、贵港两个低值区，外部效应较弱，带动作用不明显；梧州、肇庆处在低值区密集处，受负外部性影响，绿色发展水平落后于其他同类城市，在空间格局上呈现"两翼高，中间低"的特点。2006 年，如图 17 所示，在广佛肇联动下，佛山跻身高值区；肇庆、云浮后来居上，迈入次高值区；来宾在周边次高值区和次低值区的影响下，成为低值区。此时，珠江—西江经济带内部绿色发展水平空间格局可简单描述为"一点两面，东高西低"，"一点"指唯一的低值区；"两面"指以低值区为分界线，高值区和次高值区在东西两面。到 2020 年，西部的百色成为集"老、少、边、穷"于一体的特殊地区，其虽属资源富集型城市，但以工业和采矿业为主的传统产业的高耗能、高污染、高排放现象严重，产业发展方式粗放，绿色要素应用不足，导致其退入低值区。至此，珠江—西江经济带绿色发展水平东西分异现象明显，在空间上呈现"东高西低"的发展特征，反映了中心城市对低值区的带动作用不明显，发展溢出效应不强。高值区为东部地区，一方面，广东、佛山、肇庆经济体量较大，科技实力雄厚，高新技术企业集聚，雄厚的经济实力和完备的产业体系为区域绿色发展提供了坚实的物质基础；另一方面，东部地区的城镇化水平较高，节能环保投入力度、科技创新强度均大于其他地区，区域间政府政策扶持力度较大，为东部地区绿色发展创造了良好的社会环境。

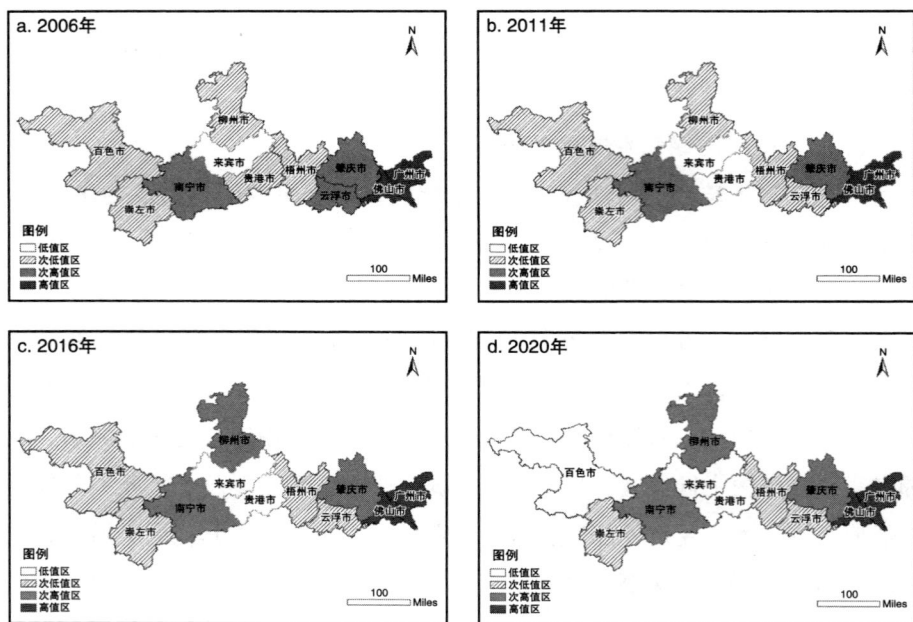

图 17　2006~2020 年珠江—西江经济带绿色发展水平

　　绿色发展压力方面，珠江—西江经济带表现出"两翼高，中间低"的格局。百色以工业和采矿业等高碳产业为主，能源消费强度大、结构不均衡，污染治理能力不强，绿色发展压力居高不下。"十二五"期间，中部的南宁和柳州加大产业结构转型力度，大力推进清洁技术改造，超额完成污染减排任务，两城市于 2016 年起迈入绿色发展压力低值区（见图

18）；同时期，广州、佛山加强区域联动发展，多措并举整治污染问题，生态环境质量取得阶段性提升，促使两城市跻身绿色发展压力低值区。低值区、次低值区、次高值区和高值区的数量分别从 2006 年的 2 个、3 个、5 个、1 个变为 2020 年的 5 个、2 个、3 个、1 个，低值区数量的增加反映了珠江—西江经济带绿色发展势头趋好，环境压力趋小。但百色、梧州、肇庆和云浮始终在高值区和次高值区，说明这些地区产业转型步伐缓慢，环境规划成本较高，资源、能源、环境形势严峻，生态环境格局存在冲突，环境治理任重道远，保持经济发展和环境保护之间的平衡是未来的工作方向。

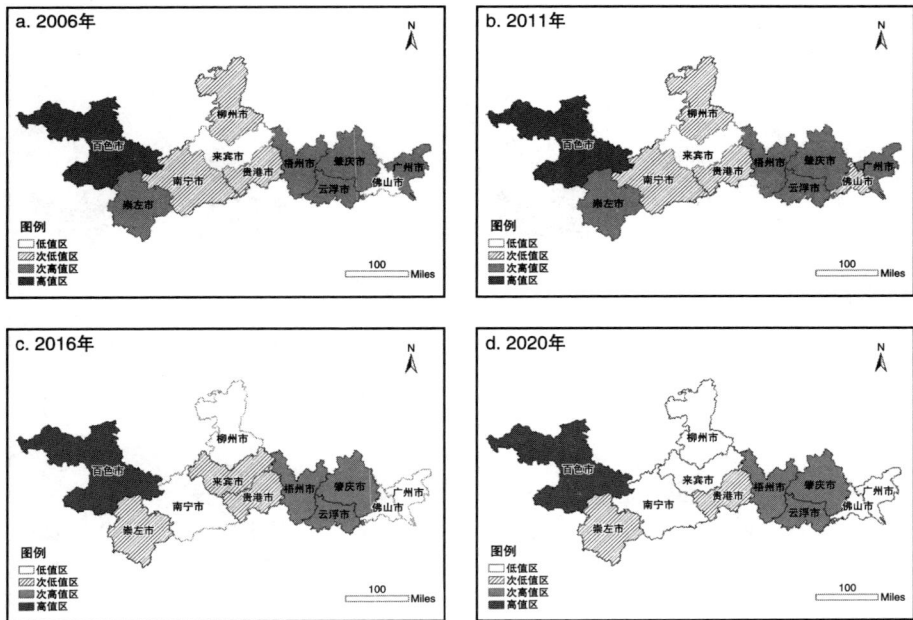

图 18 2006~2020 年珠江—西江经济带绿色发展压力

绿色发展状态方面，2006 年，高值区仅有广州 1 个城市，广西段南宁状态较好，处于次高值区，整体发展格局为"低—高—低—高"间隔分布。云浮虽地处经济发达的广东，但仍处于由农业市向工业市转型的进程中，粗放的经济发展模式带来的是能源高消耗、污染高排放，生态环境状态不佳。
2011 年，广东段高值区由广州扩散至佛山。2020 年，百色进入次低值区，
绿色发展状态分布格局进一步碎片化。综合来看，珠江—西江经济带东西分
异明显，广东发展明显快于广西。广州、佛山为高值区，广州作为国家中心
城市、粤港澳大湾区核心引擎，拥有 24 个一类海运口岸，区域绿色发展经济
产业支撑作用强劲；佛山是国家制造业转型升级试点城市，南海区构建的
"两高三新"现代产业体系为绿色发展提供新动能，极具绿色发展潜力。高值
区的增加反映了珠江—西江经济带绿色发展状态不断向好。同时，低值区的
存在反映了经济带城市风险应对能力有待提升，绿色发展模式有待进一步优
化更新。

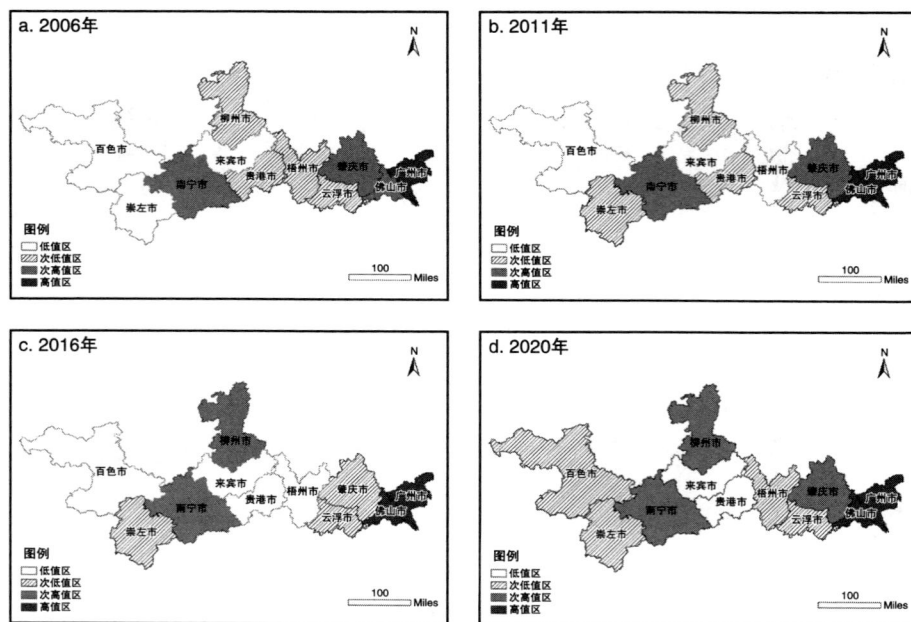

图 19　2006~2020 年珠江—西江经济带绿色发展状态

绿色发展响应方面，珠江—西江经济带绿色发展响应水平呈现地区差
异。自 2006 年以来，百色以资源换产业，巩固工业的核心地位，多种环

境问题交织，制约经济和生态环境的可持续发展。百色地理位置特殊，工业企业多选择在西江上游周边设厂，加大了污染治理难度；环境基础设施落后、环境监管不力使污染风险防范能力不高，绿色发展响应长期处于低水平。贵港以资源加工型工业为主，产业集中度低，门类相对单一，企业关键设备以引进为主，自主制造、创新、研发能力不足。同时，政府科技投入力度较其他城市明显不足，缺乏专业性科研机构和环保类人才队伍；政府缺少系统性的环境治理方案，企业没有源头管控意识，绿色发展乏力。高值区、次高值区、次低值区和低值区数量分别从 2006 年的2个、5个、3个、1个变为 2020 年的 1 个、2 个、5 个、3 个（见图 20），低值区数量明显增多反映了各地对生态保护的投入不足，绿色发展与科技创新融合不够，减污降碳政策效果不突出，区域绿色发展响应水平提升举步维艰。

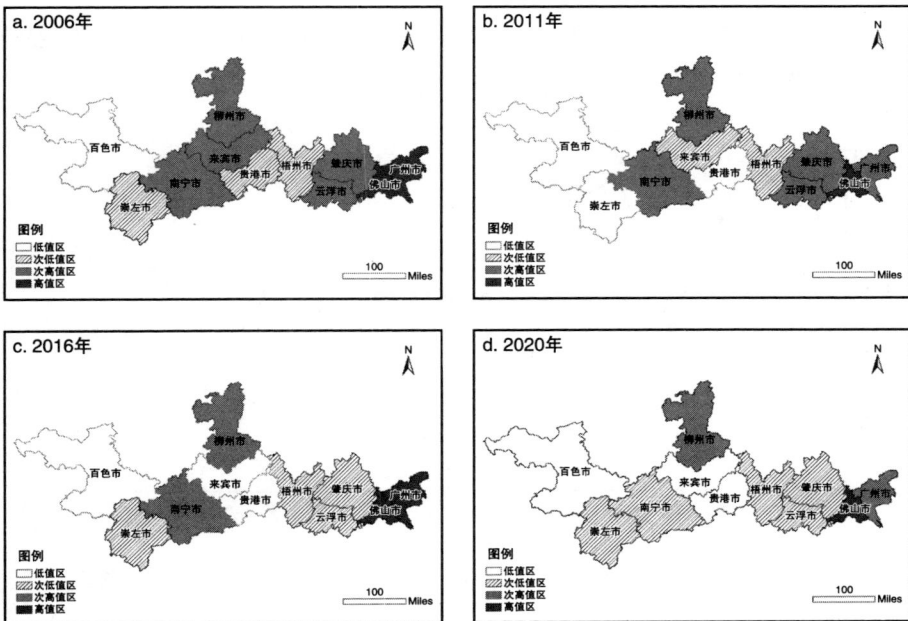

图 20　2006～2020 年珠江—西江经济带绿色发展响应

3. 绿色发展水平空间关联特征

（1）全局空间自相关特征分析

系统分析 2006～2020 年珠江—西江经济带绿色发展全局 Moran's I 变化情况（见图 21）发现，研究时段内全局 Moran's I 均为正值，且通过 5% 的显著性水平检验，这表明绿色发展空间分布并非随机，而是有显著空间正相关性，空间集聚现象明显，即绿色发展高水平地区与周边绿色发展高水平地区集聚，绿色发展低水平地区被其他绿色发展低水平地区围绕。各地区绿色发展水平不仅受自身经济发展、资源禀赋、产业结构影响，还受周边地区污染治理、能源消耗、生产消费等因素影响。从全局 Moran's I 的时序变动分析可知，2006～2020 年，Moran's I 出现较大波动。2006～2010 年，Moran's I 介于 0.349～0.394，表明在此阶段珠江—西江经济带绿色发展综合指数的空间分布并非独立，正向空间集聚效应显著；2011～2014 年，Moran's I 降至低谷，绿色发展空间关联性降低，空间异质性有所增强；2015 年后，Moran's I 先降后升，在 2020 年达到峰值 0.378，表明珠江—西江经济带绿色发展空间集聚程度有所加深，绿色发展空间有明显关联性。

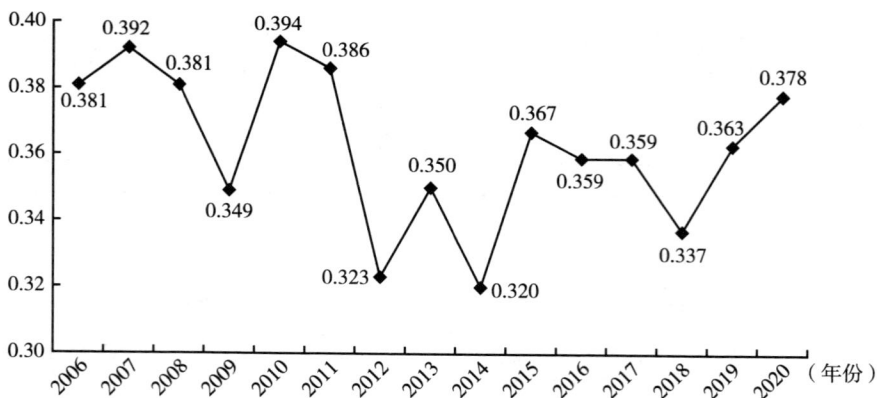

图 21　2006～2020 年珠江—西江经济带绿色发展全局 Moran's I 变化情况

（2）局部空间自相关特征分析

基于局部 Moran's I，将呈现局部空间自相关特征的城市单元划分为

"高—高""低—低""高—低""低—高"四种类型（见图22、表9）。研究发现，2006~2020年，广州、佛山两市均为"高—高"类型，即绿色发展综合指数高值集聚区；贵港、百色、来宾、崇左4市均为"低—低"类型，即绿色发展综合指数低值集聚区。对比2006~2020年绿色发展水平空间集聚情况可以发现，广东地区由于较高的经济发展水平和较合理的能源和产业结构表现出高值集聚，而广西地区则因相对落后的经济发展水平和低下的资源利用效率表现出低值集聚，空间集聚情况较稳定，具有明显的路径依赖性。

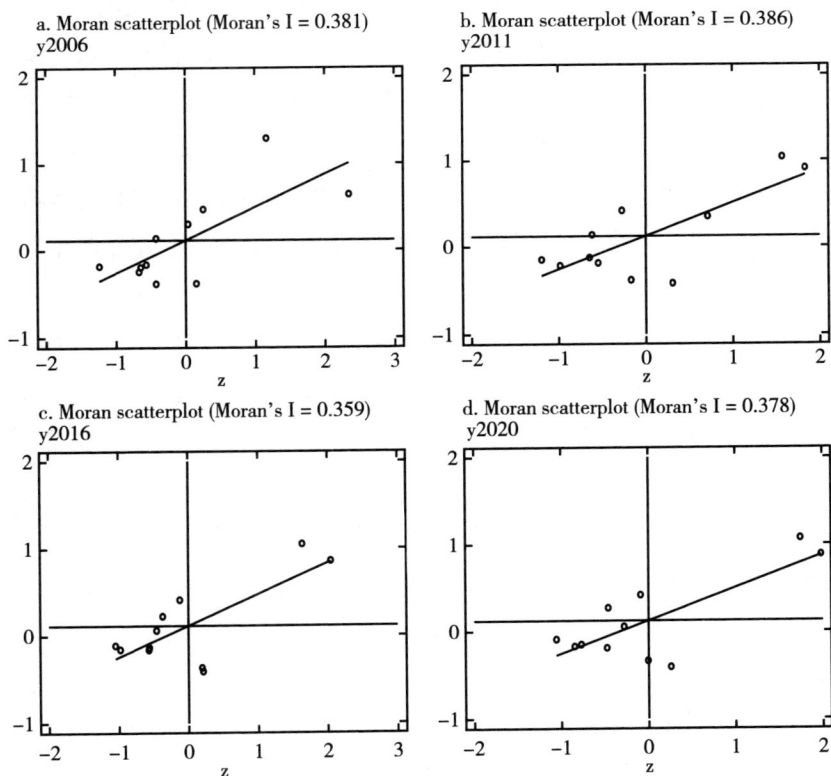

a. Moran scatterplot (Moran's I = 0.381)
y2006

b. Moran scatterplot (Moran's I = 0.386)
y2011

c. Moran scatterplot (Moran's I = 0.359)
y2016

d. Moran scatterplot (Moran's I = 0.378)
y2020

图22　2006~2020年珠江—西江经济带空间分布的Moran's I散点变化情况

表9 2006~2020年珠江—西江经济带各市绿色发展水平Moran's I 分布情况

类型	2006年	2011年	2016年	2020年
高—高	广州、佛山、肇庆、云浮	广州、佛山、肇庆	广州、佛山	广州、佛山
低—低	柳州、贵港、百色、来宾、崇左	柳州、贵港、百色、来宾、崇左	贵港、梧州、百色、来宾、崇左	南宁、贵港、梧州、百色、来宾、崇左
高—低	南宁	南宁	南宁、柳州	柳州
低—高	梧州	云浮、梧州	肇庆、云浮	肇庆、云浮

Moran's I 散点图有助于发现偏里空间正相关的非典型地区，即位于第二象限的"低—高"空心区和第四象限的"高—低"极化区。由图22、表9可知，珠江—西江经济带绿色发展整体水平从西到东不断提高，绿色发展分布有明显的空间自相关性：热点区和冷点区在空间上集聚分布，"低—高"和"高—低"类型数量较少，且分布在冷点区和热点区周围及其内部，有明显的空间异质性。这与地区经济发展水平、资源环境禀赋和政府政策支持力等因素密切相关。此外，不同地区的绿色发展集聚特征存在显著差异，导致区域绿色发展水平差异显著扩大，经济带绿色均衡发展受到明显抑制。

具体来看，2006~2020年，广州、佛山属于"高—高"热点区。两地地理位置优越、经济发展水平高、产业结构合理、科技创新能力强，属于绿色发展高效型地区。贵港、百色、来宾和崇左均属于"低—低"冷点区，来宾和贵港位于经济带中部，两地均以农业为主，来宾人均耕地近1.5亩，居广西首位，但随着"工业强市"战略的推进，两地均处于工业化初期向中后期过渡的发展阶段，同样面临增速扩量和转型升级的双重考验，绿色发展水平低下；百色同崇左接壤，两地同属于经济带欠发达地区，是我国脱贫攻坚战的主战场，经济发展滞后、科技创新能力低下是制约两地绿色发展的主要因素。肇庆和云浮在2006年均属于"高—高"热点区，但之后两地绿色发展动力不足，逐渐被周边城市赶超，于2016年成为"低—高"空心区。梧州空间异质性有所增强，从"低—高"空心区转变为"低—低"冷点区。柳州从"低—低"冷点区转变为"高—低"极化区，表明柳州绿色发展水平不断提升，但辐射带动作用有待加强。南宁从"高—低"极化区转变为"低—低"冷点区。以上变化说明广西绿色发展整体水平较低，呈现明显的低值集聚。

三 珠江—西江经济带绿色发展影响因素分析

地理探测器较少受假设条件限制，广泛应用于自然科学、社会科学和环境污染等领域，结合 GIS 空间叠加技术和集合理论，探测空间分异性和空间一致性，揭示背后因子驱动作用。其核心思想是：某一事物的影响因素具有空间分异性，影响因素在空间分布上与该事物相似性越强，对其影响越大①。地理探测器包括风险探测、因子探测、交互探测和生态探测。风险探测用于判断两区域因变量均值是否有显著差异；因子探测用于识别主要影响因子，并探测某因子对自变量空间分异的解释力；交互探测用于探测不同影响因子之间的交互作用；生态探测用于比较不同因变量对自变量的空间分布影响差异。本报告运用因子探测分析珠江—西江经济带绿色发展演变的影响因子，计算公式为：

$$q = 1 - \frac{\sum_{h=1}^{L} N_h \sigma_h^2}{N \sigma^2} \tag{7}$$

式中，q 为对自变量空间分异的解释力量值，值域为 $[0, 1]$，q 值越大，则表示该因子对自变量的解释力越强。$h = 1$，L 为变量或因子的分层，即分类或分区；N_h 和 N 分别为层 h 和全区的单元数；σ_h^2 和 σ^2 分别为层 h 和全区的绿色发展水平的方差。

区域绿色发展水平受经济发展、社会进步、生态文明等因素影响，上文构建的绿色发展指标体系包含经济规模、能源消费、产业结构、技术创新和污染防治等多种不同类型的指标数据，本部分首先将各项指标通过自然断点法依据数据分布规律进行自然聚类，将数值量转化为类型量；之后通过地理

---

① 王劲峰、徐成东：《地理探测器：原理与展望》，《地理学报》2017 年第 1 期，第 116~134 页。

探测器探究各种因素对区域绿色发展水平的影响。地理探测器测算结果如下。

（一）绿色发展水平的影响因子探测分析

1. 主导因子探测分析

因子探测通过对q值的计算展现各影响因子对区域绿色发展水平的解释力。由表10可以看出，2006年珠江—西江经济带绿色发展各影响因素解释力前5位依次为R1>S1>S4>S3>S5；2011年为S5>S3>S4>S2>R1＝S1；2016年为S1>R2>S3>S4＝S5；2020年为S1>S5>R2>S2>R5。

表10　珠江—西江经济带绿色发展因子探测结果

探测因子	q(2006)	q(2011)	q(2016)	q(2020)
人均碳排放量（P1）	0.255	0.312	0.173	0.484
人均工业废水排放量（P2）	0.193	0.412	0.161	0.438
人均工业二氧化硫排放量（P3）	0.207	0.171	0.085	0.503
人均工业烟尘排放量（P4）	0.639	0.141	0.082	0.352
PM$_{2.5}$浓度（P5）	0.220	0.239	0.061	0.166
城市人口密度（P6）	0.113	0.414	0.547	0.435
人均GDP（S1）	0.819	0.772	0.950	0.976
产业结构合理化（S2）	0.391	0.778	0.560	0.870
产业结构泰尔指数（S3）	0.760	0.786	0.890	0.429
产业结构高级化（S4）	0.816	0.784	0.808	0.629
产业系统结构熵（S5）	0.755	0.855	0.808	0.926
人均固定资产投资（R1）	0.836	0.772	0.409	0.587
科学技术支出占一般公共预算支出的比重（R2）	0.573	0.736	0.923	0.917
环境质量指数（R3）	0.393	0.438	0.696	0.117
万元GDP水耗（R4）	0.551	0.291	0.336	0.237
万元GDP电耗（R5）	0.084	0.297	0.070	0.731

生态探测用于比较不同因子对区域绿色发展水平解释力的相对差异性。结果显示，S1、S3、S4、S5、R1、R2在因子解释力上显著强于其他因子，

而其他因子解释力经 F 检验均不显著。结合因子探测结果可以发现，S1、S5、S3 和 R2 均为区域绿色发展主导影响因子。总之，珠江—西江经济带绿色发展是各要素共同作用的结果。

一是环境承载力。环境承载力是区域绿色发展的前提，不仅是衡量绿色发展的核心指标，也是绿色发展面临生态环境压力的重要体现。珠江—西江经济带人均碳、工业废水、工业二氧化硫排放量的影响力总体呈上涨趋势，尤其是人均工业二氧化硫排放量的影响力在 2020 年大幅上升，说明污染物排放强度对经济带绿色发展的影响力增强；传统工业能源结构不平衡导致环境承载力与绿色发展的关联性增强，"双碳"背景下绿色发展对减排降碳提出更高要求。人均工业烟尘排放量和 $PM_{2.5}$ 浓度的影响力下降，说明经济带各地大气污染防治取得突破性进展，蓝天保卫战持续发力。城市人口密度影响力增强，说明劳动力结构性供需矛盾和劳动力集聚导致各地绿色发展差距拉大。

二是经济驱动力。经济发展水平是区域绿色发展的基础，产业结构水平是直接推动力。经济发展水平的提高可以产生地区规模效应和集聚效应，为区域绿色发展提供坚实的物质基础，并且能够加快推进生态文明建设，提高环境保护项目支出，推进节能减碳项目落地实施。同时，不断增长的物质需求让人们对美好生活环境有更强烈的向往，进一步促进政府完善和优化环境治理体系，促进企业提高生产效率和资源利用率，持续提升区域绿色发展质量和效益。2006 年、2011 年、2016 年、2020 年的产业系统结构熵都是绿色发展主导影响因子，地区产业结构的优化升级能够提升城市经济发展质量和稳定性，在复杂多变的经济环境下提升城市防范化解重大风险的能力，进一步拓展经济带绿色发展的广度和深度，推动生态文明建设向纵深发展。

三是政策支撑力。人均固定资产投资对绿色发展的显著影响反映出珠江—西江经济带绿色发展模式依赖政府支持和引导下的投资拉动。固定资产投资是政府进行宏观调控的重要手段之一，可以通过短期的需求效应和长期的供给效应对经济增长产生影响，进一步作用于区域绿色发展，形成一种自上而下的"命令型"发展特征。同时，固定资产投资的结构和效益直接影响产业结构①。制造业是资本密集型产业，大量资本集中于黑色金属冶炼及压延加工、化学原料及制品制造等"双高"行业，对绿色发展产生负面影响。

四是科技引领力。21世纪以来，生态危机和经济危机的双重考验推动人类走向以新能源为特征的绿色科技革命道路②，科技创新是应对"百年未有之大变局"的关键，是绿色发展的根本动力。绿色高质量发展需要用好科技创新这一关键"武器"，通过加强科技创新能力，现代生产方式得以优化和改进，能源被充分利用，生产效率大大提高；节能减排、污染防治、资源循环利用等环保事业获得新发展，"三高"行业减排降碳的"卡脖子"问题得到解决；传统发展方式逐渐转向绿色低碳发展方式，经济发展和生态自然的矛盾得以缓解。

2. 探测因子解释力强度演变分析

随着时间的演变，探测因子 P4、P5、S3、S4、R1、R3、R4 的解释力总体呈下降趋势，这一方面说明珠江—西江经济带绿色发展水平受多种因素综合影响，单一因子解释力强度逐渐弱化；另一方面说明珠江—西江经济带绿色发展水平受内外双重作用驱动。内部作用即主观能动性，表现为区域自我调整能力和自我提高能力，珠江—西江经济带多为资源密集型城市，多以矿产、冶金、石油石化等高耗能、高污染、高排放产业为主导产业，但随着能源大量消耗殆尽，接续产业尚未兴起，产业结构严重失衡，产业规模集聚效应未能显现。外部作用为外部环境给绿色发展带来的反作用，主要来自科技发展、人口流动等外部条件变化。S3 和 S4 的解释力于 2020 年明显下降，说明经济带对产业结构优化的重视程度逐渐加深，不断探索产业结构升级助力绿色发展的新发展路径，但经济带大多数地区产业结构仍制约绿色发展。R3 的解释力也于 2020 年明显下降，这说明如果不能从根本上减少经济活动对环境的破坏，不能停止无节制地消耗自然资源、无约束地排污排废，仅仅

---

① 胡荣涛：《产能过剩形成原因与化解的供给侧因素分析》，《现代经济探讨》2016年第2期，第5~9页。
② 黄娟：《科技创新与绿色发展的关系——兼论中国特色绿色科技创新之路》，《新疆师范大学学报》（哲学社会科学版）2017年第2期，第33~41页。

依靠环境治理、废物再利用等手段，对绿色发展的推动作用有限。只有"节能""减排""治理"多措并举，才能有效推动绿色发展取得长足进步。

（二）绿色发展水平的交互探测分析

交互探测能够识别不同因子发生交互作用后区域绿色发展水平影响力的变化，以探测不同因子之间是否存在交互关系。探测结果显示，各个因子两两结合能产生双因子增强或非线性增强的交互作用力，双因子增强说明两因子交互对区域绿色发展水平的影响显著大于两因子单独作用的最大影响力，非线性增强说明两因子交互对区域绿色发展水平的影响显著大于两因子单独作用的影响力之和。

2006 年，人均 GDP 与其他因子交互作用 q 值均在 0.80 以上，人均固定资产投资与其他因子交互作用 q 值均在 0.83 以上，且城市人口密度和人均工业二氧化硫排放量、人均固定资产投资分别交互时的因子解释力最强（$q=1$），均产生非线性增强的交互作用力，说明人均 GDP 和人均固定资产投资对 2006 年珠江—西江经济带绿色发展起主导作用。

2011 年，产业系统结构熵与其他因子交互作用 q 值均在 0.85 以上，人均 GDP 与其他因子交互作用 q 值均在 0.90 以上，产生双因子增强的交互作用，人均工业烟尘排放量和产业结构高级化交互作用力最强（$q=0.9996$），说明产业系统结构熵和人均 GDP 对 2011 年珠江—西江经济带绿色发展起主导作用。

2016 年，人均 GDP 与其他因子交互作用 q 值均在 0.94 以上，科学技术支出占一般公共预算支出的比重与其他因子交互作用力普遍较强（$q>0.92$），且产业结构泰尔指数和人均固定资产投资、万元 GDP 水耗交互作用力最强（$q=1$），说明人均 GDP、科学技术支出占一般公共预算支出的比重、产业结构泰尔指数为 2016 年珠江—西江经济带绿色发展水平的主导影响因子。

2020 年，人均 GDP、产业系统结构熵和科学技术支出占一般公共预算支出的比重与其他因子交互作用力普遍较强（$q>0.91$），且产业结构合理化和万元 GDP 水耗交互后因子解释力更强（$q=0.9999$），产生双因子增强的交互作用，说明人均 GDP、产业系统结构熵和科学技术支出占一般公共预算支出的比重对 2020 年珠江—西江经济带绿色发展起主导作用。

绿色发展压力、状态、响应要素协同作用对区域绿色发展水平产生影响，任意两因子综合作用解释力大于任意单因子解释力。到 2020 年，各因子单独解释力和交互作用力的差距逐渐缩小，侧面证实了珠江—西江经济带绿色发展水平受经济发展、资源承载、政策支持等多因素相互作用，人均 GDP 是影响绿色发展水平的主导因子，科技投入水平、人均固定资产投资、产业结构水平等影响状态水平的因素对区域绿色发展时空演变起主导作用。

（三）绿色发展时空演变的影响机制分析

根据地理探测器结果，对珠江—西江经济带绿色发展时空演变的主导因素、基础因素和重要因素进行总结归纳，深入剖析绿色发展时空演变的影响机制（见图 23）。

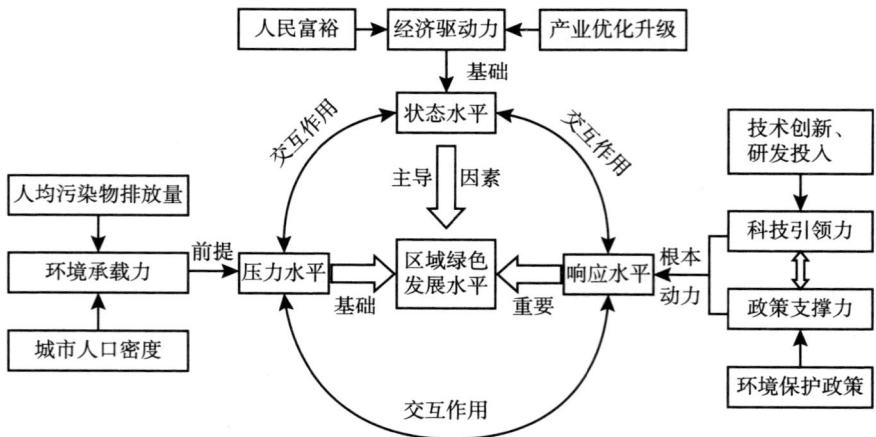

图 23　珠江—西江经济带绿色发展时空演变的影响机制

绿色发展状态水平是绿色发展时空演变的主导因素，对区域绿色发展时空演变产生重要影响。绿色发展状态是自然系统面对人类各类经济行为压力时所产生的变化，直接作用于区域绿色发展水平。经济发展水平高、产业结构合理在很大程度上能促进区域绿色发展水平的提升；经济发展实力是区域推进绿色发展的基础保障，地区经济实力越雄厚，人民对美好生活的需求越强烈，对生态环境质量的要求也越高。产业结构合理化是产业协调度和要素有效利用程度的反映①，若区域工业占比偏高，则区域节能减排工作实施难度较大；若工业与其他产业或工业各行业内部之间分布不合理，产业、技术关联不够紧密，则产业无法有效落实节能减排工作，进而影响绿色发展水平。产业结构高级化代表了产业结构的转型升级，第二产业具有资本和能耗密集特点，是能耗和排污大户，知识和技术密集的第三产业则是绿色发展的重要方向，产业结构不断朝知识和技术密集的高级化方向演进，有助于绿色发展水平的提高。

绿色发展压力水平是绿色发展时空演变的基础因素。人类经济活动对自然系统造成的压力是反映区域资源承载力的现实基础，是促进区域走绿色发展之路的先决条件。珠江—西江经济带正处于 EKC 曲线爬坡阶段，传统工业占比较高，高耗能、高污染、高排放企业大量存在，对煤炭依赖性强，这使污染排放和能源消耗居高不下，污染气体的无差别排放给城市空气质量带来巨大挑战，各区域均受到不同程度的雾霾影响。同时，随着工业化、城镇化进程的不断推进，大批农村人口向珠江—西江经济带城市涌来，城市人口密度激增，从 2006 年的 1669 人/千米² 增长至 2020 年的 2609 人/千米²，说明珠江—西江经济带城市人口压力增大，综合承载力严重不足，导致福利效应受损，在一定程度上阻碍了绿色发展。

绿色发展响应水平反映了人类社会面对自然环境变化所采取的行动，促进了生态系统的调整和恢复，是绿色发展时空演变的重要因素。固定资产投资比重决定了行业环境技术改进成本，行业要素投入直接影响了行业对环境

---

① 赵领娣等：《人力资本、产业结构调整与绿色发展效率的作用机制》，《中国人口·资源与环境》2016 年第 11 期，第 104~114 页。

技术升级的意愿和对环境规制的容忍力①。因此，政府对固定资产投资结构的合理调整有助于行业自觉进行绿色转型升级。科技支出占比反映了政府对科技创新的支持，区域科技支出占比不断提高，说明区域科技实力不断增强，现代化生产能力提高，有助于区域生产集聚化、规模化、绿色化、智能化发展。单位GDP水电消耗是衡量区域绿色发展的基础指标，反映了区域能源消耗强度和资源利用程度，单位GDP水电消耗强度越低，说明区域能源利用效率越高，人民可持续发展意识越强，绿色发展推进效果越明显。

四　结论与对策建议

（一）研究结论

本报告在梳理国内外学者对绿色发展内涵、水平测度、影响因素及实现路径相关研究后，基于现有统计数据，运用熵值法、变异系数、泰尔指数、探索性空间数据分析、地理探测器等方法从空间层面对珠江—西江经济带11个城市绿色发展水平时空分异进行长时间序列分析研究，为珠江—西江经济带生态文明建设和绿色发展路径选择提供理论依据，主要有以下结论。

第一，2006～2020年，珠江—西江经济带绿色发展水平不断提高，实现"双碳"目标未来可期，绿色发展响应水平显著提高，绿色发展压力水平得以有效控制。经济带绿色发展政府干预属性明显，状态水平逐渐提高。从差异性上看，经济带绿色发展差异长期稳定存在。各组团发展侧重点各不相同，组团内差异成为影响绿色发展总差异的关键因素，柳州—来宾差异最大，广州—佛山差异最小，其他两个组团差异较稳定。

第二，2006～2020年，经济带各城市绿色发展主导要素呈相似化特征，响应水平成为推动绿色发展的主力军。同时，各城市因经济发展阶段和工业

---

① 童健、刘伟、薛景：《环境规制、要素投入结构与工业行业转型升级》，《经济研究》2016年第7期，第43～57页。

化程度不同，次级指标贡献有所差异，除广州和佛山两个绿色发展高水平区的科技投入发挥主要作用外，其余城市皆倚重人均固定资产投资的增加。但总的来说，珠江—西江经济带广东、广西两段发展水平差距较大，绿色发展水平整体不高，这也反映出珠江—西江经济带城市发展不平衡不充分、刚性化问题严重、体制机制结构不健全、市场经济体制结构僵化、产业结构不合理、绿色要素不足等问题，珠江—西江经济带绿色发展质效提升道阻且长。

第三，经济带绿色发展水平不断提高，但绿色发展水平低值区和次低值区占比较高，说明区域绿色发展水平不平衡现象依然突出，大多数地区的粗放型经济发展模式尚未得到改变，区域绿色发展水平差距较大；"东高西低"的空间发展格局反映出绿色发展高水平区域对低水平区域的带动作用不强，发展溢出效应不明显。绿色发展压力"先降后升"，整体呈现"两翼高，中间低"的空间分布格局，说明绿色发展压力水平同地区经济活动开展强度有关。绿色发展状态水平总体呈增长态势，但"十三五"时期以后增长放缓，部分城市出现负增长，说明经济带城市风险应对能力不强；绿色发展状态水平同经济发展水平存在一定的一致性，整体发展格局为"低—高—低—高"间隔分布。绿色发展响应水平稳步提升，说明各地绿色发展意识增强，政府对绿色发展的重视度增强；但从空间上看，绿色发展响应低值区增加，表明各地政府环保投入强度依然不足，绿色发展与科技创新融合不够，减污降碳政策效果不突出，区域绿色发展响应水平提升任重道远。

第四，全局空间自相关特征分析显示，珠江—西江经济带绿色发展空间分布具有明显的空间正相关性，空间集聚效应显著，2015～2020 年 Moran's I 先降后升，说明珠江—西江经济带绿色发展空间集聚作用增强。由局部空间自相关特征分析可知，珠江—西江经济带绿色发展整体水平从西到东不断提高，绿色发展分布有明显的空间自相关性：热点区和冷点区集聚分布，"低—高"和"高—低"型城市数量较少，且分布在冷点区和热点区周围及其内部，有明显的空间异质性。

第五，2006 年珠江—西江经济带绿色发展各影响因素解释力前 5 位依次为 R1>S1>S4>S3>S5；2011 年为 S5>S3>S4>S2>R1 = S1；2016 年为 S1>

R2>S3>S4＝S5；2020 年为 S1>S5>R2>S2>R5。珠江—西江经济带绿色发展是各要素共同作用的结果：环境承载力是绿色发展的前提，经济驱动力是绿色发展的基础，政策支撑力形成一种自上而下的"命令型"发展特征，科技引领力是绿色发展的根本动力。探测因子 P4、P5、S3、S4、R1、R3、R4 的解释力总体呈下降趋势，这一方面说明珠江—西江经济带绿色发展水平受多种因素综合影响，另一方面说明珠江—西江经济带绿色发展水平受内外双重作用驱动。

（二）对策建议

区域绿色发展是经济、社会、生态三大系统相互影响、共同作用的结果。珠江—西江经济带绿色发展整体水平较低，存在以下突出问题：一是绿色发展意识不强，环境规制能力有限；二是工业化中的生态化进程缓慢且环境问题突出，新技术研发未能有效推进绿色发展；三是经济社会发展速度有余、质量不足，对环境正向作用不强；四是绿色发展区域差异明显，中心城市辐射带动作用不强。为提高珠江—西江经济带绿色发展水平，推动碳达峰碳中和的经济社会系统性变革，如期实现"双碳"目标，本报告提出以下建议。

1. 发挥政府引领作用，完善经济带绿色治理

珠江—西江经济带绿色发展必须基于绿色政治制度框架，以实现经济发展和生态保护的协同。各地市自然资源、区位条件、经济基础、产业结构不同，面临的绿色发展压力也不尽相同。因此，在珠江—西江经济带绿色发展过程中，政府必须发挥带头作用，因地制宜、扬长避短，形成符合本地发展需求的绿色发展新模式。首先，政府应提高环保投资总量，充分发挥环保投资的规模效应。通过加大固定资产投资力度等宏观调控手段，引导更多社会资本注入绿色行业。针对珠江—西江经济带经济发展和污染治理现状，政府应合理调整环保投资结构，在扩大环保投资规模的前提下有针对性地提高工业污染源治理投资比重，加大"三高"行业治污降碳投入力度，促进环保投资更好地发挥防污治污作用。其次，重视地区生态基础。西江由于其独有

的复杂的蛛网状水系，生态资源分布失衡、物种分布集中、生态治理难度大。百色、南宁林业资源丰富，森林覆盖率高，应建立健全山水林田湖草治理修复体系和生物多样性监测保护系统，以解决地区石漠化问题为工作重点，发挥地区生态资源优势，巩固生态环境基础，力求将"生态红利"转变为"经济红利"。而面对广州、佛山"水质性"缺水问题，政府一方面应加强水环境空间管控，持续推进水生态系统的保护和修复；另一方面应增强市民节水意识，培养民众节水习惯，同时加强节水型基础设施建设，提高再生水利用率。只有治水、节水两手抓，才能切实解决眼下突出问题，推动地区绿色发展。最后，健全地方政府生态环境系统监测长效机制。有效的政府监管是推动绿色发展蓝图变实景的有力保障，基层政府应牢固树立"生态优先、绿色发展"的基本思想，严守生态保护红线，加大监管执法力度，落实生态损害赔偿和追责制度，适当公开生态系统保护监测评估结果，形成政府、企业、民众相互监督、共建共治的良性监管格局，规避只追求利益最大化而损害生态的短视行为。

2. 强化绿色发展理念，助推"双碳"目标实现

珠江—西江经济带各地区应牢固树立"绿水青山就是金山银山"理念。长期以来，经济带盲目追求经济增长速度，对生态环境造成严重破坏，走上了"先污染后治理"的错误道路。"唯GDP"的发展思路下，高耗能、高污染、低产出的粗放型经济发展模式导致自然资源枯竭和生态环境恶化，经济带部分地区长期走着"以牺牲生态环境换取经济发展"的GDP增长捷径。区域经济发展绩效考核片面强调经济总量增长，仅以GDP高低衡量地区经济水平，忽略了经济发展质量，更违背了人与自然和谐共生的基本思想，限制了区域绿色发展水平的提高，阻碍了"双碳"目标的如期实现。珠江—西江经济带应树立正确的绿色发展理念，推动形成绿色生产和生活方式。第一，将生态环境质量纳入传统GDP绩效考核，破除"唯GDP"论，制定科学统一的绿色考核标准，健全"绿色GDP"绩效考核体系，促进政府自发推动经济绿色转型和生态环境修复，促进经济增长绿色化程度的提高。第二，加大环境规制力度，提高企业排污成本，引导企业自觉走向绿色发展道

路。经济带绿色发展水平的提高需要生产企业源头管控和末端治理"双管齐下",各地区应通过税收补贴、政策倾斜等手段帮助"双高"企业进行转型升级和污染治理,同时通过罚款、物价调控等手段对部分企业的随意排污、资源浪费等行为进行管控。第三,引导民众形成绿色生产和生活方式,完善公共交通基础设施建设,倡导民众形成低碳出行生活方式;加大绿色产品政策倾斜力度,激发厂商生产动力,促进民众绿色消费。第四,各地区应转变"竞争发展"心态,加强地区间交流合作、优势互补、经验共享。广西自然资源丰富,能为广东绿色发展提供充足的养分;广东经济发展水平高、科技创新能力强,能为广西绿色发展带来先进技术支持和经验参考,只有两广互联互通、产业互补,才能促进珠江—西江经济带绿色协调发展,共同实现碳达峰碳中和。

3. 经济社会发展提质增效,聚力绿色水平提升

根据环境库兹涅茨理论,当基本生活需求满足后,人们开始注重生态环境,追求更高的生活品质。珠江—西江经济带广西段城市经济体量偏小,其绿色发展应立足经济建设,提升经济发展效率,追求经济发展质量。广西段应充分利用自身资源禀赋和区位优势,发挥中心城市带动作用,加快培育和形成结构有序、功能互补、整体优化、共建共享的城市群和城镇带,依托百色、崇左对接东盟的丰富资源,加强与东盟的贸易合作。柳州、梧州工业实力雄厚,应以包括汽车、冶金及有色金属、石油石化在内的第二产业的发展为主要重心,加快产业生态化改造,建设新型产业链条①。同时,梧州应发挥作为广西"东大门"的承东启西作用,提升粤桂合作特别试验区的产业水平。来宾连接柳州、梧州两个工业重镇,工业发展潜力大,应着力打造广西内陆承接东部产业转移且作为桂中水陆联运区域物流枢纽的西南陆海新通道的重要节点。

广东段各城市一直是珠江—西江经济带的龙头带动城市,经济发展基础

---

① 朱帮助、张梦凡:《绿色发展评价指标体系构建与实证》,《统计与决策》2019年第17期,第36~39页。

好，经济韧性强，产业集聚效应优，人口密集程度高。因此，广东段的绿色发展应侧重社会发展动力提升，充分发挥绿色发展潜力。首先，加快建设现代化产业体系，广州应以美丽湾区建设倒逼绿色发展，突出创新引领作用，构建具有国际竞争力的现代化产业体系，推动产业协作，推动构建"3+5+X"战略性新兴产业体系和清洁低碳、安全高效的现代化新型能源体系。佛山应重点围绕传统产业绿色升级，完善村级工业园改造和国家级绿色工厂建设，推动传统制造业清洁化、高效化、数字化、绿色化发展，发挥制创重镇发展新优势。其次，加强生态保护监管，肇庆和云浮生态优势明显，应强化系统观念，坚持"面上保护、点上开发"，以保护优先、自然恢复为主，统筹推进西江生态防护系统治理，强化生态系统监管，守住自然生态安全边界，提升生态系统服务水平。最后，转变"以村养城"的错误发展方式，补齐农村基础设施和公共服务短板，提高农村污染处理能力，形成化肥农药合理使用、节水节能环保的绿色农业生产新方式。

同时，完善的生态补偿机制是经济带绿色发展的"压舱石"。首先，完善以财政转移支付为主的生态补偿政策，进一步加大绿色投入力度，设立绿色产业发展引导基金，鼓励引进逆污染和低排放产业①。其次，加大宣传力度，通过宣传教育方式增强民众的生态保护意识，让公众参与具体的生态补偿法律法规制定和执行过程，共建生态补偿体系，共享生态保护成果。最后，鼓励多元化生态补偿方式，经济带上下游地区应依据本地生态环境基础、现有开发强度和生态产品潜力，探索以资金补偿为基础的产业扶持、人才引进、技术支援等多样化生态补偿方式。

4. 推动产业技术改造，优化能源利用结构

实现"双碳"目标是我国面临的系统性、全局性、战略性工作，需要正确处理好中长期绿色低碳发展和短期经济平稳运行之间的关系，下好全国"一盘棋"，先立后破，强化国家顶层设计，发挥制度优势。以促进污染物

---

① 广东区域金融政策研究中心课题组等：《广东推进绿色发展战略的区际精准激励对策与建议》，《广东经济》2019 年第 5 期，第 38~45 页。

减排为核心，倡导构建多方参与的循环经济发展格局，在全社会形成高质低耗的循环生态体系。大力宣传"绿色GDP"理念，摒弃高耗能、高污染、高排放的"三高"企业，大力推进"去产能"进程，大力发展清洁能源和可再生能源，推动形成低碳产业发展模式，建设新型绿色低碳产业基地，刺激绿色经济增长。

广西段较广东段产业结构更偏重工型，高耗能企业和行业高投入、高污染严重，工业企业仍无法摆脱对原煤的重度依赖。为此，广西段应着力开展有色金属、石油石化、煤化工、冶金等高耗能行业产业生态化改造和节能减碳专项工作，限制部分低效低产的企业生产扩张。对一些科技创新不足、污染排放高的企业进行整改治理，对低耗能、高附加值的新兴产业给予支持，将绿色资源变为绿色生产力，协同做好绿色产业发展的"加法"和碳排放、污染物排放的"减法"。同时，推动"科技强桂"方案落地实施，积极引进先进环保技术，鼓励现代农业、先进制造业和高新技术产业发展，引进绿色低碳先进技术，通过数字信息技术打造绿色产业链、价值链、生态链，紧抓上、中、下游全生命周期绿色产业管理。鼓励企业自主创新，集聚创新资源，加大研发投入力度，攻克关键核心技术，鼓励企业主动为技术创新"买单"，在生态环保、有色金属深加工、冶金等领域实施科技重大专项，以技术创新为绿色发展赋能。注重高层次人才队伍建设，推动高校、企业和科研机构联合，协同促进科技创新能力的提升。此外，在能源刚性增长与保障能源供应矛盾尖锐的当下，应加快建设和储备一批托底保供的支撑性和调节性电源，完善煤炭油气产供储销体系，提高能源安全储备能力，加强能源应急保障和风险管控能力。同步实施可再生能源替代行动和传统产业能源改造行动，大力推广非化石能源，减少煤炭消费，开展散煤综合治理和燃煤小锅炉整治；推动煤电行业节能降碳改造、灵活性改造和供热改造三大改造联动发展；提升油气绿色清洁利用效率。

广东段应以做强做优实体经济为发展方向，补短板、锻长板，推动传统产业生态化、智能化、高端化转型升级，鼓励企业深度参与全球合作，提高防范化解重大风险的能力。培育生态型企业，壮大产业链"端点"企业，推进绿色低碳技术研发和绿色生产，全面开展绿色改造工程，倡导建设绿色建筑。在当下能源博弈不断激烈的复杂局势下，广东段必须着重强化自身能源安全保障。首先，深化能源改革，坚持安全保供的底线思维，激发非化石能源自给潜力，降低能源对外依存度，形成煤、油、气、新能源多轮驱动的能源供给。同时，积极探索可再生能源发电技术，严控煤电项目，构建以新能源为主体的新型电力系统。其次，加快能源技术自主创新，充分发挥地区优势，加强资源整合，夯实研究基础，突破关键技术，推动成果应用，构建绿色高效、低碳循环、安全智能的现代化新型能源体系。坚持龙头企业引领，全力培育能源产业业态，促进产业链、创新链、供应链、价值链耦合，力争将能源产业打造成新经济增长极，形成能源科技上下游联动的一体化创新和全产业链协同发展模式，发挥模范带头作用，率先实现"双碳"目标。

5. 聚力中心城市带动，推进区域协调发展

珠江—西江经济带横跨广东、广西两省份，覆盖经济发达区和经济欠发达区、资源丰富区和资源匮乏区，是一个处在相互管理的生态循环系统中的整体地域单元。应着力控制经济带绿色发展压力，突破地区发展壁垒，重点解决各组团内部普遍性阻力问题，协调组团间发展战略，推动组团间多元化合作，避免各城市在生态文明建设工作中各自为政，防范资源配置、污染排放、环境治理等方面的"公地悲剧"。广东段经济实力雄厚，产业结构合理，科技创新水平高，绿色发展动力充足，实现"双碳"目标难度较小；广西段一些重化工业集聚地区产业结构失衡，能源结构重煤炭，"减碳"难度较大，实现"双碳"目标道阻且长。珠江—西江经济带绿色发展时空演变路径表明，区域经济发展水平同绿色发展水平具有一致性；经济带整体经济实力的提升使各地区绿色发展差距逐渐缩小，这也与环境库兹涅茨理论相符。提升珠江—西江经济带绿色发展水平，要加快经济建设，首要任务是缩小地区经济差距。首先，发挥广州、南宁的中心城市带动作用，依托粤港澳大湾区建设，强化经济带腹地作用，加强各城市经济交流合作，同时加强柳州—梧州铁路、西江黄金水道等重大交通项目建设，以发展的眼光引导经济带内部协同治理，深化联防联治，破除地域壁垒，推动资本、劳动要素自由

流动。其次，考虑各省域间异质性，各地区应充分利用自身资源禀赋和区位优势，制定适合本地区的绿色发展政策措施和产业结构发展模式。充分发掘粤桂合作特别试验区、粤桂黔滇高铁经济带等合作平台在经济带绿色协调发展中的潜力，不断优化粤港澳大湾区产业转移合作承接机制，建立更加紧密的两广先进制造业融合路径。在推进矿产、机械、冶金、建材等传统产业绿色转型的基础上，培育信息技术、新能源汽车、节能环保、生物医药等新兴产业，促进产业升级互补。

参考文献

陈洁：《后疫情时代产业和消费"双升级"的动力机制》，《上海交通大学学报》（哲学社会科学版）2020 年第 5 期。

专 题 篇
Special Reports

B.2
碳达峰碳中和背景下珠江—西江经济带（广西）绿色高质量发展研究

皮小明*

摘 要： 自珠江—西江经济带上升为国家战略以来，粤桂两地优势互补，在绿色产业联动发展、生态环境联防联治、绿色基础设施与公共服务共建共享等方面取得明显成效，为广西全面对接粤港澳大湾区、深化粤桂合作奠定坚实基础。针对碳达峰碳中和背景下产业结构调整任务艰巨、传统高碳能源依赖性持续增强、绿色数字化信息化转型程度不均衡、绿色科技创新能力缺乏等制约因素，珠江—西江经济带（广西）将持之以恒地对标对表"双碳"目标，以生态优势赋能产业转型升级，推动能源"低碳化"供给侧结构性改革，以"绿色"为底色巩固生态安全屏障整体功能，推

---

* 皮小明，广西壮族自治区发改委高技处副处长，研究方向为产业经济、宏观经济等。

动绿色低碳循环与"产、城、人"深度融合，以生态环境高水平保护推动珠江—西江经济带（广西）绿色高质量发展。

关键词： 碳达峰碳中和　绿色高质量发展　珠江—西江经济带（广西）

习近平总书记在党的二十大报告中提出，积极稳妥推进碳达峰碳中和，立足我国能源资源禀赋，坚持先立后破，有计划分步骤实施碳达峰行动，深入推进能源革命，加强煤炭清洁高效利用，加快规划建设新型能源体系，积极参与应对气候变化全球治理[①]。这是以习近平同志为核心的党中央统筹国内国际两个大局作出的重大战略决策，是着力解决资源环境约束突出问题、实现中华民族永续发展的必然选择，是构建人类命运共同体的庄严承诺，对新时代新征程广西认真学习贯彻习近平总书记"五个更大"重要要求，深入贯彻落实习近平总书记视察广西"4·27"重要讲话和对广西工作系列重要指示精神，主动对接粤港澳大湾区，加快推进珠江—西江经济带在能源转型、产业升级、科技创新等方面持续深化合作，推动珠江—西江经济带产业链、供应链、价值链绿色高质量发展具有重要意义。

一　珠江—西江经济带（广西）近年绿色发展成效

以习近平同志为核心的党中央统筹国内国际两个大局，作出实现"双碳"目标的重大战略决策，对推动经济高质量发展与建设人与自然和谐共生的现代化发展模式具有重大战略意义和深远历史意义。近年来，广西深入贯彻落实习近平生态文明思想，践行"绿水青山就是金山银山"理念，积极探索"生态优先、绿色发展"之路，特别是在碳达峰碳中和背景下形成流域经济与环境协同的绿色发展新模式，绿色能源利用水平显著提高，碳达

---

① 《推动绿色发展，促进人与自然和谐共生》，"中央纪委国家监委网站"百家号，2022年10月17日，https：//baijiahao.baidu.com/s？id＝1746863749248765204&wfr＝spider&for＝pc。

峰碳中和工作取得积极成效，为珠江—西江经济带绿色生态屏障建设谱写新篇章。主要体现在以下几个方面。

（一）碳达峰碳中和政策体系加快建设

始终坚持把碳达峰碳中和作为重大政治任务，纳入经济社会发展和生态文明建设总体布局。广西已制定实施《关于完整准确全面贯彻新发展理念做好碳达峰碳中和工作的实施意见》《广西壮族自治区碳达峰实施方案》，几大重点领域碳达峰实施方案和 17 个配套文件正在加快编制，全区形成"1+1+N"政策体系。《广西壮族自治区国民经济和社会发展第十四个五年规划和 2035 年远景目标纲要》全面融入碳达峰碳中和目标要求，成立以自治区党政主要领导为组长的碳达峰碳中和工作领导小组，统筹推进各项工作。政策文件编制过程注重与珠江—西江经济带建设方案等文件高度衔接，创新流域生态保护合作机制和生态补偿机制，多措并举保护和恢复西江流域生态环境，西江流域水环境质量位居全国前列，珠江—西江生态廊道加快形成。西江沿线城市积极落实广西决策部署，积极推动"双碳"工作，南宁市印发实施《南宁市碳达峰碳中和政策体系系列文件编制工作方案》《南宁市 2022 年控制温室气体排放工作要点》，推动火电、化工、建材等重点产业项目开展碳排放环境影响评价工作。梧州市印发实施《梧州市人民政府关于加快建立健全绿色低碳循环发展经济体系的实施方案》《梧州市全面加强生态环境保护坚决打好污染防治攻坚战实施方案》"1+4"文件，在烟花爆竹燃放、宝石加工环境污染防治等方面加强立法。2020~2022 年广西低碳政策发布情况见表 1。

表 1　2020~2022 年广西低碳政策发布情况

时间	文件	部门
2022 年 9 月 30 日	《广西创建生态文明建设示范区工作方案》	自治区人民政府办公厅
2022 年 9 月 23 日	《广西"十四五"节能减排综合实施方案》	自治区人民政府
2022 年 6 月 13 日	《关于深入打好污染防治攻坚战的实施意见》	自治区党委办公厅 自治区人民政府办公厅

续表

时间	文件	部门
2022 年 5 月 12 日	《关于强化自然资源要素保障支持产业振兴的若干措施》	自治区党委办公厅 自治区人民政府办公厅
2022 年 4 月 29 日	《关于支持河池市建设绿色发展先行试验区的指导意见》	自治区人民政府办公厅
2022 年 4 月 17 日	《关于厚植生态环境优势推动绿色发展迈出新步伐的决定》	自治区党委
2022 年 3 月 30 日	《广西近岸海域污染防治 2022 年度行动计划》	自治区生态环境厅
2021 年 12 月 31 日	《广西生态环境保护"十四五"规划》	自治区人民政府办公厅
2021 年 12 月 30 日	《广西新能源汽车产业发展"十四五"规划》	自治区人民政府办公厅
2021 年 11 月 19 日	《关于支持广西新能源汽车推广应用的若干措施》	自治区人民政府办公厅
2021 年 10 月 29 日	《广西科技创新"十四五"规划》	自治区人民政府
2021 年 9 月 28 日	《广西 2021—2022 年秋冬季大气污染防治攻坚行动方案》	自治区生态环境厅
2021 年 9 月 28 日	《广西战略性新兴产业发展三年行动方案（2021—2023 年）》	自治区人民政府
2021 年 9 月 15 日	《关于加快建立健全绿色低碳循环发展经济体系的实施意见》	自治区人民政府办公厅
2021 年 5 月 10 日	《2021 年度广西土壤污染防治重点工作实施计划》	自治区生态环境厅
2021 年 4 月 26 日	《广西壮族自治区国民经济和社会发展第十四个五年规划和 2035 年远景目标纲要》	自治区人民政府
2020 年 3 月 31 日	《2020 年度广西土壤污染防治重点工作实施计划》	自治区生态环境厅
2020 年 3 月 31 日	《广西地下水污染防治实施方案》	自治区生态环境厅 自治区自然资源厅 自治区住房和城乡建设厅 自治区水利厅 自治区农业农村厅

资料来源：根据相关部门公开资料整理。

（二）产业绿色低碳转型发展

制定《广西优化主导产业布局基本思路》，指导沿江各市结合实际建立主导产业。明确珠江—西江经济带的发展导向，从空间结构上形成了南宁、百色、崇左开放门户区，柳州、来宾转型发展区，贵港、梧州产业承接区的功能分区，桂林发挥旅游资源生态优势，延伸协调、联动发展，充分发挥珠江—西江经济带的通道和纽带作用，加强产业互联互通，促进产业转型升级。重点提升和发展装备制造、化工、食品、有色金属、电子信息、汽车等特色优势产业；培育发展生物、轨道交通装备、新能源汽车、新材料、新一代信息技术等战略性新兴产业，推动化工、冶金、制糖、机械、汽车、建材等传统产业智能化、高端化、绿色化发展，全区创建绿色园区 23 个（国家级 8 个、自治区级 15 个），绿色工厂 174 个（国家级 67 个、自治区级 107 个）；开发国家级绿色设计产品 36 件，软件和信息技术服务业营业收入增长 75.2%，实物商品网上零售额增长 16.6%，电信业务总量增长 34.5%。柳州市完成 14 家国家级和 11 家自治区级节约型公共机构示范单位创建任务，13 家单位获"自治区公共机构生活垃圾分类示范点"称号，501 家县级及以上党政机关建成节约型机关；累计推广新能源汽车 4015 辆，推广成绩居全区前列；柳钢、柳州五菱汽车工业有限公司等 6 家企业获评国家级绿色工厂，柳州高新技术产业开发区获评国家级绿色园区。南宁市制定《南宁市重点行业清洁生产审核行动计划（2021—2023 年）》，确定"双超双有高耗能"强制清洁生产审核企业 39 家。梧州市加强加油站节能降碳工作，升级改造加油站点 153 家，升级改造率达 100%。

（三）碳排放增长得到稳步控制

落实中央"双碳"战略部署，严格"两高"项目准入条件，坚决遏制"两高"项目盲目发展，推进减污降碳强生态，不断推进工业、农业绿色发展，积极参与全国碳排放交易市场建设；加大高耗能行业节能改造力度，加快建设梧州、贵港、百色、防城港、玉林等 5 个国家资源综合利用基地和梧州国家绿色产业示范基地。南宁、柳州、桂林三市成功入选国家"十四五"时期"无废城市"建设名单；柳州市制造、建材等行业的废气、废渣、余热利用水平不断提升，全市工业固体废物处置利用率达 89.3%、工业水循环利用率达 90% 以上，柳州入围第三批国家低碳试点城市。百色市加强

"两高"项目治理，全市单位工业增加值能耗下降6.5%，居全区前列，信发铝电、百矿发电燃煤机组锅炉完成超低排放改造。

（四）低碳交通运输体系建设加速

扎实推进交通强国建设试点，综合交通运输投资增长40.5%，新开工高速公路2233公里，公路水路投资增速居全国前列，百色水利枢纽通航设施工程、柳江红花枢纽至石龙三江口Ⅱ级航道等港航项目开工建设。截至2021年底，全区新能源汽车保有量超25万辆，建成新能源汽车充电基础设施近9万个（见表2）；首条无人驾驶地铁线路、首条智慧公路建成通车。南贵高铁加快建设，世纪工程平陆运河加快建设，北部湾国际门户港加快建设。2018~2021年集装箱吞吐量年均增长100万标准箱以上，2021年全区集装箱吞吐量达601万标准箱，同比增长19%，增速在全国沿海主要港口中居前列；海铁联运班列超过6000列，同比增长30%以上。柳州市建设新能源汽车充电设施近5000个，鹿寨至钦州港高速公路等185个项目开工，凤凰岭大桥等95个项目竣工，柳广铁路柳梧段、湘桂铁路柳州枢纽扩能改造工程、柳州铁路港建设进展顺利，柳州经合山至南宁高速公路全线贯通。南宁市建成南宁至贵港二级航道，2000吨级货船可直达粤港澳大湾区；凤岭综合客运枢纽站（一期）投入运营，南宁国际空港综合交通枢纽开工建设；实现一级及以上客运站100%联网售票，实现辖区"两客一危"企业所属车辆智能视频监控装置100%覆盖；成功入选"十三五"时期首批国家公交都市创建城市名单，绿色出行分担率达到80%以上，绿色出行满意度达到85%以上。

表2 2021年全区新能源汽车数据统计

单位：辆，个

	2021年底全区总量	2021年新增/新建	增长率（%）
新能源汽车保有量	250914	105822	72.9
新能源汽车充电基础设施	89899	29973	50.0
新能源汽车专用停车位	51815	12805	32.8

注：统计截至2021年12月31日。

资料来源：广西壮族自治区发展和改革委员会相关统计资料。

（五）绿色科技攻关和推广应用加强

坚持"前端聚焦、中间协同、后端转化"的思路，强化低碳技术方面的研究，加快碳减排技术的推广应用，建设"双碳"领域科研平台，认定4家"双碳"领域工程技术研究中心，加快建设东盟科技创新合作区，以及南宁高新区、桂林高新区、柳州高新区、南宁横州市4个国家级双创示范基地。在城乡规划、建设、管理等方面，全面贯彻落实绿色低碳要求，扎实推进城市更新行动，2021年全区新建升级地下管网5809公里，推进37个公园城市试点项目。推广绿色低碳建筑材料，更新绿色建造方式，新开工111个装配式建筑项目，面积达505.24万平方米；启动科技强桂三年行动，实施111个科技创新重大项目，出台广西"科改33条"。截至2021年底，南宁市8家企业进入自治区绿色制造体系名单，建成充电桩3982个，南宁获评广西新能源汽车推广应用示范市；南宁经开区、广西—东盟经开区、南宁高新区、南宁六景工业园区、贵港江南工业园区获批循环化改造示范试点园区。梧州市组织企业申报26个自治区工业绿色发展示范项目（包括11个工业固废综合利用项目、15个节能技改项目），挖潜能耗指标达8.6万吨标准煤。来宾市积极发展以生态材料、汽车电子等为代表的高新技术特色产业，来宾市工业园区入驻科技环保型企业30多家，推动来宾工业向绿色"中高端"迈进。

（六）战略性新兴产业综合实力稳步增强

完善战略性新兴产业各项扶持政策，多措并举发展新经济、培育新动能，促使战略性新兴产业快速发展。2021年全区生产总值为24740.86亿元，同比增长7.5%（见图1）；第一产业增加值增长8.0%，创1998年以来新高。工业投资增长27.5%，其中制造业投资增长37.4%、高技术制造业投资增长57.9%，生物制药、新一代信息技术、新材料、节能环保等战略性新兴产业增加值占全区规模以上工业增加值的比重达到16%以上。

南宁市、桂林市电子信息制造业发展规模逐步扩大，形成南宁高新技术产业开发区、北海经济技术开发区、桂林国家高新技术产业开发区等一批重

要的电子信息产业集聚区。实施工业强桂战略和工业振兴三年行动，开展
500个补链、强链、延链项目，柳工、上汽通用五菱、东风柳汽本地配套率
分别提高到48%、57%、44%，有色金属产业产值增长42.2%，石化产业产
值增长46.5%，创建17家数字化车间、88家智能工厂示范企业，新增规模
以上工业企业超1300家，新能源汽车产量增长1.6倍。

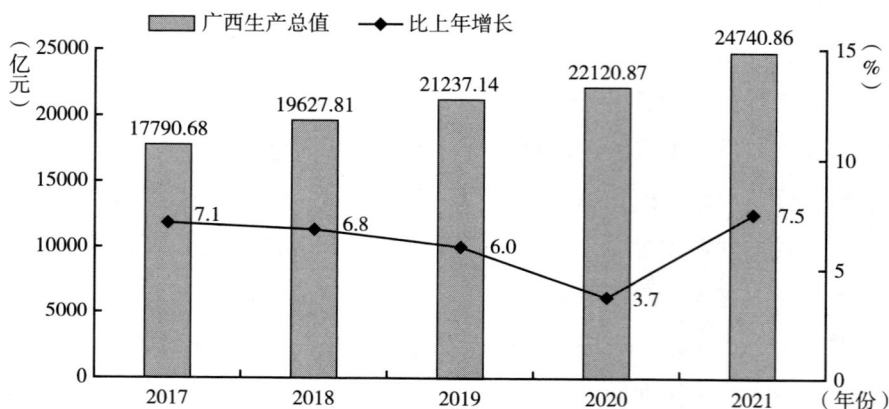

图1　2017～2021年广西生产总值及其增速

资料来源：相关年份《广西壮族自治区国民经济和社会发展统计公报》。

南宁市深化改革、推动创新，发展动力不断增强。创新平台增量扩面，
截至2021年底，新增国家级创新平台3家、自治区级重点实验室9家、自
治区级双创示范基地3家、广西工程技术研究中心14家、广西新型研发机
构11家、自治区级科技成果转化中试研究基地5家。创新主体增量提质，
1011家企业获评国家科技型中小企业，拥有广西瞪羚企业37家，新增备案
高新技术企业357家，占全区比重达44.13%，新增中国专利优秀奖1项。

柳州市战略性新兴产业持续壮大，2021年新能源汽车产量达48.2万辆，
增长157.6%，占全国新能源汽车产量的1/7；位于柳州市柳东新区的广西汽
车集团新能源汽车基地实现整车下线，国轩动力电池一期竣工投产，飓芯科
技高端芯片实现试产；智能电网、机器人、大数据产业园投入运营，柳州市
通过国家知识产权强市建设试点城市验收，获批"科创中国"试点城市。

（七）生态系统碳汇稳步增长

全区森林覆盖率达 62.55%，稳居全国第三；年均植树造林 300 万亩以上，森林植被总碳储量约为 5.27 亿吨；全区森林面积达 2.23 亿亩，人工林面积达 1.34 亿亩，居全国首位。探明山口红树林生态系统碳储量约 30.2 万吨、铁山港红树林生态系统碳储量约 28.6 万吨，推动海洋蓝碳工作先行先试，探索建立蓝碳交易服务平台，推动蓝碳交易开展和完成。完成左右江流域山水林田湖草生态保护与修复试点工程，规划建设西江"一干七支"沿岸生态农业产业带，积极打造一批高质量、高标准、高水平的绿色蔬菜、特色水果、生态粮食等生态产业融合示范基地，累计建设 146 个自治区级及以上现代特色农业核心示范区，752 个县（市、区）级现代特色农业核心示范基地或现代生态养殖示范场，创建 5169 个各类现代特色农业示范区，辐射面积达 2683.9 万亩。建设面向东盟的农业技术推广中心，加快建设中国—东盟（南宁）现代农业科技合作园区。南宁市 2021 年共完成植树造林 27.86 万亩（其中油茶新造林 0.86 万亩），完成森林抚育 64.08 万亩，完成桉树改造 0.89 万亩，完成国家储备林建设 5000 亩，完成全民义务植树 951.20 万株，完成村屯绿化美化景观提升项目 10 个，森林覆盖率达 48.86%，较 2020 年增长 0.08 个百分点，实现稳定增长。柳州市 2021 年共完成植树造林 23.61 万亩，森林覆盖率达 67.22%，超额完成年度国土绿化任务。梧州市 2021 年完成植树造林 29.00 万亩，完成国家储备林建设 5.19 万亩，完成"美丽梧州"国土绿化提质行动项目 123 个，折合绿化面积 3608.76 亩。崇左市是国家生物多样性重点保护区域，森林覆盖率达 55.76%，有陆栖脊椎动物 4 纲 34 目 116 科 696 种，有维管束植物 234 科 1123 属 3071 种，森林资源和生物资源极为丰富；崇左市扶绥县渠楠白头叶猴社区保护地保护案例成功入选联合国"生物多样性 100+全球典型案例"。

（八）乡村振兴战略有效落实

持续推进乡村振兴三年攻坚行动，完成农业农村投资 4000 亿元，落实财政衔接推进乡村振兴补助资金 167.2 亿元，确定 44 个乡村振兴重点帮扶县，

4500 多家民营企业参与"万企兴万村"行动，健全防贫动态监测和帮扶机制，巩固拓展脱贫攻坚成果。粤桂合作落地投产 292 家企业，共建 104 个产业园。推进实施 1.16 万个乡村建设项目，乡镇二级（或三级）公路通达率达 90.6%，人居环境改善成效显著，农村卫生厕所普及率达 95.4%，乡村文明治理水平全面提升，乡村面貌焕然一新。2021 年，柳州市完成农房特色风貌改造 14223 栋，全域整治型村庄达到 2726 个，柳城县入选第三批全国农村公共服务典型案例，柳江区莲花屯获评 2021 中国十大最美乡村。百色市统筹安排 28.05 亿元，支持特色农业产业持续发展，脱贫户特色产业覆盖率达 95.2%。新增 1 家国家级农业产业化重点龙头企业、12 个广西特色农业现代化示范区；新增"圳品"认证 25 个，排全区第一。崇左市成功承办 2022 年广西文化旅游发展大会，2021 年接待游客总量超 4289 万人次，旅游总收入超 427 亿元，实现文旅与乡村融合发展，文化旅游品牌数量和影响力均居广西前列。

（九）低碳节能推广家喻户晓

树牢"节能有我，绿色共享"和"工业低碳发展"的宗旨，积极组织开展节能宣传周和低碳日能源紧缺体验活动，打造新能源汽车体验中心，举办"壮美广西，绿色低碳"公共机构低碳节能全民健身活动和节能减排新产品新技术展示会。推进生活垃圾分类，持续开展塑料污染治理，发布 2 个公共机构节能地方标准，创建节约型机关 6045 家，评选了绿色家庭、节水型高校。通过传统与创新相结合的宣传方式，营造了浓厚的节能降碳氛围，推动形成全民参与绿色发展的良好格局。

二 碳达峰碳中和背景下珠江—西江经济带（广西）绿色高质量发展制约因素

多年来，广西时刻牢记习近平总书记"广西生态优势金不换"[①] 的嘱

---

① 《「大时代」南宁：擦亮生态绿城"金不换"招牌　构建向海图强"水陆空"枢纽》，"央广网"百家号，2022 年 9 月 19 日，https：//baijiahao. baidu. com/s？ id＝17443644638835699 22&wfr＝spider&for＝pc。

托，坚持不懈地走绿色、低碳、循环、可持续的创新发展道路，扎实推进生态环境保护建设，大力推进绿色转型，使绿水青山的"颜值"不断提升、金山银山的"价值"逐步彰显。但是，应清醒认识到，作为后发展、欠发达地区，广西实现全面绿色转型的基础仍然薄弱，缓解生态环境保护压力任务较重。并且，广西各市资源环境禀赋、经济技术水平、生态环境承载力差异较大，存在能源消费刚性增长、产业结构调整困难等制约因素，推进碳达峰碳中和过程中将面临严峻的挑战。主要表现在以下几个方面。

（一）碳达峰碳中和时间紧任务重

广西各市除了要严格控制达峰时的碳排放总量，还要在达峰后迅速实现碳排放总量持续下降，在此基础上，广西肩上的能源、产业转型负担更为沉重。广西应立足当下、着眼未来，做好"十四五""十五五"甚至更长时期的碳排放管理工作。然而，在区域经济、技术、产业结构等存在较大差异的情况下，要在经济发展有障碍且产业布局不具备低碳优势的地区用既定且较短的时间实现"双碳"目标难上加难。居民生活方面，居民节能与绿色消费意识薄弱，低碳消费行为尚未形成，形成全社会的低碳风尚需要较长时期的宣传与引导。广西各市资源禀赋不足、低碳基础薄弱、转型代价较大，短期内完成减碳任务、取得碳排放管理成效较为困难。

（二）产业结构调整任务艰巨

产业结构尚未优化，第一产业比重较高，以重工业为代表的第二产业作为支柱型产业支撑广西经济快速发展，发挥重要作用的冶金、制糖等传统制造业不断冲击环境承载力，第三产业总量远远不足。南宁、柳州等地高新技术开发比重较其他城市更高，但在地区发展不平衡的背景下，地区间重复建设和投资使各地无法形成突出的产业结构优势，工业化、信息化程度普遍不高。除南宁、柳州、贵港、来宾外，其他城市的战略性新兴产业和高技术产业发展后劲不足、比重偏低、增速偏慢，南宁受限于快速经济增长带动的"高碳"产业，转型困难；梧州停留在粗放型发展阶段，支柱产业遭受冲击，背负着大量珠三角淘汰的落后耗能产业，低碳发展乏力；占据百色产业大头的第二产业以高耗能产业为主，产业结构调整进展缓慢。各城市依赖大型企业承担减碳任务，但城乡经济增长主要靠中小企业扩张，中小企业生产成本居高不下，实施绿色低碳转型的主观意愿不高，降碳措施实施乏力，潜力已达企业发展"天花板"。企业在承担压力的同时，将丧失转向新能源和消化成本的动力，长远来看，这将对企业的竞争优势产生影响，实现碳排放总量大幅下降难度较大。

（三）对传统高碳能源的依赖性持续增强

广西处于工业化中后期和城镇化快速发展期，粗放型的经济增长方式避免不了高耗能、高污染。随着工业化和城镇化进程加快，广西天然气、煤炭、石油等能源供应的对外依存度高，消费需求不降反增。除来宾市外，广西其他城市仍然对煤炭能源高度依赖，难以迅速下降的煤炭、石油资源消费仍占较高比重。区内水电资源已基本开发完毕，核能、生物质能、太阳能、风能等可再生能源发展条件不成熟，短期内无法成为主力能源。同时，广西能源资源禀赋不足、内部能源消费自给率低，为典型的"缺煤少油无气"地区，人均用能指标处于全国中下水平，工业化社会发展带来的能源消费需求刚性增长与保障能源供给矛盾突出，能源消耗水平高和利用效率低的现象同时存在。

（四）绿色数字化、信息化转型程度不均衡

绿色产业发展时间较短，绿色数字化、信息化转型程度无法与国内先进城市比肩，数据要素流通性不佳，基础设施建设、人才交流互派、劳务就业服务、产品消费协作四大方面发展不平衡。南宁、柳州、百色等市依托"数字+绿色"双底座、广西数据要素融合应用"百千万"工程、粤桂两省区帮扶协作关系，在绿色数字化、信息化转型方面较为领先，崇左、梧州、来宾等市受限于城市规模、能耗利用、经济水平、产业发展等因素，在绿色数字化、信息化转型方面较为落后，面临产业结构和经济发展方式低碳转型

艰难、生态环境信息流通不畅等数字化难题，正积极发展互联网、大数据等技术。然而，大数据领域复杂多元，原始数据格式、类型和算法标准不统一，广西各市存在数字化程度不均衡、开放意愿不一致、数据标准口径不统一等问题，短期内未能完成招商引资，进而导致战略性新兴产业发展乏力。

（五）绿色科技创新能力缺乏

国家高度重视促进绿色经济发展的科技能力的培养，但绿色经济发展的时间较短，目前广西各市的绿色科技创新能力不强，短时间内未形成成熟的低碳产业体系，如节能材料、节能建筑等，缺乏对节能降耗低碳技术的研发和创新能力的培养。目前，广西将大部分财政收入投向基础设施建设，致力于乡村振兴及缩小城乡差距，重点关注劳动密集型产业等领域，对绿色科技研发投入的力度不够，导致企业绿色技术研发投入积极性不高，技术研发和推广应用与实际发展脱节。由于创新有集聚效应，低碳技术资源与产出高度集聚在少数经济发达城市，各城市发展水平参差不齐，经济欠发达地区企业缺乏自主创新的先进经验及指导，缺乏有效的激励和市场融资机制；在人才方面，绿色科技创新人才队伍建设力度不足，进一步影响绿色科技创新水平。

（六）区域协同低碳发展合作力度不够

区域协同是低碳发展的关键，能有效缓解能源资源禀赋、绿色技术区域分布供需背离的矛盾。广西虽然是中国绿色技术创新的活跃区，但各市受限于人均生产总值差距、自然地理与历史差异等因素，区域发展不协调，区域间低碳技术创新协作仍需加强。发达地区低碳技术资源动力强劲与欠发达地区低碳技术发展后劲疲软并存，低碳技术跨区域合作不充分、高校和科研院所低碳技术转移转化不充分与中小企业研发投入不足并存。产业结构低碳化效应不尽相同，有的城市（南宁、柳州、贵港）产业结构调整持续有利于碳减排，但调整速度有快有慢，而有的城市（梧州、百色、来宾、崇左）产业结构调整的碳减排效应还不明显。目前的区域协作能力不利于低碳技术创新资源的优化配置和创新成果的高效转化，进一步导致部分地区"碳锁定"，阻碍零碳或低碳技术的发展。

三 珠江—西江经济带（广西）绿色高质量实施"双碳"战略的对策建议

珠江—西江经济带（广西）要深入贯彻落实习近平总书记视察广西"4·27"重要讲话和对广西工作系列重要指示精神，紧紧围绕自治区第十二次党代会提出的"1+1+4+3+N"目标任务体系，务实推动经济绿色高质量发展，深入推进生态产业化、产业生态化，切实打好"稳生态促转型"攻坚战。

（一）以生态优势赋能产业转型升级

推进发展低碳产业体系，依托"东融"发展目标，持续建设柳州国家智能制造先行区、桂林国家可持续发展议程创新示范区、百色左右江革命老区、贺州东融先行示范区、贵港港产城融合先行试验区、玉林"两湾"产业融合发展先行试验区、河池绿色发展先行试验区、来宾区域协调发展试点市。以"延链、补链、强链"的高质量发展思路，紧盯专精特新、瞪羚、独角兽企业，采取专题招商、驻点招商、乡贤招商、展会招商、小分队招商等办法，"出征"经济发达地区，加快推进珠江—西江经济带（广西）产业链配套发展。融合传统产业和战略性新兴产业，升级冶金、建材、石化等重点领域的节能技术。建立"低碳经济试点区"，以老工业城市柳州为试点，引入负碳技术，绿色升级汽车、建筑、机械、化工等"两高"产业。发展战略性新兴产业经济业态，重点培育生物技术、新能源、新材料、绿色环保及新兴服务业等领域。引进先进清洁生产技术和末端治理技术，助力"产学研"合作，推广创建"低碳学校"等绿色环保示范点。聚焦绿色富民，着力打造绿色经济、新材料万亿元级产业集群。利用好"南贵昆经济区""泛珠江三角洲经济区""中国—东盟自由贸易区"等枢纽资源精准招商。

加大节能减排环保技术投入力度，建设玉林龙潭产业园、藤县绿色新材料产业园、田东石化工业园区、贵港（平南）新材料产业园等绿色产业园区。推进建筑行业绿色转型，提高节能环保绿色建筑比例。加大水能（含抽水蓄能）、风能、太阳能、生物质能等可再生能源的开发利用力度，积极打造"光伏+"、抽水蓄能电站等自主供应能源设施，通过集聚经济效益助推绿色经济发展。

（二）推动能源"低碳化"供给侧结构性改革

调整能源结构，积极打造服务南部地区和粤港澳大湾区、面向东盟的国家综合能源基地，转变能源消费结构，利用资源优势发展水能、核能、氢能及具有广西特色的乙醇生物质能，增加可再生能源的供应，逐步降低煤炭终端消费比例。规模化发展集中式可再生能源，推进集中式风电大规模开发，加快柳州、南宁、百色等地区陆上风电基地化发展，推动来宾、贵港、崇左、梧州等地区扩大陆上风电并网规模。多样化发展集中式光伏发电。利用国有经济作物种植基地、大型畜牧业养殖基地等范围内未纳入耕地保有量、永久基本农田保护目标和耕地后备资源的土地，推动建设一批农光互补、牧光互补光伏电站。结合废弃矿山修复、环境治理和土地再利用要求，充分利用具备条件的荒山荒坡、石漠化地区、枯竭和修复后矿区等闲置土地资源，建设一批"生态修复+光伏"电站。支持能源领域科技创新，开发新一代绿色低碳变革性技术，重视钢铁、有色金属、化工、建材等产业联动和耦合减碳集成技术研究。加快突破煤炭清洁高效利用技术瓶颈，推进建筑、交通等能源密集型部门的低碳技术应用。强化储能、氢能等前沿科技攻关，对标百色百亿元氢能产业项目超前部署一批氢能项目，加快建成光伏示范村、光储充商业运营点等绿色低碳能源试点示范项目，发挥石油化工产业优势，推动工业副产氢等新兴技术培育和示范应用。培育壮大"绿色新能源+"产业，鼓励发展绿色低碳新模式、新业态，积极培育配售电、储能、综合能源服务等新兴市场主体。在工业园区、农业产业园区、大型公共建筑等探索建设多能互补、源荷互动的综合能源系统，提高园区能源综合利用率。鼓励采用合同能源管理运营模式引导企业、社会资本、政府等多方参与,推动增量配电企业优化综合能源服务,创新发展新能源直供电、隔墙售电等模式。强化重点碳排放区域、行业、企业碳排放报告管理,鼓励高碳排放企业开展碳达峰研究。

(三)以"绿色"为底色巩固生态安全屏障整体功能

强化自然生态保护修复,提高生态系统质量,维系水源涵养区生态功能,推进山水林田湖草沙一体化保护和系统治理、广西左右江流域山水林田湖草生态保护与修复等生态保护修复工程,建设以岑王老山、元宝山、九万山等国家级自然保护区为主体的自然保护地体系。南宁市着力发挥"中国绿城"的生态优势,不断推进生态系统建设,提升森林碳汇能力。强化国土空间用途管控,持续开展针对国家级自然保护区、风景名胜区等自然公园生态破坏问题的"绿盾"强化监管行动。加强绿色矿山建设,利用"矿山修复+乡村振兴""矿山修复+新能源"等创新治理方式推进废弃矿山生态修复。科学划定"三区三线",严守耕地和永久基本农田红线、生态保护红线、城镇开发边界三条控制线,特别是确保耕地和永久基本农田红线的优先序。坚持山水林田湖草沙一体化保护和系统治理,巩固重点水域禁捕退捕成果,持续筑牢南方生态安全屏障。促进地域间生态共治、红利共享,完善西江流域上下游横向生态补偿试点机制,探索跨省区森林生态效益补偿、湿地保护修复补偿、权属集体和个人生态公益林土石山差异化补偿等多元补偿机制。

(四)推动绿色低碳循环与"产、城、人"深度融合

产业升级换代方面,设立中关村产业园、中新南宁国际物流园、广西—东盟经济技术开发区等低碳产城融合先锋示范园区,构建以非化石能源为主的低碳能源系统、低碳产业结构、低碳技术和产品体系,打造"低碳+生态""低碳+科技""低碳+文化""低碳+博览"功能区。积极承接加工贸易产业转移,广西各市需在发展互联网、服务业的同时关注制造业的发展,加

强新能源产业与其他产业的协作。利用经济机制调控产城融合，探索出台财政税收、对外开放等低碳产业发展配套政策。加强人才保障，组建碳达峰碳中和高端人才专家库，鼓励广西大学、广西民族大学等院校增设新能源领域相关学科，完善绿色低碳循环及向高端制造业"造血"和"输血"的功能。城市配套服务方面，通过城市更新完善城市系统及配套服务，借鉴柳州市对城市、乡镇、社区、产业园区的多层次规划协同经验，加快构建北部湾城市群、南北通道城镇带、西江城镇带、边海联动城镇带"一群三带"城镇发展格局体系。

（五）倡导绿色运输及智慧交通战略

深入推进多式联运高质量发展，加速铁路、水路对公路的替代，优化交通运输结构，提升铁路货运班列的服务能力，加快港口作业区铁路专用线的建设，加快大宗货物和中长距离货物运输的"公转铁""公转水"进程，逐步提高铁路、水路在综合运输中的承运比重，推进内河口岸、多式联运枢纽港口建设，把珠江—西江经济带打造为绿色高质量发展示范带，提升西江流域产业发展环境承载力。推进铁路物流基地、航空转运中心、快递物流园区等的建设和升级改造，积极参与国家和自治区层面的多式联运示范工程创建工作，加快培育一批在区域内具有较大影响力的多式联运龙头企业。鼓励交通运输企业应用先进的节能低碳技术，推动节能低碳技术改造和创新，提升交通建设废旧材料循环利用率，将节约能源资源要求贯彻交通基础设施规划、设计、施工、运营、养护和管理全过程。鼓励使用清洁化运输车辆、低能耗作业车辆，减少机械使用碳排放，推动高速公路服务区、客运枢纽等交通运输服务场（站）建设充电桩、充换电站、加气站、加氢站、综合供能服务站等配套设施。鼓励公众绿色出行，推广新能源汽车、有轨电车、电动公交车等节能低碳型交通工具，改善多层级公交服务，提供定制公交、网约公交、社区公交、高峰通勤专线、共享单车等。建设新型交通综合供能服务体系，扩大新能源设施服务范围，引导充电业务运营商、新能源汽车企业在乡镇驻地、大型村镇、易地搬迁集中安置区、旅游景区、公共停车场等区域建设充换电设施，优先推进公务用车、公交车、出租车使用新能源汽车，推广新能源汽车在旅游景区和特色小镇的应用。探索建立车桩站联动、信息共享、智慧调度的智能车联网平台。

（六）深化区域内外绿色发展开放合作

依托中国—东盟自由贸易区、粤港澳大湾区、珠江—西江经济带等合作模式拓展区域绿色价值链合作联盟，加强能源和制造业等领域的深度合作，主动对接《区域全面经济伙伴关系协定》（RCEP）规则。提升区域内绿色经济转型能力，实施棕榈油、咖啡等农产品领域的可持续生产和贸易研究示范项目。拓展智能家电、绿色家居、绿色建材、新能源汽车等绿色低碳产品出口市场。推动服务贸易创新发展，实施"加工贸易+""互市贸易+"计划，扩大绿色低碳产品、节能环保服务、环境服务进口。学习粤港澳大湾区绿色金融试验区的优秀经验，布局本外币绿色信贷、绿色债券、绿色股票等绿色金融服务，推动国际合作的推广和传播，探索跨区域碳交易体系。同时，珠江—西江经济带的发展可依托《内地与港澳关于建立更紧密经贸关系的安排》（CEPA），积极承接香港产业转移，搭建跨省区合作平台，在投融资、贸易、农业、文旅以及物流等领域与香港深化合作，共建产业合作基地和资源深加工基地。区域外加强绿色低碳技术合作与协同创新，在西江流域建设生态绿色一体化示范区、低碳技术创新成果转化示范区，通过引入低碳创新技术、金融投资企业等力量，重点就低碳技术应用、产业绿色转型、新型低碳产业发展开展实践，加强区域联合攻关。以科研机构或高校的合作研究、企业间联合研发、科研机构或高校与企业的"产学研"一体化合作形式解决技术难题。加强区域生态保护合作，通过对口协作等方式建立生态受益地区与生态保护地区、流域下游与流域上游横向补偿关系，推动合作走向深入。

（七）巩固提升广西提前达到碳中和成效

继续坚持推进生态保护修复重大工程，通过优化能源结构、倡导绿色交通及发展生物质能技术控制碳排放，提高林草和水生植物的蓄积量和碳吸收，形成珠江—西江经济带（广西）现代林业强区发展新格局。搭建林业碳汇市场交易平台，探索"低碳共享"，向工业重城提供碳资源交易服务，主动减轻国内碳排放压力，倒逼广西加速向绿色可持续发展转型。扩大碳排放交易市场覆盖行业范围，逐步将石化、化工、建材、钢铁、造纸、民航等更多行业市场主体纳入交易体系。依据国际通用的"碳源—碳汇"平衡规则，以"外部效益"溢出份额探索建立生态补偿基金、环境基金和碳基金，用于生态修复支出、碳汇项目资助、低碳技术研发和技术商业化等。同时，探索碳征税发展模式和推行碳排放权交易市场，开展交易产品和交易方式多样化试点，推行排污权交易制度，设置排污权有偿使用和交易试点范围。持续倡导低碳社会生活方式，向企业推行低碳经营理念，建立清洁生产机制；引导公众树立节能减排、低碳消费、低碳经营的理念，形成低碳生活方式，在私人消费上倡导实用节能型、低碳型产品和服务，在出行方式上提倡以慢行、公共交通、新能源汽车或小排量汽车为主。政府管理层面应致力于制度创新，从政策引导层面形成有利于形成低碳经济的产业结构、增长方式和消费模式，对新能源、生态基础设施等低碳经济产业实行政策倾斜，如采取减免税收、财政补贴、政府采购、绿色信贷等措施鼓励企业采用低碳创新、节能减排的生产模式。同时，加快制定和修订有利于减少温室气体排放、能源清洁发展、低碳能源开发和利用的鼓励政策和相关法规，建立有助于实现能源结构调整和可持续发展的价格体系，推动可再生能源发展机制建设。

B . 3
珠江—西江经济带县域经济高质量发展及其区域差异研究

张 林　羽文兰*

摘　要： 高质量发展是习近平新时代中国特色社会主义思想的重要内容，在推动经济高质量发展的背景下，县域经济高质量发展已成为区域经济高质量发展的重要推动力。本报告选取了4个能够反映珠江—西江经济带县域经济高质量发展水平的指标，采用熵值法系统测算了2014~2020年珠江—西江经济带县域的经济高质量发展水平，并利用泰尔指数对珠江—西江经济带内广东广西、县域城区之间的经济差异程度进行分析。研究发现：从经济高质量发展总分来看，广西县域的经济效益比广东县域高。排名靠前县（市、区）的经济发展呈增长趋势，差异较大；而排名靠后县（市、区）的经济发展趋于稳定，差异较小。从区域经济差异来看，珠江—西江经济带的经济差异和广东、广西的经济差异均呈下降趋势，这说明区域经济发展差距在缩小，而且组内差距始终高于组间差距，说明区域经济差异主要来自县域内部的城乡差距。

关键词： 县域经济高质量发展　熵值法　泰尔指数　区域经济差异　珠江—西江经济带

---

* 张林，博士，广西大学经济学院教授、博士生导师，研究方向为技术创新、知识经济与区域发展；羽文兰，广西大学经济学院硕士研究生，研究方向为技术创新与区域发展。

党的十九大报告指出，我国经济已由高速增长阶段转向高质量发展阶段，正处在转变发展方式、优化经济结构、转换增长动力的攻关期。党的十九届六中全会强调，立足新发展阶段，贯彻新发展理念，构建新发展格局，推动高质量发展。推动经济高质量发展，必须以创新作为引领发展的第一动力，推动经济发展质量变革、效率变革、动力变革，提高全要素生产率。县域经济是中国特色社会主义市场经济的基层组织单元，承担着调控基层市场、优化资源配置、构建地域特色等功能，县域经济高质量发展是落实稳增长、促改革、调结构、惠民生、防风险各项工作的基石，将为整个国家高质量发展奠定坚实的基础。同时，县域是一个国家或地区经济发展的基本空间单元和产业发展的载体，也是实施乡村振兴战略的主战场，县域经济的发展在整个国民经济社会发展中扮演着非常重要的角色。县域经济高质量发展是我国经济高质量发展的关键所在，也是一个难点。

目前，学者对经济高质量发展进行了大量研究。在具体的评价指标方面，从全要素生产率、劳动生产率、维度指标、新发展理念等角度研究经济高质量发展。在实证测度方面，利用线性加权法、均等权重赋值法、纵横向拉开档次法（VHSD）、熵权 TOPSIS 法、纵横向拉开档次法与熵值赋权法（EM）相结合的"VHSD-EM"模型等方法进行实证测度。我国县域经济高质量发展的实践正处于起步阶段，相关研究也应及时开展。

2014 年，珠江—西江经济带正式上升为国家战略。自《珠江—西江经济带发展规划》实施以来，广东、广西两省区县域经济发展平稳，产业结构向优、质量效益向好、开放合作向深，但是，广东、广西两省区之间和县域、城区之间的经济存在较大差异。此外，对珠江—西江经济带的相关研究主要围绕生态系统格局、产业空间集聚态势、区域旅游合作和区域协同创新等方面展开。由于统计数据的可获得性不高，对珠江—西江经济带县域经济高质量发展水平进行评价的文献较少。因此，本报告通过构建珠江—西江经济带县域经济高质量发展指标体系，将熵值法和泰尔指数相结合，从时间和空间角度系统评价珠江—西江经济带县域经济高质量发展水平和时空发展差异，对促进县域经济高质量发展、推动区域经济协调发展和全面推进乡村振兴战略具有重要意义。

一 研究范围、数据来源与指标选择

以下数据分析以珠江—西江经济带范围内 9 个城市的县（市、区）为研究对象，即广东省的肇庆、云浮 2 个城市和广西壮族自治区的南宁、柳州、梧州、贵港、百色、来宾、崇左 7 个城市的县（市、区），分析 2014～2020 年珠江—西江经济带县域经济高质量发展水平及其经济差异。2014～2017 年数据统计结果含 72 个县（市、区），2018～2020 年数据统计结果含 41～45 个县（市、区），数据主要来自 EPS 数据平台中的广西县（市、区）统计数据库和广东县（市、区）统计数据库，还有部分数据来自各城市的统计年鉴。本报告以人均 GDP、单位投资收益率、规模以上工业企业平均产值、万元 GDP 电耗 4 个指标为主要衡量指标（见表 1），以熵值法计算得出各县（市、区）的经济高质量发展总得分。

表 1 珠江—西江经济带县域经济高质量发展指标体系

指标名称	指标计算方法	指标属性
人均 GDP	由数据库直接得出	正向指标
单位投资收益率	GDP/社会固定资产投资	正向指标
规模以上工业企业平均产值	规模以上工业企业总产值/规模以上工业企业个数	正向指标
万元 GDP 电耗	GDP/社会用电总量	负向指标

经济高质量发展是经济发展的高级阶段，但经济高质量发展不是空中楼阁，需要坚实的经济基础支撑，经济发展规模是经济高质量发展的基础。区域经济发展规模主要表现在区域 GDP、人均 GDP 等方面，本报告选用人均 GDP 来衡量人均产出效率。

经济发展的效益是经济高质量发展的核心指标。效率是一个相对的指标，一般指投入要素的产出水平，本报告选用单位投资收益率来衡量经济发展投入产出的程度，计算方法为 GDP/社会固定资产投资。

随着我国经济发展进入新常态，工业化进入中后期阶段，工业效率是产业效率的代表。本报告选用规模以上工业企业平均产值来衡量县域工业发展状况，通过规模以上工业企业总产值/规模以上工业企业个数来衡量产业效率。

绿色环境是永续发展的必要条件，我国坚持绿色发展、人与自然和谐相处、可持续发展。本报告选用万元 GDP 电耗来衡量绿色发展的质量，体现了经济发展与能源消耗、环保之间的关系，通过 GDP/社会用电总量测算生态环境效率。

二 研究方法

（一）熵值法

使用熵值法来计算珠江—西江经济带县域经济高质量发展水平。计算步骤如下。第一步，通过 $X'_{ij} = \dfrac{X_{ij} - \min X_j}{\max X_j - \min X_j}$ 和 $X'_{ij} = \dfrac{\max(X_j - X_{ij})}{\max X_j - \min X_j}$ 进行数据无量纲化处理；第二步，通过 $P_{ij} = \dfrac{X_{ij}}{\sum\limits_{i=1}^{m} X_{ij}}$ 计算比重矩阵；第三步，通过 $E_j = -K\sum\limits_{j=1}^{m} P_{ij}\ln P_{ij}$ 计算熵值，其中 $K = \dfrac{1}{\ln m}$，m 为样本数；第四步，通过 $G_j = 1 - E_j$ 计算差异系数，差异系数越大，评价作用越大，即 G_j 越大，指标越重要；第五步，通过 $W_j = \dfrac{G_j}{\sum\limits_{j=1}^{m} G_j}$ 求权重；第六步，通过 $S_i = \sum\limits_{i=1}^{m} W_j P_{ij}$ 计算综合得分。

（二）泰尔指数及其分解

运用泰尔指数对珠江—西江经济带县域经济差异进行分析，以 GDP 为

权重计算得出指数 T，并探讨组内差距和组间差距对珠江—西江经济带县域经济总体差距的影响程度。组间差距、组内差距、总体差距的计算公式分别为：

$$T_b = \sum_i^n \left[\frac{y_i}{y} \times \log\left(\frac{y_i/y}{p_i/p}\right) \right] \tag{1}$$

$$T_w = \sum_i^n \left[\frac{y_i}{y} \times \sum_i \sum_j \frac{y_{ij}}{y_i} \log\left(\frac{y_{ij}/y}{p_{ij}/p}\right) \right] \tag{2}$$

$$T_p = T_b + T_w \tag{3}$$

其中，n 为县域个数，y 为所有县域的 GDP 总数，p 为所有县域的常住人口总数；y_i 为 i 分组的 GDP 总数，p_i 为 i 分组的常住人口总数；y_{ij} 为 i 分组 j 县域的 GDP，p_{ij} 为 i 分组 j 县域的常住人口数。

三 结果分析

（一）珠江—西江经济带县域经济高质量发展水平分析

根据熵值法测算出 2014~2020 年珠江—西江经济带县域经济高质量发展的综合得分，并测算出人均 GDP、单位投资收益率、规模以上工业企业平均产值和万元 GDP 电耗 4 个单项指标的得分。考虑数据的可获得性，2014~2017 年统计分析范围包括 72 个县（市、区），2018~2020 年统计分析范围包括 41~45 个县（市、区），故下文对珠江—西江经济带县域经济效益的分析将从 2014~2017 年和 2018~2020 年两个时间段来进行。

从综合指标出发，得到 2014~2020 年珠江—西江经济带县域经济高质量发展总分并进行排序（见表2）。从 2014~2017 年的整体数据来看，排名前十的大部分县（市、区）基本稳定不变，少数县（市、区）波动下滑，长洲区连续 4 年稳居榜首，城中区、合山市、柳北区、金秀瑶族自治县、柳南区、靖西市、田林县始终位居前十，排名变化不大，可见珠江—西江经济带县域经济发展趋势较为稳定。分析 2018~2020 年的数据可知，城中区始终位居榜首，柳南区、柳北区、右江区、江南区、青秀区、端州区始终位居前十，每年排名略微波动，同样说明珠江—西江经济带县域经济发展情况总体趋于稳定。

表2 2014~2020 年珠江—西江经济带县域经济高质量发展总分情况

单位：分

2014 年		2015 年		2016 年		2017 年		2018 年		2019 年		2020 年	
得分排名前十的县（市、区）													
长洲区	0.606	长洲区	0.568	长洲区	0.532	长洲区	0.535	城中区	0.913	城中区	0.957	城中区	0.968
城中区	0.458	合山市	0.456	合山市	0.482	城中区	0.472	柳南区	0.797	柳南区	0.665	柳北区	0.467
合山市	0.430	金秀瑶族自治县	0.423	金秀瑶族自治县	0.433	合山市	0.456	柳北区	0.784	柳北区	0.570	柳南区	0.423
柳北区	0.345	城中区	0.403	城中区	0.403	金秀瑶族自治县	0.381	右江区	0.597	右江区	0.570	右江区	0.391
金秀瑶族自治县	0.324	柳南区	0.341	柳南区	0.327	柳南区	0.335	江南区	0.566	江南区	0.337	青秀区	0.318
柳南区	0.316	柳北区	0.321	柳北区	0.294	靖西市	0.329	青秀区	0.408	青秀区	0.309	端州区	0.255
靖西市	0.265	田林县	0.267	靖西市	0.277	柳北区	0.327	西乡塘区	0.372	端州区	0.302	四会市	0.252
青秀区	0.225	鱼峰区	0.260	端州区	0.248	江南区	0.272	鱼峰区	0.364	四会市	0.301	江南区	0.234
田林县	0.225	端州区	0.252	江南区	0.239	右江区	0.243	端州区	0.355	封开县	0.297	高要区	0.231
江南区	0.208	靖西市	0.241	田林县	0.231	田林县	0.227	兴宁区	0.354	高要区	0.293	鹿寨县	0.229
得分排名后十的县（市、区）													
平南县	0.102	平南县	0.102	良庆区	0.092	怀集县	0.093	云安区	0.205	怀集县	0.164	桂平市	0.118
宾阳县	0.094	良庆区	0.098	宾阳县	0.091	郁南县	0.090	覃塘区	0.197	融安县	0.159	马山县	0.109
那坡县	0.089	宾阳县	0.095	罗定市	0.090	三江侗族自治县	0.087	邕宁区	0.188	宾阳县	0.158	郁南县	0.105

续表

2014 年		2015 年		2016 年		2017 年		2018 年		2019 年		2020 年	
得分排名后十的县（市、区）													
凌云县	0.089	罗定市	0.087	平南县	0.089	邕宁区	0.081	隆安县	0.183	融水县	0.157	融水县	0.101
三江侗族自治县	0.088	天等县	0.081	那坡县	0.073	罗定市	0.080	武鸣区	0.179	郁南县	0.143	武鸣区	0.097
苍梧县	0.087	那坡县	0.077	天等县	0.073	天等县	0.074	郁南县	0.169	马山县	0.135	象州县	0.093
罗定市	0.087	凌云县	0.075	邕宁区	0.070	苍梧县	0.070	上林县	0.158	武鸣区	0.120	三江侗族自治县	0.092
天等县	0.083	港南区	0.071	凌云县	0.068	那坡县	0.068	马山县	0.157	三江侗族自治县	0.111	上林县	0.076
邕宁区	0.078	邕宁区	0.071	苍梧县	0.066	凌云县	0.066	三江侗族自治县	0.139	上林县	0.105	港南区	0.068
港南区	0.069	苍梧县	0.065	港南区	0.064	港南区	0.063	港南区	0.077	港南区	0.081	忻城县	0.064

2014~2017 年的数据显示，那坡县、凌云县、苍梧县、罗定市、天等县、邕宁区、港南区长期稳定在后 10 名，每年排名稍有波动，说明排名落后县（市、区）的经济发展一直处于稳定且低迷的状态。从 2018~2020 年的数据分析可知，武鸣区、郁南县、上林县、马山县、三江侗族自治县、港南区同样处于倒数位置，只是每年排名有轻微波动，经济发展趋势总体稳定。

综上，珠江—西江经济带整体经济发展在 2014~2020 年基本保持稳定，县域经济发展较为稳定，经济效益良好的县（市、区）和经济效益落后的县（市、区）基本排名不变。横向比较经济高质量发展总分可以看出，广西县域的经济效益比广东县域高。排名靠前与靠后县（市、区）之间的总体差距较大，2014~2017 年第一和倒数第一的差距在 8~9 倍，总体差距一般；2018~2020 年差距在 11~16 倍，总体差距逐渐拉大。整个珠江—西江经济带经济水平差距逐渐明显，排名靠前县（市、区）的经济发展呈增长趋势,差距较大;而排名靠后县(市、区)的经济发展趋于稳定,差距较小。

总体而言,经济效率高、经济效益好、排名靠前的县(市、区)主要有以下特点。一是自然地理位置条件优越,多为所在地级市的主城区以及政治、经济、文化中心;二是交通运输便利,有利于产业发展;三是资源丰富且得到有效开发利用,资源配置、开发规划符合当地情况;四是有产业支撑,有企业带动,多为工业,且第三产业发展程度较高,商业相对完善;五是教育资源相对丰富,有利于人才的培养,在经济相对发达的条件下,也有利于人才的引进。而经济效率低、经济效益差、排名靠后的县(市、区)主要有以下特点。一是经济发展缺乏活力,仍然以传统经济发展方式为主,未能形成能够领导县(市、区)经济发展的龙头产业,经济促进动力低,工业基础薄弱;二是劳动力流失依然严重,地区居民收入主要靠外出务工,不利于当地企业发展;三是资源相对匮乏,地理位置不佳,没有区位优势,发展比较困难,缺乏对开发项目和引进人才的吸引力;四是教育水平相对落后,严重缺乏技术、管理、教育、产业和规划人才,区域协作不强,基建效率低下。

从人均 GDP 单项指标出发,得到 2014~2020 年珠江—西江经济带县域人均 GDP 单项指标得分并进行排序(见表3)。2014~2017 年,排名前十的大部分区域基本稳定不变,城中区连续4年位居榜首,柳北区、长洲区、柳南区、青秀区、兴宁区、江南区6个区始终稳居前十,排名变化不大。从空间分布来看,人均 GDP 单项指标得分高的县(市、区)主要分布在广西,且集中在柳州和南宁两市。此外,港南区、西林县、凌云县、隆林各族自治县、上林县、那坡县、三江侗族自治县、乐业县、马山县和苍梧县 10 个县区在 2014~2017 年一直排后 10 名,其中大部分是百色市所辖县区。2018~2020 年,排名前十的县(市、区)的稳定性要高于排名后十的县(市、区),城中区、柳北区、柳南区、青秀区和鱼峰区5个区一直保持在前5名且排名较稳定,但排名后十的县(市、区)较不稳定,变动较大。与 2014~2017 年相比,2018~2020 年肇庆市所辖县(市、区)的排名有较大的提升,端州区、鼎湖区和四会市都挤进了前十,且排名呈上升趋势。总体而言,柳州市和南宁市所辖县（市、区）人均 GDP 单项指标常年"霸榜"前十，但随着 2018 年之后肇庆市所辖县（市、区）的发展，排名出现了较大变化，这表明 2018~2020 年肇庆市县域经济"奋起直追"，且增长势头强劲。

表3 2014~2020 年珠江—西江经济带县域人均 GDP 单项指标得分情况

单位：分

2014 年		2015 年		2016 年		2017 年		2018 年		2019 年		2020 年	
得分排名前十的县（市、区）													
城中区	0.280	城中区	0.263	城中区	0.264	城中区	0.263	城中区	0.416	城中区	0.395	城中区	0.310
柳北区	0.191	长洲区	0.184	柳南区	0.187	柳南区	0.194	柳北区	0.296	柳北区	0.222	柳北区	0.246
长洲区	0.181	柳南区	0.170	长洲区	0.184	柳北区	0.166	柳南区	0.288	柳南区	0.201	青秀区	0.199
柳南区	0.164	柳北区	0.167	柳北区	0.174	长洲区	0.164	青秀区	0.251	青秀区	0.176	柳南区	0.167
青秀区	0.156	端州区	0.150	青秀区	0.163	青秀区	0.163	鱼峰区	0.202	鱼峰区	0.153	鱼峰区	0.134
兴宁区	0.125	青秀区	0.149	端州区	0.160	端州区	0.137	兴宁区	0.199	右江区	0.112	四会市	0.125
江南区	0.105	兴宁区	0.120	兴宁区	0.127	兴宁区	0.131	端州区	0.153	四会市	0.108	柳城县	0.123
西乡塘区	0.099	鱼峰区	0.115	江南区	0.127	江南区	0.129	江南区	0.136	鼎湖区	0.106	鼎湖区	0.118
万秀区	0.094	江南区	0.102	鱼峰区	0.120	鱼峰区	0.123	鼎湖区	0.135	端州区	0.102	端州区	0.111
鼎湖区	0.090	西乡塘区	0.098	西乡塘区	0.093	右江区	0.094	四会市	0.133	兴宁区	0.090	良庆区	0.105
得分排名后十的县（市、区）													
港南区	0.010	港南区	0.012	港南区	0.010	港南区	0.009	怀集县	0.029	隆安县	0.018	象州县	0.018
西林县	0.009	西林县	0.010	西林县	0.009	凌云县	0.008	郁南县	0.027	怀集县	0.016	港南区	0.018
凌云县	0.009	凌云县	0.010	凌云县	0.008	西林县	0.007	罗定市	0.026	罗定市	0.015	平南县	0.011
隆林各族自治县	0.009	那坡县	0.010	那坡县	0.008	三江侗族自治县	0.007	隆安县	0.025	港南区	0.010	上林县	0.010
上林县	0.009	上林县	0.009	三江侗族自治县	0.007	那坡县	0.006	平南县	0.024	三江侗族自治县	0.006	三江侗族自治县	0.009
那坡县	0.008	三江侗族自治县	0.009	上林县	0.006	乐业县	0.006	桂平市	0.023	郁南县	0.005	忻城县	0.008

续表

2014 年		2015 年		2016 年		2017 年		2018 年		2019 年		2020 年	
得分排名后十的县(市、区)													
三江侗族自治县	0.008	乐业县	0.009	乐业县	0.006	上林县	0.005	港南区	0.016	平南县	0.004	桂平市	0.006
乐业县	0.006	隆林各族自治县	0.008	隆林各族自治县	0.003	隆林各族自治县	0.004	三江侗族自治县	0.013	上林县	0.003	马山县	0.005
马山县	0.006	马山县	0.005	马山县	0.002	马山县	0.001	上林县	0.006	桂平市	0.002	郁南县	0.002
苍梧县	0.000	苍梧县	0.000	苍梧县	0.000	苍梧县	0.000	马山县	0.000	马山县	0.000	融水县	0.000

从单位投资收益率单项指标出发，得到 2014~2020 年珠江—西江经济带县域单位投资收益率单项指标得分并进行排序（见表 4）。2014~2017 年，合山市、金秀瑶族自治县和田林县稳居前三，排名前十的县（市、区）主要来自来宾市和百色市。由此可见，经济总量高的柳州市和南宁市的单位投资收益率有待提升。相比之下，排名后十的县（市、区）来自不同的城市，较为分散，但主要来自广西。并且，广东的县（市、区）在逐渐退出后十，而广西县（市、区）的排名却呈下降趋势，证明广东县（市、区）单位投资收益率的提升速度要快于广西县（市、区）。2018~2020 年，排名前十的县区不再主要来自广西，而是广东、广西各一半，但大部分排名后十的县区主要来自广西。总体而言，经济总量较高的县（市、区）的单位投资收益率低，而经济总量较低的县（市、区）的单位投资收益率反倒高，所以珠江—西江经济带县域经济发展应注重效果，不能只注重总量而忽视经济效率的提升。

表 4   2014~2020 年珠江—西江经济带县域单位投资收益率单项指标得分情况

单位：分

2014 年		2015 年		2016 年		2017 年		2018 年		2019 年		2020 年	
得分排名前十的县(市、区)													
合山市	0.305	金秀瑶族自治县	0.363	合山市	0.391	合山市	0.373	广宁县	0.161	城中区	0.158	城中区	0.150

续表

2014 年		2015 年		2016 年		2017 年		2018 年		2019 年		2020 年	
得分排名前十的县(市、区)													
金秀瑶族自治县	0.261	合山市	0.350	金秀瑶族自治县	0.384	金秀瑶族自治县	0.329	柳南区	0.146	广宁县	0.137	鹿寨县	0.090
田林县	0.151	田林县	0.199	田林县	0.169	田林县	0.163	平南县	0.144	右江区	0.135	柳南区	0.089
西林县	0.138	西林县	0.172	西林县	0.142	西林县	0.130	怀集县	0.131	封开县	0.126	右江区	0.083
忻城县	0.110	乐业县	0.140	象州县	0.141	象州县	0.120	封开县	0.124	怀集县	0.121	广宁县	0.082
象州县	0.104	忻城县	0.130	忻城县	0.130	乐业县	0.118	柳北区	0.121	平南县	0.109	平南县	0.081
乐业县	0.103	象州县	0.121	乐业县	0.130	忻城县	0.114	右江区	0.117	柳南区	0.106	怀集县	0.079
隆林各族自治县	0.102	隆林各族自治县	0.111	武宣县	0.102	隆安县	0.094	端州区	0.116	端州区	0.099	封开县	0.076
武宣县	0.083	柳南区	0.098	隆安县	0.099	武宣县	0.093	马山县	0.099	高要区	0.088	融水县	0.072
柳北区	0.082	武宣县	0.095	上林县	0.085	隆林各族自治县	0.080	鹿寨县	0.097	鹿寨县	0.088	端州区	0.072
得分排名后十的县(市、区)													
德保县	0.015	德保县	0.013	平果县	0.013	德保县	0.015	青秀区	0.052	云城区	0.041	武宣县	0.024
田东县	0.014	云城区	0.013	德保县	0.012	天等县	0.012	柳江区	0.051	覃塘区	0.038	西乡塘区	0.020
港南区	0.013	天等县	0.013	田东县	0.011	鼎湖区	0.012	新兴县	0.043	西乡塘区	0.032	良庆区	0.017
良庆区	0.012	田东县	0.012	天等县	0.011	田东县	0.012	江南区	0.037	江南区	0.021	港南区	0.016
云城区	0.011	那坡县	0.011	万秀区	0.008	凌云县	0.011	鼎湖区	0.031	港南区	0.018	江南区	0.015
邕宁区	0.011	港南区	0.008	港南区	0.007	港南区	0.007	港南区	0.027	武鸣区	0.012	象州县	0.011
凭祥市	0.011	凭祥市	0.006	凭祥市	0.005	凭祥市	0.005	武鸣区	0.023	鼎湖区	0.012	武鸣区	0.008
云安区	0.009	良庆区	0.004	鱼峰区	0.002	鱼峰区	0.003	鱼峰区	0.011	良庆区	0.009	鼎湖区	0.004
鱼峰区	0.005	邕宁区	0.004	邕宁区	0.001	邕宁区	0.001	邕宁区	0.003	邕宁区	0.004	鱼峰区	0.004
端州区	0.000	云安区	0.000	良庆区	0.000	良庆区	0.000	良庆区	0.000	鱼峰区	0.000	忻城县	0.000

从规模以上工业企业平均产值单项指标出发，得到 2014～2020 年珠江—西江经济带县域规模以上工业企业平均产值单项指标得分并进行排序

（见表5）。2014~2017年，长洲区、靖西市和城中区一直位居前三，且长洲区的得分远远高于其他县（市、区）。长洲区和靖西市的得分高于0.100且差距较大，其他县（市、区）之间的得分差距较小。越来越多广东的县（市、区）跌进后十，而广西的县（市、区）逐渐退出后十。2018~2020年，各县（市、区）之间的差距逐步缩小。整体而言，规模以上工业企业平均产值单项指标的排名变动幅度比其他单项指标小，各县（市、区）之间的差距虽在逐渐缩小，但短期内排名并没有太大的变动。

表5 2014~2020年珠江—西江经济带县域规模以上工业企业平均产值
单项指标得分情况

单位：分

2014 年		2015 年		2016 年		2017 年		2018 年		2019 年		2020 年	
得分排名前十的县（市、区）													
长洲区	0.356	长洲区	0.314	长洲区	0.291	长洲区	0.317	城中区	0.383	城中区	0.369	城中区	0.482
靖西市	0.146	靖西市	0.125	靖西市	0.121	靖西市	0.174	江南区	0.356	柳南区	0.324	右江区	0.149
城中区	0.080	城中区	0.082	城中区	0.078	城中区	0.154	柳北区	0.329	右江区	0.244	柳北区	0.145
平果县	0.062	田东县	0.063	江南区	0.062	江南区	0.095	柳南区	0.325	柳北区	0.226	柳南区	0.141
扶绥县	0.055	宁明县	0.059	龙州县	0.061	龙州县	0.091	右江区	0.311	江南区	0.219	江南区	0.127
封开县	0.054	江南区	0.055	宁明县	0.058	柳北区	0.090	西乡塘区	0.170	西乡塘区	0.155	西乡塘区	0.102
田东县	0.054	龙州县	0.054	田阳县	0.051	宁明县	0.083	桂平市	0.151	桂平市	0.111	青秀区	0.054
宁明县	0.053	封开县	0.051	岑溪市	0.051	田阳县	0.079	鱼峰区	0.113	平南县	0.084	桂平市	0.052
岑溪市	0.053	云城区	0.051	大新县	0.049	右江区	0.072	柳江区	0.111	良庆区	0.079	平南县	0.052
江南区	0.050	岑溪市	0.051	封开县	0.049	岑溪市	0.070	平南县	0.107	封开县	0.078	武宣县	0.050
得分排名后十的县（市、区）													
郁南县	0.010	郁南县	0.007	田林县	0.008	那坡县	0.008	云安区	0.046	兴宁区	0.033	云城区	0.015
港南区	0.009	那坡县	0.007	凌云县	0.008	西林县	0.006	兴宁区	0.036	云城区	0.030	隆安县	0.014
罗定市	0.008	凌云县	0.007	罗定市	0.007	罗定市	0.005	港南区	0.034	隆安县	0.024	武鸣区	0.009
马山县	0.007	田林县	0.007	郁南县	0.006	金秀瑶族自治县	0.005	隆安县	0.034	怀集县	0.017	融水县	0.009
西林县	0.005	罗定市	0.007	那坡县	0.006	马山县	0.004	武鸣区	0.028	上林县	0.015	怀集县	0.008

2014 年		2015 年		2016 年		2017 年		2018 年		2019 年		2020 年	
得分排名前十的县（市、区）													
金秀瑶族自治县	0.004	西林县	0.005	马山县	0.004	新兴县	0.003	怀集县	0.024	武鸣区	0.014	港南区	0.007
乐业县	0.002	马山县	0.003	西林县	0.003	云安区	0.003	上林县	0.023	郁南县	0.011	郁南县	0.006
三江侗族自治县	0.001	金秀瑶族自治县	0.003	金秀瑶族自治县	0.003	郁南县	0.003	马山县	0.017	港南区	0.011	上林县	0.005
万秀区	0.000	乐业县	0.000	乐业县	0.000	三江侗族自治县	0.001	郁南县	0.012	马山县	0.009	马山县	0.005
右江区	0.000	三江侗族自治县	0.000	三江侗族自治县	0.000	乐业县	0.000	三江侗族自治县	0.000	三江侗族自治县	0.000	三江侗族自治县	0.000

从万元 GDP 电耗单项指标出发，得到 2014~2020 年珠江—西江经济带县域万元 GDP 电耗单项指标得分并进行排序（见表6）。2014~2017 年，排名前十和后十的县（市、区）的得分均呈下降趋势，这表明各县（市、区）的单位电耗不降反升，每万元 GDP 消耗的电量在增加，珠江—西江经济带县域经济绿色发展任重道远。2018~2020 年，排名变动较大，排名前十的县（市、区）主要来自广东，而排名后十的县（市、区）主要来自广西，证明在经济发展质量方面，广东县域的绿色发展水平要高于广西。总体而言，万元 GDP 电耗单项指标的得分排名变动较大，广东的县域经济效益要高于广西，且就广西内部而言，经济总量越大、经济越发达的县（市、区），经济效益反而较低。

表6 2014~2020 年珠江—西江经济带县域万元 GDP 电耗单项指标得分情况

单位：分

2014 年		2015 年		2016 年		2017 年		2018 年		2019 年		2020 年	
得分排名前十的县（市、区）													
隆林各族自治县	0.059	隆林各族自治县	0.060	隆林各族自治县	0.054	田阳县	0.048	隆安县	0.041	右江区	0.078	合山市	0.058

续表

2014 年		2015 年		2016 年		2017 年		2018 年		2019 年		2020 年	
得分排名前十的县（市、区）													
右江区	0.057	兴宾区	0.060	靖西市	0.054	兴宾区	0.047	马山县	0.041	云安区	0.076	右江区	0.054
平果县	0.056	合山市	0.057	田阳县	0.053	靖西市	0.047	云安区	0.040	鼎湖区	0.074	云安区	0.053
德保县	0.055	云安区	0.056	兴宾区	0.053	隆林各族自治县	0.045	右江区	0.040	覃塘区	0.072	鼎湖区	0.051
兴宾区	0.054	右江区	0.055	合山市	0.050	云安区	0.045	鼎湖区	0.040	高要区	0.070	高要区	0.047
鼎湖区	0.054	鼎湖区	0.055	云安区	0.050	右江区	0.044	高要区	0.040	端州区	0.067	端州区	0.046
云安区	0.053	德保县	0.055	德保县	0.050	德保县	0.044	端州区	0.040	隆安县	0.060	武宣县	0.045
高要区	0.053	高要区	0.054	右江区	0.049	鼎湖区	0.044	郁南县	0.039	新兴县	0.057	隆安县	0.045
覃塘区	0.052	覃塘区	0.054	鼎湖区	0.049	覃塘区	0.044	封开县	0.039	四会市	0.055	覃塘区	0.044
那坡县	0.052	端州区	0.050	高要区	0.048	高要区	0.043	新兴县	0.039	封开县	0.055	港北区	0.042
得分排名后十的县（市、区）													
柳江县	0.024	蒙山县	0.022	怀集县	0.019	象州县	0.020	融安县	0.037	西乡塘区	0.031	江南区	0.022
蒙山县	0.020	柳江县	0.021	象州县	0.017	蒙山县	0.020	柳江区	0.036	良庆区	0.031	西乡塘区	0.022
凭祥市	0.020	凭祥市	0.021	凭祥市	0.016	岑溪市	0.016	怀集县	0.036	邕宁区	0.031	青秀区	0.022
岑溪市	0.018	岑溪市	0.019	岑溪市	0.015	龙圩区	0.015	桂平市	0.036	青秀区	0.031	良庆区	0.022
扶绥县	0.017	扶绥县	0.019	扶绥县	0.014	凭祥市	0.013	宾阳县	0.035	兴宁区	0.031	邕宁区	0.022
万秀区	0.015	象州县	0.018	大新县	0.014	大新县	0.012	平南县	0.035	武鸣区	0.031	兴宁区	0.022
象州县	0.011	万秀区	0.013	万秀区	0.013	万秀区	0.011	横州市	0.029	融水县	0.030	武鸣区	0.022
江州区	0.009	龙州县	0.005	龙州县	0.007	龙州县	0.009	港北区	0.016	融安县	0.016	融水县	0.020
龙州县	0.003	江州区	0.001	江州区	0.002	江州区	0.001	覃塘区	0.015	怀集县	0.010	怀集县	0.011
宁明县	0.000	宁明县	0.000	宁明县	0.000	宁明县	0.000	港南区	0.000	柳江区	0.000	柳江区	0.000

注："柳江县"于 2016 年撤县设区，故 2016 年前为"柳江县"，2016 年后为"柳江区"。

（二）珠江—西江经济带区域经济差异演变特征与分析

上文从综合指标和 4 个单项指标出发，对珠江—西江经济带县域经济高质量发展水平进行了分析，可以看出各县（市、区）之间存在明显差异。为进一步分析地区差异及其变化趋势，本报告借助泰尔指数，把珠江—西江经济带范围内的 72 个县（市、区）分别以所属省份和属于县（市）或区为标准分为广东广西组和城乡组进行研究。此外，用 T_{wr}/T_p、T_{br}/T_p 分别表示组内差距和组间差距对整个研究区域差异的贡献度。

1. 珠江—西江经济带城乡经济差异演变特征与分析

将珠江—西江经济带范围内的 72 个县（市、区）分为县（市）和区两组，分析珠江—西江经济带城乡经济差异及其演变特征。如表 7 所示，2014~2020 年，珠江—西江经济带城乡经济总体差距呈下降趋势，组内差距和组间差距也在波动中缩小，但是各自的贡献率变化不大，组内差距的贡献率始终高于组间差距。总体差距在 2014~2020 年波动下降，由 2014 年的 0.3897 下降为 2020 年的 0.2459，珠江—西江经济带内县（市、区）都存在经济发展不平衡现象，但是城乡经济差异整体上在不断缩小，城乡发展不平衡程度在下降，这表明《珠江—西江经济带发展规划》对解决城乡经济发展不平衡问题起到了一定作用。此外，组内差距呈下降趋势，说明珠江—西江经济带城乡经济发展取得一定进步，各县（市）之间的内部差距和各区之间的内部差距都在逐渐缩小。对比组间差距和组内差距可知，2014~2020 年的组内差距远高于组间差距，组内差距贡献率始终保持在 56%~67%，说明珠江—西江经济带城乡经济差异主要是组内差距造成的。

表 7　珠江—西江经济带城乡经济差异

单位：%

年份	组内差距	贡献率	组间差距	贡献率	总体差距
2014	0.2589	66.44	0.1308	33.56	0.3897
2015	0.2617	65.05	0.1406	34.95	0.4024
2016	0.2582	66.22	0.1317	33.78	0.3899
2017	0.2351	64.80	0.1277	35.20	0.3628
2018	0.2269	60.48	0.1483	39.52	0.3752
2019	0.2045	56.65	0.1565	43.35	0.3609
2020	0.1594	64.85	0.0864	35.15	0.2459

2. 珠江—西江经济带广东、广西经济差异演变特征与分析

将珠江—西江经济带范围内的 72 个县（市、区）分为广东和广西两组，分析珠江—西江经济带广东、广西经济差异及其演变特征。如表 8 所示，2014~2020 年，总体差距呈波动下降趋势，说明珠江—西江经济带范围内 72 个县（市、区）的经济发展差距在缩小。从分解指数可以看出，组内差距贡献率均高于 99%，而组间差距贡献率均不足 1%，说明珠江—西江经济带广东、广西经济差异主要来自两省区各自县域内部的差距，广东的县（市、区）和广西的县（市、区）之间的经济差异并不明显，甚至可以忽略不计。此外，组内差距呈现波动下降趋势，说明广东的县（市、区）和广西的县（市、区）之间的经济差异都在缩小，同一省域内县（市、区）的经济发展差距在进一步缩小。

表 8　珠江—西江经济带广东、广西经济差异

单位：%

年份	组内差距	贡献率	组间差距	贡献率	总体差距
2014	0.3874	99.40	0.0023	0.60	0.3897
2015	0.4020	99.91	0.0004	0.09	0.4024
2016	0.3898	99.98	0.0001	0.02	0.3899
2017	0.3613	99.59	0.0015	0.41	0.3628
2018	0.3750	99.96	0.0001	0.04	0.3752
2019	0.3601	99.77	0.0008	0.23	0.3609
2020	0.2446	99.48	0.0013	0.52	0.2459

四　结论与建议

本报告从构建珠江—西江经济带县域经济高质量发展指标体系入手，衡量了珠江—西江经济带县域经济高质量发展水平，并以人均 GDP、单位投资收益率、规模以上工业企业平均产值和万元 GDP 电耗 4 个指标分别对

2014~2020年珠江—西江经济带县域经济效益进行分析。此外，本报告使用泰尔指数分别对珠江—西江经济带城乡经济差异和广东、广西经济差异及其贡献率进行计算，分析2014~2020年珠江—西江经济带的组内差距、组间差距和总体差距，得出如下结论。

2014~2020年，珠江—西江经济带县域经济发展趋势总体稳定，县域经济高质量发展水平稳中有升。就人均GDP而言，柳州市和南宁市所辖县（市、区）人均产出效率较高；但2018年起，肇庆市县域经济"奋起直追"，且增长势头强劲。就单位投资收益率而言，来宾市和百色市所辖县（市、区）社会投资效率较高，且广东所辖县（市、区）单位投资收益率的提升速度要快于广西所辖县（市、区）。就规模以上工业企业平均产值而言，该单项指标排名变动幅度比其他单项指标小，各县（市、区）之间的差距逐渐缩小，表明短期内提升产业结构效率难度较大。就万元GDP电耗而言，各县（市、区）的单位电耗不降反升；总体上，广东县域的生态环境效率要高于广西县域。

珠江—西江经济带县域经济发展的城乡经济差异和广东、广西经济差异依然存在。其中，城乡经济差异主要来自组内差距，2014~2020年的组内差距贡献率始终超过56%，广东、广西经济差异的组内差距贡献率更是始终高于99%。总体而言，珠江—西江经济带城乡经济总体差距和广东、广西经济总体差距均呈下降趋势，这表明72个县（市、区）的经济发展差距在缩小，城乡发展不平衡程度在下降，同一省域内县（市、区）的经济发展差距在进一步缩小。因此，为进一步提高珠江—西江经济带县域经济高质量发展水平、缩小城乡经济差异和广东、广西经济差异，本报告提出如下建议。

经济高质量发展是以效率为核心的发展模式，要重视人均产出效率、社会投资效率、产业结构效率和生态环境效率等方面。一是注重经济提质增效，释放发展新动能。二是转变粗放型经济增长方式，坚持投资驱动和创新驱动并重，实现创新驱动发展。三是加快推进传统产业改造升级，在县域已有的产业基础上，推动县域产业集群的发展与壮大；同时，加强区域产业关联，通过企业间的产业链形成多维度的分工协作体系。四是必须坚持绿色发展，建设生态文明社会，走可持续发展道路，严格把控高耗能行业的能源消耗。

参考文献

安永景、王爱花、周泽奇：《产业集聚、空间关联与协同定位——以珠江—西江经济带为例》，《现代城市研究》2022 年第 3 期。

陈文捷、闫孝茹：《区域城市旅游生态位测评及发展策略研究——以珠江—西江经济带为例》，《生态经济》2019 年第 9 期。

杨西春：《跨省区流域经济带协同创新体系研究——以珠江—西江经济带为例》，《广西社会科学》2018 年第 2 期。

赵泳春、苏方林：《经济差异化增长下生态系统服务价值的时空演变特征——以珠江—西江经济带为例》，《自然资源学报》2022 年第 7 期。

陈诗一、陈登科：《雾霾污染、政府治理与经济高质量发展》，《经济研究》2018 年第 2 期。

付晨玉、杨艳琳：《中国工业化进程中的产业发展质量测度与评价》，《数量经济技术经济研究》2020 年第 3 期。

马茹等：《中国区域经济高质量发展评价指标体系及测度研究》，《中国软科学》2019 年第 7 期。

聂长飞、简新华：《中国高质量发展的测度及省际现状的分析比较》，《数量经济技术经济研究》2020 年第 2 期。

师博、张冰瑶：《全国地级以上城市经济高质量发展测度与分析》，《社会科学研究》2019 年第 3 期。

唐晓彬、王亚男、唐孝文：《中国省域经济高质量发展评价研究》，《科研管理》2020 年第 11 期。

王振华、李萌萌、江金启：《交通可达性对城市经济高质量发展的异质性影响》，《经济与管理研究》2020 年第 2 期。

魏敏、李书昊：《新时代中国经济高质量发展水平的测度研究》，《数量经济技术经济研究》2018 年第 11 期。

詹新宇、崔培培：《中国省际经济增长质量的测度与评价——基于"五大发展理念"的实证分析》，《财政研究》2016 年第 8 期。

B.4
珠江—西江经济带能源效率测度
及驱动因素分析

李强谊　常晓娜　葛节肖　张晓慧*

摘　要： 本报告以珠江—西江经济带为研究对象，利用SBM-DEA模型、核密度估计、泰尔指数分析该地区不同城市能源效率的时空演变格局，并利用计量模型对珠江—西江经济带能源效率的驱动因素进行实证研究。结果表明：2005～2020年，珠江—西江经济带能源效率整体呈波动上升趋势，且呈"橄榄形"和"东高—西低"的分布态势；经济发展水平、产业集聚、贸易水平等因素对珠江—西江经济带能源效率具有显著的影响。异质性分析表明，土地城镇化水平、对外开放、产业结构等因素对能源效率的影响在不同区域以及经济发展水平不同的地区存在明显的差异。据此，为推动珠江—西江经济带高质量发展，提高能源利用效率，本报告提出加强地区合作、凝聚地区发展共识、发挥产业集聚的积极作用等对策建议，以实现珠江—西江经济带的长远、可持续发展。

关键词： 能源效率　区域合作　产业集聚　珠江—西江经济带

---

* 李强谊，博士，广西师范大学经济管理学院副教授，珠江—西江经济带发展研究院研究员，研究方向为人口、资源与环境经济学；常晓娜，广西师范大学硕士研究生，研究方向为人口、资源与环境经济学；葛节肖，广西师范大学硕士研究生，研究方向为资源与环境；张晓慧，广西师范大学硕士研究生，研究方向为绿色经济发展。

一 引言

随着中国经济迈向高质量发展阶段以及"双碳"目标的提出，实现节能减排与绿色发展已成为目前亟须解决的重大问题。珠江—西江经济带连接我国东部发达地区与西部欠发达地区，是珠江三角洲地区转型发展的战略腹地。随着产业结构深度调整和产业空间格局不断演变，珠江—西江经济带在"工业化"和"城市化"进程中的发展战略逐渐向"双轮驱动"、产业协同发展转变。与此同时，珠江—西江经济带传统粗放式发展过程中的能源过度消耗、依赖度较高、使用效率较低等问题随着经济的高速发展日益凸显。为减少能源消耗和资源浪费，提高能源利用效率，平衡珠江—西江经济带各地区间存在的能源效率差异，能源效率优化发展迫在眉睫。同时，《珠江—西江经济带发展规划》以"一轴，两核，四组团，延伸区"的空间布局着力打造综合交通大通道，建设珠江—西江生态廊道，为区域协调发展和能源效率提升提供了示范，为"双碳"目标的实现提供了政策启示。

世界能源委员会对能源效率的定义为"减少提供同等能源服务源投入"。我国学者也对能源效率进行了定义，从经济学角度来看，能源效率是指能源利用中发挥作用的与实际消耗的能源总量之比。中国是一个能源消耗大国，能源消耗总量排名世界第二，且中国人口众多，能源相对缺乏，人均能源占有量仅为世界平均水平的40%，能源效率仅为33%，比发达国家落后20年，能耗强度大大高于发达国家及世界平均水平，大约为美国的3倍、日本的7.2倍。如何提高能源效率，成为中国政府在未来经济发展中面临的紧迫问题。提高能源效率可以降低能耗，促进各国经济持续增长。能源效率的提高与经济高质量增长的协调发展，是增进各国人民福祉的本质要求。提高能源效率能有效地减少温室气体排放，并对碳中和具有重要意义。同时，有学者研究发现，环境资源效率与流域经济的高质量发展有着密切的关系，提高环境资源效率对流域优质开发具有重要意义。提升能源效率是绿色发展的关键，亦是实现生产、生活方式绿色转型需要关注的重大议题，部分学者立足不同研究视角，对能源效率与城镇化建设、生态保护及经济高质量发展等方面的关系进行探究分析，为我国节能减排工作找到切入点。

长期以来，学者们都在积极探索如何提高能源效率，以解决中国能源发展的问题，然而针对地区能源效率问题展开的研究却相对不足。因此，本报告使用 2005~2020 年珠江—西江经济带城市群的相关数据，收集相关指标对能源效率进行测度分析，利用 SBM-DEA 模型、泰尔指数和核密度估计研究珠江—西江经济带能源效率的时空演变特征，并运用计量模型探究珠江—西江经济带能源效率的影响因素，有助于厘清珠江—西江经济带能源效率发展的现状，为进一步推进珠江—西江经济带经济高质量发展和"双碳"目标的实现提供理论依据。

二　文献综述

（一）能源效率测度

大多数学者通过采集面板数据统计分析方法或计量模型分析方法测度能源效率。

1. 采集面板数据统计分析方法

为对能源效率进行有效测度，学者们基于自身研究基础与内容，通过采集面板数据统计分析方法对生态韧性进行测算。高爽选取 2006~2020 年中国 30 个省份的能源产业面板数据，分析能源产业要素配置状况与效率损失。相关学者以中国省级层面的面板数据为研究对象，采用动态随机非参数数据包络分析法、传统 DEA、交叉效率 DEA 和博弈交叉效率 DEA 方法对全要素能源效率进行了测度。基于方向距离函数方法，刘辉群、彭传立等学者以中国省份的面板数据为样本，对样本期内各省份的能源效率进行了测算。能源利用效率提升是实现节能减排和绿色发展目标的关键，史丹和李少林以

2003～2017 年 281 个地级及以上城市的相关数据为样本，考察了排污权交易制度对能源利用效率的影响与作用路径。

2.计量模型分析方法

在测量能源效率的模型上，由于研究视角及内容的差异，学者们所选择的模型也不尽相同。提高能源效率是实现经济高质量发展、环境污染治理和能源安全的重要抓手。基于超效率 SBM 模型分析方法，相关学者从不同的研究视角对能源效率进行测度。一些学者通过构建 EBM 模型，对能源效率进行有效测度。已有学者研究证明 DEA 模型是测算能源效率的既定方法，在该模型的基础上，国内外学者加以研发创新，成功测算了不同行业的能源效率。在测算各国产业结构高级度、合理度、集中度的基础上，谢园园等学者采用耦合度评价模型分析了能源效率与产业结构的空间耦合关系。

（二）能源效率影响因素

能源效率的影响因素有很多，已有不少学者展开相关分析。例如，张慧等学者利用分位数回归模型探究效率差异视角下城市能源效率的影响因素，发现各因素对能源效率的影响程度呈明显的分位异质性，且不同因素对能源效率变化的边际贡献随着分位数的提高而有不同程度的降低。此外，一些学者研究认为，经济发展水平、对外开放程度和环境规制对我国整体及分区域能源效率抑制作用明显，而产业结构、研发投入则对能源效率有显著正向作用。考虑不同行业能耗差异对能源效率产生的影响，相关学者以面板数据为样本，通过构建相关模型及研究方法，对影响能源效率提升的关键因素进行识别，结果发现能耗行业的全要素能源效率存在显著差异。同时，提高能源效率是各国面临的共同问题，为进一步了解各国能源效率的变化趋势，将各国的能源效率优势转化为共同优势，提高各国能源效率的综合治理能力，国外一些学者基于径向松弛测度模型改进的三阶段 DEA模型，对《区域全面经济伙伴关系协定》（RCEP）成员的能源效率及其影响因素进行分析，结果表明：优化产业结构和能源消费结构可以提高能源效率，商品贸易和政府效率对能源效率也有积极影响。

（三）能源效率研究现状

能源效率代表了能源的使用水平。对能源效率进行全面分析评价，可以更准确地分析提高能源效率的途径，为绿色节能建设提供建议。目前，关于能源效率的研究多集中在时空演化特征及路径机制等方面。

1. 能源效率的时空演化特征

一些学者以地级市层面的面板数据为研究样本，基于不同的研究视角，利用相关模型方法（超效率 SBM 模型、速度激励模型、空间收敛、ESDA 空间分析等）研究分析全要素能源效率的时空收敛性、差异及演变趋势，结果表明，在时空格局及其演化方面，各地级市能源效率具有显著的空间自相关性，只有充分考虑能源效率演化路径的时空差异，同时结合节能政策减缓能源消耗的冲击，才能实现区域能源效率的提高和能源消费的平衡发展。范如国和罗明采用时空加权回归模型，对中国 30 个省份在 1995～2011 年各时空点上的能源效率演化的异质特征进行了分析，研究表明，能源效率的时空演化路径存在异质性特征。为探寻影响我国能源效率区域差异变化的空间机制，相关学者运用空间自相关分析方法对我国省域能源效率之间的总体和局部空间差异时空格局演化规律进行了实证分析，还有学者进一步从时间和空间两个维度揭示了福建省能源效率的演化特征，以期为福建省节能减排工作找到切入点。

2. 能源效率的路径机制

为了探索中国能源利用效率改进作用机制，进一步提高中国能源利用效率，奚潭在研读国内外研究文献的基础上，使用路径分析模型对所选指标和数据进行建模实证分析，利用统计 R 语言编程求解路径分析模型并绘制路径分析图，直观形象地展示了中国能源利用效率改进作用机制。金波和刘文宁借助系统 GMM 模型实证分析绿色技术效率影响本土市场规模作用于能源效率的路径，发现绿色技术效率对能源效率的影响呈显著的门限效应，且因地区不同而存在差异。此外，不同类型的环境规制会使市场资源配置发生不同转变，进而对全要素能源效率产生不同影响。同时，杨丹等学者利用两轮中国家庭能源消费调查（CRECS）数据合成面板数据，分析能源效率对能源贫困的影响机制，并进一步评估提高能源效率、促进能源减贫的潜力空间，这对构建缓解相对贫困的长效机制具有重要的理论和现实意义。经济高速增长和能源供需之间的矛盾制约着城市绿色发展，考虑上述背景以及经济行为存在空间交互影响的事实，部分学者通过构建动态空间杜宾模型和中介效应模型，探讨了不同产业结构对能源效率的影响机制及空间溢出效应，还有学者进一步通过4种环境组态呈现不同区域绿色能源效率的多重提升路径。

综上所述，在分析能源效率的现有文献中，国内外学者从不同视角对能源效率进行了大量研究，取得了丰硕的研究成果，值得学习和借鉴。但已有研究仍存在一定的欠缺。一是已有文献主要从全国或省域维度进行解析，以珠江—西江经济带为研究对象的文献较少，探讨珠江—西江经济带能源效率的研究更是少见。二是即使现有研究关注到了能源效率，但仍缺乏能源效率多维测度、动因解析和区域间的时空演变等方面的研究。三是在能源效率的研究中，多数学者从经济活动入手，考察资本、产业以及劳动力与能源效率的影响关系，但对能源效率的溢出效应关注较少。

三　珠江—西江经济带能源效率的测度与时空演变特征

本部分第一节结合珠江—西江经济带能源效率的实际特点，利用 SBM-DEA 模型对 2005～2020 年珠江—西江经济带能源效率进行测算分析，并构建珠江—西江经济带能源效率评价指标体系；第二节运用 Arcgis10.2 对 2005～2020 年珠江—西江经济带广东段 4 个地级市（广州、佛山、肇庆、云浮）以及广西段 7 个地级市（南宁、柳州、梧州、贵港、百色、来宾、崇左）能源效率的空间分布格局进行分析，发现珠江—西江经济带能源效率呈 "东高—西低" 的分布态势，即高值城市主要集聚在广东，低值城市主要集聚在广西；第三节根据 2005～2020 年珠江—西江经济带各市能源效率值利用核密度图，分析珠江—西江经济带各市能源效率的演变趋势，发现珠江—西江经济带能源效率的地区差距较大且存在多极化现象。同时，本报告进一步利用泰尔指数，研究珠江—西江经济带能源效率的区域差异。

（一）研究方法和数据说明

1. 研究方法

（1）SBM-DEA 模型

传统的数据包络分析存在径向和角度选择问题，在非期望产出的处理过程中存在一定的局限性。SBM 效率评价模型在 DEA 模型的基础上引入松弛变量，解决了上述因素造成的结果偏差，但该模型无法解决多个效率值为 1 的评价单元分析问题。能源在使用过程中的投入和产出在某些情况下存在负相关关系，为了实现对多个有效单元的评价，本报告采用 Tone 提出的包含期望产出和非期望产出的 SBM-DEA 模型，对珠江—西江经济带能源效率进行测算和评价，其表达式为：

$$
\begin{aligned}
p &= \min \frac{1 - \dfrac{1}{m} \sum_{i=1}^{m} \dfrac{s_i^-}{x_{i0}}}{1 + \dfrac{1}{s_1 + s_2}\left(\sum_{r=1}^{s_1} \dfrac{s_r^g}{y_{r0}^g} + \sum_{r=1}^{s_2} \dfrac{s_r^b}{y_{r0}^b} \right)} \\
x_0 &= x\lambda + s^- \\
y_0^g &= y^g\lambda - s^g \\
y_0^b &= y^b\lambda + s^b \\
s^- &\geqslant 0, s^g \geqslant 0, s^b \geqslant 0, \lambda \geqslant 0
\end{aligned}
\tag{1}
$$

式中，$x = (x_{ij}) \in R^{m \times n}$，$y = (y_{ij}) \in R^{s \times n}$，$n$、$m$、$s$ 分别代表 n 个部门、m 个投入、s 个产出，其中包括 s_1 个好产出、s_2 个坏产出。s^- 和 s^b 分别表示投入和非期望产出的过剩，而 s^g 代表期望产出的不足，p 为要计算的能源效率值，其取值范围为 0~1。当 $p = 1$ 时，表示生产单元完全有效率，不存在投入和非期望产出的过剩以及期望产出的不足；当 $p < 1$ 时，表示生产单元存在效率损失，可以通过优化投入量和产出量来提高能源效率。

（2）核密度估计

核密度估计是一种非参数估计方法，主要用于对随机变量的概率密度进行估计，并从数据本身的特点进行函数拟合分布，避免了人为设定函数形式可能造成的误差。其表达式为：

$$f(x) = \frac{1}{Nh} \sum_{i=1}^{N} K\left(\frac{X_i - x}{h}\right) \tag{2}$$

式中，N 为样本个数，h 为带宽，X_i 为样本观测值，x 为样本均值，$K(\cdot)$ 为核函数。核密度曲线的重心位置能够反映观测值大小演进特征；波峰数量能够反映观测值极化特征，波峰高度能够反映观测值差异特征；曲线的拖尾厚度能够反映高（低）值区样本数量，拖尾长度能够反映高（低）值区样本演变特征。

（3）泰尔指数

泰尔指数作为一种能够衡量区域发展相对差异的方法，既可以反映区域间差异（T_b）和区域内差异（Tw），也可以量化两者在总差异中的贡献程度，其表达式为：

$$T = \sum_{i=1}^{n} \left[\frac{Y_i}{Y} \ln\left(\frac{Y_i / Y}{N_i / N}\right) \right] \tag{3}$$

$$T_w = \sum_{j=1}^{N} \frac{Y_j}{Y} T_{w(i)} \tag{4}$$

$$T_b = \sum_{j=1}^{N} \left[\frac{Y_j}{Y} \ln\left(\frac{Y_j / Y}{N_j / N}\right) \right] \tag{5}$$

$$T = T_b + T_w \tag{6}$$

式中，T、T_w、T_b、$T_{w(i)}$ 分别表示总体、区域内、区域间、各子区域内的能源效率得分泰尔指数，分别表征总体、区域内、区域间、各子区域间差异；n 表示珠江—西江经济带城市数量，Y_i、Y、Y_j 分别表示城市 i 的能源效率、总能源效率和区域能源效率；N_i、N、N_j 分别表示选定研究城市的数量、总数量和区域城市数量。

2. 珠江—西江经济带能源效率评价指标体系构建

参考张军、Oda、孙伟、李露等学者的研究，并充分考虑数据的可获得性，构建具有可操作性、科学性的珠江—西江经济带能源效率评价指标体系，如表1所示。

表1　珠江—西江经济带能源效率评价指标体系

一级指标	变量	变量说明
投入	劳动力	全市从业人数（万人）
	资本存量	利用张军提出的"永续盘存法"估算资本存量（亿元）
	电力资源	全市全年用电量（万千瓦时）
期望产出	地区生产总值	以2005年为基期计算全市实际生产总值（亿元）
非期望产出	工业二氧化硫	全市工业二氧化硫排放量（吨）
	工业废水	全市工业废水排放量（万吨）
	工业粉尘	全市工业粉尘排放量（吨）
	二氧化碳排放量	二氧化碳排放空间网络数据集（吨）

根据数据的可得性，本部分以珠江—西江经济带11个城市为评价单元，以2005~2020年为能源效率均值考察时期。具体而言，投入变量包括：劳动力，用全市从业人数来衡量；资本存量，用张军提出的"永续盘存法"估算；电力资源，用全市全年用电量来衡量。期望产出变量为地区生产总值，以2005年为基期计算全市实际生产总值。非期望产出变量包括：工业二氧化硫，用全市工业二氧化硫排放量来衡量；工业废水，用全市工业废水排放量来衡量；工业粉尘，用全市工业粉尘排放量来衡量；二氧化碳排放量，用二氧化碳排放空间网络数据集来衡量。原始数据来源于2006~2021年《广东统计年鉴》《广西统计年鉴》《中国城市统计年鉴》，以及广东、广西各地级市统计年鉴，采用移动平均法和线性插值法补齐部分年份少量缺失数据。

（二）珠江—西江经济带能源效率时空分异特征分析

1. 珠江—西江经济带能源效率的空间分异

借助Arcgis10.2对2005~2020年珠江—西江经济带各城市能源效率均

值的空间分布进行了可视化分析，采取自然间断点分级法按能源效率对珠江—西江经济带各城市进行分组，分为高效率组（1.001~1.200）、较高效率组（0.801~1.000）、中效率组（0.601~0.800）、中低效率组（0.401~0.600）、较低效率组（0.201~0.400）以及低效率组（0.000~0.200），并选取 2005 年、2010 年、2015 年、2020 年四个时间节点，绘制珠江—西江经济带能源效率的空间分布图，如图 1 所示。

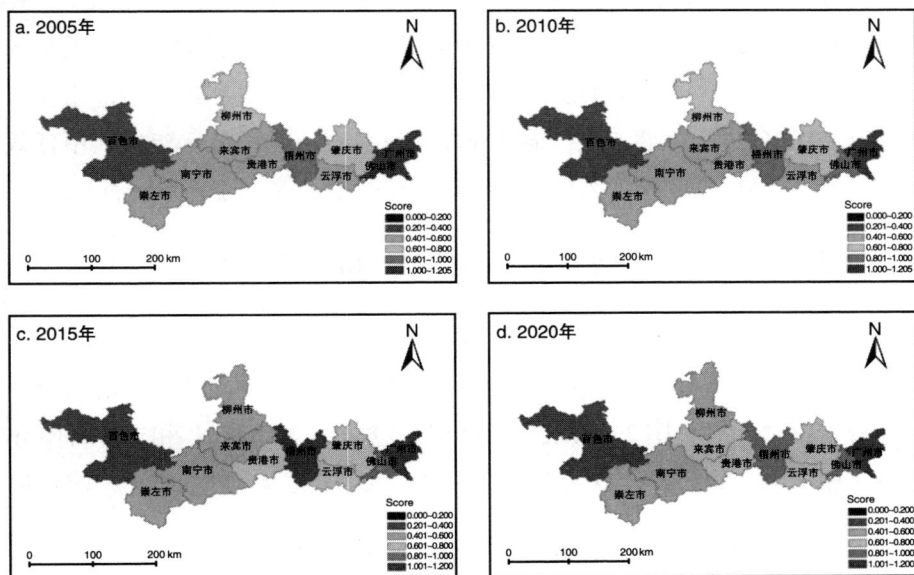

图 1　2005~2020 年珠江—西江经济带能源效率空间分布

资料来源：该图基于自然资源部标准地图服务网站下载的审图号为 GS（2022）4309 的标准地图制作，底图无修改。

2. 高值城市和低值城市分布特征明显

从图 1 可以看出，高值城市主要集中在东部的广东省，如广州市、佛山市，以及广西的部分城市，如梧州市。广州市作为广东的省会城市，政策、区位、资源等各方面优势明显，能源投入能够得到更高效的回报，其能源效率在珠江—西江经济带一直处于领先地位。而且广州市对周边城市的能源效率具有一定的辐射作用，如云浮市从 2005~2010 年的中低效率组转变为 2015~2020 年的中效率组。

低值城市主要集中在西部的广西，表现最为明显的是百色市。一方面，低值城市多以山地为主，不利于开发建设，能源投入无法得到最大限度的利用；另一方面，低值城市人口集聚和产业集聚程度偏低，而人口集聚和产业集聚可以提升企业生产率，进而提升城市能源效率。

3. 珠江—西江经济带能源效率呈"橄榄形"分布

珠江—西江经济带各城市中，处于高效率组和低效率组的城市较少，处在中间梯队的城市较多；而且处在不同效率组的城市的能源效率呈现明显的动态变化。具体而言，佛山市从 2010 年之后进入较高效率组；贵港市和云浮市从 2015 年进入中效率组，而柳州市恰好相反，从中效率组退回中低效率组；百色市在 2015 年进入较低效率组，低效率组城市数量开始清零。

（三）珠江—西江经济带能源效率的分布动态演变

1. 珠江—西江经济带整体核密度估计

本部分通过核密度估计呈现 2005~2020 年珠江—西江经济带能源效率整体核密度估计（见图 2）。从图 2 可以明显看出，与 2005 年相比，2010 年峰值大幅下降，2015 年再次上升，2020 年明显下降；峰值随时间变化移动，

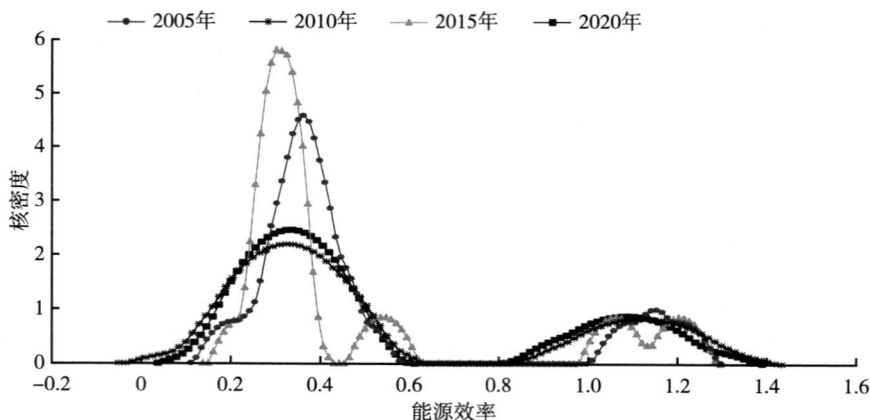

图 2　2005~2020 年珠江—西江经济带能源效率整体核密度估计

具体而言，与 2005 年相比，2010 年的峰值向左小幅移动，2015 年的峰值在 2010 年的基础上进一步向左移动，而 2020 年的峰值在 2015 年的基础上略向右移动；宽度在 2010 年和 2020 年明显拉大。这一方面说明珠江—西江经济带能源效率偏低，另一方面说明珠江—西江经济带能源效率的地区差距持续扩大。同时可以发现，相对于 2005 年，2010 年、2015 年、2020 年出现显著的峰期，表明多极化现象严重，显示了珠江—西江经济带能源效率的地区差距扩大，部分城市如百色、崇左等的能源效率不高。

2. 珠江—西江经济带能源效率整体区域差异

图 3 呈现了 2005~2020 年珠江—西江经济带能源效率泰尔指数演变趋势。可以看出，珠江—西江经济带整体区域差异非常明显且处于起伏状态。具体从其演变过程来看，珠江—西江经济带能源效率泰尔指数演变趋势主要表现为：2005~2006 年呈上升态势，2006~2008 年呈下降态势且 2006~2007 年的下降幅度更大。随后，珠江—西江经济带能源效率泰尔指数演变趋势呈"M"形，即 2008~2010 年为快速上升阶段；2010~2011 年为下降阶段；2011~2012 年又反弹上升，且在 2012 年上升至样本期内的最大值；2012~2013 年大幅下降，而后又保持稳步上升态势至 2015 年；2018 年下降到 0.1730，之后基本保持缓慢上升态势。珠江—西江经济带能源效率总体区域差异呈现以上演变趋势的原因可能与地理位置和产业结构有关。一方面，能

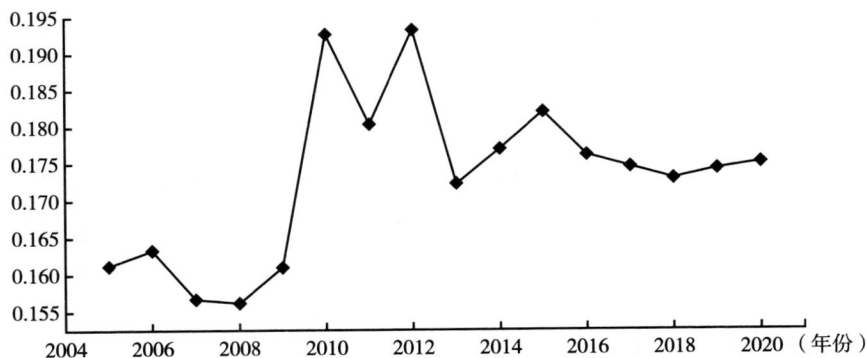

图 3　2005~2020 年珠江—西江经济带能源效率泰尔指数演变趋势

源效率较高的城市多位于沿海地区，可以获得更好的资金、管理技术和信息支持，能源效率水平不断上升；另一方面，这些城市在发展过程中带动了产业结构的调整和优化，转变了经济增长方式，改变了单纯依靠能源等要素投入推动经济增长的局面，形成能源效率分布上的空间集聚，带动周边地区经济发展和能源效率提升。

四 珠江—西江经济带能源效率影响因素分析

本报告立足珠江—西江经济带能源效率的空间演变格局，试图探讨珠江—西江经济带能源效率的重要驱动因素，精准剖析珠江—西江经济带能源效率提升的发生机制。在系统梳理相关研究成果、确立影响因素的基础上构建计量模型，采用实证手段检验各因素对珠江—西江经济带能源效率的影响。

（一）模型构建

首先，本报告参考魏楚、沈满洪、陈钊、陈乔伊、赵泳春、苏方林等学者的研究，在确定各影响因素的基础上，为了深入分析各因素对珠江—西江经济带能源效率的影响作用，构建如下计量模型：

$$EE = \beta_0 + \beta_1 Lan_{it} + \beta_2 Pop_{it} + \beta_3 Gdp + \beta_4 Tec_{it} + \beta_5 Fin_{it} + \beta_6 Str_{it} + \beta_7 Ind_{it} + \\ \beta_8 Tra_{it} + \beta_9 Fdi_{it}\mu_i + \beta_{10} Gov_{it} + \beta_{11} Pre_{it} + \beta_{12} Tem_{it} + \lambda_t + \varepsilon_{it}$$

(7)

其中，i 和 t 分别表示城市和年份，EE 表示能源效率，Lan、Pop、Gdp、Tec、Fin、Str、Ind、Tra、Fdi、Gov、Pre、Tem 表示各影响因素，μ_i 表示城市固定效应，用来反映不同城市不随时间变化的特点，λ_t 表示年份固定效应，ε_{it} 表示随机扰动项。

（二）变量选择及研究方法

根据已有相关研究并基于数据的可得性，本报告参考魏楚、沈满洪、

Oda、黄超然、周国华等学者的研究，选定以下 12 个影响因素进行考察，如表 2 所示。

表 2　珠江—西江经济带能源效率影响因素

影响因素	符号	衡量方法
土地城镇化水平	*Lan*	城市建成区面积/乡镇区划面积
人口城镇化水平	*Pop*	城镇人口数量/总人口数量
经济发展水平	*Gdp*	实际人均地区生产总值（取对数）
科技发展水平	*Tec*	教育科学支出/地区生产总值
金融发展水平	*Fin*	年末金融机构贷款余额/地区生产总值
产业结构	*Str*	第三产业增加值/第二产业增加值
产业集聚	*Ind*	规模以上工业企业个数/行政区划面积
贸易水平	*Tra*	货物进出口额/地区生产总值
对外开放	*Fdi*	实际使用外资金额/地区生产总值
行政干预	*Gov*	地方政府一般预算内支出/地区生产总值
降水条件	*Pre*	年均降水量
气温条件	*Tem*	年均气温

具体而言，影响因素包括以下 12 个。一是土地城镇化水平，用城市建成区面积与乡镇区划面积之比衡量。一般而言，土地城镇化水平较高的城市，其工业化水平较高，污染物排放量较高，非期望产出较高，能源效率较低。二是人口城镇化水平，用城镇人口数量占总人口数量的比重衡量。一般而言，人口城镇化水平较高的城市，其劳动力生产率相对较高，从这个角度来看，其对能源效率具有正向影响。三是经济发展水平，用实际人均地区生产总值的对数表示。一般而言，经济发展水平较高的城市更倾向于使用低污染、低耗能的产品，其能源效率更高，进而对能源效率具有正向促进作用。四是科技发展水平，用教育科学支出占地区生产总值的比重衡量。技术进步能够提高能源效率，科技发展水平较高的城市在工业生产中往往倾向于采用更加先进环保的技术设备，以较低的生产成本实现污染的大幅减少，进而提升能源效率。五是金融发

展水平，用年末金融机构贷款余额与地区生产总值之比衡量。金融发展水平通过促进技术创新、增强环保意识等对二氧化碳排放产生负向影响；同时，资金的可获得性是能源效率的重要影响因素，金融发展水平对能源效率的提升具有显著的推动作用。六是产业结构，用第三产业增加值与第二产业增加值之比衡量。产业结构的合理化和高级化对能源效率的提升有显著的正向影响；同时，产业结构高级化作为中介变量，将金融发展的影响传导至能源效率的提升。七是产业集聚，用规模以上工业企业个数与行政区划面积之比衡量。产业集聚可以通过知识溢出、设施共享、人力资本水平提升以及竞争加剧促进能源效率提高。八是贸易水平，用货物进出口额占地区生产总值的比重衡量。一方面，对外贸易通过扩大经济规模促进经济增长，而经济规模的扩大意味着环境成本的增加和资源使用的加剧，进而影响能源效率；另一方面，随着贸易规模的扩大，规模经济效应形成，有利于降低行业生产成本，进而影响能源效率。九是对外开放，用实际使用外资金额与地区生产总值之比衡量。随着一个地区对外开放程度的不断提高，先进技术、设备与管理经验被大量引进，地区能源效率得以提升；然而，这也可能加剧污染现象。十是行政干预，用地方政府一般预算内支出占地区生产总值的比重衡量。政府干预可能会导致潜在的资源配置扭曲，进而影响能源效率，而适度干预能够抵消市场失灵在资源配置中的不利影响，进而提升能源效率。十一是降水条件，用年均降水量衡量。降水量过多的地区遭受台风、暴雨等恶劣天气的频率较高，需消耗更多能源使生活恢复正常；同时，降水过多会对农作物生长造成极大影响，人工排水消耗更多能源。因而一般情况下，年均降水量对能源效率有负向影响。十二是气温条件，用年均气温衡量。气温的变动在一定程度上能够反映能源的使用效率和情况。

原始数据来源于 2005~2020 年《中国城市统计年鉴》和珠江—西江经济带各地级市统计年鉴，缺失年份数据采用移动平均法与线性插值法补齐。各影响因素描述性统计见表3。

表3 各影响因素描述性统计

影响因素	观测值	均值	标准差	最小值	最大值
EE	176	0.5084	0.3281	0.1950	1.2189
Lan	176	0.0207	0.0408	0.0007	0.1816
Pop	176	0.3307	0.2634	0.0953	1.0108
Gdp	176	9.5965	0.7807	8.4764	11.5217
Tec	176	0.0352	0.0146	0.0091	0.0710
Fin	176	0.9132	0.5706	0.2878	3.3578
Str	176	0.9977	0.5133	0.3383	2.8666
Ind	176	0.2487	0.5068	0.0051	2.1116
Tra	176	0.6922	1.4436	0.0075	11.2493
Fdi	176	0.0020	0.0025	0.0000	0.0134
Gov	176	2.7674	1.4413	0.8688	8.5739
Pre	176	1647.5057	302.9312	948.8219	2725.8978
Tem	176	21.6452	0.9782	19.0429	23.2538

（三）实证结果分析

1. 珠江—西江能源效率基准回归分析

根据本报告构建的多元回归模型，发现土地城镇化水平、人口城镇化水平、经济发展水平、科技发展水平、金融发展水平、产业结构、产业集聚、贸易水平、对外开放、行政干预、降水条件、气温条件这些影响因素在不同程度上影响珠江—西江经济带能源效率。表4展示了各影响因素对能源效率的回归系数，第（4）列控制了年份和城市固定效应。

表4 各影响因素对能源效率的回归系数

影响因素	（1）	（2）	（3）	（4）
	EE	*EE*	*EE*	*EE*
Lan	3.8297 ***	1.4666	0.2185	1.7957
	（3.9709）	（1.0690）	（0.1626）	（1.2724）

影响因素	(1)	(2)	(3)	(4)
	EE	EE	EE	EE
Pop	−0. 5797 **	−1. 1632 ***	0. 8875 ***	1. 1856 ***
	(−2. 2919)	(−3. 8506)	(2. 8729)	(3. 6189)
Gdp	0. 2668 ***	0. 6094 ***	−0. 0896	5. 2235 ***
	(3. 4276)	(4. 7255)	(−0. 4359)	(4. 2317)
Tec	−0. 7999	4. 7597 *	4. 2913 **	3. 2760
	(−0. 4435)	(1. 9293)	(2. 2104)	(1. 5209)
Fin	−0. 1258 **	−0. 0894	−0. 1332	−0. 1884 **
	(−2. 2969)	(−1. 4991)	(−1. 4827)	(−1. 9733)
Str	−0. 0660	−0. 0970	0. 0720	0. 0780
	(−0. 9005)	(−1. 0302)	(1. 4394)	(1. 2729)
Ind	0. 1478 *	0. 1544 *	0. 4680 ***	0. 5665 ***
	(1. 9051)	(1. 8618)	(4. 0439)	(4. 5353)
Tra	−0. 0088	−0. 0119	0. 0190	0. 0196 *
	(−0. 7698)	(−1. 0221)	(1. 6369)	(1. 7381)
Fdi	−8. 3594	−19. 3898 **	−13. 4598 **	20. 8027 ***
	(−1. 0329)	(−2. 1167)	(−1. 9834)	(−2. 7600)
Gov	−0. 0256	−0. 0061	0. 0015	−0. 0105
	(−1. 3872)	(−0. 3115)	(0. 1061)	(−0. 7034)
Pre	−0. 0000	0. 0001	−0. 0000	−0. 0000
	(−0. 7391)	(1. 6085)	(−0. 5848)	(−0. 0740)
Tem	0. 0690 ***	0. 1082 ***	−0. 0255	0. 0018
	(3. 3203)	(4. 7368)	(−1. 0814)	(0. 0426)
City FE	NO	NO	YES	YES
Year FE	NO	YES	NO	YES
N	176	176	176	176
R^2	0. 0009	0. 0190	0. 1864	0. 3161

注：* $p<0.10$，** $p<0.05$，*** $p<0.01$；括号内为 t 值。

人口城镇化水平对能源效率的回归系数在 1% 水平下显著为正。城镇化发展推动产业结构向重工业化演进，但是当城镇化发展到一定阶段时，城市居民对环境质量的要求不断提高，推动节能技术的发展，进而对能源效率的提升产生促进作用。

经济发展水平对能源效率的回归系数在 1% 水平下显著为正。城市经济发展水平达到一定程度时，政府将更加重视环境友好和经济高质量发展，不再片面追求 GDP 增长。经济发展水平的提升在改善人民生活的同时，提高了居民对生活质量和周边环境的要求，进而推动节能减排进程，促进能源效率提升。

金融发展水平对能源效率的回归系数在 5% 水平下显著为负。出现这种现象的原因可能是在现实经济环境下，银行等信贷机构在选择项目时更多地关注项目的经济效率和风险，很少关注项目的能源消费情况，如能源需求冲击以及项目的能源效率高低等，导致大部分信贷资源都流向了工业，而国内工业企业的能源效率普遍比较低，所以金融资源过度集中在工业导致能源效率进一步降低。

产业集聚对能源效率的回归系数在 1% 水平下显著为正。产业集聚能够带来知识外溢，新知识、新技术和新方法在集聚区内生成并扩散，可以提高集聚区内企业的能源效率。同时，产业集聚能够带来一些共享的基础设施，减少重复建造，降低能源消耗，减少碳排放，节约企业使用和建造设施的成本，从而提高集聚区内企业的能源效率。另外，产业集聚能够提升人力资本水平，节约劳动力成本，进一步提高集聚区内企业的能源效率。

贸易水平对能源效率的回归系数在 10% 水平下显著为正。在"一带一路"倡议背景下，珠江—西江流域沿线城市（包括广东广州、佛山、肇庆、云浮，广西南宁、柳州、桂林、梧州、贵港、百色、贺州、来宾、崇左）对外贸易联系加强，要素流动渠道增多，在一定程度上解决了地区产能过剩、资源不足的困境，提高了投入产出比，进而提升了能源效率。

对外开放对能源效率的回归系数在 1% 水平下显著为负。出现这种现象的原因可能是引进先进技术和学习高质量管理经验会耗费大量的资本，进而影响能源效率。

产业结构对能源效率的回归系数为正但不显著。这可能是由于当前珠江—西江经济带的城市整体处于工业化阶段，第三产业难以撼动工业的地位，产业结构对能源效率的影响不显著。

行政干预对能源效率的回归系数为负但不显著，表明珠江—西江经济带各城市的政府行政干预对能源效率的影响不明显。出现这种现象的原因可能有两方面：一方面，政府在经济活动过程中存在过度干预，导致资源无法合理配置，不利于能源效率的提高，政策的有效性仍需深入研究；另一方面，行政干预对能源效率的影响存在一定滞后性。

土地城镇化水平对能源效率的回归系数为正但不显著。随着城镇化质量的提高，城市空间布局更为紧凑，紧凑式的空间模式可以缩短通勤距离，有利于降低能源消耗、提升能源效率。但在土地城镇化的过程中，可能存在土地利用率不足等问题，导致土地城镇化水平对能源效率的影响不明显。

科技发展水平对能源效率的回归系数为正但不显著。受限于经济发展水平、创新投入不足以及创新成果经济效益低下，创新活动无法有效进行，进而对能源效率的影响不显著。气温条件和降水条件对能源效率都没有显著影响。

2.珠江—西江经济带能源效率异质性分析

由于所处地理位置差异，不同城市在经济发展、对外开放、农业以及工业发展等方面存在不同特征，据此，本报告依据珠江—西江经济带各城市地理位置，划分了广东地区与广西地区两个样本组。其中，广东地区包括广州、佛山、肇庆、云浮；广西地区包括南宁、柳州、梧州、贵港、百色、来宾、崇左。

表5展示了按地理位置分组的能源效率异质性分析结果。土地城镇化水平对广东地区能源效率的回归系数在1%水平下显著为正，对广西地区能源效率的回归系数在1%水平下显著为负，产生这种现象的原因可能是广东地区城市空间布局更为紧凑，共享交通、基础设施、公共服务等更为完善，有利于降低能源消耗、提升能源效率。而广西地区在土地城镇化过程中可能存在土地利用率不足、农村耕地大量减少等问题，造成能源效率降低。人口城镇化水平对广西地区能源效率的回归系数显著为负，但是对广东地区能源效

率的影响并不显著。这可能是由于伴随工业化程度加深，广西地区人口城镇化促进了人均碳排放量的上升，进而对广西地区能源效率产生负向影响。同时，人口城镇化水平与土地城镇化水平对能源效率的作用存在相互抑制性。经济发展水平对广西地区能源效率的回归系数显著为正，对广东地区的影响不显著。这可能是由于广西地区近几年经济发展水平逐渐提升，居民环境保护意识也不断增强，政府更加注重能源和环境问题，重视社会、经济、环境的协调发展，进而提升了能源效率。产业集聚对广东地区能源效率的回归系数显著为正，对广西地区的影响并不显著。这可能是由于广东沿海地区产业集聚水平较高，新知识、新技术和新方法在集聚区内生成并扩散，可以提高集聚区内企业的碳排放效率，进而对其能源效率的提升产生正向影响。对外开放对广西地区能源效率的回归系数显著为负，对广东地区的影响并不显著。这可能是由于广西地区在扩大对外开放的同时盲目引进外资、出口高耗能产品，能源消耗过多，能源效率不被重视。降水条件对广西地区能源效率的回归系数显著为负，对广东地区的影响并不显著。这可能是由于广西地区的降水较为充足，过多的降水可能导致洪涝灾害、影响农作物生长，需要消耗更多能源进行人工排水，进而影响能源效率。

表5 按地理位置分组的能源效率异质性分析结果

影响因素	广东地区		广西地区	
	(1)	(2)	(1)	(2)
Lan	7.5646 ***	7.5097 ***	−21.8701	−50.1320 ***
	(3.2102)	(3.4996)	(−1.6422)	(−3.4692)
Pop	−0.7018 **	0.2519	−6.6519 ***	−11.1103 ***
	(−2.1716)	(0.6140)	(−6.1715)	(−2.6624)
Gdp	−0.0600	0.1856	1.7969 ***	0.5918 ***
	(−0.2823)	(0.5642)	(7.6771)	(3.1945)
Tec	3.0298	0.9942	0.6111	0.1728
	(0.6890)	(0.2397)	(0.1878)	(0.0705)
Fin	−0.4565 **	−0.6629 ***	−0.2652 ***	−0.1682
	(−2.1487)	(−3.1497)	(−4.1495)	(−1.4694)

续表

影响因素	广东地区		广西地区	
	（1）	（2）	（1）	（2）
Str	0.1490	0.1360	0.0224	−0.0512
	（0.9561）	（0.9623）	（0.2339）	（−0.6656）
Ind	0.5155 ***	0.7968 ***	10.1609 ***	−2.2448
	（4.2571）	（5.7739）	（5.8297）	（−1.1918）
Tra	0.6024 ***	0.6772 ***	−0.0005	0.0312 ***
	（3.8628）	（4.2808）	（−0.0489）	（3.1984）
Fdi	−16.1460	−6.4460	−30.8616 **	−49.8170 ***
	（−1.0037）	（−0.3884）	（−2.1235）	（−4.6262）
Gov	0.0896	0.0209	−0.0325	−0.0164
	（0.9529）	（0.2383）	（−1.6383）	（−1.1896）
Pre	−0.0001	−0.0001	0.0000	−0.0001 *
	（−0.9942）	（−0.5431）	（0.5023）	（−1.8071）
Tem	−0.1474	−0.1237	0.1573 ***	−0.0375
	（−1.2048）	（−0.7567）	（5.6954）	（−0.7334）
City FE	NO	YES	NO	YES
Year FE	YES	YES	YES	YES
N	64	64	112	112
R^2	0.6843	0.7600	0.1976	0.5703

注：* $p<0.10$，** $p<0.05$，*** $p<0.01$；括号内为 t 值。

不同的城市在土地城镇化水平、人口城镇化水平、经济发展水平、科技发展水平、金融发展水平、产业结构、产业集聚、贸易水平、对外开放、行政干预、降水条件、气温条件等方面均存在一定差异，所以各影响因素对珠江—西江经济带能源效率的作用也可能存在不同。本报告以2005～2020年珠江—西江经济带各城市人均地区生产总值作为划分依据，将城市分为经济发展水平高、中、低三组。表6展示了按经济发展水平分组的能源效率异质性分析结果。可以看出，土地城镇化水平、科技发展水平、金融发展水平、产业集聚和行政干预对能源效率的影响在经济发展水平高的地区和经济发展水平低的地区存在显著差异。

　　具体而言，土地城镇化水平对能源效率的促进作用在经济发展水平高的城市更为显著，这可能是由于经济发展水平高的城市往往具有更为完善的科学技术和基础设施，企业可能会采用更加先进环保的设备进行生产，期望产出会进一步提高，进而促进能源效率提升。科技发展水平在经济发展水平低的城市对能源效率的作用显著为负，并且随着经济发展水平的提升逐渐转为正，出现这种现象的原因可能是经济发展水平低的城市的技术水平和研发设施相对落后，科技创新带来的好处不足以支撑研发投入，进而对能源效率产生抑制作用。金融发展水平对能源效率的抑制作用在经济发展水平高的城市更为显著，这可能是因为经济发展水平高的城市存在"产业结构固化"现象，对能源效率的提升起反面作用。产业集聚对能源效率的促进作用在经济发展水平高的城市更为显著，这可能是因为在经济发展水平高的城市，产业集聚所带来的知识、设施、人力资本以及竞争效应等能够更好地作用于能源效率，进而促进能源效率的提升。行政干预对能源效率的抑制作用在经济发展水平低的城市更为显著，这可能是由于经济发展水平低的城市发展比较落后，政策落实阻力较大，政府实施行政干预后，期望产出反而进一步减少，导致能源效率被抑制。

表6　按经济发展水平分组的能源效率异质性分析结果

影响因素	（1）	（2）	（3）
	低	中	高
Lan	8.9437	−2.8294	6.6038 ***
	（1.0487）	（−0.1271）	（2.6396）
Pop	−1.9030	4.8488	0.1683
	（−1.5649）	（0.9481）	（0.3579）
Gdp	0.0501	0.6439	−3.4751
	（1.3638）	（0.2573）	（−1.0791）
Tec	−1.9721 ***	1.4183	6.8753
	（−3.0020）	（0.4340）	（0.6812）
Fin	−0.0363	0.0220	−0.9243 ***
	（−0.6184）	（0.1173）	（−3.4348）

续表

影响因素	（1）	（2）	（3）
	低	中	高
Str	0.0177	−0.0814	0.1317
	（0.6789）	（−0.5326）	（0.8144）
Ind	−0.1561	−0.4296	0.5999 ***
	（−0.3559）	（−0.3314）	（4.0956）
Tra	0.0105 ***	0.1641	0.5180 ***
	（6.4012）	（0.8541）	（2.6708）
Fdi	11.6345 ***	−120.6868 ***	−7.6133
	（3.5391）	（−4.6132）	（−0.5428）
Gov	−0.0063 **	−0.0178	0.0732
	（−2.1249）	（−0.4555）	（0.8639）
Pre	0.0000	0.0000	−0.0000
	（1.4842）	（0.0883）	（−0.0463）
Tem	0.0026	−0.0674	0.0688
City FE	YES	YES	YES
Year FE	YES	YES	YES
N	48	64	64
R^2	0.9090	0.7752	0.7705

注：* $p<0.10$，** $p<0.05$，*** $p<0.01$；括号内为 t 值。

五　结论与政策建议

（一）结论

本报告根据 SBM-DEA 模型，测算出 2005~2020 年珠江—西江经济带 11 个地级市的能源效率均值，基于核密度估计、泰尔指数分析珠江—西江经济带不同城市能源效率的时空演变格局，并利用计量模型对珠江—西江经济带能源效率的驱动因素进行实证研究，结论如下。

第一，珠江—西江经济带整体能源效率在波动中上升，但区域差异较大，呈现"橄榄形"和"东高—西低"的分布态势。具体而言，处在中间梯队的城市数量较多，如肇庆、梧州等市；能源效率高值城市主要为珠江流域的广州、佛山等市，低值城市为西江流域的百色市。

第二，人口城镇化水平、经济发展水平、产业集聚、贸易水平对提高珠江—西江的能源效率有显著的促进作用；土地城镇化水平、产业结构、科技发展水平对珠江—西江经济带能源效率的提高有一定的促进作用但不显著；金融发展水平、行政干预、对外开放对珠江—西江经济带的能源效率有抑制作用。分区域来看，土地城镇化水平、产业集聚对广东地区的能源效率有促进作用，而经济发展水平有利于提升广西地区的能源效率。

第三，根据经济发展水平将珠江—西江经济带各城市分为经济发展水平高、中、低三组，发现能源效率的影响因素对不同经济发展水平城市的影响存在显著的差异。具体而言，土地城镇化水平、科技发展水平、产业集聚、行政干预对经济发展高水平城市的能源效率有较为显著的促进作用，而金融发展水平对经济发展低水平城市的能源效率有较为显著的促进作用。

（二）对策建议

第一，珠江—西江经济带能源效率存在明显的空间差异，需要因地制宜地制定政策法规，缩小区域能源效率的差异；加大对西江流域的政策扶持力度，加强基础设施共享、人才信息流动，扩大集聚溢出区域边界，加强西江流域城市与珠江流域城市的合作，利用好高值城市的空间溢出效应，凝聚地区发展共识，构建促进产业内部转型升级的有效机制。

第二，在全球经济形势日趋复杂的背景下，区域经济发展仍是制约能源效率提升的关键因素。要寻找新的经济增长点，利用产业集聚短期效应发展高水平的制造业和生产性服务业，合理控制制造业集聚规模，避免出现盲目扎堆现象，注重制造业与生产性服务业的匹配发展，使短期效应过渡到长期效应，实现能源效率的长效提升。

第三，不同区域资源禀赋和能源发展现状各异，能源效率也存在差别。各地区应以事实为导向，立足自身能源政策、产业结构、金融科技、环保观念等特点，在政策影响异质、城市规模差异和经济发展分层下，充分考虑各城市的经济基础，尤其要关注发展中小城市和经济发展水平较低的城市，落实中央政策或制定产业发展战略，优化城市工业结构和能源结构，推动老工业基地城市的支柱产业由传统的重工业向大数据、生态环保、旅游服务等战略性新兴产业转移，重点把握环境要素的组合优化，选择适宜的能源效率提升路径与模式，有效促进城市能源效率的提升，实现中国整体经济的高质量发展。

参考文献

岳立、宋雅琼、江铃峰：《"一带一路"国家能源利用效率评价及其与经济增长脱钩分析》，《资源科学》2019 年第 5 期。

岳立、苗菊英：《碳减排视角下黄河流域城市能源高效利用的提升机制研究》，《兰州大学学报》（社会科学版）2022 年第 1 期。

刘辉群、彭传立：《OFDI、逆向技术溢出与全要素能源效率——基于 PVAR 模型分析》，《生态经济》2022 年第 4 期。

陈菁泉等：《中国全要素能源效率测算及其驱动因素》，《中国环境科学》2022 年第 5 期。

谢园园、王艳华、邹娜：《"一带一路"沿线国家能源效率与产业结构的空间耦合关系》，《生态经济》2020 年第 4 期。

张慧、范丽伟、孙秀梅：《中国城市能源效率差异及其影响因素的异质性效应——基于分位数回归的实证分析》，《城市问题》2022 年第 8 期。

崔琪、马晓钰、张思思：《绿色全要素能源效率评价及影响因素研究——基于中国八大经济区数据的分析》，《技术经济与管理研究》2022 年第 3 期。

赵艳敏、董会忠：《中国工业能源生态效率时空演变特征及影响因素分析》，《软科学》2022 年第 6 期。

曹建飞、韩延玲：《考虑行业能耗差异的工业全要素能源效率度量及影响因素——基于新疆 34 个行业面板数据的实证分析》，《生态经济》2022 年第 1 期。

孙伟：《黄河流域城市能源生态效率的时空差异及其影响因素分析》，《安徽师范大学学报》（人文社会科学版）2020 年第 2 期。

李露、徐维祥、郑金辉：《黄河流域城镇化进程与生态效率的空间交互效应研究》，《经济经纬》2022 年第 5 期。

朱红波、高乙嘉：《我国西南地区城市土地利用效率的时空格局研究——基于非期望产出超效率 SBM 模型的分析》，《城市问题》2022 年第 9 期。

黄超然、周国华：《碳约束下省域物流能源效率空间关联效应及其影响因素》，《科技管理研究》2022 年第 24 期。

穆献中、周文韬、胡广文：《不同类型环境规制对全要素能源效率的影响》，《北京理工大学学报》（社会科学版）2022 年第 3 期。

杜雯秦、郭淑娟：《双碳目标下我国绿色能源效率提升路径研究》，《管理现代化》2021 年第 6 期。

纪玉俊、王芳：《产业集聚、空间溢出与城市能源效率》，《北京理工大学学报》（社会科学版）2021 年第 6 期。

逯进、刘俊琦、张晓峒：《人口视域下能源效率、产业结构升级的经济增长路径研究》，《中国地质大学学报》（社会科学版）2021 年第 5 期。

王旭、王应明、温槟檐：《技术异质性视角下中国工业能源环境效率时空演化及其驱动机制研究》，《系统科学与数学》2020 年第 12 期。

吴传清、郑开元：《长江经济带城市全要素能源效率测度及影响因素研究：基于 Super-MSBM 模型》，《江西师范大学学报》（哲学社会科学版）2020 年第 2 期。

孟凡生、邹韵：《中国生态能源效率时空格局演化及影响因素分析》，《运筹与管理》2019 年第 7 期。

关伟、张华、许淑婷：《基于 DEA-ESDA 模型的辽宁省能源效率测度及时空格局演化分析》，《资源科学》2015 年第 4 期。

李建建、沈能：《低碳经济背景下的福建省能源效率时空演化研究》，《福建论坛》（人文社会科学版）2011 年第 1 期。

罗会军、范如国、罗明：《中国能源效率的测度及演化分析》，《数量经济技术经济研究》2015 年第 5 期。

金波、刘文宁：《本土市场规模与能源效率——绿色技术进步、绿色技术效率的调节路径》，《生态经济》2022 年第 10 期。

杨丹、邓明艳、刘自敏：《提高能源效率可以降低相对贫困吗？——以能源贫困为例》，《财经研究》2022 年第 4 期。

杨慧慧：《环境管制方式对能源效率影响的差异性——基于内生视角下的 PVAR 方法的分析》，《商业研究》2019 年第 7 期。

佟家栋、陈霄：《出口扩张、环境规制与能源效率——来自中国城市层面的经验证据》，《经济问题探索》2019 年第 6 期。

樊学瑞、张珂涵、赵兴罗：《新型城镇化建设对城市能源利用效率的影响研究》，

《工业技术经济》2022年第11期。

易其国、陈慧婷、胡剑波：《我国产业部门全要素隐含能源效率分析》，《统计与决策》2022年第19期。

郭庆宾、汪涌：《城市发展因智慧而绿色吗?》，《中国软科学》2022年第9期。

高爽：《中国能源产业要素配置的统计测度与效率损失》，《技术经济与管理研究》2022年第9期。

罗世华、王栋：《碳交易政策对省域全要素能源效率的影响效应》，《经济地理》2022年第7期。

谷晓梅、范德成、杜明月：《中国区域能源效率关键影响因素分析——基于GML指数和BMA方法的实证研究》，《软科学》2022年第9期。

缪彬、程明情、孙永河：《云南省绿色能源发电效率测度及对策研究——基于对抗型交叉评价DEA模型》，《生态经济》2022年第7期。

田成诗、陈雨：《人口虹吸、集聚与城市能源效率——以沪苏浙皖地区为例》，《统计研究》2022年第5期。

史丹、李少林：《排污权交易制度与能源利用效率——对地级及以上城市的测度与实证》，《中国工业经济》2020年第9期。

罗明、范如国、张应青：《工业能源效率的多主体行为影响机制分析——异质性主体研究视角》，《技术经济与管理研究》2020年第8期。

李裕瑞等：《人居环境质量对乡村发展的影响——基于江苏省村庄抽样调查截面数据的分析》，《中国人口·资源与环境》2020年第8期。

范如国、罗明：《中国能源效率演化中的异质性特征及反弹效应影响》，《经济管理》2014年第6期。

潘雄锋、李良玉、杨越：《我国能源效率区域差异的时空格局动态演化研究》，《管理评论》2012年第11期。

奚潭：《中国能源利用效率改进作用机制研究》，《统计与决策》2010年第20期。

金波、刘文宁：《本土市场规模与能源效率——绿色技术进步、绿色技术效率的调节路径》，《生态经济》2022年第10期。

沈冰、李鑫：《金融发展、产业结构高级化与能源效率提升》，《经济问题探索》2020年第12期。

赵泳春、苏方林：《经济差异化增长下生态系统服务价值的时空演变特征——以珠江—西江经济带为例》，《自然资源学报》2022年第7期。

张玥等：《中国耕地低碳利用效率时空演变及其驱动因素》，《农业工程学报》2022年第8期。

邱兆林：《长江经济带与黄河流域生态效率差异及影响因素分析》，《当代经济管理》2022年第6期。

曲晨瑶、李廉水、程中华：《产业聚集对中国制造业碳排放效率的影响及其区域差异》，《软科学》2017 年第 1 期。

胡剑波、闫烁、王蕾：《中国出口贸易隐含碳排放效率及其收敛性》，《中国人口·资源与环境》2020 年第 12 期。

郭文慧、吴佩林、王玎：《山东省碳排放效率与影响因素分析——基于非期望产出的 SBM 模型的实证研究》，《东岳论丛》2013 年第 5 期。

师博、沈坤荣：《政府干预、经济集聚与能源效率》，《管理世界》2013 年第 10 期。

刘婕、魏玮：《城镇化率、要素禀赋对全要素碳减排效率的影响》，《中国人口·资源与环境》2014 年第 8 期。

李金铠、马静静、魏伟：《中国八大综合经济区能源碳排放效率的区域差异研究》，《数量经济技术经济研究》2020 年第 6 期。

李亚丽等：《多维度高质量城镇化对能源消费碳排放的传导机制研究》，《中国环境管理》2021 年第 6 期。

曹翔、高瑀、刘子琪：《农村人口城镇化对居民生活能源消费碳排放的影响分析》，《中国农村经济》2021 年第 10 期。

邵帅等：《僵尸企业与低碳转型发展：基于碳排放绩效的视角》，《数量经济技术经济研究》2022 年第 10 期。

陈钊、陈乔伊：《中国企业能源利用效率：异质性、影响因素及政策含义》，《中国工业经济》2019 年第 12 期。

魏楚、沈满洪：《能源效率及其影响因素：基于 DEA 的实证分析》，《管理世界》2007 年第 8 期。

马仁锋等：《青藏地区农牧企业区位特征变化及影响因素》，《经济地理》2022 年第 12 期。

杨庆等：《高技术产业集聚能提升碳生产率吗》，《宏观经济研究》2021 年第 4 期。

常清、安毅、付文阁：《全球资源价格的变化趋势与我国资源战略研究》，《经济纵横》2010 年第 6 期。

张军、吴桂英、张吉鹏：《中国省际物质资本存量估算：1952—2000》，《经济研究》2004 年第 10 期。

窦睿音等：《西部资源型城市绿色发展效率时空分异与驱动力》，《自然资源学报》2023 年第 1 期。

Hao, C., Shaozhou, Q., Xiujie, T., "The Improvement Pathway for Industrial Energy Efficiency under Sustainability Perspective," *Sustainable Energy Technologies and Assessments* 51 (2022).

Decai, T., Yan, Z., Brandon, J., "An Analysis of Disparities and Driving Factors of Carbon Emissions in the Yangtze River Economic Belt," *Sustainability* 8 (2019).

Haicheng, X., et al., "Analysis of Spatial Associations in the Energy—Carbon Emission Efficiency of the Transportation Industry and Its Influencing Factors: Evidence from China,"

Environmental Impact Assessment Review 97 （2022）．

Yazhou，G．，"Measurement and Driving Factors of Green Total Factor Manufacturing Energy Efficiency in China," *International Journal of Sustainable Development and Planning* 7 （2020）．

Guozhu，L．，Tingyu，Z．，"Research on Influencing Factors of Provincial Energy Efficiency in China Based on the Spatial Panel Model," *Nature Environment and Pollution Technology* 2 （2022）

Sheng，Z．，Zhiwei，X．，"Energy Efficiency Assessment of RCEP Member States：A Three-stage Slack Based Measurement DEA with Undesirable Outputs," *Energy* （2022）．

Liming，X．，et al．，"Measurement and Influential Factors of the Efficiency of Coal Resources of China's Provinces：Based on Bootstrap-DEA and Tobit," *Energy* （2021）．

Lijun，W．，Xiaojing，S．，Xiaojie，S．，"Research on the Measurement and Spatial-temporal Difference Analysis of Energy Efficiency in China's Construction Industry Based on a Game Cross-efficiency Model," *Journal of Cleaner Production* （2021）．

Luping，Z．，Yingying，Z．，Liwei，F．，"Temporal-spatial Structure and Influencing Factors of Urban Energy Efficiency in China's Agglomeration Areas," *Sustainability* 19 （2021）．

Tone，K．，Tsutsui，M．，"Dynamic DEA：A Slacks-based Measure Approach," *Omega* 34 （2010）．

Xu，H．，et al．，"Analysis of Spatial Associations in the Energy-carbon Emission Efficiency of the Transportation Industry and Its Influencing Factors：Evidence from China," *Environmental Impact Assessment Review* 97 （2022）．

Li，J．，et al．，"Study on Spatial-temporal Characteristics and Influencing Factors of Urban Environmental Resource Efficiency in the Yangtze River Basin of China," *Frontiers in Environmental Science* （2022）．

Zhang，Y．，"Analysis of China's Energy Efficiency and Influencing Factors under Carbon Peaking and Carbon Neutrality Goals," *Journal of Cleaner Production* 370 （2022）．

Mushtaq，Z．，et al．，"Evaluating the Factors of Coal Consumption Inefficiency in Energy Intensive Industries of China：An Epsilon-based Measure Model," *Resources Policy* 78 （2022）．

Li，G．，Zhang，T．，"Research on Influencing Factors of Provincial Energy Efficiency in China Based on the Spatial Panel Model," *Nature Environment and Pollution Technology* 2 （2022）．

Chen，H．，Qi，S．，Tan，X．，"The Improvement Pathway for Industrial Energy Efficiency under Sustainability Perspective," *Sustainable Energy Technologies and Assessments* 51 （2022）．

Zhang，C．，Chen，P．，"Applying the Three-stage SBM-DEA Model to Evaluate Energy Efficiency and Impact Factors in RCEP Countries," *Energy* 241 （2022）．

Khoshroo, A., Izadikhah, M., Emrouznejad, A., "Energy Efficiency and Congestion Considering Data Envelopment Analysis and Bounded Adjusted Measure: A Case of Tomato Production," *Journal of Cleaner Production* 328 (2021).

Xie, X., Li, K., "Measuring Total-factor Energy Environment Efficiency, Energy-saving and Carbon Emission-reduction Potential in China's Food Industry: Based on a Meta-frontier Slacks-based Measure Model," *Food and Energy Security* 1 (2022).

Zeng, P., Wei, X., Measurement and Convergence of Transportation Industry Total Factor Energy Efficiency in China," *Alexandria Engineering Journal* 5 (2021).

Wang, N., Zhu, Y., Yang, T., "The Impact of Transportation Infrastructure and Industrial Agglomeration on Energy Efficiency: Evidence from China's Industrial Sectors," *Journal of Cleaner Production* 244 (2020).

Oda, T., Maksyutov, S., Andres, J., "The Open-source Data Inventory for Anthropogenic CO_2, Version 2016 (ODIAC2016): A Global Monthly Fossil Fuel CO_2 Gridded Emissions Data Product for Tracer Transport Simulations and Surface Flux Inversions," *Earth System Science Data* 1 (2018).

Streitferdt, V., Chirarattananon, S., Du P., "Lessons Learned from Studying Public Initiatives to Support Energy Efficiency Finance in Thailand from 1992 to 2014," *Energy Efficiency* 4 (2017).

B.5
广西落实"双碳"战略路径研究

罗　静*

摘　要： 全面实施"双碳"战略，是参与全球气候治理、构建人类命运共同体的重要内容。本报告立足"双碳"背景，从生态环境与自然资源、人口与城镇化发展形势、产业发展现状及趋势、能源消费形势、碳排放现状五个方面阐述广西落实"双碳"战略面临的形势，分析广西实现"双碳"目标存在的主要短板，提出落实广西"双碳"战略的六项举措：其一，加快构建绿色低碳现代产业体系；其二，加快构建清洁低碳安全高效能源体系；其三，加快构建低碳交通运输体系；其四，加快构建城乡绿色低碳发展体系；其五，加快构建绿色低碳全民行动体系；其六，加快构建政策与制度保障体系。

关键词： "双碳"战略　产业转型升级　能源消费　广西

　　2015年12月12日，全球近200个《联合国气候变化框架公约》缔约方在第21届联合国气候变化大会上就应对气候变化《巴黎协定》达成一致，该协定旨在应对全球日益增长的温室气体排放，明确提出到21世纪末，将全球平均温升保持在工业化前水平2℃以内，并为将全球平均温升控制在1.5℃以内付出努力。2020年9月22日，习近平总书记在第75届联合国大会一般性辩论上的讲话中郑重提出："中国将提高国家自主贡献力度，采取

---

　　* 罗静，广西社会科学院区域经济研究所讲师，研究方向为产业经济、区域经济。

更加有力的政策和措施，二氧化碳排放力争于 2030 年前达到峰值，努力争取 2060 年前实现碳中和。"① 碳达峰碳中和表面看是一个气候问题，但本质是发展问题。实现碳达峰碳中和，将全面重塑我国的经济结构、能源结构、生产方式和生活方式，是一场广泛而深刻的经济社会系统性变革。

作为西部欠发达地区，广西面临产业转型升级和绿色发展的双重挑战，大力构建绿色发展体系、实施"双碳"战略、加快发展动能转换具有鲜明的时代内涵和实践特色，充分认识实施"双碳"战略与转换发展动能的内在联系，打破传统路径依赖，具有重要战略意义。

一 广西推进"双碳"目标面临形势

（一）生态环境与自然资源分析

生态环境质量方面，近年来，广西持续深入打好污染防治攻坚战，推动绿色低碳发展，全区生态环境质量持续改善并继续领先全国，为广西高质量发展奠定了坚实的生态环境基础。2020 年，全区 52 个国家考核地表水断面水质优良（即达到或优于Ⅲ类水体）比例为 100%，居全国首位。近岸海域水质状况级别为优。全区空气质量达标率为 100%，城市环境空气质量优良天数比例达 97.7%，全国排名第六。土壤环境质量状况总体稳定，生态环境质量平稳向好。

森林资源方面，广西自然条件优越，非常适合培育森林、固碳增汇。全区连续多年植树造林，森林覆盖率达 62.50%，比全国平均水平 23.04% 高出 39.46 个百分点，森林覆盖率居全国第 3 位。森林蓄积量达 9.49 亿立方米，年均增加 3900 万立方米。

生物多样性方面，广西是西南地区重要的生态屏障，也是珠江流域的重要发源地之一，生物多样性丰富；是全球生物多样性热点地区，也是中国野

---

① 《习近平：实现"双碳"目标，不是别人让我们做，而是我们自己必须要做》，"环球网"百家号，2022 年 5 月 23 日，https：//baijiahao.baidu.com/s？id＝1733591346208671940&wfr＝spider&for＝pc。

生动植物分布最多的省区之一，在国家生态安全和生态文明建设战略格局中具有重要地位。

水资源方面，广西境内流域众多、雨水充沛，共建有大型水库60座。截至2020年，广西年均降雨量达1653毫米，水资源总量达2169亿立方米。丰富的水资源有助于广西深度开发水电项目。

光能与风能资源方面，广西日照充足，夏季日照时间长，全年日照时数达1400~2200小时，有助于开发光伏发电项目。风能资源普查结果显示，北海涠洲岛及北部湾沿岸一带的近海区域风能资源最为丰富且质量较高，风速较大，波动较小且风向较稳定；风能季节性较明显，夏、冬季丰富，春、秋季次之，可以发展中、小型风力发电，局部可以发展大型风力发电。

总的来说，广西生态环境质量已位居全国前列，但是按照国家"只能变好，不能变坏"的要求，尤其是在当前外部环境更趋复杂严峻和不确定，加之广西经济发展中一些深层次结构性矛盾更加凸显的背景下，要推动生态环境质量持续向好，需要付出更大的努力。当前，广西进入实现生态环境质量由量变到质变的关键时期，污染防治触及的矛盾问题层次更深、领域更广，污染防治的水平与能力要求也更高。建设项目永久占用林地、耕地"非农化""非粮化"整治，将导致森林覆盖率和森林蓄积量增长困难，提升广西森林碳汇增量空间难度较大。

（二）人口与城镇化发展形势分析

城镇化和工业化是碳排放的重要影响因素，城镇化对能源、建材等有巨大需求，进而刺激工业化发展，最终导致碳排放增长。在过去的100多年，世界主要发达国家在达到碳排放峰值的过程中相继完成了工业化和城镇化。根据国家气候战略中心2015年的研究成果，中国总体上还存在20%的工业化、20%的城镇化、20%的能源结构调整、20年的发展跨距，即在2015~2035年甚至更长的时间内，我国仍处于工业化和城镇化快速发展时期。"十三五"时期以来，广西依托沿海、沿江、沿边独特区位，以年均3.8%的能源消费增速支撑年均 6.7% 的经济增长，经济综合实力跃上新台阶，2020 年广西生产总值突破 2 万亿元，达到 22156.69 亿元。起点低、底子薄、后发展、欠发达是广西的突出区情。虽然 2020 年广西生产总值突破 2 万亿元，但是仅占国内生产总值（101.6 万亿元）的 2.18%，排全国第 19 位；全区人均生产总值为 4.47 万元，仅占全国人均生产总值（7.23 万元）的 61.8%，排全国倒数第 3 位。加快经济发展仍然是广西当前及今后一段时期的首要任务。

人口方面，2020 年，全区常住人口为 5012.68 万人，占全国总人口的 3.55%，人口规模排第 11 位，较 2010 年增加 410.02 万人，增幅达 8.91%，年均增长 0.86%，总增长率和年均增速均高于全国平均水平，人口增长和流入趋势明显。人口基数大、流入趋势显著，将对能源消费产生较大刺激效应。2020 年，广西人口增幅排名全国第七、西部地区第一。随着经济社会的不断发展，广西人口仍将持续增长，在人口总量和消费水平提升的双重作用下，社会民生能源消费压力将明显增大。

城镇化方面，2020 年，全区城镇常住人口为 2717.10 万人，城镇化率为 54.20%，较 2010 年提高 14.18 个百分点，城镇化水平不断提升。2020 年，上海、北京和天津的城镇化率均超过 80%；广东、江苏、浙江、辽宁的城镇化率处于 70%~80%；重庆、福建、内蒙古、黑龙江等 14 个省（区、市）的城镇化率处于 60%~69%；广西的城镇化率为 54.20%，比全国城镇化率（63.89%）低约 10 个百分点。以上数据说明，广西的城镇化进程明显滞后于全国平均水平和部分西部地区水平。城镇化进程是工业化进程的关键支撑，按照经济发展规律，碳减排曲线与一个地区的城镇化率密切相关，一个地区的城镇化率达到 75% 以上，碳排放才开始进入达峰阶段，随后逐渐呈下降趋势，而广西在持续推进工业化和城镇化进程中的碳排放总体依然呈上升趋势。

（三）产业发展现状及趋势分析

近年来，广西深入贯彻落实习近平总书记赋予的"三大定位"新使命，全面实施"东融"战略，大力实施工业强桂战略，推动现代特色农业发展；发展现代服务业，形成 10 个千亿元级工业产业集群、6 个千亿元级特色农业产业集群和一批现代服务业集聚区，全区综合实力迈上新台阶。全区三次产业结构由 2005 年的 24.2∶35.4∶40.4 调整为 2020 年的 16.0∶32.1∶51.9。创新驱动发展战略得到深入实施，创新型广西和数字广西建设取得积极成效，高新技术企业数量增长 3.4 倍，2020 年全区研究与试验发展（R&D）经费投入 173.2 亿元，全区战略性新兴产业增加值达 730.4 亿元，战略性新兴产业对工业增长的贡献率超过 30%。

然而，广西的产业发展结构性失衡问题突出。主要体现为三次产业结构失衡、产业结构偏重、高新技术产业比重偏低、科技创新支撑不足。

三次产业结构失衡。2020 年，广西三次产业结构比为 16.0∶32.1∶51.9，与全国尤其是中西部先进地区相比，一产偏高、二产偏低、三产虚高，其中工业占比低于全国平均水平 5.9 个百分点。

产业结构偏重。一是高耗能产业比重偏高。2020 年，广西六大高耗能产业工业增加值占全区规上工业增加值的 47.9%，而六大高耗能产业能源消费占全区规上工业能源消费的 89.7%，约占全区能源消费总量的 56.2%，比全国（49.4%）高约 6.8 个百分点。二是轻重比例失衡。2020 年，广西轻工业占比为 20.4%，与 2005 年相比下降约 10 个百分点，而广东、浙江轻工业占比均在 33.0% 以上，福建轻重工业比例接近 1∶1，安徽轻工业占比接近 30.0%。三是产业层次偏低。支柱产业主要集中在冶金、有色金属、制糖、水泥等传统产业。

高新技术产业比重偏低、科技创新支撑不足。2020 年，全区战略性新兴产业增加值为 730.4 亿元，占全区规上工业增加值的比重仅为 15.5%；高技术制造业增加值为 311.0 亿元，占全区规上工业增加值的比重仅为 6.6%。战略性新兴产业增加值占全区生产总值的比重为 3.3%，远低于全国平均水平（15.0%）；高技术制造业增加值占全区生产总值的比重为 1.4%，远低于中西部先进省份。2020 年，全区研究与试验发展经费投入 173.2 亿元，低于云南（246.0 亿元）、江西（430.7 亿元）、湖南（898.7 亿元）、四川

（1055.3 亿元）等周边地区。科研经费投入强度为 0.78%，不及全国平均水平（2.40%）的 1/3，不及江西（1.68%）、湖南（2.15%）的一半，且低于云南（1.00%）、贵州（0.91%）。

（四）能源消费形势分析

能源供给结构优于国家平均水平。2020 年，全区水、火、核、风、光电力装机容量分别达到 1759 万千瓦、2344 万千瓦、217 万千瓦、653 万千瓦、205 万千瓦。其中，非化石能源装机容量达到 3041 万千瓦，比 2015 年增加约 1100 万千瓦，占总装机容量的比重达到 58.7%；风电、光伏装机容量较 2015 年分别增加 613 万千瓦和 193 万千瓦。非化石能源消费占比达到 26.0%，远高于全国 15.9% 的平均水平。可再生能源电力消纳责任权重达到 43.3%，其中非水可再生能源电力消纳责任权重约为 8.9%。天然气消费达 31.9 亿立方米，是 2015 年的 3.7 倍。

能源消费总量持续快速增长。全区需求刚性增长特征突出，全区能源消费总量由 2006 年的 5022.95 万吨标准煤增加到 2020 年的 11806.05 万吨标准煤，年均增速 6.29%，超过同期全国增速（4%）。能源消费总量占全国的比重呈持续增长趋势，由 2006 年的 1.75% 增长到 2020 年的 2.37%。2020 年，三次产业能源消费占比分别为 2.03%、72.79%、25.18%。全区能源消费弹性系数由 2015 年的 0.32 增加到 2019 年的 0.68，2020 年为 1.29，远超国家同期水平。

能源自主供应保障能力较弱。广西属于"缺煤、少油、乏气"的能源匮乏地区，自有煤炭、水电资源新开发潜力有限，且水电装机容量占总装机容量的比重接近 50%，受丰枯期季节性因素影响较大。新能源和可再生能源规模依然不大，且利用规模偏小，核电、太阳能发电仍处于起步阶段，风电、太阳能发电并网问题没有得到根本解决，发挥替代效应尚需时日。能源保障供需平衡的难度较大，应急能力不强，极易受到外部和自然环境影响，电源布局与负荷分布不匹配矛盾依然存在，部分经济发达、负荷较重网区缺乏主力电源支撑，仍需远距离输送电力，电网抗风险能力较弱。

　　能源结构优化难度大。广西能源结构总体上较优,非化石能源消费量占比和清洁能源装机容量占比均高于全国平均值。2020 年,化石能源消费量占能源消费总量的 68.6%,低于全国平均水平约 16 个百分点,其中煤炭占48.2%,低于全国平均水平约 6 个百分点。在全区电力总装机容量中,非化石能源装机容量占 58.7%,高于全国 2025 年非化石能源装机容量期望值。由于广西水电已深度开发,水电装机容量占非化石能源装机容量的比重接近70%,核电开发周期长且由国家统筹,生物质、风电、光伏等能源装机容量小,短期内难以替代化石能源,能源结构继续优化难度较大。

　　能源消费刚性需求突出。2020 年,广西人均能源消费量为 2.36 吨标准煤,约为全国平均水平的 67%。随着工业化、城镇化进程的持续推进以及居民生活消费水平的提高,人均能源消费仍有较大提升空间,能源消费总量仍将有较大幅度增长。2020 年,全区能源消费总量为 11806.05 万吨标准煤,其中,煤炭消费量占能源消费总量的 48.2%,低于全国平均水平约 6 个百分点。"十三五"时期,广西煤炭消费量保持较快增长,年均增速约为 4.7%,煤炭消费量增速远高于国家同期水平。"十四五""十五五"时期,随着工业化和城镇化进程的推进,全区能源消费刚性需求将呈现较强增长态势。

　　能源综合利用效率仍有待提高。近年来,广西加大力度推进钢铁、水泥、电力等行业转型升级、节能改造,重点行业龙头企业节能空间已接近"天花板",但其他企业的能源综合利用效率仍有较大提升空间。此外,受制于能源结构偏煤、煤炭资源清洁高效利用水平不高,加之园区集中供热、分布式能源、能源互联网等高效能源利用方式尚未大规模推广,广西能源利用方式粗放,能源综合利用效率不高,单位生产总值能耗、规模以上工业增加值能耗均高于全国平均水平。

(五)碳排放现状分析

　　碳排放总量主要包括能源活动碳排放(占80%)和工业过程碳排放(占20%)。2020 年广西碳排放总量中,第一产业占 1.66%,第二产业占 76.23%,

第三产业占 22.11%。其中，水泥生产是工业过程碳排放的主要来源，约占工业过程碳排放总量的 75.00%，钢铁生产、铝生产分别占 17.87%、6.77%[①]。

广西碳排放存在以下几个特征。一是产业结构高碳特征明显。火电、钢铁、有色金属、水泥碳排放量是一般工业产品碳排放量的 5 倍以上，导致广西高碳特征明显，工业碳排放量约占全区碳排放总量的 80%。二是人均碳排放量偏低。2020 年，广西人均碳排放量约为全国平均水平的 53.6%，随着工业化、城镇化进程的持续推进以及居民生活水平的提高，人均碳排放量仍有较大提升空间，碳排放总量仍将有较大幅度增长。三是广西控制碳排放形势严峻。2021 年全区碳排放强度不降反升，约为 5.7%，多个地市碳排放强度未达到累计目标下降要求，部分地市未能完成目标，直接导致全区未能达标。

二 广西实现"双碳"目标的总体思路

2021 年 4 月 27 日，习近平总书记在视察广西时强调，"把碳达峰、碳中和纳入经济社会发展和生态文明建设整体布局，建立健全绿色低碳循环发展的经济体系，推动经济社会发展全面绿色转型"[②]，对广西贯彻新发展理念、推动高质量发展提出了新要求，为新时代广西发展指明了前进方向、提供了根本遵循。

自治区党委、政府高度重视、认真贯彻党中央、国务院关于碳达峰碳中和的重要部署，全面贯彻落实习近平总书记视察广西"4·27"重要讲话精神和对广西工作的系列重要指示要求，认识到实现碳达峰碳中和是一场广泛而深刻的经济社会系统性变革，坚持将碳达峰碳中和作为推动经济社会发展全面绿色转型的重要抓手。2022 年，自治区党委、政府正式发布了《关于完整准确全面贯彻新发展理念做好碳达峰碳中和工作的实施意见》，提出了

---

① 按照相关文件要求，广西全区碳排放总量数据不宜对外公布。
② 《习近平：把碳达峰、碳中和纳入经济社会发展和生态文明建设整体布局》，搜狐网，2021 年 4 月 27 日，https://www.sohu.com/a/463304880_119666。

广西碳达峰碳中和路径规划和 35 项实施举措，对全区碳达峰碳中和工作作出统一部署，绘制碳达峰碳中和工作的时间表、路线图、施工图，为有力有序推进碳达峰碳中和工作提供了实践指引。

（一）推进"双碳"战略的总体定位——贯彻落实国家和自治区决策部署

以习近平新时代中国特色社会主义思想为指导，全面贯彻落实党的二十大精神，深入贯彻习近平生态文明思想以及习近平总书记视察广西"4·27"重要讲话精神和对广西工作的系列重要指示要求，按照自治区第十二次党代会部署要求，立足新发展阶段，完整准确全面贯彻新发展理念，服务和融入新发展格局，坚持系统观念，以经济社会发展全面绿色转型为引领，以能源绿色低碳发展为关键，加快形成节约资源和保护环境的产业结构、生产方式、生活方式、空间格局，坚定不移走生态优先、绿色低碳的高质量发展道路，在推动绿色发展上迈出新步伐，为建设新时代中国特色社会主义壮美广西做出重要贡献。

（二）推进"双碳"战略的总体基调——统筹处理好四对关系

统筹处理好发展和减排的关系，坚持在经济发展中促进绿色转型、在绿色转型中实现更大发展，在降碳的同时确保能源安全、产业链供应链安全、粮食安全和群众正常生活；统筹处理好整体和局部的关系，既要增强全区"一盘棋"意识，加强政策措施的衔接协调，又要分类施策、重点突破，不搞"齐步走""一刀切"；统筹处理好长远目标和短期目标的关系，科学安排目标任务，把握工作节奏和力度，坚持先立后破、通盘谋划，既不搞"碳冲锋"，也不搞"运动式"减碳；统筹处理好政府和市场的关系，推动有为政府和有效市场更好地结合，强化科技和制度创新，建立健全"双碳"工作激励约束机制。坚持降碳、减污、扩绿、增长协同推进，把"双碳"战略纳入生态文明建设整体布局和经济社会发展全局，统筹环境保护和经济发展，在高质量发展中促进经济社会发展全面绿色转型。

三 广西实施"双碳"战略的重点任务及路径：六大体系

（一）加快构建绿色低碳现代产业体系

1.加快推动工业领域绿色低碳发展

一是加快传统产业转型升级高质量发展。产业是强桂之基、富民之要。习近平总书记在视察广西时指出，要推动传统产业高端化、智能化、绿色化，推动全产业链优化升级①；自治区第十二次党代会提出，要"坚持做优传统产业、做强主导产业、做大新兴产业、做实特色产业，加快构建现代产业体系，建设西部制造强区"。当前，广西正全力推进工业强桂战略。2021年12月，自治区发展改革委印发了《广西传统产业转型升级高质量发展总体方案》，明确重点发展机械、汽车、石化化工、冶金、有色金属、建材、纺织服装、造纸八大传统产业（制糖、林产、食品等列入特色优势产业）。截至2021年，上述八大传统产业产值分别为：机械1570亿元、汽车1814亿元、石化化工1828亿元、冶金3580亿元、有色金属2534亿元、建材1916亿元、纺织服装243亿元、造纸约320亿元，合计占全区工业总产值的比重超过60%，对稳定全区工业基本盘具有重要作用。

二是重点做好高耗能重点领域节能降碳改造。重点领域节能降碳改造是推动传统产业转型升级和创新发展的重要路径。从当前看，推动重点领域节能降碳，将倒逼企业提质增效，大幅提升高耗能行业的发展质量和整体竞争力；从长远看，逐步提升重点领域能效标杆水平，将引导企业有序开展改造，加快绿色低碳技术攻关，有助于加快传统产业转型升级和创新发展步伐。2021年12月以来，国家发展改革委、工信部、生态环境部、市场监管

---

① 《〈中国网信〉杂志发表〈习近平总书记指引我国数字经济高质量发展纪实〉》，新华网，2022年7月22日，http://www.xinhuanet.com/politics/leaders/2022-07/22/c_1128853349.htm。

总局、国家能源局等先后印发了《关于严格能效约束推动重点领域节能降碳的若干意见》《高耗能行业重点领域能效标杆水平和基准水平（2021 年版）》《高耗能行业重点领域节能降碳改造升级实施指南（2022 年版）》，提出对钢铁、电解铝、水泥、平板玻璃、炼油、乙烯、合成氨、电石等高耗能行业进行节能降碳改造。根据能效标杆水平和基准水平，限期分批实施改造升级或淘汰。拟建、在建项目，要求对照能效标杆水平建设实施；能效低于本行业基准水平的存量项目，要求引导企业在过渡期内（一般不超过 3 年）有序进行改造。2022 年 6 月，自治区发展改革委等 4 个部门印发了《严格能效约束推动全区重点领域节能降碳总体实施方案》。同时，对全区高耗能重点领域企业能效水平进行分类核查，下一步将按照能效标杆水平、行业基准水平对高耗能重点领域企业进行分类管理。

三是加快推动特色产业做强做优。特色产业是一个地区发挥在长期发展过程中积淀的一种或几种特有的资源、文化、技术、管理、环境、人才等方面的优势形成的具有本地区特色和核心市场竞争力的产业。习近平总书记视察广西时指出，发展产业一定要有特色，要立足广西林果蔬畜糖等特色资源，打造一批特色农业产业集群①。为贯彻落实习近平总书记重要指示精神，根据自治区人民政府有关工作部署，2021 年，自治区发展改革委牵头编制印发了《广西特色产业做强做优总体方案》（以下简称《总体方案》）。《总体方案》从推动全区重点优势产业深度融合发展方面考虑，提出了"十四五"时期广西重点发展的十大特色产业，包括生态林业、特色食品、优质水果、畜牧水产、绿色蔬菜、中医药、茧丝绸、茶叶、糖业、文旅产业。《总体方案》从支持各县（市、区）发挥特色产业优势、推动优势互补和产业错位发展方面考虑，提出了"建设一批'一县一业'示范县（市、区）和试点县（市、区）"的目标任务，并提出"到 2025 年，全区新增 300 个自治区级现代特色农业示范区，总数达到 600 个"的主要目标。

---

① 《推动经济社会发展全面绿色转型——习近平总书记视察广西在全区干部群众中持续引发热烈反响》，广西政府网，2021 年 5 月 1 日，http：//www.gxzf.gov.cn/html/gxyw/t8741 416.shtml。

各县（市、区）要根据自身产业基础和功能定位，聚焦十大特色产业，制定具体的发展规划和推进方案，积极争创示范县（市、区）。为推动广西特色产业发展，2022年，广西乡村振兴资金重点支持契合自治区特色产业发展重点方向、契合当地主导产业发展规划的县域特色产业基础设施项目。同时，广西鼓励引导金融机构加大对特色产业项目的支持力度，强化土地等要素保障，加强产业谋划，对符合相关支持条件的项目予以大力支持。

四是坚决遏制"两高"项目盲目发展。完善存量、在建、拟建项目"三张清单"，严格按照"压减存量、严控增量"的原则，对"两高"项目实行全程动态监测管理。严控"两高"项目建设，对拟建"两高"项目要深入论证建设的必要性、可行性，认真分析评估其对能源消费强度和总量"双控"、碳排放、产业高质量发展和环境质量等方面的影响。确有必要建设的，提交自治区坚决遏制"两高"项目盲目发展暨加强能耗"双控"厅际联席会议审议。

五是强化能源消费强度和总量"双控"。坚持节能优先的能源发展战略，优化完善能耗"双控"制度，严格控制能耗和碳排放强度，合理控制能源消费总量。把节能贯穿于经济社会发展全过程和各领域，加大工业、建筑、交通运输、公共机构等重点领域的节能力度，大幅提高能源利用效率。

六是加强全生命周期管理。优化传统产业产品设计、生产、使用、维修、回收、处置及再利用流程。加强资源综合利用。提高矿产资源综合开发利用水平和综合利用率，推动冶炼废渣、碳酸钙废料等工业固废综合利用，推动废旧路面、沥青、疏浚土等材料以及建筑垃圾资源化利用。加强废弃物资源化利用和无害化处理、再生资源回收、资源综合利用、园区循环化改造等示范试点建设。健全再生资源循环利用体系。加快构建废旧物资循环利用体系，强化废旧家电、废钢铁、废有色金属、废纸、废塑料、废旧轮胎、废玻璃等再生资源回收综合利用。大力发展汽车关键零部件、机电等再制造，加强资源再生产品和再制造产品的推广应用。大力发展绿色低碳循环农业。开展农作物秸秆肥料化、饲料化、燃料化、基料化、原料化"五化"利用，推进农产品加工副产物的高值化利用，打造有机循环农业产业集群。健全完善农产品绿色流通体系,加快建设覆盖农业主产区和消费地的冷链物流基础设施。实施化肥减量替代计划,推进农药减量增效,推动畜禽养殖废弃物资源化利用。打造绿色低碳园区。推动园区减污降碳协同增效,加快园区生态化、绿色节能化改造,建设一批绿色产业示范基地、生态工业园区和循环经济园区。制定绿色低碳园区准入标准,积极推动园区产业结构向低碳新业态发展,淘汰落后高耗能、高污染产业,积极引入低碳产业、节能环保产业、清洁生产产业。目标是到 2025 年,主要资源产出率比 2020 年提高 20% 左右,农作物秸秆综合利用率达到 86% 以上,大宗固体废弃物综合利用率达到 60%,废纸利用量达 80 万吨,废钢利用量达 1000 万吨,再生有色金属产量达 280 万吨,全区循环经济产业产值达 1500 亿元。

七是培育壮大战略性新兴产业。推动新一代信息技术、新能源及智能汽车、高端装备制造、生物医药、绿色环保、新材料等战略性新兴产业融合化、集群化、生态化发展,做大做强一批龙头骨干企业,培育一批专精特新"小巨人"企业和制造业单项冠军企业。持续开展战略性新兴产业培育行动,加快布局未来产业。打造自主可控、安全高效的绿色产业链,构建低消耗、低排放、高效率、高产出的绿色低碳循环产业集群,积极建设统一的绿色产品认证与标识体系,增加绿色产品供给,积极培育绿色市场。强化产业链精准招商,优化工业投资结构,做大战略性新兴产业增量。

八是积极探索未来产业发展。重点抓好三个方面。第一方面,推进虚拟现实基础理论和应用技术研究,计划继续联合中国智慧城市发展联盟、自治区网信办等多方举办中国—东盟信息港论坛和展会,初步建成广西三维实景城市公共基础底座,强化全区虚拟现实科技创新和产业发展的顶层设计和基础支撑。第二方面,制定广西虚拟城市建设及在东盟示范推广应用实施方案,印发广西面向东盟的虚拟城市建设工作要点,建立试点项目储备库,推动虚拟现实科技在城市管理、文化旅游、民生服务等领域的试点应用,制定出台支持虚拟现实项目作为新型基础设施的政策举措,建立完善社会资本投融资合作对接机制,预计每年带动全区新型基础设施投资不低于 500 亿元。第三方面,组建虚拟现实科技产业联盟,加大招商引资力度,支持有影响力的企业或机构来桂设立总部、研发中心、创新平台、孵化基地等,推动虚拟现实科技成果落地转化。

2. 加快推动农业绿色发展

一是推广绿色生产技术和模式,提升农产品加工转化水平。立足林果蔬畜糖等特色资源,打造特色农业产业集群,培育"桂字号"农业品牌,建设一批特色产业示范县(市、区)和自治区级现代特色农业示范区。二是深入推进农业供给侧结构性改革,打造绿色低碳农业产业链。实施低碳循环农业试点建设,打造有机循环农业产业集群。健全完善农产品绿色流通体系,加快建设覆盖农业主产区和消费地的冷链物流基础设施。三是实施化肥减量替代计划,推进农药减量增效。推动畜禽养殖废弃物资源化利用,加快规模化养殖场配套粪污处理设施建设,大力推进生态循环农业发展。

加快林业高质量发展。科学推进林业建设,发展壮大现代林业,高质量建设现代林业强区,有利于促进生态振兴、产业振兴、乡村振兴。2022年4月9日,自治区党委、政府印发《关于推进新时代林业高质量发展的意见》,提出深入实施现代林草种业振兴行动、木本油料产业提质增量行动、林下经济产业提产增收行动、木竹材加工产业提档升级行动、林化医药产业提量增容行动、生态康养旅游提点扩面行动。

3. 加快推动现代服务业发展

推动现代服务业高质量发展是加快工业振兴和建设现代产业体系的重要途径,加快发展现代服务业是推动产业基础高级化、产业链现代化的必要条件。从广西的实际情况看,工业振兴是"十四五"时期全区产业高质量发展的主要目标任务,要实现这个目标任务,就必须全面、完整地抓住产业协调发展的内涵,把加快推动现代服务业发展作为地区经济发展的稳定器。

一是加快完善现代服务业高质量发展政策体系。贯彻落实《广西现代服务业提升发展三年行动方案(2021—2023年)》,推进全区现代服务业扩量提质,会同各厅局开展现代服务业提升发展八大工程实施方案编制,将工作举措具体化、清单化、项目化,多措并举谋划搭建全区现代服务业高质量发展"1+1+1+N"政策体系。贯彻落实全区现代服务业高质量发展"十四五"规划,立足全区产业发展阶段、特色资源禀赋,瞄准前沿领域、着眼未来,提升发展 5 个具有比较优势和竞争优势、彰显全区特色的优势型产业,突破发展 8 个基础优良、具有前瞻性的先导型产业,培育发展 7 个具有规模化发展潜力的成长型产业,构建优质高效、竞争力强的现代服务产业体系,激发服务业发展新活力,会同各厅局持续推动"一行一策"工作,全力打造广西"587"服务业产业体系。

二是持续抓好现代服务业运行分析调度工作。现代服务业运行分析调度工作是全区现代服务业队伍的看家本领。在近几年的工作中,全区基本做到了服务业运行月度、季度、半年、年度监测分析,跟踪分析现代服务业运行情况和发展趋势,及时发现苗头性和趋势性问题,提出有针对性的措施建议,并逐步培育了一批熟悉现代服务业运行分析调度工作的人才队伍,各县(市、区)也总结了自己的一套方法。下一步,自治区服务业发展办公室将继续发挥统筹抓总作用,推动全区现代服务业运行分析调度工作具体化、清单化、制度化,完善"7 张表单"调度手段,强化结构性分析、比较分析、支撑性指标分析、匹配性指标分析和趋势性分析,奋力促进现代服务业加快增长。同时,开展多种方式调研,推动企业生产经营困难问题清单化,扎实做好企业纾困解难工作;开展现代服务业综合考评工作,激励各县(市、区)现代服务业高质量发展。

三是加快建设废旧家电回收处理体系。贯彻落实国家发展改革委等 7 个部门联合印发的《关于完善废旧家电回收处理体系推动家电更新消费的实施方案》以及广西废旧物资循环利用体系建设有关政策措施,会同相关部门推动各项任务落地见效,促进广西废旧家电回收处理体系建设,激发居民家电更新消费潜力。积极谋划广西废旧家电回收处理体系建设项目,支持一批生产责任延伸、"互联网+回收"、处理技术创新的废旧家电回收处理体系项目,并组织项目申报中央预算内资金。持续开展以"绿色引领消费,循环助力低碳""合理使用资源,有限资源无限循环"为主题的一系列宣传活动,将绿色回收理念深入商场、机关、社区、校园、企业。加强要素保障,优化废旧家电回收处理体系环境。

四是大力发展生产性服务业。发展生产性服务业是推动工业振兴的重要手段。根据《广西壮族自治区国民经济和社会发展第十四个五年规划和2035年远景目标纲要》，"十四五"时期要加快重点领域生产性服务业发展，大力发展面向制造业的研发设计、现代物流、法律服务、软件信息技术、科技服务、检验检测认证、港航服务、人力资源服务、会展服务等生产性服务业，为产业高质量发展提供服务支撑，促进生产性服务业专业化、高端化发展。自治区服务业发展办公室印发了"全区先进制造业和现代服务业融合发展重点工作任务清单"，加快推动国家、自治区试点项目建设，重点要求做好资源型工业和现代服务业融合、消费品工业和现代服务业融合、制造业服务化转变等工作，各县（市、区）要对标对表，扎实开展工作，完成目标任务。下一步，自治区服务业发展办公室将充分发挥自治区服务业发展专项资金的杠杆撬动作用，大力发展生产性服务业，支持一批先进制造业与现代服务业融合发展项目，重点做好项目储备和培育工作，以项目为抓手，加快促进生产性服务业发展提速。同时，将生产性服务业投资增速列入绩效考核指标，做好生产性服务业投资情况监测调度。

（二）加快构建清洁低碳安全高效能源体系

坚持安全降碳，在保障能源安全的前提下，大力推动可再生能源替代，加快构建清洁低碳安全高效能源体系。

1.严格控制化石能源消费

加快煤炭替代步伐，调整煤炭消费结构。坚守能源安全底线，合理发展清洁煤电，对标国内先进煤耗标准，推动煤电行业实施节能降耗改造、供热改造和灵活性改造。推动煤电向基础保障性和系统调节性电源转型。有序淘汰煤电落后产能，支持符合能效、环保、安全等政策和标准要求的煤电机组"关而不拆"，作为应急备用电源，或用于容量替代新建清洁高效煤电机组。推动重点用煤行业减煤和清洁能源替代，推进终端用能领域"煤改气""煤改电""油改气""油改电"。在有色金属、石油化工、冶金、陶瓷、玻璃、建材等重点工业领域实施燃料天然气替代。推进园区集中供热能力建设。在经济开发区、工业聚集区、产业园区等有序规划建设背压式热电联产机组，支持新建天然气集中供热设施，鼓励燃煤锅炉改建为燃气锅炉，积极开展生物质集中供热。积极引导用热企业向园区布局并搬迁入园。合理调控油气消费。保持石油消费处于合理区间，逐步推进传统燃油替代，持续提升终端燃油产品能效。强化天然气气源保障，建设以北部湾沿海大型 LNG 接收站为主的天然气储备基地。加大天然气利用力度，有序引导天然气消费，优先保障民生用气，合理引导工业用气和化工原料用气，研究布局天然气发电。大力推动天然气与多种能源融合发展，加快建设供能服务站。完善区内油气主干管网、配套支线管道和互联互通工程。建成天然气"全区一张网"，加快形成主体多元、竞争适度、价格合理、统一开放的天然气市场体系。

2. 积极发展非化石能源

大力发展新能源。全面推进风电、光伏发电大规模开发和高质量发展，坚持集中式与分布式并举，建设一批百万千瓦级风电和光伏发电基地。积极开发利用太阳能，推广"光伏+"多元利用。目标是在"十四五"时期新增光伏发电并网装机容量不低于1300万千瓦，其中集中式光伏发电装机容量不低于1000万千瓦。大力开发陆上风电，高标准建设生态友好型陆上集中式风电场，推进桂北、桂西、桂中等资源密集区陆上集中式风电建设，因地制宜地发展分散式风电。规模化、集约化发展海上风电，打造广西北部湾海上风电基地及海上风电产业园。积极安全有序发展核电。坚持安全为先，稳妥推进先进核电发展，力争"投产一批，开工一批，储备一批"沿海核电项目。推进防城港红沙核电二期3号、4号机组建成投产，推动防城港红沙核电三期5号、6号机组和白龙核电一期1号、2号机组核准并开工建设。做好国家核电中长期规划内核电厂址保护，适时启动项目前期工作。稳步开展新的核电厂址勘探和普选，待条件成熟时推动纳入国家规划。深度开发水电。全力推动大藤峡水利枢纽工程等在建大中型水利水电工程建设投产，推动八渡水电站等规划项目开工建设。提高水电机组调节能力，加快开工建设龙滩水电站扩建工程，推进红水河干流水电及其他主要河流水电梯级扩机改造和更新扩容。优化小水电布局，加强分类指导，推动小水电绿色发展。统筹水电开发和生态保护，探索建立水能资源开发和生态保护补偿机制。深化"西电东送"通道作用，持续推进金中直流送桂，深入落实乌东德水电送桂，积极争取藏东南水电以及雅鲁藏布江中下游水电等送电广西。力争"十四五"时期新增投产水电装机容量达到110万千瓦。稳步发展生物质发电。因地制宜地推进农林生物质热电联产项目建设，鼓励对已投运的农林生物质纯凝发电项目进行供热改造，为工业园区集中供热。加快构建以发电为主的生活垃圾无害化处理体系，优先支持多县域合建集中式生活垃圾发电项目，探索小规模垃圾热解气化发电试点应用。因地制宜地发展大中型沼气发电工程项目。力争"十四五"时期新增投产生物质发电装机容量达到50万千瓦左右。构建西部陆海新通道能源合作走廊，建设绿色安全电力通道，发挥好"西电东送"直流输电通道作用，积极推动区外清洁能源基地等送电广西特高压直流输电通道建设。积极与甘肃、青海、内蒙古等西北清洁能源基地和能源资源富集省份合作，大力争取绿电送桂。

3. 加快建设新型电力系统

构建新能源占比逐渐提高的新型电力系统，着力提高煤电机组调峰能力，统筹供电供热需求，因厂因机施策，鼓励现有具备条件的煤电机组加快灵活性改造。因地制宜地建设中小型抽水蓄能电站，鼓励具备条件的常规水电站增建混合式抽水蓄能电站，加快建成南宁抽水蓄能电站，力争"十四五"中后期再开工建设4~6座抽水蓄能电站。加快新型储能推广应用，积极发展"新能源+储能"、源网荷储一体化和多能互补，支持分布式新能源合理配置储能系统。深化电力体制机制改革，加快构建和完善统筹协调的电力市场体系，扩大市场化交易规模。进一步完善可再生能源发展和市场化消纳机制，增强可再生能源消纳能力，推动新能源电力就近上网、就近消纳。

4. 加快建设国家综合能源基地

依托广西区位条件和综合资源优势，着力畅通西部陆海新通道，全面提高煤电油气集疏运能力，加快能源基础设施互联互通。加快建设大型清洁电源、天然气战略储备、煤炭战略储备、石油战略储备等能源基地，提升能源安全储备能力，支撑国家能源安全、能源高质量发展等战略实施。深化能源体制机制改革，创建统一开放的区域能源交易市场平台，持续深化电力、天然气市场化改革，提升区域能源资源配置优化能力，探索能源要素短缺地区碳达峰方案，把广西建设成服务西南、中南、粤港澳大湾区的国家综合能源基地，增强能源供应稳定性和安全性。

（三）加快构建低碳交通运输体系

1. 构建绿色高效交通运输体系

一是围绕高水平共建西部陆海新通道，积极构建北部湾国际门户港，持续推进运输结构调整。二是积极参与国家多式联运示范工程创建，构建高效多式联运集疏运体系，切实提高多式联运发展水平。三是规划建设平陆运河和湘桂运河。加快连通广西北部湾港、西江重要港口及重点产业园区的支专线铁路项目建设，扩大货运铁路路网覆盖面，加快大宗货物和中长距离货物运输"公转铁""公转水"进程。四是支持符合条件的城市争创"国家公交都市建设示范城市"。

2. 加快绿色交通基础设施建设

一是提升交通基础设施环保水平，创建绿色公路、绿色港口，打造西江生态航道等绿色交通基础设施示范工程。二是完善高速公路服务区、港区、客运枢纽、物流园区、公交场站等区域汽车充换电、加气、加氢等新能源基础设施建设。三是加快推动轨道交通、公交专用道、快速公交系统等公共交通基础设施建设，鼓励城市公交线路向郊区延伸。

3. 推动运输工具装备低碳转型

一是积极扩大电力、氢能、天然气、先进生物液体燃料等新能源、清洁能源在交通运输领域的应用范围。二是大力推广新能源汽车，逐步降低传统燃油汽车在新车产销和汽车保有量中的占比。加快城市公交、出租、物流配送、环卫、邮政快递车辆电动化进程，推广电力、氢燃料、液化天然气动力重型货运车辆。三是加快中置轴汽车列车等先进车型推广，持续开展货运车辆标准化专项行动,加快淘汰落后运能。加快淘汰高耗能、高排放老旧运输车船和港作机械,加大内河新建船舶应用电力、混合动力等的推广力度,实施气化西江工程,鼓励采用 LNG 动力系统新建或更新改造内河船舶。

4. 积极引导低碳出行

加快推动轨道交通、公交专用道、快速公交系统等公共交通基础设施建设,提高轨道、公共交通等站点慢行接驳交通建设水平,连通城市公共空间。发展定制公交、网约公交、社区公交、高峰通勤班车、共享单车等多层次公交服务模式。科学制定城市慢行系统规划,因地制宜地建设自行车专用道和绿道,鼓励公众选择公共交通、自行车和步行等出行方式。综合运用法律、经济、技术、行政等多种手段,缓解城市交通出行拥堵。

(四)加快构建城乡绿色低碳发展体系

1. 推进城乡建设绿色低碳转型

一是推广绿色低碳建材和绿色建造方式,加快推进新型建筑工业化,大力发展装配式建筑。二是推动绿色建材产品认证,推广绿色低碳建材,鼓励使用综合利用产品。三是推动建立以绿色低碳为导向的城乡规划建设管理机制,健全建筑拆除管理制度,严格既有建筑拆除管理,杜绝大拆大建。四是推进乡村建设行动,深入实施乡村人居环境整治提升行动。

2. 加快提升建筑能效水平

一是加快更新建筑节能、市政基础设施标准,提高节能降碳要求。二是实施绿色建筑统一标识制度,建设高品质绿色建筑。三是结合城市基础设施改造、旧城改造、城中村改造,同步实施城镇既有公共建筑和市政基础设施节能改造。

3. 加快优化建筑用能结构

一是深化可再生能源建筑应用,推广光伏发电与建筑一体化应用,加快推动建筑用能电气化和低碳化。二是有序开发建筑屋顶分布式光伏,促进建筑屋顶分布式光伏高质量推广应用。

（五）加快构建绿色低碳全民行动体系

1. 加强生态文明宣传教育

一是加强企业生态文明宣传教育，强化企业环境保护意识和生态文明建设社会责任。二是统筹开展碳达峰碳中和宣传教育和舆论引导，充分发挥传统媒体和新媒体的互补优势，整合"线上+线下"资源，开展形式多样、主题丰富的宣传活动，营造绿色低碳、勤俭节约的社会氛围，激励社会各界积极投身碳达峰碳中和行动。

2. 培育生态文化载体

一是结合"世界环境日""世界水日""地球日""低碳日""生物多样性日""节能宣传周"等一系列主题宣传活动，利用公园、广场、图书馆、博物馆、科技馆、非遗陈列馆等文化设施开展生态文化宣教。二是积极申报国家生态文明教育基地，在生活垃圾焚烧发电厂、生态园区、特色农业生产基地等配套文化教育设施，建设生态文化宣教基地。

3. 推广绿色低碳生活方式

一是增强全民节约意识，倡导简约适度、绿色低碳的生活方式。二是持续完善低碳出行激励机制，倡导步行、自行车、公交和共享出行方式，自觉实行垃圾减量分类，在衣、食、住、行各方面自觉践行绿色低碳理念。三是充分发挥公共机构的示范引领作用，深入推进节约型机关创建行动，力争到2025年，全区80%以上的县级及以上党政机关达到节约型机关创建要求。积极推进既有建筑绿色化改造，进一步加大绿色采购力度，积极推进绿色办公。四是大力发展绿色消费，推行绿色产品认证与标识制度。

4. 引导企业履行社会责任

一是引导企业主动履行社会责任，将绿色低碳理念融入企业文化，建立健全内部绿色管理制度体系。二是引领行业企业绿色低碳转型。重点领域国有企业要制定实施企业碳达峰碳中和行动方案，发挥示范引领作用。梳理核算重点用能单位自身碳排放情况，深入研究碳减排路径，"一企一策"制定专项工作方案，推进节能降碳。三是相关上市公司和发债企业要按照环境信息依法披露要求，定期公布企业碳排放信息。四是充分发挥行业协会等社会团体作用，督促企业自觉履行社会责任。

（六）加快构建政策与制度保障体系

1. 建立健全法规标准体系

一是全面清理地方性法规、单行条例、地方政府规章和其他规范性文件中与碳达峰碳中和工作不相适应的内容。二是加快健全绿色生产和消费领域的政策法规体系，推动生态文明领域科学立法。

2. 提升统计监测能力

一是健全电力、钢铁、建筑等行业领域能耗统计监测和计量体系，加强重点用能单位能耗和碳排放核算、报告、核查和评价。二是建立健全能源消费总量和碳排放总量统计制度，加强统计监测能力建设。

3. 完善投资政策

充分发挥政府投资引导作用，构建与碳达峰碳中和相适应的投融资体系，严控煤电、钢铁、电解铝、水泥、石化等高碳项目投资。

4. 积极发展绿色金融

一是深化绿色金融体制机制改革，构建完善绿色金融体系。二是落实碳减排货币政策，引导银行等金融机构为绿色低碳项目提供长期限、低成本资金。三是鼓励社会资本设立绿色低碳产业投资基金，支持绿色低碳产业发展，积极探索碳金融业务。四是支持绿色金融改革创新示范区建设，发挥示范引领效应。

5. 完善财税价格政策

一是落实政府绿色采购标准，加大绿色低碳产品采购力度。二是严禁对高耗能、高排放、资源型行业实施电价优惠。三是落实促进可再生能源规模化发展的价格机制，严格执行阶梯电价等差别化电价政策，组织实施峰谷分时电价政策。

6. 推进市场化机制建设

一是积极参与全国碳排放权交易市场建设，建立排污权、用能权、水权等有偿使用和交易制度。二是总结生态保护补偿机制试点经验，加快横向、纵向生态保护补偿机制建设。三是建立健全生态产品价值实现机制，推进设立生态资产与生态产品交易平台。

7. 加强组织领导

一是构建碳达峰碳中和工作领导机制，成立由自治区党政主要负责同志任"双组长"的碳达峰碳中和工作领导小组。二是在自治区党委领导下，由自治区碳达峰碳中和工作领导小组整体部署和系统推进碳达峰碳中和工作，指导各县（市、区）和重点领域、重点行业、重点企业科学合理地绘制实现碳达峰碳中和的时间表、路线图、施工图。

8. 科学合理确定达峰目标

一是各县（市、区）要精准把握自身发展定位，结合经济社会发展实际和资源环境禀赋，坚持分类施策、因地制宜、上下联动，扎实推进碳达峰。二是各县（市、区）要严格落实绿色发展战略，立足自身实际，结合发展定位，建立健全绿色低碳循环发展经济体系。三是各县（市、区）要按照自治区总体部署，结合本地经济社会发展实际和资源环境禀赋，下好全区"一盘棋"，科学合理地制定碳达峰实施方案，绘制符合实际、切实可行的碳达峰时间表、路线图、施工图，避免"一刀切"限电限产或"运动式"减碳。

参考文献

李雪梅、张庆：《天津市能源消费碳排放影响因素及其情景预测》，《干旱区研究》2019 年第 4 期。

刘晴川、李强、郑旭煦：《基于化石能源消耗的重庆市二氧化碳排放峰值预测》，《环境科学学报》2017 年第 4 期。

李春生：《中国两个城镇化率之差的内涵、演变、原因及对策》，《城市问题》2018 年第 1 期。

李平、娄峰、王宏伟：《2016—2035 年中国经济总量及其结构分析预测》，《中国工程科学》2017年第1期。

方琦、钱立华、鲁政委:《我国实现碳达峰与碳中和的碳排放量测算》,《环境保护》2021年第16期。

樊庆锌等:《哈尔滨市人均GDP和大气污染的关系研究》,《干旱区资源与环境》2016年第5期。

陈敏曦:《核电在未来能源系统中的定位与发展》,《中国电力企业管理》2019年第22期。

赵琛等:《中国未来核电发展趋势与关键技术》,《能源与节能》2020年第11期。

Ang, W., Zhang, Q., Choi, H., "Factorizing Changes in Energy and Environmental Indicators Through Decomposition," *Energy* 6 (1998).

Zhang, P., Wang, M., "China's Economic Outlook into 2030: Transformation, Simulation and Policy Suggestions," *China Economist* 4 (2011).

Li, P., Lou, F., "Supply Side Structural Reform and China's Potential Economic Growth Rate," *China Economist* 4 (2016).

Grossman, M., Krueger, B., *Environmental Impacts of a North American Free Trade Agreement* (Cambridge, MA: MIT Press, 1994).

B.6
珠江—西江经济带数字经济发展
对产业结构高级化的影响

苏方林　李　刚*

摘　要： 为探究数字经济对区域产业结构的影响，本报告基于珠江—西江经济带11市2011~2020年的面板数据，借助中介效应模型，从地区产业结构高级化的角度研究地区数字经济对产业结构高级化的影响。研究发现，珠江—西江经济带数字经济发展对产业结构高级化有显著的促进作用，金融发展水平发挥部分中介作用，且经济发展效应、外商投资和政府干预都对产业结构高级化有显著作用。应该积极发展数字基础设施，培养数字人才，积极引进外商投资，科学合理地加强政府干预，发挥核心城市辐射作用和中国—东盟信息港的作用，推进数字信息要素在全社会的应用。

关键词： 数字经济　产业结构高级化　中介效应　珠江—西江经济带

一　引言

近年来，大数据、人工智能等技术兴起，数字经济逐渐成为新一轮科技革命和产业变革的重要推动力。党的十八大以来，党和国家高度重

---

* 苏方林，博士，广西师范大学经济管理学院教授，研究方向为区域创新、低碳经济和空间计量经济学；李刚，广西师范大学经济管理学院硕士研究生，研究方向为国民经济学和区域经济学。

视数字经济的发展。2016 年，《国家信息化发展战略纲要》《"十三五"国家信息化规划》出台，提出积极开发信息资源，加强数字经济国际合作，释放数字红利。党的二十大报告提出，要加快发展数字经济，促进数字经济和实体经济深度融合。截至 2021 年底，我国数字经济规模超 45万亿元，占 GDP 的 39.8%，数字经济为我国经济发展提供了强劲动力。与此同时，随着我国经济不断发展、产业体系逐渐完善，低附加值产业、"三高"产业在我国国民经济体系中占比偏高引发的问题越来越明显。产业结构"加减乘除并举"向高级化转型逐渐成为我国产业结构调整和经济发展方式转变的重点。2022 年发布的《"十四五"数字经济发展规划》提出，要结合我国产业结构和资源禀赋，协同推进数字产业化和产业数字化，为传统产业转型升级赋能。习近平总书记也指出，要促进数字技术和实体经济深度融合，不断做强做优做大我国数字经济，赋能传统产业转型升级[1]。数字经济依托云计算、人工智能等数字信息技术，成为推动我国产业结构转型升级的新动力，在我国产业结构转型升级过程中发挥了重要作用。

珠江—西江经济带横跨东部发达地区和西部欠发达地区，各地区发展差异较大、产业结构层次较低、产业结构高级化进展缓慢。"十四五"时期是我国产业结构高级化的关键时期，如何利用自身资源禀赋、交通和区位优势推动产业结构高级化成了困扰珠江—西江经济带发展的重要问题。2010 年出台的《广西壮族自治区人民政府关于加快转变发展方式推动产业结构优化升级的意见》提出，要坚持信息化与工业化融合，加快信息技术对传统工业的改造升级。2007 年发布的《广东省人民政府关于促进我省产业结构调整的实施意见》提出，要以信息技术应用为核心，全面推进国民经济和社会信息化。2016 年，广东、广西两省区相继开展了"促进大数据发展行动"；2021 年，两省区又分别出台了《广东省人民政府关于

---

① 《构建高质量电商创新体系　推动数字经济做强做优做大》，人民网，2022 年 9 月 23 日，http://theory.people.com.cn/n1/2022/0923/c40531-32532339.html。

加快数字化发展的意见》《数字广西发展"十四五"规划》。可见，广东、广西两省区政府正在积极发展数字经济，以数字经济推动产业结构高级化。在珠江—西江经济带发展数字经济能否促进产业结构高级化、数字经济如何影响经济带产业结构高级化，成为值得深入研究的问题。

二　文献综述

从 Don Tapscott 在《数字经济：网络智能时代的希望与危险》一书中首次使用"数字经济"一词开始，国内外学者对数字经济展开了丰富研究。最开始，人们认为数字经济是建立在现代信息技术和计算机网络通信基础上的经济运行系统，是一种商品或服务以信息化形式进行的交易，本质上是一种通过数字信息技术实现商品和服务网上交易的经济形态。随着科技的不断发展，人们对数字经济的认识也不断深化：数字经济是以数字化的知识和信息作为关键生产要素、以现代信息网络作为重要载体、以信息通信技术的有效使用作为效率提升和经济结构优化的重要推动力的一系列经济活动。与此同时，人们对数字经济影响国民经济的研究也开始兴起，尤其是随着我国步入高质量发展阶段，越来越多的学者开始关注数字经济与产业结构高级化的关系。有学者认为，数字经济可以破解制造业转型升级的"痛点"问题，可以显著促进我国产业结构高级化，且这种促进作用具有边际效应递增的非线性特征，成为我国产业结构向中高端迈进的驱动力。近年来，随着数字经济技术成果的不断转化，有学者认为，数字产业的发展对其他产业有联动、溢出和扩散效应，对产业结构高级化具有关键作用。但是有学者通过实证研究发现，我国数字产业与产业结构高级化之间的协同关系正处于发展初期，数字经济对产业结构高级化的促进作用还较为有限，且存在区域差异。同时，随着数字技术的快速发展，产业数字化转型是产业结构高级化的催化剂，也是我国经济转向高质量发展阶段的重要任务之一，通过产业链数字化、智能制造等方面为产业结构高级化赋能。此外，数字经济可以借助数字技术提高传统产业部门协调程度，为传统产业转型赋能，或通过人力资本、科技创新、市场信息、创新创业等途径推动产业结构高级化。

通过对现有文献的分析可以看出，目前关于数字经济内涵的研究已比较成熟，2016 年 G20 杭州峰会对数字经济的界定得到了国内外学者的广泛认同。但从数字经济影响产业结构高级化的相关文献来看，现有研究的样本选取多集中于全国或省级层面，对珠江—西江经济带这种跨行政区划区域的研究较少，对数字经济对当地产业结构高级化影响的研究也较少。因此，本报告基于珠江—西江经济带 11 市的面板数据，对数字经济影响产业结构高级化进行实证研究，并探索其影响路径。

三 珠江—西江经济带数字经济对产业结构高级化的影响分析

（一）模型构建

为检验数字经济对珠江—西江经济带产业结构高级化的作用机制，并探讨数字经济影响珠江—西江经济带产业结构高级化的具体路径，本报告借鉴何琨玟、沈运红等学者的研究，构建分步中介效应模型，公式如下：

$$ts_{it} = \alpha_1 + \beta_1 dig_{it} + \sum \vartheta_2 control_{it} + \mu_i + V_t + \varepsilon_{it} \tag{1}$$

$$M_{it} = \alpha_1 + \beta_2 dig_{it} + \sum \vartheta_2 control_{it} + \mu_i + V_t + \varepsilon_{it} \tag{2}$$

$$ts_{it} = \alpha_1 + c M_{it} + \beta_3 dig_{it} + \sum \vartheta_3 control_{it} + \mu_i + V_t + \varepsilon_{it} \tag{3}$$

式中，i 表示地区，t 表示年份；ts 是被解释变量，即各市产业结构高级化；dig 指数字经济，用数字经济发展指数表征；$control$ 表示一系列控制变量，包括经济发展效应（$pgdp$）、外商直接投资效应（fdi）、进出口效应（gx）、城市化效应（ub）和政府干预效应（fi）；β 是核心解释变量估计参数，衡量解释变量对被解释变量的解释力度，如果 β 显著大于 0，表示数字经济对产业结构高级化有促进作用；反之，则不利于产业结构高级化；μ_i、V_t 分别指个体效应和时间效应，ε_{it} 为随机误差项。M 指中介变量。本报告采取分步检验法来检验中介效应，分步检验原理如下。首先，考察系数 β_1 是否显著，若显著，则继续中介效应讨论；若不显著，则考虑遮掩效应。其次，如果 β_1 显著，则依次考察系数 β_2 和 c。若两者均显著，说明中介变量间接效应显著；若两者中有一个不显著，则需要进行系数乘积的检验。本报告根据温忠麟等学者的研究，采用 Bootstrap 方法设定系数乘积估计量的置信区间，如果该区间不包含 0，则认为存在部分中介效应；反之，则认为不存在中介效应。最后，考察 β_3 的显著情况，若 β_3 显著，则说明存在完全中介效应；反之，则认为存在部分中介效应。

（二）变量说明

1. 被解释变量

产业结构高级化：本报告借鉴杨晓猛的研究，用三次产业变动情况、劳动力分布结构和产业部门贡献率衡量产业结构高级化。具体指标及权重见表 1。

表 1　产业结构高极化指标及权重

单位：%

一级指标	二级指标	三级指标及权重
产业结构高级化	三次产业变动情况	第一产业增长率（0.0546）
		第二产业增长率（0.0374）
		第三产业增长率（0.0702）
	劳动力分布结构	第一产业劳动力占比（0.1086）
		第二产业劳动力占比（0.1473）
		第三产业劳动力占比（0.1762）
	产业部门贡献率	第一产业产值占 GDP 比重（0.0656）
		第二产业产值占 GDP 比重（0.1453）
		第三产业产值占 GDP 比重（0.1949）

注：括号内数据表示各指标权重，采用熵值法通过 stata 软件测得。

资料来源：历年《广西统计年鉴》《广东统计年鉴》。

2. 解释变量

数字经济：根据上述分析，目前对数字经济的测度研究主要集中于全国或省级层面，对城市数字经济的测度研究较少，本报告基于中国信息通信研究院发布的《中国数字经济发展白皮书（2022 年）》和张英浩等学者的研究，将数字经济分为数字产业化和数字基础设施，并选取电信业务量占各市GDP 比重，信息传输、计算机服务和软件业从业人员占城镇单位从业人员比重，信息传输、计算机服务和软件业单位数占各市法人单位总量比重，移动网络普及率，科学研究和技术服务业从业人员占城镇单位从业人员比重，科学研究和技术服务业单位数占各市法人单位总量比重 6 个指标，运用熵值法确定指标权重，最终测得珠江—西江经济带数字经济发展水平，具体指标及权重见表 2。

表 2　珠江—西江经济带数字经济发展水平测度指标及权重

单位：%

一级指标	二级指标	三级指标及权重
数字经济	数字产业化	电信业务量占各市 GDP 比重（0.2731468）
		信息传输、计算机服务和软件业从业人员占城镇单位从业人员比重（0.2190418）
		信息传输、计算机服务和软件业单位数占各市法人单位总量比重（0.1666186）
	数字基础设施	移动网络普及率（0.1187723）
		科学研究和技术服务业从业人员占城镇单位从业人员比重（0.1445499）
		科学研究和技术服务业单位数占各市法人单位总量比重（0.0778706）

注：括号内数据表示各指标权重，采用熵值法通过 stata 软件测得。
资料来源：历年《广西统计年鉴》《广东统计年鉴》。

3. 控制变量

为了尽可能地减少遗漏变量带来的估计偏差，本报告基于张于喆、张英浩学者的研究，加入以下控制变量：经济发展效应，用各市人均 GDP 衡量；城市化效应，用各市城镇人口与各市总人口的比值衡量；政府干预效应，用各市政府财政预算支出与各市 GDP 的比值衡量；外商直接投资效应，用各市实际利用外商直接投资额与各市 GDP 的比值衡量；进出口效应，用各市进出口总额与各市 GDP 的比值衡量。

4. 中介变量

产业结构高级化是由低级到高级、由简单到复杂、由小规模到大规模、由刚性结构到柔性结构的动态发展过程。在这一过程中，资本发挥着至关重要的作用。随着数字技术的不断创新，金融发展也在不断变化。本报告借鉴粟麟、韩建等学者的研究思路，通过金融机构本外币存贷款金额与各市 GDP 的比值来衡量金融发展水平。

5. 数据来源

本报告所用数据主要源自历年《广东统计年鉴》、《广西统计年鉴》、各市统计年鉴以及广西统计局、广东统计局和各市统计局，部分数据进行了对数化处理。本报告选取的样本时间区间为 2011～2020 年，样本对象是珠江—西江经济带 11 市。

（三）现状分析

为了从宏观上了解珠江—西江经济带各市产业结构和数字经济发展情况，本报告基于 2011 年、2015 年和 2021 年珠江—西江经济带各市数据，借助统计软件进行了以下分析。

1. 珠江—西江经济带产业结构发展现状

本报告以第一、第二、第三产业产值占全市 GDP 的比重表征产业结构，借助 Excel 软件进行分析，结果如图 1、图 2 和图 3 所示。

从图 1、图 2、图 3 可以看出，"十二五"初期（2011 年），珠江—西江经济带第二产业占比整体较高，产业结构呈现"二、三、一"形，且部分地区第一产业比重超过第三产业比重。但是到了 2015 年，珠江—西江经济带各市第一、第二产业比重均有不同程度的下降，第三产业比重上升。"十三五"时期（2016～2020 年），第二产业比重进一步下降，第三产业比重进一步上升，产业结构在 2021 年转变为"三、二、一"形。但是对比广西的

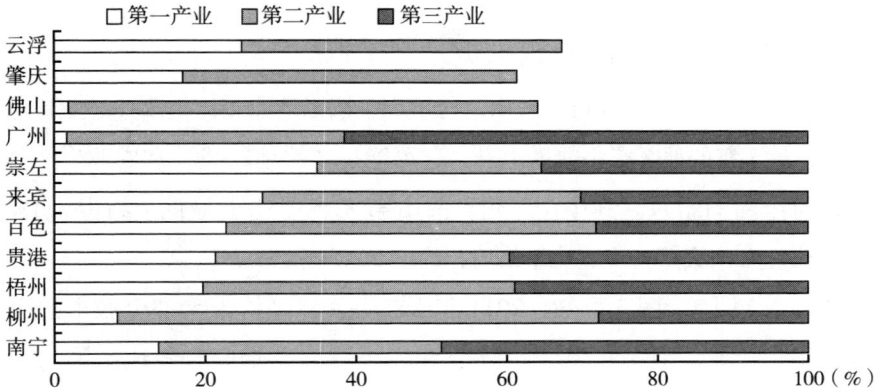

图1 2011年珠江—西江经济带各市三次产业占比

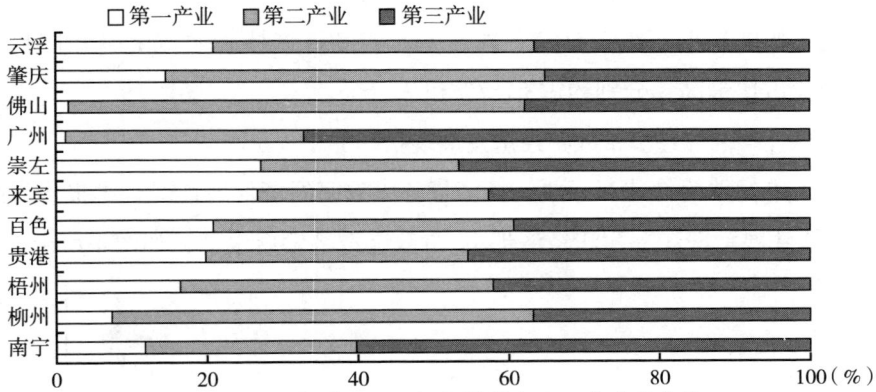

图2 2015年珠江—西江经济带各市三次产业占比

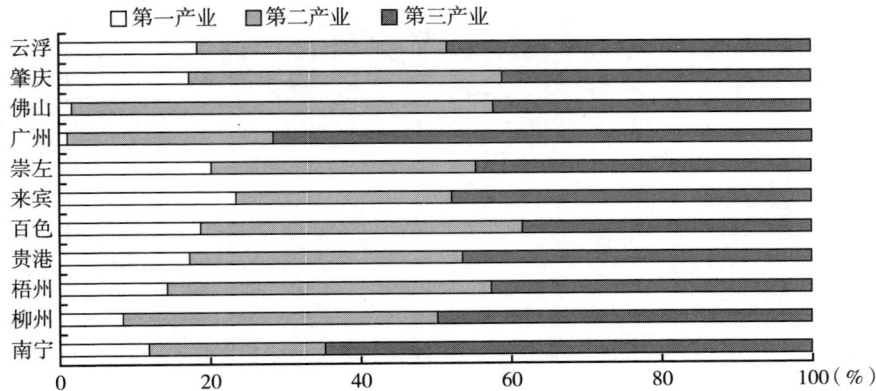

图3 2021年珠江—西江经济带各市三次产业占比

区域产业结构变化，广东的区域产业结构变化幅度较小，这可能是由于广东的经济发展或产业结构已经趋于成熟。

对比图1、图2、图3可以看出，与第二、第三产业相比，第一产业比重变动不大，甚至有的地区有小幅度上升，这可能是"耕地红线"和农业生产效率提高共同作用的结果。其中，广州、佛山第一产业比重最低，约占1.1%和1.7%；崇左和来宾第一产业比重最高，约占20.2%和20.3%。

从图1、图2、图3可知，2011年珠江—西江经济带大部分城市的主导产业是第二产业，但是在"十二五"和"十三五"期间，各地区第二产业比重不断下降，2021年第三产业比重远超第二产业比重，第三产业成为经济带的主导产业。其中，柳州第三产业占比的变动幅度最大（约21.9%），肇庆变动幅度最小（约2.5%）；珠江—西江经济带核心城市南宁和广州的第三产业占比最高，分别约占64.7%和71.6%。

2.珠江—西江经济带数字经济发展现状

为了更好地衡量珠江—西江经济带各市数字经济发展情况，本报告借助Acrgis软件展示珠江—西江经济带11市数字经济发展水平，如图4所示。

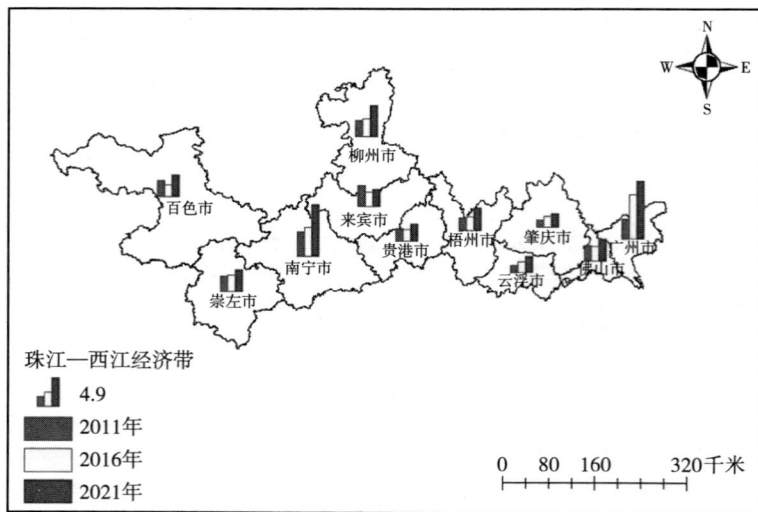

图4　珠江—西江经济带11市数字经济发展现状

从图 4 可知，珠江—西江经济带数字经济发展水平整体呈上升趋势，且 2016 年以后大幅提高，可能是由于广东、广西两省区在 2016 年相继开展的"促进大数据发展行动"大大促进了数字经济的发展。珠江—西江经济带核心城市南宁、广州的数字经济发展水平最高，且在"十三五"时期大幅提高；崇左的数字经济发展水平虽也有上升，但是幅度较小；百色、贵港、来宾、佛山的数字经济发展水平呈"先小幅下降后大幅上升"的趋势，这些城市在"十二五"期间大力发展第三产业，导致数字产业发展不足；柳州、梧州、云浮三地的数字经济发展水平在 2016～2021 年大幅提高，这可能是由于"促进大数据发展行动"取得的成效；肇庆的数字经济发展水平提升幅度较小，可能是区域产业调整导致的。

（四）实证结果分析

1. 基准回归模型检验结果

为了检验数字经济对产业结构高级化的影响效应，本报告构建了个体、年份双向固定效应模型，利用 stata 软件进行了实证检验，结果如表 3 所示。

表 3　数字经济影响产业结构高级化的实证结果

	（1）	（2）	（3）	（4）
	ts	ts	fd	ts
dig	0.1101 ***	0.0858 ***	0.0991 ***	0.0881 ***
	（0.0229）	（0.0177）	（0.0179）	（0.0208）
fd	—	—	—	-0.0232
	—	—	—	（0.1087）
pgdp	—	0.8345 **	-0.7627 **	0.8168 **
	（0.3469）	（0.3504）	（0.3586）	—
ub	—	-1.1601	5.6308 ***	-1.0294
	—	（0.9275）	（0.9367）	（1.1155）
fdi	—	5.4224 *	-2.0785	5.3741 *
	—	（3.0293）	（3.0594）	（3.0550）
gx	—	-0.7576 ***	-0.1102	-0.7601 ***
	—	（0.1350）	（0.1364）	（0.1363）

	（1）	（2）	（3）	（4）
	ts	ts	fd	ts
fi	—	2.7876 ***	0.4989	2.7991 ***
	—	（0.9676）	（0.9772）	（0.9746）
_cons	0.5744 ***	−7.7041 **	6.8308 *	−7.5455 **
	（0.0907）	（3.5213）	（3.5564）	（3.6185）
Firm	Yes	Yes	Yes	Yes
Year	Yes	Yes	Yes	Yes
N	110	110	110	110

注：Firm 表示个体固定效应，Year 表示年份固定效应；* $p<0.1$，** $p<0.05$，*** $p<0.01$。

资料来源：历年《广西统计年鉴》《广东统计年鉴》。

从表 3 第（1）列可以看出，在不加入任何控制变量的情况下，数字经济对产业结构高级化的影响为正，且在 1% 水平上显著。第（2）列结果显示，在加入经济发展效应、城市化效应、政府干预效应、外商直接投资效应和进出口效应等控制变量后，数字经济对产业结构高级化的影响仍在 1% 水平上显著为正，说明数字经济发展水平越高，产业结构高级化水平越高。这与刘翠花、张于喆等学者的研究结论是一致的，表明在珠江—西江经济带，数字经济的发展可以显著促进产业结构高级化。关于控制变量，可以看出，经济发展效应、政府干预效应分别在 5% 和 1% 水平上显著为正，说明随着这些变量发展，地区产业结构高级化水平会得到提高，且政府干预效应的影响最强烈、最显著，这与白雪洁等学者的研究相符合。外商直接投资效应也在 10% 水平上显著为正。进出口效应抑制了产业结构高级化，陈昭等学者的研究结果和本报告的研究结果是一致的。

2. 中介效应分析

由上述分析可知，数字经济对珠江—西江经济带产业结构高级化有显著的促进作用。根据中介效应检验原理，接下来检验金融发展水平是否有中介效应，结果见表 3 的第（3）、（4）列。从第（3）列可以看出，数字经济对金融发展水平的影响系数为 0.0991，且在 1% 水平上显著，说明数字经济对珠江—西江经济带金融发展水平有显著的促进作用。另外，从控制变量看，城市化效应对金融发展水平的影响也在1%水平上显著为正，由此可见，随着城市化水平的不断提高，金融发展水平也在不断上升。从第（4）列可以看出，加入金融发展水平这一中介变量后，数字经济对产业结构高级化的影响估计系数为0.0881，且在1%水平上显著，说明随着数字经济发展水平提高，珠江—西江经济带产业结构高级化水平不断提高。另外，金融发展水平的影响估计系数为-0.0232，且不显著。根据对中介效应检验原理的分析，公式（3）中中介变量金融发展水平对产业结构高级化的影响估计系数 c 不显著，采用 bootstrap 方法构造系数乘积估计量的置信区间，bootstrap 检验结果见表4。

表4　bootstrap 检验结果

	Observed	Bootstrap		—
	coefficient	Bias std	err	[95% conf, interval]
_bs_1	05789052 -	0008213	02069086	0171705,0971382(P)
				0181795,099797(BC)
_bs_2	07973005	0018481	02487713	038281,1345377(P)
				0386436,1351437(BC)

注：＿bs＿1表示间接效应，＿bs＿2表示直接效应，P 为百分比置信区间，BC 为偏数校正后的置信区间。

资料来源：历年《广西统计年鉴》《广东统计年鉴》。

从表4可以看出，金融发展水平的间接效应和直接效应的置信区间内都不包括0，这说明金融发展水平对产业结构的影响既包括直接效应，又包括间接效应。根据上述对中介效应检验原理的分析可知，金融发展水平在数字经济影响珠江—西江经济带产业结构高级化的过程中发挥部分中介作用。从控制变量看，加入中介变量后，与闫涛和陈阳的研究结果一致：金融发展水平对产业结构高级化的影响显著为正。不同于两位学者的研究结果，在珠江—西江经济带，外商直接投资效应和政府干预效应对产业结构高级化的影响显著为正。

3. 稳健性检验

为了进一步增强实证结果的可靠性，本报告借鉴王雪莹、郭吉涛等学者的研究，采用以下方法进行稳健性检验。第一，替换被解释变量。根据钱纳里工业化阶段理论，产业发展不单是三次产业在国民经济结构上的变化，还包括产业要素高级化，即产业要素由劳动向资本及技术的升级过程。因此，本报告采用资本技术企业占比来代替产业结构高极化指数，进行稳健性检验。结果显示，回归系数和显著性水平并无明显改变。第二，为验证内生性对回归结果的影响，本报告借鉴王雪莹等学者的研究，以数字经济提前一期处理作为工具变量。结果显示，加入工具变量后，结论依旧成立。因此，本报告的研究结论是稳健的。稳健性检验结果如表 5 所示，替换变量的bootstrap 检验结果如表 6 所示。

表 5　稳健性检验结果

	（1）	（2）	（3）	（4）	（5）	（6）
	ts	*ts*	*zk*	*zk*	*fd*	*zk*
F. dig	0.0997***	—	—	—	—	—
	（0.0264）	—	—	—	—	—
dig	—	0.1507***	0.0134***	0.0116***	0.0991***	0.0092***
	—	（0.0238）	（0.0032）	（0.0025）	（0.0179）	（0.0029）
	—	（0.5677）	—	（0.1347）	（0.9772）	（0.1337）
fd						0.0236
_cons	0.6158***	−5.1696***	0.1894***	−0.3017	6.8308*	−0.4631
	（0.0971）	（1.7135）	（0.0125）	（0.4901）	（3.5564）	（0.4963）
control	No	Yes	No	Yes	Yes	Yes
Firm	Yes	Yes	Yes	Yes	Yes	Yes
Year	Yes	Yes	Yes	Yes	Yes	Yes
N	110	110	110	110	110	110

注：*control* 表示控制变量，*Firm* 表示个体固定效应，Year 表示年份固定效应；* $p<0.1$，** $p<0.05$，*** $p<0.01$。

资料来源：历年《广西统计年鉴》《广东统计年鉴》。

表6 替换变量的bootstrap检验结果

| | Observed | Bootstrap | | — |
	coefficient	Bias std	err	[95% conf, interval]
_bs_1	00341777 —	0000135	00166899	0001175,0068757(P)
				0004226,0070911(BC)
_bs_2	02099422	0001003	00260684	0157759,026067(P)
				0152921,0257608(BC)

注：_ bs_ 1表示间接效应，_ bs_ 2表示直接效应，P为百分比置信区间，BC为偏数校正后的置信区间。

资料来源：历年《广西统计年鉴》《广东统计年鉴》。

四 研究结论和政策建议

本报告基于珠江—西江经济带2011～2020年的面板数据，探索数字经济对产业结构高级化的影响，研究发现，数字经济发展可以显著提高产业结构高级化水平，金融发展水平发挥部分中介作用，经济发展效应、外商直接投资效应、政府干预效应等也可以显著提高珠江—西江经济带产业结构高级化水平。在此基础上，本报告提出以下建议。

（一）加强数字经济建设，增强数字经济赋能产业升级的动力

1.加强数字基础设施建设和人才培养，推动区域数字化技术发展

珠江—西江经济带要在数字基础设施建设上发力。要加大5G基站建设力度，提高5G网络覆盖率；加大光纤网络升级力度，缩小农村和城市的网速差距；加大对信息、互联网等企业的政策补贴力度，引进一批计算机、通用设备和其他电子设备制造企业，支持软件、电子商务企业发展。数字化创新人才是数字化发展不断进步的关键，要建立健全数字化创新人才的发现、培养和使用体制机制，加强与高校的合作，建设专门的数字化创新人才培养基地；拓宽数字专利变现渠道，激发人才进行数字化创新的

积极性和主动性。

2. 依托中国—东盟信息港，扎实推进数字信息全面发展

数字信息作为数字时代的核心生产要素之一，对社会、经济、文化、生态建设有着重要影响。目前，珠江—西江经济带数字信息技术的使用范围较窄，导致数字信息作为核心生产要素的作用没有发挥出来。中国—东盟信息港是中国面向东盟推动数字互联互通、促进区域内多边发展与合作、打造"数字丝绸之路"的关键节点，也是国家重点建设项目之一。经济带可以依托中国—东盟信息港加强与东盟国家在经济、技术等方面的合作，创新推动数字信息作为生产要素在生产、流通等领域的循环流转，建设数字博物馆、数字图书馆、对外开放数字史馆等数字文化设施，全力推进数字信息技术在生态治理、生态保护上的运用，全力推动数字信息多领域、多层次、全方位、多面化发展。

3. 发挥南宁和广州的核心辐射作用，积极推进数字产业发展

南宁和广州是珠江—西江经济带的核心城市，从实证结果来看，两市的数字经济发展水平和产业结构高级化水平也较高，产业未来发展的重点应该是继续推动金融、科技等第三产业的发展，扩大辐射范围。因此，可以逐步将两市一些较落后或者对人力需求较大的企业迁到珠江—西江经济带其余各市。同时，经济带其余城市要加大对信息、互联网等企业的政策支持和补贴力度，支持数字企业发展。企业也应该加大对数字经济的研发投入力度，推动科技创新能力提升。

（二）充分利用地理位置优势，加强国际合作

从地理位置上看，经济带横跨广东、广西两地，上连云南、贵州两省，下接香港、澳门，区内河道发达、水运便捷，是西南地区出海的要道，也是中国面向东盟开放的桥头堡。因此，经济带要充分运用优越的地理位置，加强与南亚、东南亚在技术、科技、科研等方面的合作，利用政策和资源要素等优势吸引外商投资，大力培养和引进高素质人才，引资、引智、引技协同并进，将地理优势转化成经济优势。

（三）协调政府和市场的关系，科学有序地加强政府干预

政府和市场在资源配置上发挥重要作用。在珠江—西江经济带产业结构高级化进程中，仍然要发挥市场在资源配置中的决定作用，同时要对政府干预做好合理规划，有意识地引导产业结构调整，以达到预期的效果。比如，可以适当加大对计算机、软件企业或数字设备制造企业的扶持力度，也可以适度调整数字企业贷款利率，实行合适的税收减免政策。

（四）统筹规划，同心协力推动区域合作共赢、协调发展

从行政区划上看，珠江—西江经济带处于广东和广西交界地，由两省区政府共同管理。但是经济带没有统筹机构，加上城市之间缺乏对话平台，区域内分工不明确，要素流动困难，经济合作不畅，最终导致经济带经济发展和产业结构高级化进展较慢。因此，可以尝试建立珠江—西江经济带经济发展平台，如果时机成熟，可以建立经济带委员会或办公室，在两省区政府领导下负责经济带的经济发展规划；同时，可以建立一个经济带各市能够平等交流的平台，让各市平等地表达自己的发展意愿，促进经济带要素流动，逐步朝自治方向转变；此外，可以鼓励学术界和社会其他成员建言献策，每年开展一次或数次经济带发展学术研讨会或政策讨论会，鼓励社会各界人才建言献策。

参考文献

廖益新：《应对数字经济对国际税收法律秩序的挑战》，《国际税收》2015 年第 3 期。

赵越：《数字经济给我们的启示》，《经济问题探索》2002 年第 2 期。

赵西三：《数字经济驱动中国制造转型升级研究》，《中州学刊》2017 年第 12 期。

刘翠花：《数字经济对产业结构升级和创业增长的影响》，《中国人口科学》2022 年第 2 期。

冯素玲、许德慧：《数字产业化对产业结构升级的影响机制分析——基于 2010—2019 年中国省际面板数据的实证分析》，《东岳论丛》2022 年第 1 期。

张于喆：《数字经济驱动产业结构向中高端迈进的发展思路与主要任务》，《经济纵横》2018 年第 9 期。

王宏伟：《信息产业与中国经济增长的实证分析》，《中国工业经济》2009 年第 11 期。

齐亚伟：《空间集聚、经济增长与环境污染之间的门槛效应分析》，《华东经济管理》2015 年第 10 期。

李晓钟、吴甲戌：《数字经济驱动产业结构转型升级的区域差异》，《国际经济合作》2020 年第 4 期。

肖旭、戚聿东：《产业数字化转型的价值维度与理论逻辑》，《改革》2019 年第 8 期。

李春发、李冬冬、周驰：《数字经济驱动制造业转型升级的作用机理——基于产业链视角的分析》，《商业研究》2020 年第 2 期。

焦勇、刘忠诚：《数字经济赋能智能制造新模式——从规模化生产、个性化定制到适度规模定制的革新》，《贵州社会科学》2020 年第 11 期。

陈晓东、杨晓霞：《数字经济可以实现产业链的最优强度吗？——基于 1987—2017 年中国投入产出表面板数据》，《南京社会科学》2021 年第 2 期。

张昕蔚：《数字经济条件下的创新模式演化研究》，《经济学家》2019 年第 7 期。

左鹏飞、姜奇平、陈静：《互联网发展、城镇化与我国产业结构转型升级》，《数量经济技术经济研究》2020 年第 7 期。

李治国、车帅、王杰：《数字经济发展与产业结构转型升级——基于中国 275 个城市的异质性检验》，《广东财经大学学报》2021 年第 5 期。

何琨玟、赵景峰：《供给侧结构性改革背景下数据赋能驱动产业结构升级的机制与效应》，《经济体制改革》2022 年第 4 期。

沈运红、黄桁：《数字经济水平对制造业产业结构优化升级的影响研究——基于浙江省 2008—2017 年面板数据》，《科技管理研究》2020 年第 3 期。

温忠麟等：《国内中介效应的方法学研究》，《心理科学进展》2022 年第 8 期。

杨晓猛：《转型国家市场化进程测度的地区差异分析——基于产业结构调整指标的设计与评价》，《世界经济研究》2006 年第 1 期。

张英浩、汪明峰、刘婷婷：《数字经济对中国经济高质量发展的空间效应与影响路径》，《地理研究》2022 年第 7 期。

粟麟、何泽军、杨伟明：《数字金融与县域经济发展：影响机制与异质性研究》，《财经论丛》2022 年第 9 期。

韩健、李江宇：《数字经济发展对产业结构升级的影响机制研究》，《统计与信息论坛》2022 年第 7 期。

白雪洁等：《数字经济能否推动中国产业结构转型？——基于效率型技术进步视角》，《西安交通大学学报》（社会科学版）2021 年第 6 期。

陈昭、陈钊泳、谭伟杰：《数字经济促进经济高质量发展的机制分析及其效应》，《广东财经大学学报》2022 年第 3 期。

闫涛、陈阳：《数字经济对高质量发展的影响——基于中介模型与门槛模型的检验》，《经济与管理》2022 年第 6 期。

王雪莹、李梦雪、叶堂林：《数字服务业能否助力推进共同富裕？——基于解决发展不平衡问题的视角》，《经济问题探索》2022 年第 10 期。

郭吉涛、朱义欣：《数字经济影响企业信用风险的效应及路径》，《深圳大学学报》（人文社会科学版）2021 年第 6 期。

Tapscott, D., *The Digital Economy: Promise and Peril in the Age of Networked Intelligence* (New York: The McGraw-Hill Companies, 1995).

Beomsoo, K., Anitesh, B., Andrew, W., "Virtual Field Experiments for a Digital Economy: A New Research Methodology for Exploring an Information Economy," *Decision Support Systems* 3 (2002).

Pil, H., Duk, L., "Evolution of the Linkage Structure of ICT Industry and Its Role in the Economic System: The Case of Korea," *Information Technology for Development* 3 (2019).

Sungjoo, L., Moon-soo, K., Yongtae, P., "ICT Co-Evolution and Korean ICT Strategy: An Analysis Based on Patent Data," *Telecommunications Policy* 5 (2009).

Laudien, M., Pesch, R., "Understanding the Influence of Digitalization on Service Firm Business Model Design: A Qualitative-empirical Analysis," *Review of Managerial Science* 3 (2019).

B.7

广西西江流域人口—资源—环境—经济—社会系统协调发展评价与优化调控研究

刘俊杰 刘 惠*

摘 要： 本报告以广西西江流域为研究对象，定量评估流域人地关系五大子系统综合发展水平及系统协调发展度，探究影响系统协调发展的主要障碍因子。研究表明，广西西江流域11市的五大子系统均呈三级梯队形态；流域系统协调发展度可以分成四类，南宁、柳州、桂林为中级协调发展，梧州为初级协调发展，玉林、百色、贺州、河池、来宾、崇左为勉强协调发展，贵港为濒临协调发展；制约流域系统协调发展的障碍因子主要来源于人口子系统、经济子系统、社会子系统，其中，GDP、固定资产投资总额、大专及以上学历人口比重、人均财政收入是主要障碍因子。基于研究结果，本报告提出加大教育投入力度、提高资源利用效率、加强生态环境建设、全方位提高自主创新能力等相关对策建议。

关键词： 人地关系 协调发展 优化调控 广西西江流域

改革开放多年来，我国经济社会发展取得了巨大成就，但也面临严重的环境污染、资源枯竭等问题，以人口、资源、环境、经济、社会发展为主要

---

* 刘俊杰，博士，广西师范大学经济管理学院教授，珠江—西江经济带发展研究院副院长、研究员，研究方向为区域发展与城乡关系、区域产业结构与产业组织、区域可持续发展；刘惠，广西师范大学经济管理学院硕士研究生，研究方向为人口、资源与环境经济学。

衡量指标的人地关系不协调、不可持续问题日益显现。党的十八大将生态文明建设纳入中国特色社会主义事业的总体构想；党的十八届五中全会确立了"创新、协调、绿色、开放、共享"的发展理念；党的十九大将"坚持人与自然和谐共生"作为新时代坚持和发展中国特色社会主义的十四条基本方略之一；党的二十大报告指出，尊重自然、顺应自然、保护自然，是全面建设社会主义现代化国家的内在要求。随着一系列新理念、新战略的提出，生态文明建设的战略地位得到显著提升，在此背景下，如何实现人口、资源、环境、经济、社会的协调可持续发展，已成为当前我国迫切需要解决的问题。

当前，以科学定量评估发展的可持续性以及协调程度是可持续发展研究的热点和核心问题。综观研究成果，国内外的研究重点主要集中在两个方面，一是对可持续发展评价指标体系的研究，二是采用不同的评价方法对可持续发展和系统协调发展进行评价。

对于可持续发展评价指标体系方面的研究，在国际上，最具代表性的评价指标是1996年联合国环境规划署（UNEP）创立的DPSIR概念模型，它涵盖了经济、社会、环境和政策四个层面，并包括驱动力、压力、条件、影响和反应五个方面，反映社会、经济发展、人类活动对环境的影响，以及人类在资源和环境问题上做出的抉择和反应。针对我国的具体情况，国内学者从可持续发展综合评价、系统协调发展评价等方面建立了不同的评价指标体系。杨建辉等学者从经济、社会、生态、开放、潜力五个方面建立了沿海经济区可持续发展能力的综合评价模型；鹿晨昱、王琦、江孝君等学者从生态、经济、社会三个方面分别构建了辽宁省、洞庭湖区和长江经济带系统协调发展评价指标体系，并从时空双维度进行分析；郭存芝等学者建立了基于DEA模型的城市评价指标体系，以资源、环境类指标为输入指标，以经济、社会类指标为输出指标，从投入和产出的角度来评估城市的可持续发展能力；郭淑芬等学者从生存、经济、环境、社会、创新、转型六个层面建立了资源型区域可持续发展评价指标体系；盖美等学者从经济、资源、环境三个方面构建了评价环渤海沿海17市系统承载力和协调发展的指标体系，并利用灰色预测模型对环渤海地区系统协调度进行预测；李恒吉等学者从人口、资源、环境、经济、社会五个方面对甘肃省可持续发展能力进行时空测度和系统协调度评价；任祁荣等学者以自然生态环境和社会经济系统为宏观系统，构建包括 7 个一级指标、27 个二级指标的评价指标体系，对甘肃省的社会经济与生态环境耦合协调度进行分析；刘建华、蔡绍洪等学者从人口、资源、环境、经济四个方面分别构建了评价黄河下游与我国西部地区可持续发展及系统协调发展的指标模型。

对于评价方法方面的研究，主要集中于主成分分析法（PCA）、熵值法、数据包络分析法（DEA）、生态足迹法、能值分析法、耦合协调度模型等方面。张卫民用熵值法对北京 1990~2000 年的可持续发展能力进行测度，结合实际情况证明了以熵值法评价可持续发展能力是可行的；刘丽英利用主成分分析法将评价指标分成效益性指标和成本性指标，再从投入产出角度利用数据包络分析法评价北京的可持续发展能力；牛衍亮等学者利用数据包络分析法评价河北省县城的可持续发展能力，将生态资源类指标作为投入指标、人类发展类指标作为产出指标，对县城的可持续发展能力评价方法进行了补充；刘家旗等学者运用生态足迹法，对黄河流域 2010~2017 年的可持续发展能力进行评价；马文静等学者运用能值分析法，对中国的生态经济体系进行了评价，并根据一次能源投资的比重将各省份分成 4 个小组进行对比，探讨了一次能源投资水平对省域间可持续发展的作用；姜磊等学者修正了耦合度公式的错误，用更正后的耦合度公式对我国 31 个省份（不含港、澳、台地区）的经济—资源—环境系统之间的耦合度和协调度进行分析；陈晓红等学者利用耦合协调度模型对黑龙江省齐齐哈尔市县域环境—经济—社会系统间的协调度进行测算，并运用脆弱性模型对其环境、经济、社会的脆弱性进行分级；于洋等学者将能源、环境、经济、科技四元系统融合分析，运用耦合协调度模型分析我国东部 10 个省份的能源、环境、经济、科技协调发展格局；王建康等学者利用耦合协调度模型，测算中国城市经济—社会—环境耦合协调度，并从时空角度分析城市经济社会与生态环境耦合的演变规律。

综上所述，国内学者从不同研究方法、不同研究尺度、不同评价指标体系出发，对可持续发展与系统协调发展展开了大量研究，但仍存在需要深入研究的问题：第一，评价指标体系缺乏一定的理论支撑；第二，国内的研究主要集中在国家、经济发展状况好的城市群以及个别省份，缺乏对流域，特别是对生态环境脆弱、贫困地区比例较高、经济发展缓慢的流域的研究。因此，本报告以民族聚居、贫困地区比例较高、经济发展滞后的广西西江流域为研究对象，构建包含人口、资源、环境、经济、社会子系统的评价指标体系，通过熵值法、综合评价模型、耦合协调度模型对流域各子系统综合发展水平以及系统协调发展度进行评价，并运用障碍度模型分析障碍因子，既能对现有的研究进行补充与完善，又能为提升广西西江流域的系统协调发展度提供理论支撑和相应对策建议。

一 研究区概括与发展现状

（一）研究区概括

西江发源于云南，流经广西和贵州，后于广东佛山三水与东江、北江交汇，是华南地区最长的河流，其水系及集水区内的地理元素统称为西江流域。西江流域面积约为 35.31 万平方公里，流经广西的面积达 20.24 万平方公里，占总流域面积的 57.32%，流域的中游主要分布在广西，所以研究西江流域广西段的可持续发展与系统协调发展对整个西江流域意义深远。2014年，《珠江—西江经济带发展规划》出台，界定广东 4 市（广州、佛山、肇庆、云浮）和广西 7 市（南宁、柳州、梧州、贵港、百色、来宾、崇左）为规划区，同时将桂林、玉林、贺州、河池纳入规划延伸区。本报告以广西西江流域为研究区，以上提到的广西 11 市被纳入本报告的研究范畴。

（二）研究区发展现状

1. 人口现状

2021 年，广西西江流域常住人口为 4412.97 万人，占广西常住人口总数的 87.61%，人口密度为 203.83 人/公里²，低于广西平均人口密度（212 人/公里²），高于全国平均人口密度（147 人/公里²）。其中，玉林、贵港、南宁的人口密度较高，位居流域前三；百色、河池、崇左的人口密度较低，均低于全国平均人口密度。流域城镇人口比重为 56%，城镇化水平较低，比全国城镇化平均水平低 8.72 个百分点，仅南宁和柳州的城镇化水平高于全国城镇化平均水平，其余 9 市的城镇化水平均较为落后，特别是百色、贺州、河池、来宾和崇左，城镇化率均低于 50%，但流域城镇化率总体增幅高于全国同比增幅，城镇化步入快速发展阶段。根据第七次全国人口普查结果，广西西江流域 65 岁及以上人口为 553.02 万人，占常住人口的 12.5%，与全国平均水平相比，流域人口老龄化程度相对较低，比全国平均水平的 13.5% 低 1.0 个百分点，除桂林以外的其余 10 市的人口老龄化程度均低于全国平均水平。人口中男性对女性的比例为 106.47，高于全国平均水平，存在男女比例失衡问题。其中，桂林、百色和河池的男女比例低于全国平均水平，崇左的男女比例失衡问题最为严重。流域人口文化水平较低，人均受教育年限为 9.27 年，大专及以上学历人口占比仅为 9.85%，呈现以南宁、柳州和桂林为第一梯队，以梧州、贵港等其他城市为第二梯队的二级梯队形态。

2. 资源现状

广西西江流域自然资源丰富，但城市间占有量差距明显。山多地少是流域土地资源的主要特点，流域土地面积约为 21.65 万平方公里，占广西土地总面积的 91.12%。2021 年，流域水资源总量为 1393.76 亿立方米，约占广西水资源总量的 90.43%；人均水资源量为 3158.33 立方米，远高于全国人均水资源量（2098.49 立方米）。其中，桂林、河池的人均水资源量较高，超过 6000 立方米；玉林的人均水资源量较低，低于 1000 立方米。流域森林覆盖率为 65.36%，远高于全国森林覆盖率（24.02%）。其中，梧州的森林覆盖率高达 75.35%，处于流域最高水平；处于流域最低水平的贵港的森林覆盖率为 46.99%，远高于全国平均水平，表明广西西江流域的森林资源较为丰富。

3. 环境现状

2021 年，广西西江流域环境空气质量指数约为 3.23，比 2020 年上升了 0.32。其中，河池的空气质量指数位居流域第一，来宾的空气质量指数排流域最后 1 名，大气中的污染物以二氧化硫为主。根据《2021 年广西壮族自治区生态环境统计年报》，广西工业废水排放量为 30588.04 万吨，工业二氧化硫排放量为 69324.13 吨，一般工业固体废物产生量为 9385.55 万吨。

4. 经济现状

2021 年，广西西江流域的 GDP 为 20772.72 亿元，占广西 GDP 的 83.96%，流域内 11 市的 GDP 差距明显，广西首府南宁、广西重要的工业城市柳州、世界著名旅游城市桂林的 GDP 分别为 5120.94 亿元、3057.24 亿元、2311.06 亿元，位居广西西江流域前三，贺州、来宾和崇左的 GDP 均不足 1000 亿元，位居广西西江流域后三。流域人均 GDP 为 47071.97 元，比广西人均 GDP 低 2134.03 元，贵港、玉林、河池的人均 GDP 较低，均不足 40000 元，与广西平均水平相差较大。流域的产业结构正在逐步优化，展现出"第一产业：第二产业：第三产业 = 16.16：31.89：51.95"的产业格局，第一产业增加值占 GDP 的比重为 16.16%，比全国第一产业增加值占 GDP 的比重高 8.86 个百分点。流域农业基础良好，第三产业增加值逐步增长，2021 年第三产业占比 51.95%，产业结构逐渐合理，但还需进一步优化。

5. 社会现状

2021 年，广西西江流域人民生活水平有所改善，城镇居民和农村居民的人均可支配收入分别为 38872.44 元和 17098.07 元，较 2020 年分别提升 7.48% 和 10.4%。流域的教育水平差距较大，南宁、桂林的教育资源较为丰富，高校数量较多；贵港的教育资源较为匮乏，仅有 1 所高校；南宁、柳州、桂林每万人拥有普通高等学校专任教师数超过广西平均水平；贵港、玉林、贺州、河池每万人拥有普通高等学校专任教师数远远落后于广西平均水平。流域的基本医疗保险参保率在 97% 以上，高于全国医疗保险参保率（95%），社会保障状况逐渐改善。流域共有医疗卫生机构 30163 家，医疗卫生机构床位数达 28.23 万张，卫生人员总数达 43.67 万人，11 市医疗卫生水平差距较大，南宁、柳州每万人拥有职业医师数在 30 人以上，崇左每万人拥有职业医师数低于 20 人。

二 评价指标体系构建、数据来源与评价方法

（一）评价指标体系构建

在国内外已有研究成果的基础上，本报告依据评价指标体系设计的科学性、全面性、实用性、可操作性等原则，结合广西西江流域人口、资源、环境、经济、社会 5 个方面的发展状况，构建了包括 5 个子系统层指标、15 个准则层指标、38 个指标层指标的人口—资源—环境—经济—社会系统协调发展评价指标体系，如表 1 所示。人口、资源、环境、经济、社会的协调发展是促进广西西江流域可持续发展能力提升的关键，因此本报告以人口、资源、环境、经济、社会子系统为子系统层指标。人口可持续是可持续发展的目的和归宿。人口子系统主要包括人口规模、人口结构、人口素质 3 个准则层指标。人口规模指标用人口数量、人口密度来衡量；人口结构指标用人口老龄化、人口性别比、城镇化率来衡量，其中，人口老龄化率是指 65 岁及以上人口所占比重，人口老龄化程度越低，人口城镇化率越高，越有利于人口可持续发展；人口素质指标用人均受教育年限、大专及以上学历人口比重来衡量。资源可持续是可持续发展的基础和保障。资源子系统主要体现人与自然资源的和谐程度，包括资源禀赋和资源利用 2 个准则层指标。用人均水资源量、人均耕地面积、森林覆盖率衡量资源禀赋；用万元 GDP 用水量、万元 GDP 用电量和单位面积粮食产量衡量资源利用。环境可持续是可持续发展的条件和约束。环境子系统包括环境污染和环境治理 2 个准则层指标。环境污染主要用一般工业固体废物排放量、工业废水排放量、工业二氧化硫排放量来衡量；环境治理用一般工业固体废物综合利用率、污水处理率、环保支出占一般公共财政支出

的比重来衡量。经济可持续是可持续发展的核心和重点，仅用 GDP 衡量一个国家或地区的经济发展能力在经济高质量发展的要求下越来越不可行。因此，本报告以经济规模、经济结构、经济水平作为经济子系统的准则层指标。经济规模用 GDP 与固定资产投资总额来衡量；经济结构用工业占工农业比重和第三产业占 GDP 比重来衡量；经济水平用 GDP 增长率、人均 GDP、人均财政收入、人均商品消费额来衡量。社会可持续是可持续发展的支撑和平台。本报告主要以生活水平、基础设施、科技教育、社会保障、医疗卫生作为社会子系统的准则层指标。其中，生活水平用城镇居民人均可支配收入和农村居民人均可支配收入来衡量；基础设施用人均城市道路面积、人均公园绿地面积、人均住宅面积来衡量；科技教育用每万人拥有高等学校专任教师数和每万人专利授权数来衡量；社会保障用基本养老保险参保率、失业保险参保率来衡量；医疗卫生用每万人拥有职业医师数和每万人拥有医院床位数来衡量。

表 1　人口—资源—环境—经济—社会系统协调发展评价指标体系

单位：%

目标层	（A）子系统层	（B）准则层	（C）指标层	属性	w_a	w_b
人口—资源—环境—经济—社会系统协调发展指数	A1 人口子系统（0.1683）	B1 人口规模（0.2102）	C1 人口数量	−	0.0768	0.0129
			C2 人口密度	−	0.1334	0.0225
		B2 人口结构（0.1858）	C3 人口老龄化	−	0.0301	0.0051
			C4 人口性别比	−	0.0577	0.0097
			C5 城镇化率	+	0.0980	0.0165
		B3 人口素质（0.6040）	C6 人均受教育年限	+	0.2291	0.0386
			C7 大专及以上学历人口比重	+	0.3749	0.0631
	A2 资源子系统（0.0533）	B4 资源禀赋（0.7372）	C8 人均水资源量	+	0.2393	0.0127
			C9 人均耕地面积	+	0.3255	0.0173
			C10 森林覆盖率	+	0.1724	0.0092
		B5 资源利用（0.2628）	C11 万元 GDP 用水量	−	0.0752	0.0040
			C12 万元 GDP 用电量	−	0.0749	0.0040
			C13 单位面积粮食产量	+	0.1127	0.0060

续表

目标层	(A)子系统层	(B)准则层	(C)指标层	属性	w_a	w_b
人口—资源—环境—经济—社会系统协调发展指数	A3 环境子系统 (0.0880)	B6 环境污染 (0.3843)	C14 一般工业固体废物排放量	−	0.1665	0.0146
			C15 工业废水排放量	−	0.1117	0.0098
			C16 工业二氧化硫排放量	−	0.1061	0.0093
		B7 环境治理 (0.6157)	C17 一般工业固体废物综合利用率	+	0.1324	0.0116
			C18 污水处理率	+	0.1228	0.0108
			C19 环保支出占一般公共财政支出的比重	+	0.3605	0.0317
	A4 经济子系统 (0.5143)	B8 经济规模 (0.6571)	C20 GDP	+	0.3562	0.1832
			C21 固定资产投资总额	+	0.3009	0.1547
		B9 经济结构 (0.0835)	C22 工业占工农业比重	+	0.0456	0.0235
			C23 第三产业占 GDP 比重	+	0.0379	0.0195
		B10 经济水平 (0.2594)	C24 GDP 增长率	+	0.0349	0.0179
			C25 人均 GDP	+	0.0651	0.0335
			C26 人均财政收入	+	0.0905	0.0465
			C27 人均商品消费额	+	0.0689	0.0354
	A5 社会子系统 (0.1761)	B11 生活水平 (0.1591)	C28 城镇居民人均可支配收入	+	0.0812	0.0143
			C29 农村居民人均可支配收入	+	0.0779	0.0137
		B12 基础设施 (0.1079)	C30 人均城市道路面积	+	0.0383	0.0067
			C31 人均公园绿地面积	+	0.0375	0.0066
			C32 人均住宅面积	+	0.0321	0.0057
		B13 科技教育 (0.3647)	C33 每万人拥有高等学校专任教师数	+	0.1752	0.0309
			C34 每万人专利授权数	+	0.1896	0.0334
		B14 社会保障 (0.0547)	C36 基本养老保险参保率	+	0.0195	0.0034
			C36 失业保险参保率	+	0.0351	0.0062
		B15 医疗卫生 (0.3136)	C37 每万人拥有职业医师数	+	0.2071	0.0365
			C38 每万人拥有医院床位数	+	0.1065	0.0188

注："+"表示正向指标，"−"表示负向指标，w_a 和 w_b 分别表示指标层相对子系统层和目标层的权重。

（二）数据来源

本报告研究的数据包括人口、资源、环境、经济、社会 5 个方面，人口方面的数据来源于第七次全国人口普查，资源和环境方面的数据来自 2021 年《广西统计年鉴》，以及 2020 年广西西江流域各地市环境统计公报、固体废物污染环境防治信息公报、水资源公报、环保局相关单位公报。经济和社会方面的数据来源于 2021 年《广西统计年鉴》《中国城市统计年鉴》，以及 2020 年广西西江流域各地市国民经济和社会发展统计公报。

（三）评价方法

1. 综合评价模型

（1）数据标准化。对正向指标和负向指标数据进行标准化的公式如下：

$$正向指标: Y_{ij} = \frac{X_{ij} - \min X_{ij}}{\max X_{ij} - \min X_{ij}}$$

$$负向指标: Y_{ij} = \frac{\max X_{ij} - X_{ij}}{\max X_{ij} - \min X_{ij}}$$

（2）熵值法确定指标权重。指标权重的计算步骤如下。

①计算第 j 项指标下第 i 个评价对象占该指标的比重 P_{ij}。

$$P_{ij} = \frac{Y_{ij}}{\sum\limits_{j=1}^{m} Y_{ij}}$$

②计算第 j 项指标的熵值 e_j。

$$e_j = -k \sum\limits_{i=1}^{m} P_{ij} \ln(P_{ij})$$

其中，$k = \dfrac{1}{\ln n}$，本报告中 $n = 11$，即广西西江流域 11 市。

③计算第 j 项指标的信息效用价值，即熵值冗余度。

$$d_j = 1 - e_j$$

④计算第 j 项指标的权重。

$$w_j = \frac{d_j}{\sum\limits_{j=1}^{n} d_j}$$

（3）系统综合发展水平测算。人口、资源、环境、经济、社会子系统可持续发展指数的计算公式为：

$$U_i = \sum_{j=1}^{m} w_j \times Y_{ij}$$

2. 耦合协调度模型

耦合度是一个物理概念，通常用来描述两个及以上系统之间的作用程度。目前，关于耦合度的公式形式多样，其中大部分有错误，因此本报告借鉴姜磊等学者的研究成果，选取的耦合度模型如下：

$$C = \sqrt[4]{\frac{U_1 \times U_2 \times U_3 \times U_4}{\left(\dfrac{U_1 + U_2 + U_3 + U_4}{4}\right)^4}}$$

虽然耦合度能描述系统之间的作用程度，但无法判定系统之间协调发展水平的高低。因此，本报告用耦合协调度模型分析广西西江流域 11 市五大子系统之间的协调发展水平。先计算各子系统的耦合度，再在此基础上计算各子系统之间的耦合协调度，计算公式如下：

$$D = \sqrt{C \times T}$$

其中，T 为可持续发展综合评价指数，$T = \alpha U_1 + \beta U_2 + \gamma U_3 + \delta U_4 + \varepsilon U_5$，$T$ 的范围为 [0，1]。人口、资源、环境、经济、社会子系统的重要程度相当，因此本报告令 $\alpha = \beta = \gamma = \delta = \varepsilon = 0.2$。根据已有研究，对系统协调发展度进行等级划分，划分标准如表 2 所示。

表 2　系统协调发展度等级划分标准

失调衰退类		协调发展类	
耦合协调度	类型	耦合协调度	类型
[0，0.1)	极度失调	[0.5，0.6)	勉强协调
[0.1，0.2)	严重失调	[0.6，0.7)	初级协调
[0.2，0.3)	中度失调	[0.7，0.8)	中级协调
[0.3，0.4)	轻度失调	[0.8，0.9)	良好协调
[0.4，0.5)	濒临失调	[0.9，1)	优质协调

3. 障碍度模型

本报告利用障碍度模型分析制约广西西江流域人口—资源—环境—经济—社会系统协调发展的障碍因子，具体方法是引入因子贡献度、指标偏离度、障碍度3个指标。其中，因子贡献度表示单项指标对总目标的权重，指标偏离度表示单项指标与系统协调发展目标之间的差距，即指标标准值与100%之差，第j个指标对系统协调发展的障碍度为：

$$P_j = \frac{I_j \times F_j}{\sum\limits_{j=1}^{38} F_j \times I_j} \times 100\%$$

式中：$I_j = 1 - X_j$，X_j表示单项指标的标准值，F_j表示因子贡献度。

三　结果与分析

（一）子系统综合评价结果与分析

由熵值法和综合评价模型计算得出的广西西江流域各个子系统的得分结果如表3和图1所示。各子系统包含的准则层指标得分结果如表4所示。

表3　广西西江流域人口、资源、环境、经济、社会子系统得分与排序

城市	人口子系统		资源子系统		环境子系统		经济子系统		社会子系统	
	得分	排序	得分	排序	得分	排序	得分	排序	得分	排序
南宁	0.7723	1	0.2822	10	0.7257	3	0.7120	1	0.8439	1
柳州	0.6401	2	0.5398	4	0.7133	4	0.5368	2	0.7147	2
桂林	0.5681	3	0.5871	3	0.6813	5	0.2992	3	0.6714	3
梧州	0.3747	5	0.4350	8	0.7993	2	0.1855	5	0.3342	4
贵港	0.1239	11	0.2679	11	0.5775	8	0.1523	6	0.2723	8
玉林	0.1762	10	0.3368	9	0.8330	1	0.2039	4	0.2664	9
百色	0.3379	6	0.5095	6	0.1551	11	0.1390	7	0.3097	7
贺州	0.3160	9	0.5233	5	0.6217	6	0.0863	9	0.3207	5
河池	0.3294	8	0.6069	1	0.4073	10	0.0576	10	0.2451	11
来宾	0.3333	7	0.4665	7	0.5950	7	0.0455	11	0.2574	10
崇左	0.4201	4	0.5894	2	0.5565	9	0.1130	8	0.3183	6

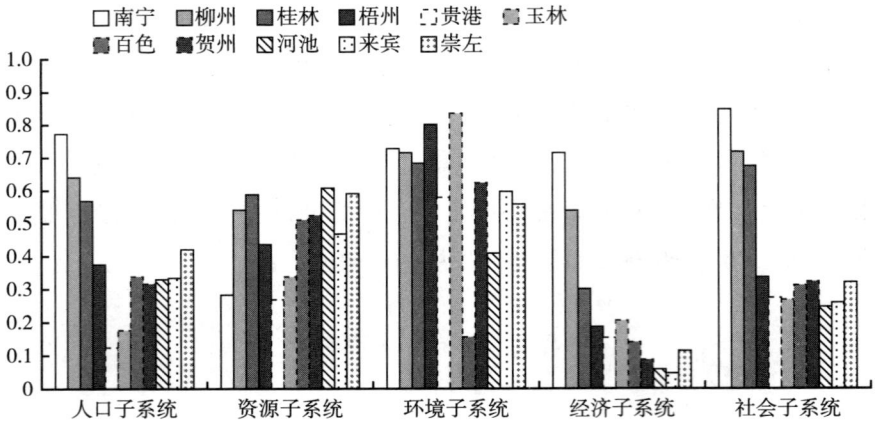

图1　广西西江流域人口、资源、环境、经济、社会子系统得分情况

表4　各子系统包含的准则层指标得分

子系统层	准则层	广西西江流域										
		南宁	柳州	桂林	梧州	贵港	玉林	百色	贺州	河池	来宾	崇左
人口子系统	人口规模	0.1012	0.6593	0.6993	0.7308	0.3205	0.1598	0.9149	0.8704	0.9177	0.8946	0.9567
	人口结构	0.7911	0.6847	0.4927	0.4775	0.2894	0.3121	0.3294	0.3871	0.3550	0.2449	0.0711
	人口素质	1.0000	0.6198	0.5457	0.2191	0.0046	0.1400	0.1396	0.1012	0.1168	0.1651	0.3407
资源子系统	资源禀赋	0.0953	0.4313	0.5114	0.3201	0.0936	0.1273	0.5736	0.4551	0.6703	0.5205	0.6094
	资源利用	0.8064	0.8441	0.7994	0.7572	0.7566	0.9247	0.3297	0.7147	0.4292	0.3148	0.5334
环境子系统	环境污染	0.6313	0.3420	0.8497	0.8997	0.7950	0.8532	0.1871	0.9995	0.6441	0.7101	0.8609
	环境治理	0.7847	0.9452	0.5762	0.7366	0.4418	0.8204	0.1351	0.3859	0.2595	0.5232	0.3665
经济子系统	经济规模	1.0000	0.6099	0.4213	0.1706	0.1580	0.2934	0.1203	0.0265	0.0313	0	0.0912
	经济结构	0.6240	0.6327	0.2483	0.4462	0.4050	0.3331	0.2898	0.3014	0.3278	0.1778	0.2692
	经济水平	0.7335	0.8655	0.3098	0.3278	0.2108	0.1426	0.2788	0.2563	0.0955	0.1643	0.2330

子系统层	准则层	广西西江流域										
		南宁	柳州	桂林	梧州	贵港	玉林	百色	贺州	河池	来宾	崇左
社会子系统	生活水平	0.8828	0.8578	0.9459	0.5113	0.6164	0.9214	0.3697	0.4159	0	0.5644	0.4833
	基础设施	0.3003	0.2174	0.5062	0.3462	0.6459	0.1378	0.5139	0.8597	0.3859	0.4068	0.6259
	科技教育	0.9707	0.7038	0.6387	0.1498	0.1192	0.1224	0.2252	0.1724	0.0605	0.1169	0.4182
	社会保障	0.4726	0.7061	0.6965	0.3943	0.3571	0.2499	0.5635	0.5274	0.3364	0.3049	0.3893
	医疗卫生	0.9283	0.8272	0.6225	0.4443	0.1326	0.1488	0.2631	0.2235	0.5198	0.2052	0

1. 人口子系统

广西西江流域 11 市的人口子系统得分可以分成三个梯队。

南宁、柳州、桂林的人口子系统得分在 0.5 以上，位居流域前三，处于第一梯队。南宁的人口子系统得分在 0.7 以上，处于遥遥领先的地位，这得益于南宁优越的人口结构和高水平的人口素质。南宁的城镇化率达到 68.91%，位居广西西江流域第二，且与位居第一的柳州非常接近；人均受教育年限和大专及以上学历人口比重均位居广西西江流域第一。柳州的人口子系统得分位居第二，这是因为其人口规模、人口结构与人口素质均处于较高水平，最为突出的是其城镇化率达到 69.93%，位居第一。桂林的人口子系统得分虽然位居第三，但与南宁和柳州的差距较大，最主要的原因是其人口结构欠佳，人口老龄化程度高达 14.82%，人口老龄化现象在研究区中最为严重。

梧州、百色、贺州、河池、来宾、崇左的人口子系统得分比较接近，均在 0.3~0.5，处于第二梯队。该梯队的人口规模得分较高，但人口素质和人口结构得分较低。其中，崇左的人口子系统得分在该梯队最高，主要得益于其人口规模和人口素质得分在该梯队较高，但其人口结构得分为广西西江流域内最低，所以崇左的人口子系统综合发展水平与第一梯队差距明显；贺州的人口子系统得分在该梯队最低，主要是由于其人口素质得分较低。

贵港、玉林的人口子系统得分均低于0.2，处于第三梯队。该梯队的人口子系统发展水平较差。其中，贵港的人口子系统得分最低，仅为0.1239，远远落后于流域平均水平，最主要的原因是贵港的人口素质得分较低，从统计数据可知，贵港仅有一所大专学校，教育水平较低，政府对教育的投入力度较小。

2. 资源子系统

广西西江流域11市的资源子系统得分可以分成三个梯队。

柳州、桂林、百色、贺州、河池、崇左的资源子系统得分在0.5以上，处于第一梯队。从资源子系统的两个准则层指标来看，柳州和桂林的资源禀赋和资源利用得分均较高；崇左和河池资源禀赋得分较高，人均水资源量和人均耕地面积均领先其他地区，这可能与两市的经济情况有关，其经济实力相对较弱，对资源的消耗较少；百色的资源禀赋优越，但该市的工业耗电量太高，万元GDP用电量远远超过其他城市，表明该市的资源利用效率低下，资源利用得分较低，故该市的资源子系统得分排该梯队最后1位。

梧州、来宾的资源子系统得分在0.4~0.5，处于第二梯队。该梯队的资源禀赋和资源利用得分均处于中间水平。

南宁、贵港、玉林的资源子系统得分均低于0.4，处于第三梯队。其中，南宁作为广西省会城市，资源总量丰富，但人口数量较多，导致人均资源拥有量较少；贵港的资源子系统发展水平最差，主要是因为其资源禀赋得分最低，仅为0.0936，远远落后于河池的资源禀赋得分（0.6703）；玉林的资源子系统得分处于第三梯队也是由于其资源禀赋得分较低，人均水资源量和人均耕地面积均处于最低水平。

3. 环境子系统

广西西江流域11市的环境子系统得分可以分成三个梯队。南宁、柳州、梧州、玉林的环境子系统得分在0.7以上，处于第一梯队。其中，玉林的得分位居流域第一，这得益于玉林在发展的过程中对环境的污染较小，且对环境的治理力度较大，环境污染和环境治理得分均在0.8以上；柳州的得分位居流域第四，作为传统的工业城市，柳州的发展依赖工业，在发展的过程中对环境的污染相对较重，但柳州对环境的治理力度较大，环境治理得分位居流域第一。

桂林、贵港、贺州、来宾、崇左的环境子系统得分在0.5~0.7，处于第二梯队。这5个城市在发展的过程中，对环境的污染相对较轻，且对环境治理的力度适中，所以环境子系统得分处于中间水平。

百色、河池的环境子系统得分在0.5以下，处于第三梯队。其中，百色的环境子系统发展水平最差，得分仅为0.1551，与玉林的得分差距明显，主要原因是百色的工业废水排放量、工业二氧化硫排放量在流域内均居第一，对环境污染严重。

4. 经济子系统

广西西江流域11市的经济子系统得分可以分成三个梯队。

南宁、柳州、桂林的经济子系统得分较高，远远高于其他城市，处于第一梯队。其中，南宁的经济规模得分最高，经济结构与经济水平得分均位居流域第二；柳州作为广西的老工业基地，工业发达，经济基础好，经济结构和经济水平得分均位居流域第一，经济规模得分位居流域第二；桂林作为国际旅游城市，经济实力自然比其他城市强，但与南宁和柳州相比还有差距，原因是桂林的经济主要依赖旅游业，工业实力薄弱，经济结构需要调整。

梧州、贵港、玉林、百色、崇左的经济子系统得分在0.1~0.3，位于第二梯队。其中，玉林的经济子系统得分在该梯队最高，经济规模得分为该梯队第一；崇左的经济子系统得分在该梯队最低，主要是其经济规模和经济结构得分均位居该梯队倒数第一。

贺州、河池、来宾的经济子系统得分在0.1以下，处于第三梯队。该梯队的经济子系统发展水平最差，主要是因为经济规模、经济水平、经济结构得分均较低。其中，来宾的经济子系统得分最低，仅为0.0455，远低于流域平均水平，经济规模和经济结构得分均位居流域倒数第一。

5. 社会子系统

广西西江流域 11 市的社会子系统得分可以分成三个梯队。

南宁、柳州、桂林的社会子系统得分在 0.6 以上，位居流域前三，处于第一梯队。该梯队的社会子系统得分较高，主要得益于其居民生活水平、科技教育水平和医疗卫生水平较高。其中，南宁的科技教育和医疗卫生得分均在 0.9 以上，远远高于其他城市；柳州的社会保障得分排流域第 1 位，科技教育和医疗卫生得分排流域第 2 位；桂林的生活水平得分排流域第 1 位。

梧州、百色、贺州、崇左的社会子系统得分在 0.3~0.6，处于第二梯队。该梯队的基础设施水平较高，但科技教育和医疗卫生水平较低。其中，梧州的社会子系统得分在该梯队最高，其生活水平和医疗卫生得分排该梯队第 1 位；百色的社会子系统得分在该梯队最低，主要是由于其生活水平得分较低，位居流域倒数第二。

贵港、玉林、河池、来宾的社会子系统得分低于 0.3，处于第三梯队。该梯队的社会子系统发展水平最低，从准则层指标来看，主要原因是这 4 个城市的科技教育和社会保障都处于较低水平。其中，河池的社会子系统得分最低，仅为 0.2451，远远落后于第一梯队城市，主要是因为其生活水平和科技教育得分均位居流域倒数第一。

（二）系统协调发展度结果与分析

利用耦合协调度模型，结合广西西江流域 11 市人口、资源、环境、经济、社会子系统的综合发展指数，测算系统协调发展度，结果如表 5 所示。

表 5　广西西江流域人口—资源—环境—经济—社会系统协调发展度

城市	系统协调发展度	排序	等级
南宁	0.7903	1	中级协调
柳州	0.7899	2	中级协调
桂林	0.7344	3	中级协调
梧州	0.6176	4	初级协调
崇左	0.5882	5	勉强协调

城市	系统协调发展度	排序	等级
贺州	0.5565	6	勉强协调
玉林	0.5532	7	勉强协调
百色	0.5082	8	勉强协调
河池	0.5081	9	勉强协调
来宾	0.5052	10	勉强协调
贵港	0.4898	11	濒临失调

从表 5 中可以看出，广西西江流域 11 市人口—资源—环境—经济—社会系统协调发展度存在较大差别，南宁最高，其次是柳州、桂林，贵港最低。

按照系统协调发展度等级划分标准，将广西西江流域 11 市分成四类。第一类是中级协调，包括南宁、柳州、桂林。这一类型的突出特点是人口、经济、社会发展的层次较高，经济规模得分、生活水平得分、科技教育得分、社会保障得分、医疗卫生得分均位居前列。其中，南宁的 GDP、固定资产投资总额、城镇居民人均可支配收入、每万人拥有高等学校专任教师数、每万人拥有职业医师数均位居流域第一；柳州的每万人专利授权数、每万人拥有医院床位数均位居流域第一。同时，这一类城市注重提高生态经济效益，将经济发展和社会进步带来的效益投入环境治理。柳州、南宁的环境治理得分分别排流域第 1、第 2 位。其中，柳州环保支出占一般公共财政支出的比重最高，柳州作为重工业城市，曾被称为"酸雨之都"，近年来，柳州加大对环境的治理力度，先后荣获"国家森林城市""国家园林城市"等称号；南宁的一般工业固体废物综合利用率和污水处理率均排流域第 1 位；桂林作为著名的旅游城市，对污染企业的控制较严格，面临的环境污染压力较小。但南宁、柳州、桂林仅处于中级协调发展阶段，离优质协调还有一定差距。其中，南宁的系统协调发展度主要受资源禀赋的限制，南宁的人均水资源量和森林覆盖率均位居流域倒数第二，资源子系统得分位居流域倒数第二，得分仅为 0.2822，与经济子系统得分（0.7120）和社会子系统得分（0.8439）

的差距很大；桂林的经济子系统发展水平与南宁、柳州差距较大，主要是因为桂林的工业基础薄弱，且没有引入更多的新兴产业，也没有创新的旅游产品，旅游业受到严重影响。

梧州属于第二类，处于初级协调等级。与第一类城市相比，梧州的环境、资源子系统发展水平较高，经济、社会、人口子系统发展水平明显落后。梧州素有广西"水上门户"之称，地理位置优越，自然资源丰富，森林覆盖率居流域第 1 位，面临的环境压力较小、环境污染较轻，工业废水、工业二氧化硫、一般工业固体废物排放量较低。同时，梧州对环境治理的投入力度较大，环保支出占一般公共财政支出的比重居流域第 2 位。但梧州的人口素质得分、资源利用得分、经济规模得分、生活水平得分、基础设施得分、科技教育得分、社会保障得分均未进入流域前 4 位，且梧州的 GDP 仅排流域第 7 位，基本养老保险参保率排流域第 8 位，每万人拥有高等学校专任教师数排流域倒数第 3 位。

第三类是勉强协调，包括崇左、贺州、玉林、百色、河池、来宾。这一类城市的自然资源丰富，但经济社会发展较为落后，因此它们的系统协调发展度较低。这些城市的资源利用得分、环境治理得分、经济水平得分、经济规模得分、生活水平得分、社会保障得分均排流域后位。其中，来宾、百色、河池分别排资源利用得分最低的第 1、第 2、第 3 位；百色、河池、崇左分别排环境治理得分最低的第 1、第 2、第 3 位；河池、玉林、来宾分别排经济水平得分最低的第 1、第 2、第 3 位；来宾、贺州、河池分别排经济规模得分最低的第 1、第 2、第 3 位；河池、百色、贺州分别排生活水平得分最低的第 1、第 2、第 3 位；玉林、来宾、河池分别排社会保障得分最低的第 1、第 2、第 3 位。

贵港的系统协调发展度最低，属于第四类，处于濒临失调阶段。贵港的人口子系统和资源子系统得分均排流域倒数第 1 位，环境子系统和社会子系统得分均排倒数第 3 位，人口素质得分和资源禀赋得分均较低，人均受教育年限、每万人拥有高等学校专任教师数、森林覆盖率也较低，人口性别比失衡最严重。

（三）障碍因素分析

人口—资源—环境—经济—社会系统协调发展评价的目的既在于对系统协调发展水平进行评判，也在于厘清制约系统协调发展的障碍因子，为提升人口—资源—环境—经济—社会系统协调发展能力提供有针对性的对策建议，因地制宜地提高地区的协调发展能力。因此，本报告引用障碍度模型计算评价指标体系中子系统层对广西西江流域 11 市人口—资源—环境—经济—社会系统协调发展的障碍度，结果如表 6 所示。

表 6　广西西江流域 11 市子系统层障碍度

单位：%

城市	人口子系统	资源子系统	环境子系统	经济子系统	社会子系统
南宁	21.31	21.25	13.41	28.74	15.29
柳州	18.56	7.52	7.74	50.76	15.42
桂林	14.51	4.39	5.61	63.92	11.57
梧州	15.85	4.53	2.66	59.30	17.66
贵港	19.23	5.08	4.84	54.14	16.71
玉林	19.82	5.05	2.10	54.56	18.47
百色	14.71	3.45	9.81	55.97	16.06
贺州	15.31	3.38	4.43	60.96	15.92
河池	14.19	2.63	6.55	59.92	16.71
来宾	14.18	3.59	4.50	61.21	16.52
崇左	13.57	3.04	5.42	61.28	16.69

1. 子系统层障碍因子

从表 6 可知，5 个子系统对广西西江流域人口—资源—环境—经济—社会系统协调发展的障碍度差距较大，从整体来看，经济子系统的障碍度在 11 市均处于最高水平；人口子系统和社会子系统的障碍度接近，处于中间水平；资源子系统和环境子系统的障碍度较低，与经济子系统的障碍度差距明显。为了进一步明晰广西西江流域 11 市子系统层的障碍度分布，本报告将障碍度分成四类，分类结果如表 7 所示。

表7　广西西江流域11市子系统层障碍度分类情况

城市	人口子系统	资源子系统	环境子系统	经济子系统	社会子系统
南宁	○	○	—	○○	○
柳州	○	—	—	○○○	○
桂林	—	—	—	○○○○	—
梧州	○	—	—	○○○	○
贵港	○	—	—	○○○	○
玉林	○	—	—	○○○	○
百色	—	—	—	○○○○	○
贺州	○	—	—	○○○	○
河池	—	—	—	○○○	○
来宾	—	—	—	○○○	○
崇左	—	—	—	○○○○	○

注：用○表示子系统层在各市的障碍度。其中，处于［15％，25％）区间的子系统层障碍度用○表示，处于［26％，35％）区间的子系统层障碍度用○○表示，处于［36％，55％）区间的子系统层障碍度用○○○表示，处于55％以上区间的子系统层障碍度用○○○○表示。

从表7可以清楚地看出，人口子系统、经济子系统、社会子系统是广西西江流域大部分城市人口—资源—环境—经济—社会系统协调发展的主要障碍因子。其中，南宁子系统层的障碍度分类情况与其他10市的差别较大，主要表现为经济子系统的障碍度低于其他10市，资源子系统成为障碍因子；柳州、梧州、贵港、玉林、贺州的主要障碍因子为人口子系统、经济子系统和社会子系统；桂林主要受经济子系统的制约；百色、河池、来宾、崇左的主要障碍因子为经济子系统和社会子系统。

综上所述，经济子系统、人口子系统和社会子系统是广西西江流域人口—资源—环境—经济—社会系统协调发展的主要障碍因子，其中，经济发展水平低下是制约系统协调发展的最主要因素，环境子系统和资源子系统对流域系统协调发展起到积极的促进作用。

2. 指标层障碍因子

指标层共有38个指标，本报告因为篇幅问题，只列出障碍度排名前八的指标，并且将障碍度高于5％的指标定为主要障碍因子，如表8所示。

从整体来看，对广西西江流域 11 市人口—资源—环境—经济—社会系统协调发展的障碍因子频次进行统计，频次最高的前 8 个指标依次为 C20（10 次）= C21（10 次）= C7（10 次）>C26（9 次）>C27（8 次）>C34（6 次）= C25（6 次）= C37（6 次），C20、C21、C25、C26、C27 这 5 个指标的出现，意味着广西西江流域人口—资源—环境—经济—社会系统存在经济发展水平低的问题；C7、C34、C37 这 3 个指标的出现，表示广西西江流域存在教育投入、科技投入、医疗投入不足的问题。

表8　广西西江流域人口—资源—环境—经济—社会系统协调发展障碍因子（部分）

单位：%

城市	障碍因子 1	障碍因子 2	障碍因子 3	障碍因子 4	障碍因子 5	障碍因子 6	障碍因子 7	障碍因子 8
南宁	C2 10.50	C22 8.98	C25 8.26	C9 7.94	C1 7.18	C8 7.03	C24 6.55	C19 6.37
柳州	C20 21.64	C21 18.78	C7 7.77	C33 5.84	C24 5.50	C23 4.84	C9 4.30	C6 4.09
桂林	C20 23.63	C21 15.44	C26 6.98	C7 5.84	C22 4.68	C25 4.52	C19 3.90	C27 3.64
梧州	C20 25.01	C21 17.20	C7 8.51	C26 5.09	C27 4.50	C33 4.14	C34 4.09	C25 3.91
贵港	C20 20.04	C21 17.05	C7 8.17	C26 5.36	C6 5.03	C37 4.61	C33 4.02	C27 3.40
玉林	C20 19.31	C21 14.82	C7 9.02	C26 6.38	C37 4.72	C25 4.47	C33 4.20	C34 3.86
百色	C20 20.41	C21 18.84	C7 6.81	C26 5.01	C6 4.73	C34 4.03	C37 3.96	C27 3.84
贺州	C20 24.08	C21 19.69	C7 7.84	C26 5.14	C6 4.31	C19 4.22	C27 4.17	C37 3.84
河池	C20 21.75	C21 19.39	C7 6.82	C26 5.85	C6 4.46	C25 4.21	C34 4.20	C27 4.11
来宾	C20 23.13	C21 19.54	C7 7.24	C26 5.37	C27 4.48	C34 3.87	C37 3.81	C25 3.65
崇左	C20 24.81	C21 17.88	C26 5.95	C7 5.91	C37 4.97	C34 4.11	C27 3.99	C19 3.68

从各地市来看，广西西江流域 11 市人口—资源—环境—经济—社会系统协调发展的障碍因子和主要障碍因子均有所不同，本报告按照表 4 的划分标准进行分析，对处于中级协调等级的南宁、柳州和桂林的分析如下。第一，人口密度、工业占工农业比重、人均 GDP、人均耕地面积、人口数量、人均水资源量、GDP 增长率、环保支出占一般公共财政支出的比重是南宁人口—资源—环境—经济—社会系统协调发展的主要障碍因子。2020 年，南宁的人口密度为 395.95 人/公里^2，远高于广西人口密度（210.97 人/公里^2）；产业结构呈现三次产业比为 11.31∶22.94∶65.75 的情况，其中，农业占比较高，工业占比较低，增加值仅为 583.8 亿元，不利于城市经济的可持续发展；人均 GDP 仅为 54669 元，远低于全国的 72000 元；人均耕地面积为 0.077 公顷，低于全国的 0.097 公顷；人均水资源量为 1357 立方米，远低于全国的 2239.8 立方米。因此，加快产业结构转型升级，推进工业化进程，提高资源利用效率是南宁提升人口—资源—环境—经济—社会系统协调发展水平的关键所在。第二，GDP、固定资产投资总额、大专及以上学历人口比重、每万人拥有高等学校专任教师数、GDP 增长率、第三产业占 GDP 比重、人均耕地面积、人均受教育年限是柳州人口—资源—环境—经济—社会系统协调发展排名前八的障碍因子。其中，GDP、固定资产投资总额、大专及以上学历人口比重、每万人拥有高等学校专任教师数、GDP 增长率是主要障碍因子。2020 年，柳州的 GDP 和固定资产投资总额分别为 3177 亿元和 3377.27 亿元，低于南宁 GDP 4726 亿元和固定资产投资总额 5160.77 亿元；大专及以上学历人口比重为 13.84%，低于全国大专及以上学历人口比重 15.4%；每万人拥有高等学校专任教师数为 10.68 人，低于全国每万人拥有高等学校专任教师数 12.98 人；GDP 增长率仅为 1.45%，在广西西江流域 11 市中处于最低水平。因此，柳州人口—资源—环境—经济—社会系统协调发展水平的提升应该从经济发展与教育入手。第三，GDP、固定资产投资总额、人均财政收入、大专及以上学历人口比重、工业占工农业比重、人均 GDP、环保支出占一般公共财政支出的比重、人均商品消费额是桂林人口—资源—环境—经济—社会系统协调发展排名前八的障碍因子。

其中，GDP、固定资产投资总额、人均财政收入、大专及以上学历人口比重为主要障碍因子。2020年，桂林的GDP和固定资产投资总额分别为2130亿元和2910.50亿元，远低于南宁GDP 4726亿元和固定资产投资总额5160.77亿元。人均财政收入为4216.43亿元，低于全国人均财政收入12953.26元，表明政府欠缺执行能力，基础设施建设和公共服务水平低于全国水平。大专及以上学历人口比重仅为13.07%，低于全国大专及以上学历人口比重15.4%。桂林的工业基础薄弱，工业增加值为290.6亿元，仅占GDP的13.64%。

对处于初级协调等级的梧州来说，GDP、固定资产投资总额、大专及以上学历人口比重、人均财政收入、人均商品消费额、每万人拥有高等学校专任教师数、每万人专利授权数、人均GDP是其排名前八的障碍因子。其中，GDP、固定资产投资总额、大专及以上学历人口比重、人均财政收入为主要障碍因子。2020年，梧州的GDP和固定资产投资总额分别为1081亿元和1835.15亿元，与南宁、柳州和桂林的差距明显。人均财政收入为4371.63元，大专及以上学历人口比重仅为7.7%，均远远落后于全国平均水平。

对处于勉强协调等级的玉林、百色、贺州、河池、来宾、崇左来说，GDP、固定资产投资总额、大专及以上学历人口比重、人均财政收入为主要障碍因子。其中，GDP成为制约这类城市人口—资源—环境—经济—社会系统协调发展的第一障碍因子。2020年，玉林、百色、贺州、河池、来宾、崇左的GDP分别为1761亿元、1334亿元、754亿元、928亿元、706亿元、809亿元，远远落后于南宁、柳州和桂林。造成这种局面的原因可以从固定资产投资总额、大专及以上学历人口比重、人均财政收入等角度来进一步解释。长期以来，这些城市的人均财政收入较低，远远落后于全国平均水平，不仅影响了政府执行公共服务的职能，导致基础设施建设落后、投资环境恶化，而且导致研发投入严重不足、技术创新能力低下、经济发展较差。此外，各城市还存在独有的障碍因子，如玉林和崇左每万人拥有职业医师数较少，人均受教育年限是百色、贺州、河池三市排名第五的障碍因子。这表明经济发展低下、教育水平落后、医疗卫生条件较差是制约这类城市人口—资源—环境—经济—社会系统协调发展的主要因素。

对处于濒临失调等级的贵港来说，GDP、固定资产投资总额、大专及以上学历人口比重、人均财政收入、人均受教育年限、每万人拥有职业医师数、每万人拥有高等学校专任教师数、人均商品消费额是其排名前八的障碍因子。其中，GDP、固定资产投资总额、大专及以上学历人口比重、人均财政收入、人均受教育年限为主要障碍因子。贵港的 GDP 和固定资产投资总额分别为 1353 亿元和 1350.55 亿元，远远低于全国平均水平；大专及以上学历人口比重和人均受教育年限分别为 6.49% 和 8.5 年，表明贵港教育水平低下的问题非常严重。

四 结论与优化调控对策

（一）结论

本报告首先对广西西江流域人口、资源、环境、经济、社会发展现状进行了简要介绍；其次依据科学性、全面性、实用性、可操作性等原则，结合广西西江流域发展现状，建立广西西江流域人口—资源—环境—经济—社会系统协调发展评价指标体系；再利用熵值法计算各项指标权重，运用综合评价模型评价广西西江流域 11 市子系统的综合发展水平，在此基础上通过耦合协调度模型，分析广西西江流域 11 市人口—资源—环境—经济—社会系统协调发展状况；最后基于障碍度模型分析制约广西西江流域 11 市人口—资源—环境—经济—社会系统协调发展的主要障碍因子。研究结论如下。

第一，从子系统综合发展水平来看，广西西江流域 11 市 5 个子系统的得分差距明显，经济相对发达的地区如南宁、柳州、桂林的经济子系统、社会子系统和人口子系统得分较高，均位于流域前三，其余 8 市的得分相对较低，经济子系统的得分均低于 0.30，社会子系统的得分均低于 0.35，人口子系统的得分均低于 0.45。河池、崇左、桂林的资源子系统得分均高于 0.55，位居流域前三，贵港、南宁的资源子系统得分均低于 0.30，分别位居流域倒数第一和第二。玉林、梧州、南宁、柳州的环境子系统得分均高于 0.70，位于流域前四，百色的环境子系统得分低于 0.20，在流域内处于最差水平。

第二，从系统协调发展度来看，广西西江流域 11 市的系统协调发展度按划分标准可以分成四级，其中，南宁、柳州、桂林的系统协调发展度较高，处于中级协调等级；梧州处于初级协调等级；玉林、百色、贺州、河池、来宾、崇左处于勉强协调等级；贵港系统协调发展度最低，处于濒临失调等级。

第三，障碍因子分析结果表明，影响广西西江流域 11 市人口—资源—环境—经济—社会系统协调发展的障碍因子基本相近。从子系统层看，人口子系统、经济子系统、社会子系统是主要障碍因子，其中，经济子系统是排名第一的障碍因子，资源子系统和环境子系统对除南宁外的其余 10 市的人口—资源—环境—经济—社会系统协调发展障碍度均较低。从指标层看，人口密度、工业占工农业比重、人均 GDP、人均耕地面积、人口数量、人均水资源量、GDP 增长率、环保支出占一般公共财政支出的比重是南宁人口—资源—环境—经济—社会系统协调发展的主要障碍因子；GDP、固定资产投资总额、大专及以上学历人口比重、每万人拥有高等学校专任教师数、GDP 增长率是柳州人口—资源—环境—经济—社会系统协调发展的主要障碍因子；桂林、贵港、玉林、百色、贺州、河池、来宾、崇左人口—资源—环境—经济—社会系统协调发展的主要障碍因子具有相似性，分别为 GDP、固定资产投资总额、大专及以上学历人口比重、人均财政收入。

（二）优化调控对策建议

党的二十大指出，"中国式现代化是人与自然和谐共生的现代化"。广西在进行现代化建设过程中要深入贯彻新发展理念，加快构建新发展格局，从人口、资源、环境、经济、社会五个方面统筹协调。针对广西西江流域人口—资源—环境—经济—社会系统协调发展存在的障碍因子，根据本报告的研究内容，在此提出促进广西西江流域人口—资源—环境—经济—社会系统协调发展的相关对策建议。

1. 加大教育投入力度，提高人口素质

广西西江流域人口素质水平普遍偏低且差距明显，呈两级阶梯形态。南宁、柳州、桂林、崇左的人口素质水平远远高于梧州、贵港、玉林、百色、贺州、河池、来宾。对于南宁、柳州、桂林、崇左来说，当地政府应进一步增加对教育的投入，优化高等教育区域结构，加快推进南宁教育园区和桂林高校集聚区建设，发挥南宁和桂林的辐射带动作用；此外，南宁应发挥首府作用，利用自身优势，加大人才引进力度，积极出台相关激励政策，增强虹吸能力。对于梧州、贵港等其他 7 市来说，当地政府应该加大教育资金投入力度，提高教育投入在 GDP 中的比重。一方面，增加各市的教育人才供给，提升教育人才的数量与质量，特别是普通高等学校专任教师人数；另一方面，支持在高等教育资源薄弱的区域设置高校，特别是贵港、玉林等城市。

2. 转变经济发展方式，大力发展循环经济，提高资源利用效率

广西西江流域发展循环经济必须改变经济增长方式，实现由粗放型生产方式向集约型生产方式的转变。发展循环经济，既能最大限度地提高资源的利用率，还能减少资源消耗带来的环境污染。首先，政府应该加大对企业和个人关于循环经济理念的宣传力度，让循环经济理念与企业生产和个人生活融为一体。其次，政府应加大对资源节约、循环经济重大项目的支持力度，在资金和政策两个方面给予支持。最后，从 11 市具体而言，对于南宁、柳州、梧州这类工业基础相对较好的城市，应推进循环型工业体系构建；对于桂林，应重点推进循环旅游业、循环农业的发展；对于百色、河池、贺州等城市，应重点推进尾矿、冶炼渣和大宗固体废弃物综合利用；对于贵港、来宾、崇左等城市，应重点发展制糖、冶铁等循环经济产业。

3. 加强生态环境建设，加大环境保护投入力度

广西西江流域 11 市应该根据自身实际，出台相关的环境法规，加强环保宣传，增强居民的环保意识，鼓励居民购买绿色产品，推进企业形成绿色高效的生产方式。对于工业"三废"排放量较高的城市，如南宁、柳州、百色等，应加大环境保护力度，提高环保支出在 GDP 中的比重，并制定相对严格的环境规制政策。对于工业"三废"排放量较低的城市，如桂林、玉林等，应继续保持，对重视环保的企业给予鼓励，对污染型企业进行整改。

4. 以创新驱动经济发展，全方位提高自主创新能力

通过对障碍因子的分析可以看出，广西西江流域系统协调发展中存在科技投入不足的问题，并呈现二级梯队形态，南宁、柳州和桂林的科技投入远高于其他 8 个城市。针对以上问题，首先，应该发挥南宁、柳州、桂林等科技资源相对丰富地区的引领性作用，加强地方高校与科研企业之间的合作交流，培育创新型人才，大力发展高新技术，加速发展现代产业体系，推进信息化、工业化进程，并推动信息化与工业化融合发展，进而促进产品创新，以点到面带动流域其他城市发展。其次，要加强科技投资，提高科技经费在地方财政总预算中的比重，加强创新平台建设，支持自主创新，对有创造性的单位和个人给予奖励。最后，科技资源较差的城市，如河池、来宾等，应加大对创新项目的扶持力度，积极与南宁、柳州等城市的创新型企业合作，积极对接粤港澳大湾区的产业转移。

5. 优化产业结构，推进产业转型升级

广西西江流域呈现"三二一"的产业结构布局，并存在第一产业占比偏高、第二产业基础薄弱、第三产业发展滞后的问题。应巩固农业基础地位，加快林牧渔业发展，加快转变农业发展方式，调整农业产业结构，大力发展加工农业、出口农业、设施农业、生态农业、观光农业等都市性特色农业，推进现代农业发展。推进南宁、柳州、梧州构建工业发展新格局，打造现代工业体系。南宁、桂林需大力培育发展现代服务业，旅游资源是广西的宝贵资源，应进一步发挥桂林等城市的旅游业优势，以旅游业带动第三产业的发展。

参考文献

张建清等：《基于 DPSIR-DEA 模型的区域可持续发展效率测度及分析》，《中国人口·资源与环境》2017 年第 11 期。

杨建辉等：《我国沿海经济区可持续发展能力综合评价》，《经济地理》2013 年第 9 期。

鹿晨昱等：《辽宁省区域可持续发展时空综合测度研究》，《经济地理》2015 年第 8 期。

王琦、汤放华：《洞庭湖区生态—经济—社会系统耦合协调发展的时空分异》，《经济地理》2015 年第 12 期。

江孝君等：《长江经济带生态—经济—社会系统协调发展时空分异及驱动机制》，《长江流域资源与环境》2019 年第 3 期。

郭存芝、彭泽怡、丁继强：《可持续发展综合评价的 DEA 指标构建》，《中国人口·资源与环境》2016 年第 3 期。

郭淑芬、马宇红：《资源型区域可持续发展能力测度研究》，《中国人口·资源与环境》2017 年第 7 期。

盖美、聂晨、柯丽娜：《环渤海地区经济—资源—环境系统承载力及协调发展》，《经济地理》2018 年第 7 期。

李恒吉等：《甘肃省人口—经济—社会—资源—环境系统耦合协调及可持续发展时空综合测度研究》，《干旱区地理》2020 年第 6 期。

任祁荣、于恩逸：《甘肃省生态环境与社会经济系统协调发展的耦合分析》，《生态学报》2021 年第 8 期。

刘建华、黄亮朝、左其亭：《黄河下游经济—人口—资源—环境和谐发展水平评估》，《资源科学》2021 年第 2 期。

蔡绍洪、谷城、张再杰：《时空演化视角下我国西部地区人口—资源—环境—经济协调发展研究》，《生态经济》2022 年第 2 期。

张卫民：《基于熵值法的城市可持续发展评价模型》，《厦门大学学报》（哲学社会科学版）2004 年第 2 期。

刘丽英：《基于 PCA 和 DEA 方法的北京市可持续发展能力的评价研究》，《数理统计与管理》2013 年第 2 期。

牛衍亮、刘国平、常惠斌：《基于 DEA 方法的县域可持续发展评价》，《中国人口·资源与环境》2015 年第 2 期。

刘家旗、茹少峰：《基于生态足迹理论的黄河流域可持续发展研究》，《改革》2020

年第 9 期。

马文静、刘娟：《基于能值分析的中国生态经济系统可持续发展评估》，《应用生态学报》2020 年第 6 期。

姜磊、柏玲、吴玉鸣：《中国省域经济、资源与环境协调分析——兼论三系统耦合公式及其扩展形式》，《自然资源学报》2017 年第 5 期。

陈晓红、周宏浩、王秀：《基于生态文明的县域环境—经济—社会耦合脆弱性与协调性研究——以黑龙江省齐齐哈尔市为例》，《人文地理》2018 年第 1 期。

于洋、张丽梅、陈才：《我国东部地区经济—能源—环境—科技四元系统协调发展格局演变》，《经济地理》2019 年第 7 期。

王建康、韩倩：《中国城市经济—社会—环境耦合协调的时空格局》，《经济地理》2021 年第 5 期。

齐晓娟、童玉芬：《中国西北地区人口、经济与资源环境协调状况评价》，《中国人口·资源与环境》2008 年第 2 期。

马慧敏、丁阳、杨青：《区域生态—经济—社会协调发展评价模型及应用》，《统计与决策》2019 年第 21 期。

李成宇、张士强：《中国省际水—能源—粮食耦合协调度及影响因素研究》，《中国人口·资源与环境》2020 年第 1 期。

段永蕙、景建邦、张乃明：《山西省人口、资源环境与经济协调发展分析》，《生态经济》2017 年第 4 期。

孙钰、姜宁宁、崔寅：《京津冀生态文明与城市化协调发展的时序与空间演变》，《中国人口·资源与环境》2020 年第 2 期。

诸大建：《可持续性科学：基于对象—过程—主体的分析模型》，《中国人口·资源与环境》2016 年第 7 期。

黄永春、朱帅、雷砺颖：《中国资源、经济和环境发展水平与协调度的研究》，《经济与管理评论》2018 年第 1 期。

李茜等：《中国生态文明综合评价及环境、经济与社会协调发展研究》，《资源科学》2015 年第 7 期。

徐丽婷等：《高质量发展下的生态城市评价——以长江三角洲城市群为例》，《地理科学》2019 年第 8 期。

郭永杰、米文宝、赵莹：《宁夏县域绿色发展水平空间分异及影响因素》，《经济地理》2015 年第 3 期。

贾琨等：《面向 SDGs 的黄河中下游土地可持续发展水平测度及障碍诊断》，《中国农业大学学报》2022 年第 9 期。

高升、孙会荟、刘伟：《基于熵权 TOPSIS 模型的海洋经济系统脆弱性评价与障碍度分析》，《生态经济》2021 年第 10 期。

左其亭、张志卓、吴滨滨：《基于组合权重 TOPSIS 模型的黄河流域九省区水资源承载力评价》，《水资源保护》2020 年第 2 期。

Xue，B．，et al．，"A Review on China's Pollutant Emissions Reduction Assessment，" *Ecological Indicators* 38（2014）.

UN Commission on Sustainable Development，*Indicators of Sustainable Development Framework & Methodologies*（New York：UN Press，1996）.

Albis，H．，Greulich，A．，Ponthière，G．，"Development，Fertility and Childbearing Age：A Unified Growth Theory，" *Journal of Economic Theory*，177（2018）.

B.8
珠江—西江经济带绿色
发展水平研究

——基于超效率 SBM 模型

余莹靖　陈玲巧*

摘　要： 绿色发展是我国经济实现可持续发展的必由之路。本报告基于超效率 SBM 模型，测算了 2003~2019 年珠江—西江经济带的绿色发展效率，分析了各地市的绿色发展综合效率。结果表明，珠江—西江经济带绿色发展效率呈现先下降、后平稳、再上升的"U"形变化趋势，绿色发展效率变异系数呈"M"形波动下降趋势；珠江—西江经济带绿色发展效率的提升主要依靠纯技术效率拉动，而较低的规模效率制约了绿色发展效率的提升；各地市绿色发展综合效率呈现不同特点：广州、佛山、肇庆、南宁、来宾、百色 6 市的绿色发展效率总体呈上升趋势，云浮、贵港、崇左 3 市的绿色发展效率总体呈下降趋势，梧州、柳州的绿色发展效率呈不规则波动趋势。本报告据此提出加快创新驱动步伐、加强环境联防联治、完善基础设施建设、实现区域协调发展等相关对策建议。

关键词： 绿色发展效率　超效率 SBM 模型　珠江—西江经济带

---

* 余莹靖，博士，广西社会科学院区域发展研究所助理研究员，研究方向为产业经济、区域经济、环境经济学；陈玲巧，中南财经政法大学工商管理学院，研究方向为产业经济学、发展经济学。

党的二十大报告指出，高质量发展是全面建设社会主义现代化国家的首要任务，推动经济社会发展绿色化、低碳化是实现高质量发展的关键。绿色发展水平可以用绿色发展效率来衡量，后者在传统经济效率测度的基础上引入资源环境等因素，更客观、全面地反映地区经济发展情况。测度各地区绿色发展水平，分析地区经济、社会、环境协调发展路径，是当下的研究热点。流域经济是探讨经济社会发展与资源环境问题最为理想的空间单元。珠江—西江流域横跨广东、广西两省区，囊括东部发达地区和西部欠发达地区共 11 个城市，地区内部资源存在较强互补性，但近年来流域内部经济发展不平衡、产业转型困难等问题逐渐浮现，亟须探寻一条高质量发展之路，在不破坏自然生态系统的基础上，实现珠江—西江经济带的协调高效发展。

一　绿色发展效率概述

（一）理论基础

1. 绿色发展的相关研究

绿色生产效率从生产效率的角度考虑了资源投入和环境代价，是包含了能源消耗和污染物排放的投入产出效率。有学者从宏观层面考虑资源投入和环境约束，以绿色 GDP 衡量效益，并提出了绿色经济效率。绿色发展效率是绿色经济效率概念的延伸，考虑了自然系统绿色财富的积累和社会系统绿色福利的增加，将资源消耗、环境污染、社会效益指标纳入评价体系。包容性绿色发展效率进一步丰富了绿色发展效率的内涵，在计算要素投入产出效率时引入城乡收入比、基尼系数，衡量社会经济发展与资源环境保护的协同状况。

学术界关于城市绿色发展的研究关注绿色创新效率、绿色发展效率、地区生态效率等方面。绿色发展既要考虑经济增长成效，又要考虑资源与环境代价，不计环境成本的经济效率评价易误导政策的评价和制定。早在 1983

年，就有国外学者指出将非期望产出纳入生产率分析的必要性。随着我国经济发展与环境污染的矛盾日益凸显，环境因素逐渐被纳入效率分析，研究对象主要为重点城市群、长三角、京津冀、黄河流域、长江经济带、东北工业基地等区域，少有学者对珠江—西江经济带各城市绿色发展效率进行系统分析。

2. "PRED" 协调发展思想

"PRED" 协调发展是指人口（Population）、资源（Resources）、环境（Environment）与经济发展（Development）的相互协调。经济发展是在人口、资源、环境协调的条件下实现的，PRED 四个方面相互联系、相互影响。从宏观层面上看，PRED 协调发展就是要最终实现绿色可持续发展，在不破坏自然生态系统的基础上，寻求经济可持续发展和社会福利的最大化。

作为发展单元的城市，如何实现可持续发展是一个重要的议题。对城市绿色发展效率的测度，既要考虑经济增长的效果，又要重视地区发展对资源和环境产生的负面影响，应在评价体系中纳入地区发展的污染负产出，以系统考察绿色发展情况。

（二）绿色发展效率内涵

绿色发展通过降低资源能源消耗、减少环境污染排放、强化生态环境保护、增进社会福利，实现环境、经济、社会的可持续发展。绿色发展效率的测度也应体现经济—社会—环境复合生态系统协调发展理念，在经济效率测度的基础上考虑环境保护与社会福利两个要素。

城市绿色发展效率体现城市这一经济活动主体的经济生产率，是在单位时间内及一定生产技术条件和资源环境约束下，城市区域要素资源创造物质产品的有效价值量与总投入的比值。"PRED" 协调发展思想主要论述城市绿色发展效率评价在考虑各种要素投入经济正产出的同时，不应忽视经济负产出的影响，应在衡量区域的资源环境损益时把要素投入的负产出和正产出放在同等重要的地位，并在绿色全要素生产率经济—环境评价维度的基础上增加对"社会系统"绿色福利的衡量。

二　珠江—西江经济带城市绿色发展概况

（一）珠江—西江经济带城市经济发展现状

1. 宏观经济形势

2011~2021 年，珠江—西江经济带 GDP 不断增长，从 2011 年的 23498 亿元增长到 2021 年的 58617 亿元，经济体量翻了一番。珠江—西江经济带的 GDP 增速趋势与我国的 GDP 增速趋势基本保持一致（见图 1）。

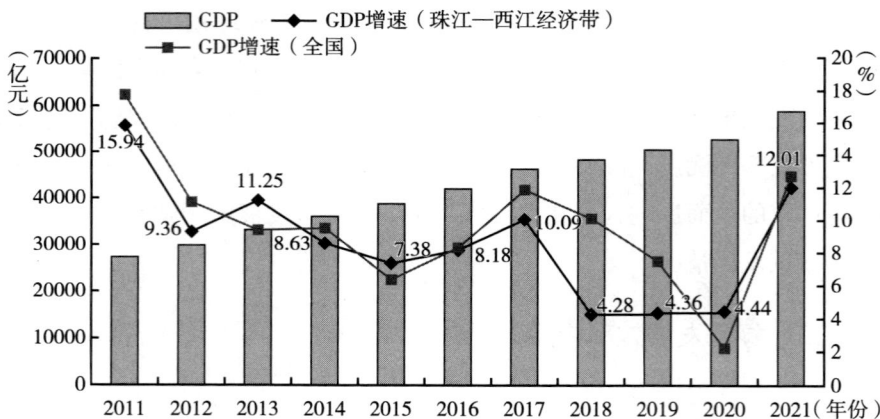

图 1　2011~2021 年珠江—西江经济带 GDP 及增速

资料来源：根据珠江—西江经济带各地市相关年份统计年鉴整理。

总体上看，珠江—西江经济带 11 市的人均 GDP 呈上升趋势，且各市水平差距较大。广州、佛山、南宁、柳州的人均 GDP 在 2020 年均有所下降。由图 2 可知，流域内城市的经济发展差距较大，广州、佛山两市的经济发展水平远高于其他城市。广州作为国家重要中心城市和粤港澳大湾区核心引擎，人均 GDP 早在 2011 年就已破万元；2014 年，佛山依托其高度发达的制造业，人均 GDP 突破万元。然而，位于珠江—西江经济带中部的梧州、贵港、来宾以及西部的百色、崇左 5 个地级市的人均 GDP 尚未达到 5000 元。

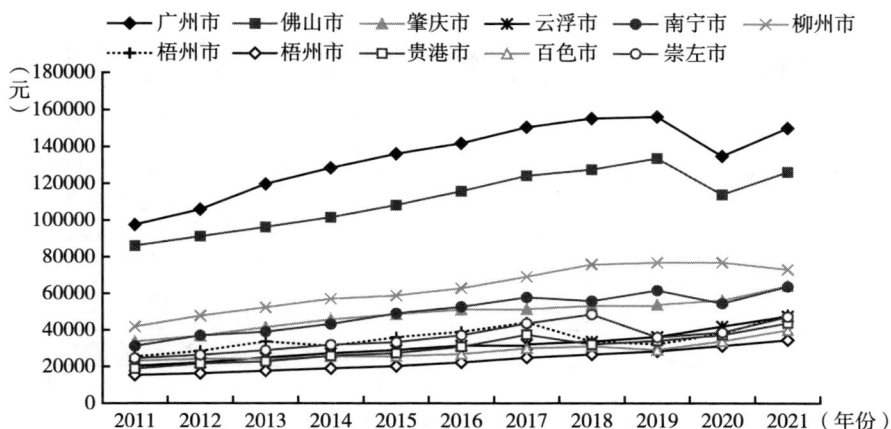

图 2 2011~2021 年珠江—西江经济带各地市人均 GDP

资料来源：根据珠江—西江经济带各地市相关年份统计年鉴整理。

2. 产业发展现状

对比图 3 和图 4 发现，2011 年以来，珠江—西江经济带 11 市的第三产业占比均有所提高。截至 2021 年，广州、云浮、南宁、柳州、贵港、来宾、崇左 7 市的产业结构已经转变为"三二一"结构。早在 2011 年，第二、第三产业已成为广州的主导产业；2021 年，广州第二、第三产业增加值占

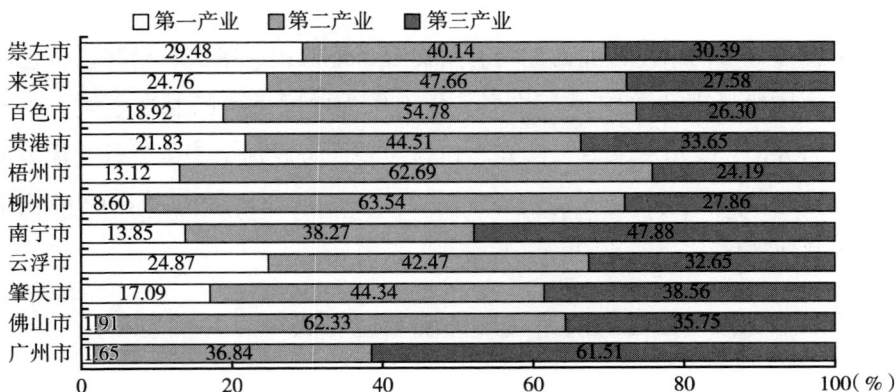

图 3 2011 年珠江—西江经济带各地市产业结构

资料来源：根据珠江—西江经济带各地市相关年份统计年鉴整理。

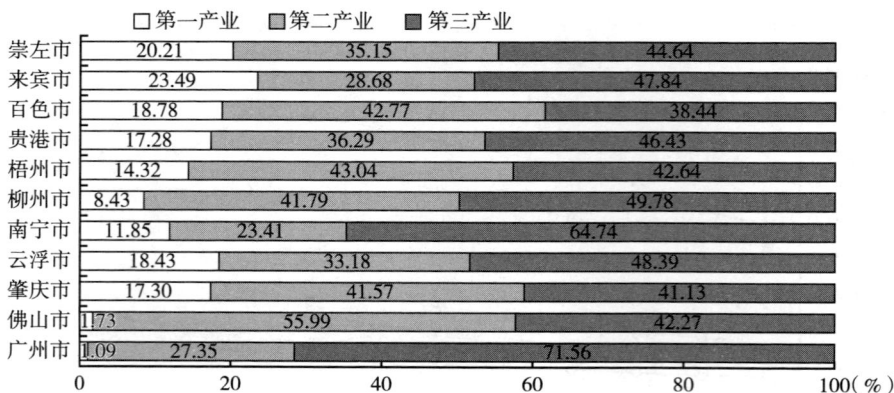

图4　2021年珠江—西江经济带各地市产业结构

资料来源：根据珠江—西江经济带各地市相关年份统计年鉴整理。

GDP的比重合计达到98.91%，形成"三大支柱产业，八大战略性新兴产业，五大未来产业"的产业格局。南宁第三产业发展迅速，第三产业增加值占GDP的比重从2011年的47.88%升至2021年的64.74%，形成了"以服务业为主导产业，第二产业为重要支撑行业，农业为基础产业"的产业格局。南宁陆续出台了一系列加快服务业发展的政策措施，为规模以上服务业的发展提供了制度保障以及良好的市场环境，使全市规模以上服务业进入了一个新发展阶段，营业收入总量实现跨越式增长。

尽管各地市的第三产业占比均有所提升，但佛山、肇庆、梧州、百色的产业结构依然呈现"二三一"格局。佛山作为中国重要的制造之城，工业体系较为健全，家电、家具、陶瓷、机械装备、金属加工等传统行业优势突出，且具有发展高端制造业的资源优势，其第二产业增加值占GDP的比重远高于其他地区。

（二）珠江—西江经济带城市环境治理现状

2021年，广西陆续出台了《关于深入推动生态环保服务高质量发展的实施意见》《关于深入推动生态环保服务强首府战略的若干意见》，将生态环境保护推动高质量发展落到实处。《2021年广西壮族自治区生态环境状况公报》显示，在水污染治理方面，广西完成了 3517 个农村千人以上集中式饮用水水源保护区划定，实现了 127 个工业集聚区污水集中处理。按流域评价，珠江流域的西江干流、桂江支流、柳江支流、郁江支流和长江流域、红河流域水质状况均为"优"，优良比例均为 100%。在大气污染治理方面，广西全区城市环境空气质量优良天数比例为 95.8%，$PM_{2.5}$ 浓度为 28 微克/米³，超额完成国家的约束性指标任务，持续实现全区环境空气质量达标。据统计，2021 年，广西有 7 个城市的二氧化硫浓度及二氧化氮浓度达到一级标准，可吸入颗粒物和细颗粒物浓度达到了二级标准，大气污染治理颇有成效。《2021 年广东省生态环境统计公报》显示，广东省 21 个地级及以上城市中，有 3 个市的大气污染物年度评价未达到二级标准，分别为广州、佛山和肇庆。

本报告选取工业废水排放量、工业二氧化硫排放量、工业烟尘排放量作为区域产业发展污染排放物的代表性指标，绘图分析 2009~2019 年珠江—西江经济带的环境治理状况，如图 5 所示。总的来看，污染物排放量有所下降，其中，工业废水排放量稳步下降，2019 年降至 58498 吨；工业二氧化硫排放量逐年下降至 100680 吨；工业烟尘排放量在 2012~2016 年短暂上

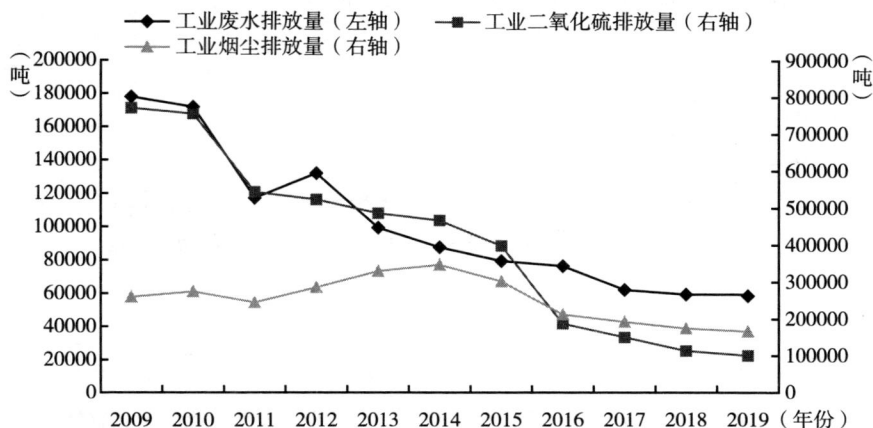

图 5　2009~2019 年珠江—西江经济带工业"三废"排放总量

资料来源：根据珠江—西江经济带各地市相关年份统计年鉴整理。

209

升，随后呈下降趋势。研究发现，早期粗放型的发展模式促进了珠江—西江经济带经济的快速发展，但基础设施落后、产业结构单一、生态环境破坏严重等问题日益突出。早期的经济发展模式已经不能适应现阶段发展需求，谋求绿色可持续发展的转型之路迫在眉睫。

（三）珠江—西江经济带社会包容性现状

从社会包容性视角看，城市绿色发展的前提是共同富裕，强调在经济增长的过程中重视增加公平就业机会，确保中低收入人群不被排除在外，从而实现国民财富的公平分配。为了分析珠江—西江经济带各地级市的社会包容性现状，本报告选取城镇居民人均可支配收入与农村居民人均纯收入之比作为城乡收入差距指数。由图6可知，2010年珠江—西江经济带城乡收入差距普遍较大，百色市城乡收入差距指数达到4.62，云浮市为2.17。2020年，各地市的城乡收入差距指数均有所下降，其中，佛山、肇庆、云浮3市的城乡收入差距指数降至2以下，但城镇居民人均可支配收入比农村居民人均纯收入高出至少1倍。

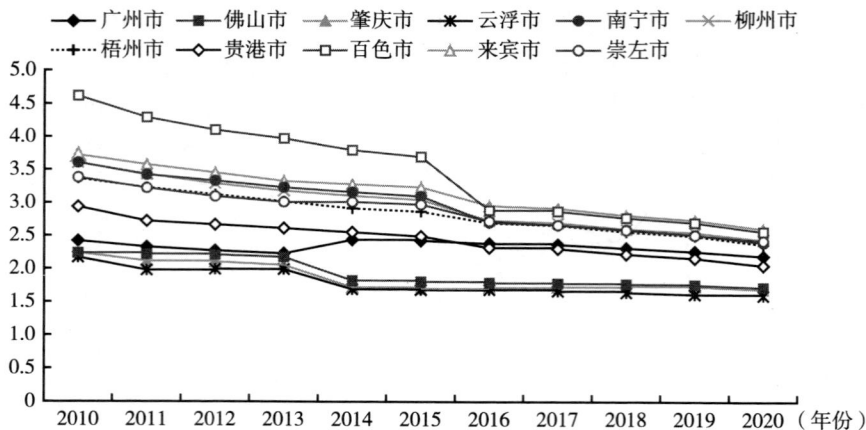

图6　2010～2020年珠江—西江经济带各地市城乡收入差距指数变化趋势

资料来源：根据珠江—西江经济带各地市相关年份统计年鉴整理。

三　珠江—西江经济带绿色发展效率的测算与分析

（一）指标选取与数据来源

本报告选取 9 个指标建立珠江—西江经济带绿色发展效率评价指标体系，如表 1 所示。社会经济的核心要素为资本投入、劳动投入、土地投入及科技投入，分别用固定资产投资总额、城镇年末从业人员、城市建成区面积、科学技术支出来衡量。从经济效益、环境效益、社会效益三个维度反映城市发展的期望产出水平，其中，GDP 衡量地区经济增长，绿化覆盖面积代表居住环境的改善，农村居民人均纯收入和城镇居民人均可支配收入体现城乡人民的生活水平。从环境污染和城乡收入差距两个维度反映城市发展的非期望产出水平，其中，工业"三废"排放量反映环境污染水平；城镇居民人均可支配收入与农村居民人均纯收入之比反映城乡收入差距，该值越大，表明收入分配越不公平，社会包容性越低。

表 1　珠江—西江经济带绿色发展效率评价指标体系

	类别	指标含义	具体指标构成
投入	成本投入	资本投入	固定资产投资总额（亿元）
		劳动投入	城镇年末从业人员（万人）
		土地投入	城市建成区面积（平方公里）
		科技投入	科学技术支出（万元）
产出	非期望产出	环境污染	工业废水排放量（万吨）
			工业二氧化硫排放量（吨）
			工业烟尘排放量（吨）
		城乡收入差距	城镇居民人均可支配收入/农村居民人均纯收入
	期望产出	经济效益	GDP（亿元）
		环境效益	绿化覆盖面积（公顷）
		社会效益	农村居民人均纯收入（元）
			城镇居民人均可支配收入（元）

考虑数据的可获得性，采用超效率 SBM 模型测算 2003～2019 年珠江—西江经济带城市绿色发展效率，数据来源于国家统计局及各地市的统计年鉴和公报。城市单元数据的缺失值采用插值法处理，并对环境污染指标进行标准化处理。本报告采取熵值法确定工业烟尘排放量、工业二氧化硫排放量、工业废水排放量的权重，将工业"三废"的加权产出作为环境污染综合指标。

（二）城市绿色发展效率测算

本报告运用超效率 SBM 模型测算城市绿色发展效率，依据 2003～2019 年珠江—西江经济带 11 市的面板数据测算各地级市的绿色发展综合效率，并借助变异系数反映各地市之间的差异程度，结果如表 2 所示。根据 2003～2019 年珠江—西江经济带各地市绿色发展效率值及变异系数绘制 2003～2019 年珠江—西江经济带绿色发展效率变化趋势及分解图，如图 7、图 8 所示。

由图 7 可知，2003～2019 年珠江—西江经济带绿色发展效率均值为 1.1，总体呈先下降、后平稳、再上升的趋势，表明其绿色发展效率较高，各地市的资源利用趋向合理，环境状况整体向好，经济社会发展状况得到改善。绿色发展效率的变异系数呈波动下降的趋势，表现出"M"形变化特征。这表明珠江—西江经济带各地市的绿色发展效率差距在逐步缩小，珠江—西江经济带一体化对促进地区间均衡发展、缩小地区发展差距发挥了重要作用。总体上看，2003～2019 年珠江—西江经济带绿色发展效率从"大差距低水平"向"小差距高水平"转变。

由图 8 可知，珠江—西江经济带绿色发展效率的变化趋势与纯技术效率的变化趋势较为一致，表明珠江—西江经济带绿色发展效率的提升主要依靠纯技术效率拉动。2003～2019 年，珠江—西江经济带的规模效率均未达到 1.0，较低的规模效率制约了绿色发展效率的提升，应扩大投入产出规模，以提升绿色发展效率。

表2 2003~2019年珠江—西江经济带各地市绿色发展效率

	2003年	2004年	2005年	2006年	2007年	2008年	2009年	2010年	2011年	2012年	2013年	2014年	2015年	2016年	2017年	2018年	2019年	均值
广州市	1.350	1.335	1.346	1.350	1.439	1.454	1.409	1.452	1.484	1.512	1.544	1.496	1.479	1.433	1.471	1.563	1.466	1.446
佛山市	1.163	1.177	1.251	1.285	1.261	1.266	1.294	1.264	1.238	1.230	1.218	1.236	1.263	1.284	1.308	1.309	1.312	1.257
肇庆市	1.060	1.488	1.087	1.048	1.077	1.083	1.039	1.047	1.040	1.032	1.074	1.099	1.124	1.115	1.130	1.107	1.121	1.104
云浮市	1.228	1.202	1.166	1.184	1.134	1.134	1.137	1.171	1.167	1.159	1.182	1.131	1.130	1.115	1.124	1.116	1.132	1.154
南宁市	1.046	0.473	1.027	1.142	1.168	1.140	1.157	1.159	1.068	1.176	1.156	1.148	1.200	1.261	1.269	1.248	1.267	1.124
柳州市	1.002	0.624	1.022	1.025	0.765	0.697	0.654	0.652	0.642	1.005	0.627	0.730	1.006	0.637	0.731	1.028	1.020	0.816
梧州市	1.445	1.117	1.054	1.064	1.148	1.198	1.270	1.198	1.245	1.135	1.056	1.076	1.848	1.832	1.226	1.133	1.048	1.241
贵港市	1.456	1.509	2.012	1.874	1.046	1.250	1.161	1.205	1.317	1.371	1.184	1.246	1.057	1.175	1.190	1.127	1.119	1.312
百色市	0.531	0.572	0.506	0.601	0.652	0.671	0.604	0.651	0.626	0.567	0.629	0.632	0.597	0.595	0.781	0.681	1.022	0.642
来宾市	1.048	1.031	1.091	1.109	1.289	1.142	1.084	1.075	1.067	1.046	1.036	1.090	1.177	1.182	1.293	1.329	0.988	1.181
崇左市	1.310	1.170	1.258	1.223	1.257	1.192	1.091	1.082	1.077	1.061	1.114	1.163	1.120	1.121	1.134	1.139	1.147	1.156
极大值	1.456	1.509	2.012	1.874	1.439	1.454	1.409	1.452	1.484	1.512	1.544	1.496	1.848	1.832	1.471	1.563	1.988	1.608
极小值	0.531	0.473	0.506	0.601	0.652	0.671	0.604	0.651	0.626	0.567	0.627	0.632	0.597	0.595	0.731	0.681	0.988	0.633
极值比	2.742	3.191	3.973	3.116	2.208	2.166	2.334	2.232	2.370	2.667	2.462	2.367	3.094	3.078	2.013	2.294	1.949	2.603
绿色发展效率均值	1.149	1.063	1.166	1.173	1.112	1.112	1.082	1.087	1.088	1.118	1.075	1.095	1.182	1.159	1.151	1.162	1.240	1.130
纯技术效率均值	1.320	1.238	1.278	1.290	1.244	1.185	1.141	1.148	1.179	1.155	1.157	1.184	1.346	1.255	1.278	1.256	1.303	1.320
规模效率均值	0.897	0.865	0.941	0.915	0.896	0.952	0.955	0.953	0.922	0.969	0.931	0.931	0.919	0.924	0.917	0.944	0.960	0.897
标准差	0.250	0.342	0.339	0.289	0.218	0.222	0.237	0.230	0.248	0.228	0.247	0.226	0.292	0.323	0.210	0.208	0.269	0.258
变异系数	0.218	0.321	0.291	0.246	0.196	0.200	0.219	0.212	0.228	0.204	0.230	0.206	0.247	0.279	0.182	0.179	0.217	0.228

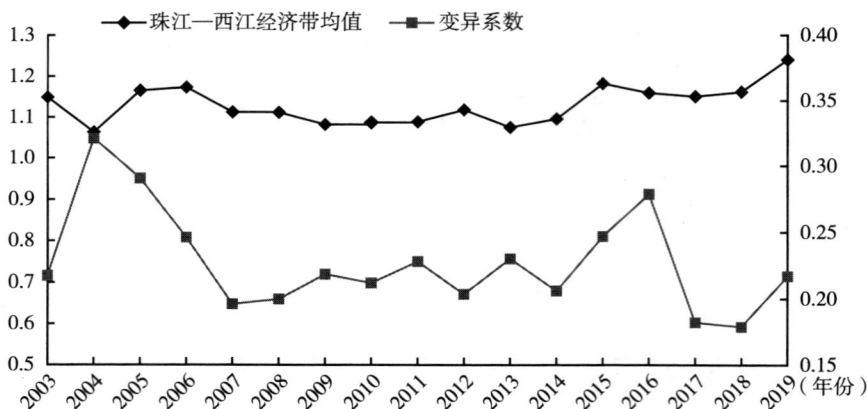

图7 2003~2019年珠江—西江经济带绿色发展效率变化趋势

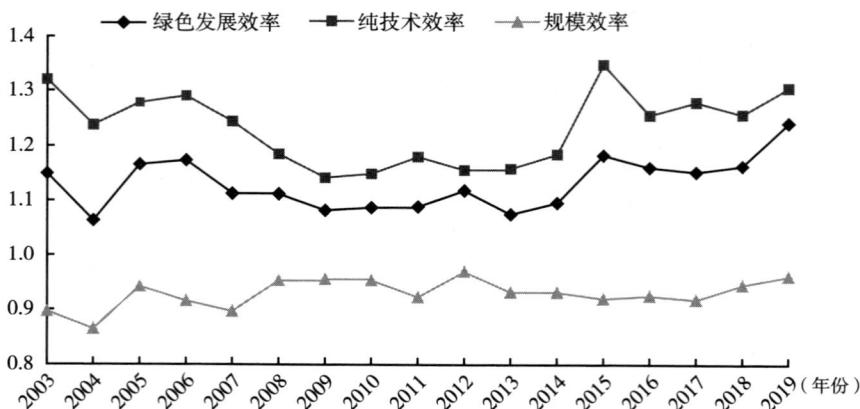

图8 2003~2019年珠江—西江经济带绿色发展效率分解

（三）绿色发展效率空间差异分析

为更全面地分析珠江—西江经济带各地市的绿色发展效率，根据表2绘制2003~2019年珠江—西江经济带各地市绿色发展效率变化趋势图，如图9所示。

研究发现，广州、佛山、肇庆、南宁、来宾、百色6市的绿色发展效率呈整体上升趋势。广州市的绿色发展效率波动上升，从2003年的1.350升至2019年的1.466；广州市的绿化覆盖面积在2003年仅为110405公顷，2015年

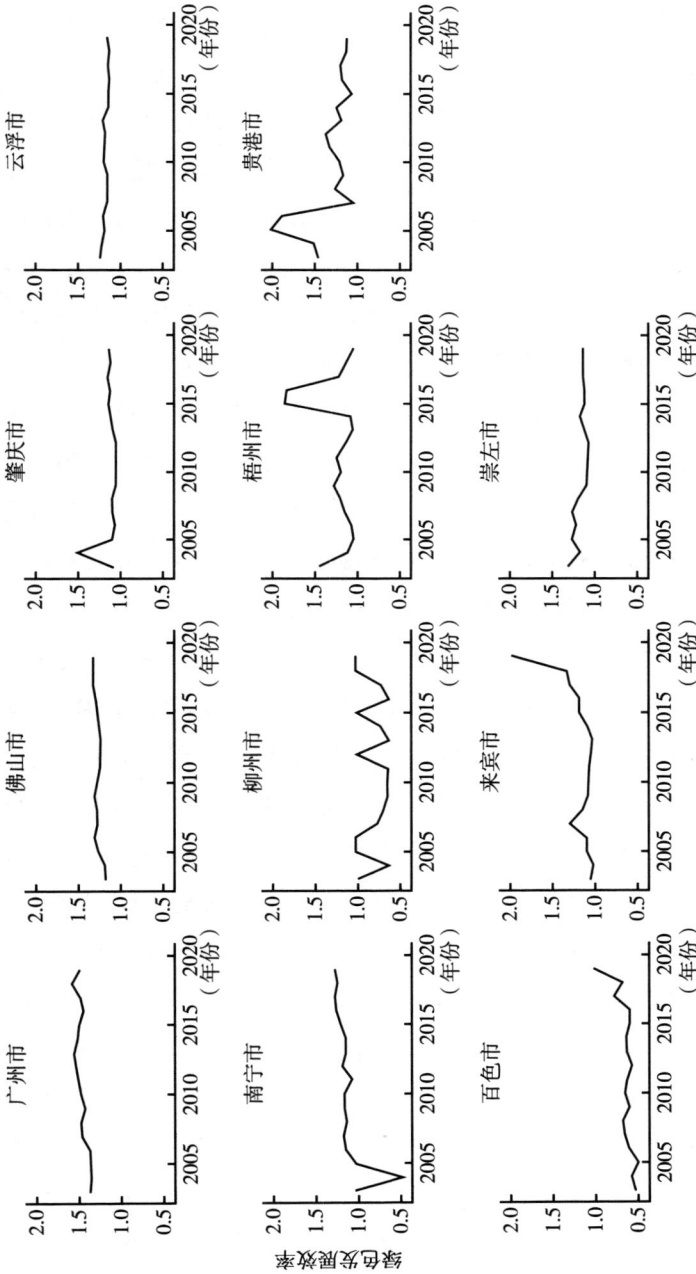

图9 2003~2019年珠江—西江经济带各地市绿色发展效率变化趋势

以后突破 150000 公顷，城市居民居住环境优化，但城乡居民收入差距指数依然大于 2，城市包容性有待增强。作为广州产业转移承接地的佛山，2003 年绿色发展效率仅为 1.163，在区域内排名第六；2003~2009 年，佛山市的绿色发展效率总体呈上升趋势，工业"三废"产出居高不下，这是因为佛山市承接了东部发达地区低端制造业等污染产业的转移，环境污染程度加剧；2010~2013 年，受全球金融危机的影响，前期工业迅猛发展推动经济高速增长的模式后劲不足，且环境问题日趋严重，佛山市绿色发展效率有所下降；2014~2019 年，佛山市工业"三废"产出出现了大幅下降，可能是因为政府对环保的重视程度上升。同时，佛山市的城乡收入差距指数不断降低，从 2003 年的 2.24 降至 2019 年的 1.75，城市包容性发展成效显著。肇庆市绿色发展效率增长幅度较小，尽管毗邻广州市、佛山市，科学技术投入有所增加，且环境污染程度和城乡收入差距指数均有所下降，但相较于广州市、佛山市，肇庆市的城市交通基础和产业基础较为薄弱，产业结构不协调，投入产出比相对较低，导致绿色发展效率提升较慢。南宁市的绿色发展效率在 2003~2019 年明显提升，区域绿色发展状况得到了显著改善，当地的工业"三废"产出下降，环境污染得到了进一步控制。来宾市的绿色发展效率显著提升，从 2003 年的 1.048 波动上升到 2019 年的 1.988，位列经济带各地市第一；尽管从投入产出各指标绝对值来看，来宾市的经济发展水平处于中下游，但其绿色发展效率的提升表明其资源利用水平提升，环境逐步改善。百色市的绿色发展效率呈波动上升的趋势，2019年前较低，资源利用效率不高，城乡收入差距指数虽有所下降，但依然高于 2。

云浮、贵港、崇左 3 市的绿色发展效率总体呈下降趋势，分别从 2003 年的 1.228、1.456、1.310 下降至 2019 年的 1.132、1.119、1.147。3 市的投入产出指标说明，一方面，3 市的经济发展水平均较为落后，经济发展动力不足；另一方面，崇左市城乡收入差距呈扩大趋势，贵港市城乡收入差距状况虽得到一定程度的改善，但差距依然较大，云浮市环境污染治理效果较差。同时，2003 年以来，3 市的工业化发展对当地的生态环境造成一定程度的负面影响，需要更加重视工业化进程中所产生的城乡收入差距扩大和环境污染问题。

梧州、柳州的绿色发展效率呈现不规则波动的态势。梧州市的绿色发展效率在 2014 年前呈 "W" 形变化特征，于 2015 年达到高峰值 1.848 后急速下降。柳州市的绿色发展效率更不稳定，总体来看，该市绿色发展效率在珠江—西江经济带各地市中排名靠后。

四 对策建议

本报告基于包含非期望产出的超效率 SBM 模型测算了 2003～2019 年珠江—西江经济带的绿色发展效率。研究发现：珠江—西江经济带绿色发展效率呈现先下降、后平稳、再上升的 "U" 形变化趋势，绿色发展效率的变异系数呈 "M" 形波动下降趋势；珠江—西江经济带绿色发展效率提升主要依靠纯技术效率拉动，而较低的规模效率制约了绿色发展效率的提升；各地市的绿色发展效率呈现不同特点。广州、佛山、肇庆、南宁、来宾、百色 6 市的绿色发展效率总体呈上升趋势，云浮、贵港、崇左 3 市的绿色发展效率总体呈下降趋势，梧州、柳州的绿色发展效率呈不规则波动趋势。基于以上研究，本报告提出以下对策建议。

（一）加快创新驱动步伐，建设创新型城市

加强技术创新、推动技术进步是提升珠江—西江经济带绿色发展效率的最佳路径。在未来的发展中，要注重提升自主创新能力，凝聚创新资源，协同创新主体，激发创新活力，营造良好的科技创新环境。实施创新驱动发展战略，以珠江—西江经济带为创新轴，将沿线中心城市建成创新型城市，通过技术创新、产业创新、人居环境创新和体制机制创新，将珠江—西江经济带建设成辐射两广的创新支撑带。

（二）加强环境联防联治，建成生态型城市

近年来，珠江—西江经济带环境污染治理已颇见成效，但绿色发展效率测算结果表明，经济发展伴随的污染负产出限制了部分地市的绿色发展。应从珠江—西江经济带一体化的角度入手，重点建设流域上、中、下游生态经

济区，建立健全生态补偿机制，综合治理沿江水污染和土壤污染，构筑沿江生态安全屏障，将珠江—西江经济带各地市建成资源节约型、环境友好型城市。进一步完善相关政策法规，建立严格的监管体系，严守生态红线，完善绿色经济发展绩效考评机制，为经济高质量发展助力。

（三）增加地区发展要素投入，完善基础设施建设

从整体上来看，珠江—西江经济带部分城市的基础设施配套有待完善，未能形成集聚优势，整体的规模效率不高。部分城市要素投入产出规模较小，地区规模效率提升较慢，应注重纯技术效率和规模效率的双重提升，在增加科技投入、促使纯技术效率拉动绿色发展效率提升的同时，扩大地区投入产出规模以提高绿色发展效率，尤其是后发展地区要强化基础设施建设，优化升级产业结构，以提升资源利用的投入产出比。

（四）注重地区包容性增长，实现区域协调发展

城市绿色发展和经济增长过程中，包容性和可持续性不容忽视，经济发展不能以牺牲中低收入群体为代价，部分城市的城乡收入差距较大在一定程度上制约了其可持续发展。应重视财富的合理分配，提高中低收入群体的收入，完善社会保障资助体系。加大对农村地区的投入力度，加强对农村劳动力的职业教育培训，提升农村人力资本，提高资源配置效率，缩小城乡收入差距。

参考文献

陆玉麒、董平：《新时期推进长江经济带发展的三大新思路》，《地理研究》2017年第4期。

吴清等：《珠江—西江经济带绿色发展水平的时空差异及影响因素研究》，《科技管理研究》2020年第17期。

穆学英、刘凯、任建兰：《中国绿色生产效率区域差异及空间格局演变》，《地理科学进展》2017年第8期。

钱争鸣、刘晓晨：《中国绿色经济效率的区域差异与影响因素分析》，《中国人口·

资源与环境》2013 年第 7 期。

周亮、车磊、周成虎：《中国城市绿色发展效率时空演变特征及影响因素》，《地理学报》2019 年第 10 期。

赵林等：《中国包容性绿色效率时空格局与溢出效应分析》，《地理科学进展》2021 年第 3 期。

黄磊、吴传清：《长江经济带工业绿色创新发展效率及其协同效应》，《重庆大学学报》（社会科学版）2019 年第 3 期。

陈瑶：《中国区域工业绿色发展效率评估——基于 R&D 投入视角》，《经济问题》2018 年第 12 期。

韩洁平等：《基于网络超效率 EBM 模型的城市工业生态绿色发展测度研究——以三区十群 47 个重点城市为例》，《科技管理研究》2019 年第 5 期。

刘杨、杨建梁、梁嫒：《中国城市群绿色发展效率评价及均衡特征》，《经济地理》2019 年第 2 期。

吴洁、张云、韩露露：《长三角城市群绿色发展效率评价研究》，《上海经济研究》2020 年第 11 期。

王会芝：《京津冀城镇化绿色转型问题研究与实现路径》，《当代经济管理》2018 年第 6 期。

郭付友等：《黄河流域绿色发展效率的时空演变特征与影响因素》，《地理研究》2022 年第 10 期。

黄磊、吴传清：《长江经济带城市工业绿色发展效率及其空间驱动机制研究》，《中国人口·资源与环境》2019 年第 8 期。

任嘉敏、马延吉：《东北老工业基地绿色发展评价及障碍因素分析》，《地理科学》2018 年第 7 期。

田光辉等：《基于非期望产出的中国城市绿色发展效率及影响因素分析》，《经济地理》2022 年第 6 期。

陈影、文传浩、沈体雁：《成渝地区双城经济圈绿色发展效率评价及时空演变研究》，《长江流域资源与环境》2022 年第 5 期。

车磊等：《中国绿色发展效率的空间特征及溢出分析》，《地理科学》2018 年第 11 期。

Atakelty, H., "Non-parametric Productivity Analysis with Undesirable Outputs: An Application to the Canadian Pulp and Paper Industry," *American Journal of Agricultural Economics* 4 (2003).

Shavt, "Environmentally Sensitive Productivity Analysis of the Canadian Pulp and Paper Industry, 1959 – 1994: An Input Distance Function Approach," *Journal of Environmental Economics and Management* 3 (2000).

Pittman, W., "Multilateral Productivity Comparisons with Undesirable Outputs," *Energy Journal* 93 (1983).

B.9

"三生空间"视域下珠江—西江经济带土地利用转型的生态环境效应

刘俊杰 陈 韬[*]

摘 要： 本报告以珠江—西江经济带 11 个地级市为研究区，基于 2000 年、2010 年、2020 年土地利用遥感数据，按照"生产—生态—生活"土地利用主导功能分类，采用土地利用转移、生态环境质量分析等方法，对珠江—西江经济带土地利用转型和生态环境效应进行定量分析。结果表明，2000~2020 年经济带土地利用功能的转移变化主要体现为生态用地的减少以及生产用地和生活用地的增加，林地生态用地转为农业生产用地是经济带生态弱化的主要因素。对比经济带各地级市的生态环境质量指数，佛山最低，梧州最高。从空间看，两广交界地区的生态环境质量指数相对较高，东部地区相对较低。从时间看，经济带总体生态环境质量指数有小幅下降，其中百色市生态环境质量指数下降幅度最大。据此，本报告提出因地制宜地进行土地管理、加强生态用地系统规划、创新用地制度等对策建议。

关键词： "三生空间" 土地利用转型 珠江—西江经济带

---

* 刘俊杰，博士，广西师范大学经济管理学院教授，珠江—西江经济带发展研究院副院长、研究员，研究方向为区域发展与城乡关系、区域产业结构与产业组织、区域可持续发展；陈韬，广西师范大学经济管理学院硕士研究生，研究方向为人口、资源与环境经济学。

一　问题提出和研究背景

土地是人类主要经济活动的基本载体，是全球环境变化研究的重要组成部分。近年来，随着工业化和城市化的快速推进，中国的经济发展取得了巨大的成就，推动了土地利用深刻转型，但同时导致人地关系矛盾凸显，引发了一系列环境问题。2008 年国务院印发的《全国土地利用总体规划纲要（2006—2020 年）》明确规定生态用地与生活、生产用地并行；党的十八大报告提出，要大力推进生态文明建设，按照人口资源环境相均衡、经济社会生态效益相统一的原则，优化国土空间开发格局，控制开发强度，调整空间结构，促进"生产空间集约高效、生活空间宜居适度、生态空间山清水秀"；党的十九大报告进一步指出，要加大生态系统保护力度，确定生态保护红线、永久基本农田保护红线、城镇开发边界三条控制线，协调生活、生产和生态空间格局，推动经济和环境可持续发展。以上内容标志着我国国土空间开发格局由以生产空间为主导转向生产、生活、生态空间相协调的"三生空间"。对中国土地利用变化引起的生态环境效应及其动态演变规律进行研究，有利于区域资源合理开发利用，实现生态环境保护和国土空间合理规划的目标，对生态文明建设具有指导意义。

英国地理学家 Grainger 在森林转型假说的启发下首先提出了土地利用转型这一概念。21 世纪初，土地利用转型的概念被引入中国，众多学者结合中国国情，对土地利用转型的理论和假说进行了一系列研究，并探讨了土地利用转型对气候、生态弹性、生态环境质量等方面的影响。在区域经济发展转型过程中，土地利用转型的生态环境效应引起相关学者的广泛关注，近年来成为地理学、经济学、环境科学等学科的研究热点。国内土地利用转型对生态环境影响的相关文献大多采用生态环境质量指数和生态贡献率等数据，对区域或流域生态环境质量时空演变特征进行研究，现有的研究对象多以流域单元、省域单元或县域单元为主，研究区域主要集中在长江经济带、黄河流域及其涵盖的次级地域。相对而言，伴随工业化、城市化快速发展，珠江—西江经济带人地关系矛盾凸显，土地利用转型的生态环境效应日益复杂，但以该区域为对象进行的整体定量分析研究较少。

珠江—西江经济带总面积约为 16.3 万 km²，包括广东的广州、佛山、肇庆、云浮 4 市和广西的南宁、柳州、梧州、贵港、百色、来宾、崇左 7 市。2020 年末常住人口为 6244 万人，人均 GDP 为 8.38 万元，城市化率为71.19%。珠江—西江经济带地貌类型复杂，生物多样性丰富，中上游喀斯特地貌分布面积广泛，水土流失、石漠化严重。珠江—西江经济带上接云贵、纵贯两广、下通港澳，是粤港澳大湾区转型发展的战略腹地、西南地区重要的出海通道、中国面向东盟开放合作的前沿地带，也是广西粮食主产区和泛珠三角区域重要的生态屏障，自然与经济社会发展的空间异质性显著，发展潜力巨大。目前，珠江—西江经济带加快开放发展的短板主要表现为不同主体功能区比较优势未能充分发挥、资源环境约束加剧、"三生空间"格局不尽合理、区域发展不平衡问题仍较突出。本报告基于 2000 年、2010 年和 2020 年土地利用遥感数据，从"三生空间"角度出发，采用土地利用转移对珠江—西江经济带 2000~2020 年的土地利用转型进行研究，并通过生态环境质量指数及生态环境贡献率，对该时期珠江—西江经济带土地利用转型的生态环境效应进行定量分析，以期为协调区域土地资源开发与生态环境保护提供借鉴。

二 数据来源和研究方法

（一）数据来源与处理

珠江—西江经济带 2000 年、2010 年、2020 年的土地利用数据来源于中国科学院资源环境科学与数据中心土地利用遥感数据。该数据基于美国陆地卫星 LandsatTM 影像，通过人工目视解译生成。土地利用类型包括耕地、林地、草地、水域、居民地和未利用土地 6 个一级类型以及 25 个二级类型。

随着社会各界对土地利用的关注度上升，很多学者对土地利用分类展开了研究，有学者认为在土地利用分类中应重视生态用地的作用，一部分学者从产业结构的角度提出土地利用分类方案。由于土地具有生产、生活、生态的功能，相关的研究以经济生产、生态环境和宜居生活反映经济社会发展的需求，将土地利用类型分为生产用地、生态用地和生活用地。本报告借鉴以往学者对土地利用分类的研究成果，从"三生"视角出发，结合土地的主导功能建立"三生"土地利用主导功能分类体系。但同一土地类型有时会兼顾多种功能，如耕地既有生产功能，又有调节生态环境的功能，所以从土地利用功能的角度进行分类就具有一定难度。本报告借鉴杨清可等学者的研究成果，将行为主体的主观用地意图作为某一类土地的土地利用主导功能类型，最终确定"三生"土地利用主导功能分类体系。

同时，本报告根据李晓文的研究成果中指定的不同二级地类的生态环境质量值，结合广西生态系统实际情况，利用面积加权法对"三生"用地分类的生态环境质量赋值，最终得到"三生"土地利用主导功能分类及其生态环境质量指数（见表1）。

表1 "三生"土地利用主导功能分类及其生态环境质量指数

"三生"土地利用主导功能分类		土地利用分类的二级分类	生态环境质量指数
一级地类	二级地类		
生产用地	农业生产用地	水田、旱地	0.275
	工矿生产用地	工交建设用地	0.150
生态用地	林地生态用地	林地、灌木林地、疏林地、其他林地	0.786
	牧草生态用地	高覆盖草地、中覆盖草地、低覆盖草地	0.700
	水域生态用地	河渠、湖泊、水库坑塘、永久性冰川雪地、滩涂、滩地	0.550
	其他生态用地	沙地、戈壁、盐碱地、沼泽地、裸土地、裸岩石质地	0.130
生活用地	城镇生活用地	城镇用地	0.200
	农村生活用地	农村居民点	0.200

（二）研究方法

1. 土地利用转移

（1）土地利用转移矩阵

土地利用转型主要通过土地利用转移矩阵实现。土地利用转移矩阵将土地利用变化转移面积以矩阵的形式列出，将土地利用的结构转型及用地功能类型变化可视化。本报告运用 ArcGIS10.8 软件对两期土地利用类型的数据进行交叉分析，再通过 Excel 的数据透视表功能进行处理，表征研究期内土地利用转型的过程。土地利用转移矩阵的表达式为：

$$S_{ij} = \begin{vmatrix} S_{11} & S_{12} & \cdots & S_{1n} \\ S_{21} & S_{22} & \cdots & S_{2n} \\ \vdots & \vdots & \vdots & \vdots \\ S_{n1} & S_{n2} & \cdots & S_{nn} \end{vmatrix} \tag{1}$$

式中，S 为面积；n 为土地利用的类型数；i、j 分别为研究初期以及研究末期的土地利用类型。

（2）土地利用功能重心迁移模型

为了直观地分析土地利用功能在空间上的转型，本报告引入了土地利用功能重心迁移模型，对各年份不同地类的重心坐标进行计算并分析其迁移的过程，其表达式为：

$$X = \sum_{i=1}^{n} X_i V_i \Big/ \sum_{i=1}^{n} V_i Y = \sum_{i=1}^{n} Y_i V_i \Big/ \sum_{i=1}^{n} V_i \tag{2}$$

$$D = \sqrt{(X_{t+1} - X_t)^2 - (Y_{t+1} - Y_t)^2} \tag{3}$$

式中，X、Y 表示不同地类土地用地重心的经度、纬度坐标；X_i、Y_i 为不同评价单元的地理重心坐标；V_i 是该平面单元某类型功能土地的面积；n 表示该年度平面单元的总个数；D 为某一地类 $t+1$ 年重心与 t 年重心之间的距离。

2. 区域生态环境质量分析

（1）区域生态环境质量指数

区域生态环境质量指数是将研究区域内不同地类的生态环境质量与其相应的面积结合得出的结果，用以表征区域生态环境质量。其表达式如下：

$$EV_t = \sum_{i=1}^{N} \frac{A_{ki}}{A_k} R_i \tag{4}$$

式中，EV_t 为某一生态单元在 t 时期的生态环境质量指数；R_i 为第 i 类土地利用类型的生态环境质量指数；A_{ki} 为第 k 个生态单元内土地利用类型 i 的面积；A_k 为第 k 个生态单元的面积；N 为区域土地利用类型的数量。

（2）土地利用功能转型生态贡献率

土地利用功能转型生态贡献率反映了某一种土地利用类型变化而导致的区域生态环境的变化，量化了各地类之间相互转换对区域生态环境的影响，有助于对区域生态环境变化的主导因素进行研究，其表达式为：

$$CLEI = \frac{(LE_1 - LE_0)\ LA}{TA} \tag{5}$$

式中，$CLEI$ 为土地利用功能转型生态贡献率，LA 表示该变化土地类型的面积；TA 为研究区的总面积；LE_1、LE_0 分别为某一土地类型在变化初期和变化末期的生态环境质量指数。

三 土地利用转型分析

（一）土地利用基本情况

图 1 展示了 2000~2020 年珠江—西江经济带"三生"用地分布，可以看出，生产用地主要分布在珠江—西江经济带的中部和东部；生态用地主要分布在西部和中东部。表 2 为 2000~2020 年珠江—西江经济带各地类面积及其变化，可以发现，珠江—西江经济带的生产用地面积从 2000 年的 39490.61km² 增长到 2020 年的 45541.80km²，增加了 6051.19km²；生态用地面积有小幅下降，2020 年为 112143.54km²；生活用地面积从 2000 年的 4281.46km² 持续增长到 2020 年的 5402.45km²，20 年间增长了 1120.99km²。总体来看，2020 年珠江—西江经济带生态用地面积最大、分布最为广泛，其面积占珠江—西江经济带总面积的 68.8%，其中林地生态用地面积为 97038.26km²，占总面积的 59.5%。生产用地占总面积的 27.9%，生活用地仅占总面积的 3.3%。2020 年末，珠江—西江经济带常住人口约为 6244 万

人。可以看出，珠江—西江经济带人均生活用地面积较小，生活用地利用程度较高。

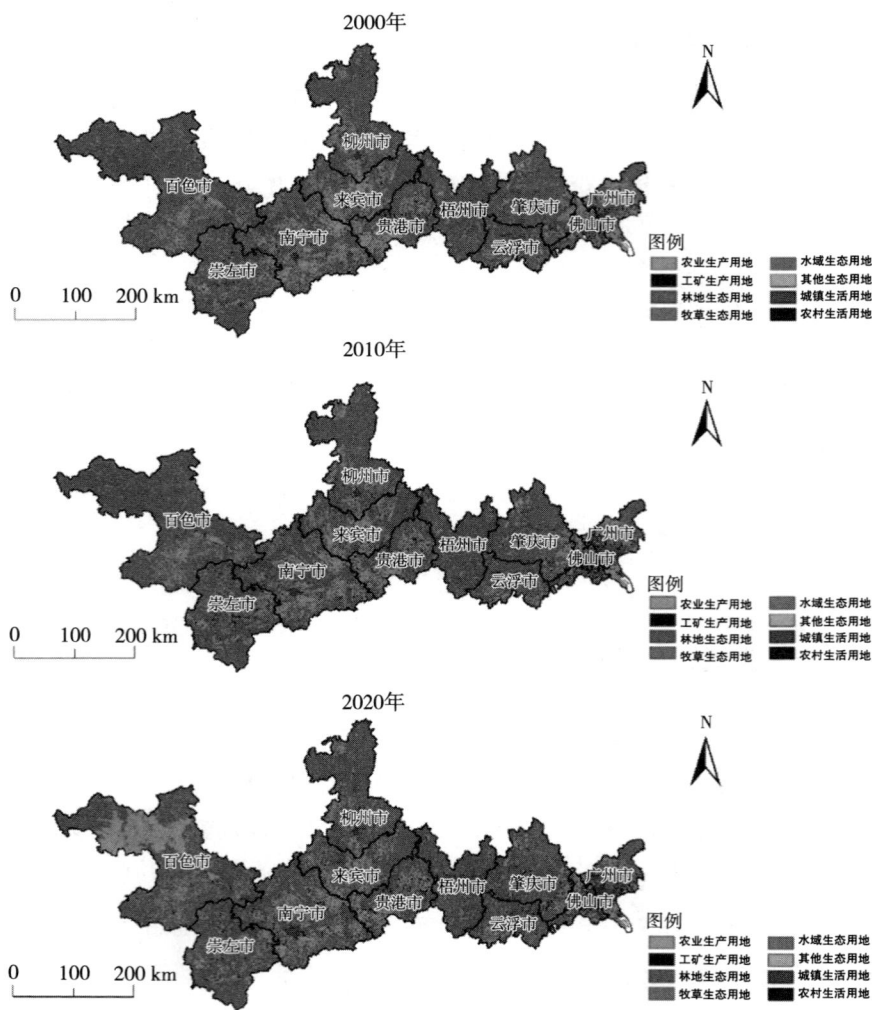

图 1　2000~2020 年珠江—西江经济带"三生"用地分布

资料来源：该图基于自然资源部标准地图服务网站下载的审图号为 GS（2022）4309 的标准地图制作，底图无修改。

表2　2000~2020年珠江—西江经济带各地类面积及其变化

单位：km^2

年份	农业生产用地	工矿生产用地	林地生态用地	牧草生态用地	水域生态用地	其他生态用地	城镇生活用地	农村生活用地
2000	39225.04	265.57	103888.61	11675.11	4138.99	25.00	1187.43	3094.03
2010	38224.30	684.78	103891.47	11411.00	4077.16	25.52	2019.09	3166.45
2020	43681.32	1860.48	97038.26	11309.72	3778.15	17.41	2547.59	2854.86
2000~2010	-1000.74	419.21	2.86	-264.11	-61.83	0.52	831.66	72.42
2010~2020	5457.02	1175.70	-6853.21	-101.29	-299.01	-8.11	528.50	-311.59
2000~2020	4456.28	1594.91	-6850.35	-365.39	-360.84	-7.59	1360.16	-239.17

资料来源：中国科学院资源环境科学与数据中心土地利用遥感监测数据。

　　从"三生"用地的二级分类来看，林地生态用地面积最大，广泛分布在珠江—西江经济带各个地区。2020年珠江—西江经济带林地生态用地面积为97038.26km^2，与2000年相比减少了6850.35km^2，年均减少342.52km^2；农业生产用地在研究期内的面积先减少后增加，2000~2020年共增加4456.28km^2；牧草生态用地面积有小幅下降，2020年为11309.72km^2。工矿生产用地和城镇生活用地扩张速度极为明显，2020年工矿生产用地面积达到1860.48km^2，是其2000年面积的7.01倍；2020年城镇生活用地的面积为2547.59km^2，是其2000年面积的2.15倍，工矿生产用地和城镇生活用地面积的大量增长，说明珠江—西江经济带在2000~2020年呈工业化、城镇化高速发展态势。然而，随着珠江—西江经济带的快速城镇化，农村生活用地面积呈现先增加后减少的趋势，从2000年的3094.03km^2减少到2020年的2854.86km^2。农村生活用地面积的减少在一定程度上意味着珠江—西江经济带在发展过程中实现了土地的节约集约利用，遏制了土地资源粗放式利用趋势。

（二）土地利用转型模型

　　为了探讨研究期内珠江—西江经济带土地利用转型的情况，本报告利用ArcGIS的空间分析功能对不同时期的土地利用图进行叠加分析，结合Excel

的数据透视表功能，得到了 2000~2010 年及 2010~2020 年珠江—西江经济带土地利用转移矩阵（见表3、表4），明确了不同功能用地之间相互转化的数量和方向。结果主要表现为农业生产用地、工矿生产用地和城镇生活用地面积的增加，以及林地生态用地面积的减少。

表3 2000~2010 年珠江—西江经济带土地利用转移矩阵

单位：km^2

2000 年	2010 年							
	农业生产用地	工矿生产用地	林地生态用地	牧草生态用地	水域生态用地	其他生态用地	城镇生活用地	农村生活用地
农业生产用地	32659.31	245.64	4125.76	603.51	469.05	1.74	548.99	571.04
工矿生产用地	30.77	184.57	17.72	3.01	5.34	0	18.06	6.10
林地生态用地	4041.22	146.77	97527.62	1461.26	331.84	3.89	132.58	243.43
牧草生态用地	630.49	15.88	1654.67	9246.61	64.37	0.38	23.88	38.84
水域生态用地	361.02	71.99	314.19	51.75	3120.70	0.77	98.56	120.00
其他生态用地	1.86	0.31	1.99	1.07	0.77	18.72	0	0.27
城镇生活用地	47.18	3.41	25.82	4.04	24.8	0	1075.78	6.40
农村生活用地	452.45	16.20	223.70	39.76	60.29	0.02	121.24	2180.37

表4 2010~2020 年珠江—西江经济带土地利用转移矩阵

单位：km^2

2010 年	2020 年							
	农业生产用地	工矿生产用地	林地生态用地	牧草生态用地	水域生态用地	其他生态用地	城镇生活用地	农村生活用地
农业生产用地	20071.85	751.77	12257.06	1846.63	1191.87	3.79	458.42	1597.50
工矿生产用地	186.36	205.30	129.31	16.80	68.18	0.53	45.42	29.07
林地生态用地	18095.76	481.52	78627.94	4579.91	1015.87	5.00	169.89	622.48
牧草生态用地	2090.17	74.65	4294.08	4587.86	172.01	1.63	36.06	110.79
水域生态用地	1342.11	178.68	948.48	157.95	1074.21	2.81	201.14	149.96
其他生态用地	7.09	1.01	8.58	2.76	2.37	3.47	0	0.42
城镇生活用地	237.91	67.62	107.60	15.45	113.72	0	1462.32	12.55
农村生活用地	1650.07	99.93	665.21	102.36	139.92	0.18	174.33	332.10

2000～2010 年，林地生态用地主要转化为农业生产用地，转化面积为 4041.22km²，转化率为 3.9%；工矿生产用地面积的增长主要来源于对农业生产用地和林地生态用地的侵占；城镇生活用地面积的增长主要来自农业生产用地的转化。虽然不同功能用地之间存在转化，但在此期间经济带的土地利用面积总体上变化不大。2010～2020 年，林地生态用地主要转化为农业生产用地和牧草生态用地，转化面积分别为 18095.76km² 和 4579.91km²，转化率分别为 17.5% 和 4.4%。这说明随着 2011 年商务部、财政部将"南菜北运"试点范围扩大，农业生产用地在快速扩张。虽然林地生态用地和农业生产用地之间存在相互转化，但农业生产用地向林地生态用地转化的面积明显不及其侵占面积。

2000 年后，随着经济的快速发展，城市化进程加快，大量建设用地侵占了农业生产用地，导致耕地面积减少。因此，国家划定了 18 亿亩耕地红线，将粮食安全放在首位，遏制了城市的无序扩张，实现土地的节约集约利用。2010 年后，因"南菜北运"试点，农业生产用地面积大量增加。但同时，国家积极推行退耕还林，因地制宜地植树造林，使部分农业生产用地转化为林地生态用地。可以看出，区域社会经济发展程度、土地利用政策、城市化进程等因素都在区域"三生"用地的发展中起到了不同的作用，并最终推进"三生"用地走上协调发展的道路。

（三）土地功能重心分布

通过对珠江—西江经济带土地功能重心分布情况的分析，可以直观地看出研究期内土地利用功能空间迁移过程，进而对经济带发展过程中土地利用转型进行研究分析。如图 2 所示，具体表现为以下几点。一是各类功能用地在 2000～2010 年的迁移幅度较小，在 2010～2020 年的迁移幅度较大。二是城镇生活用地重心在 2000～2010 年向西迁移 7.61km，2010～2020 年向东迁移 16.52km，经济带东部在研究期内经济快速发展，城镇化率持续上升，城镇生活用地面积持续扩大，因此城镇生活用地重心在 2010 年后持续向东迁移；农村生活用地重心在 2000～2010 年和 2010～2020 年分别向西迁移了 3.17km

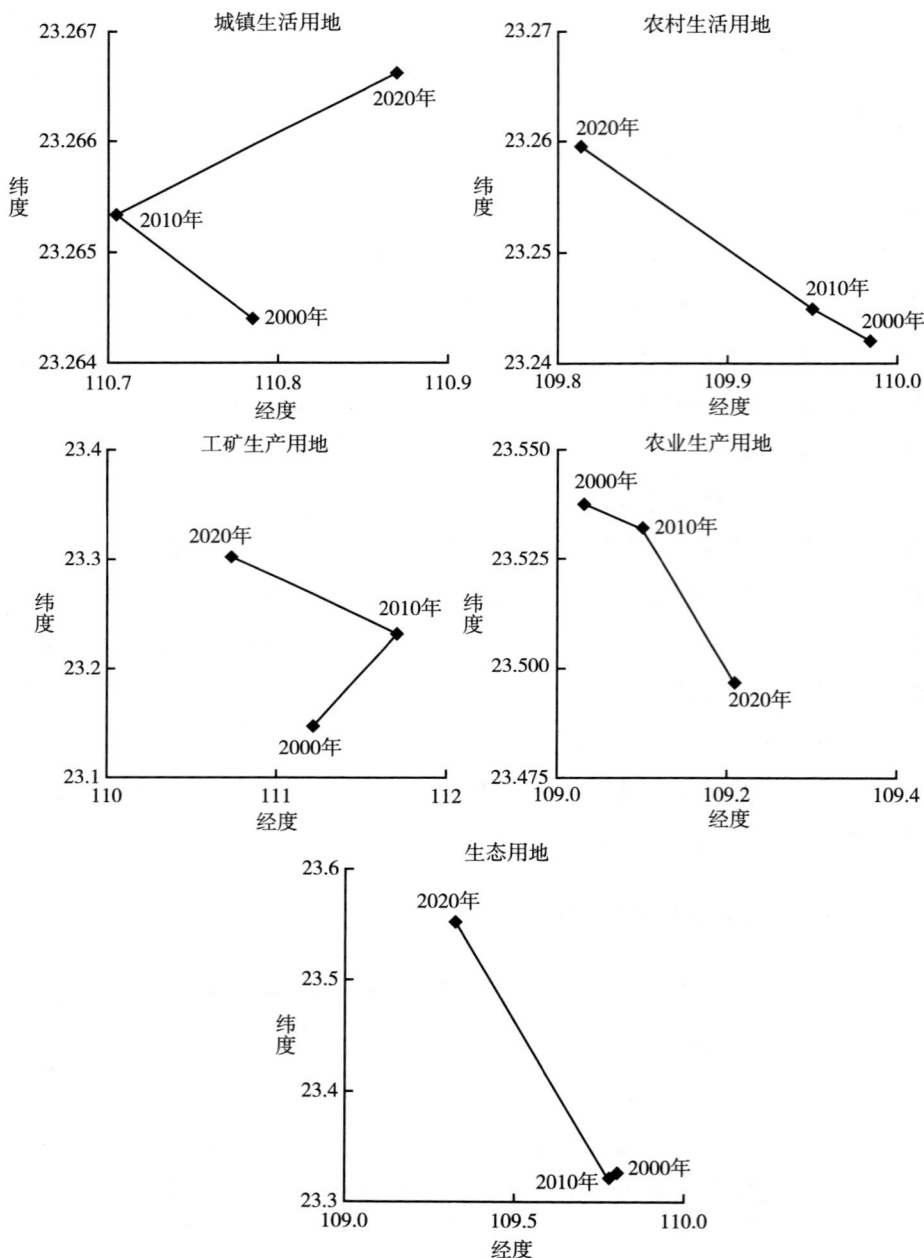

图2 2000~2020年珠江—西江经济带土地功能重心迁移

和 14.09km。三是 2010 年的工矿生产用地重心较 2000 年向东北迁移 48.69km，2020 年向西迁移 98.28km；21 世纪初，广州和佛山因其优越的地理位置快速发展，生产用地迅速扩张，重心向东北迁移，之后因为西部大开发等一系列政策的推进，经济带西部工矿生产用地面积不断扩张，重心开始向西迁移；农业生产用地重心在 2000~2010 年和 2010~2020 年分别向东迁移了 6.68km 和 12.57km。四是生态用地重心在 2000~2010 年向西南迁移了 2.93km，2010~2020 年向西北迁移了 49.1km。广州和佛山作为珠三角城市群核心区，经济快速增长，吸引了大量人口迁移，导致人多地少、土地紧张，生态用地重心持续向西迁移。

四 土地利用转型的生态环境效应

（一）生态环境质量时空演变

根据式（4）计算得出珠江—西江经济带 2000 年、2010 年、2020 年的生态环境质量指数，结果分别为 0.6353、0.6312、0.6022。可以看出，珠江—西江经济带生态环境质量在 2000~2010 年基本维持稳定，在 2010~2020 年出现了下降。取 2000 年、2010 年、2020 年各地级市生态环境质量指数的最高值与最低值，并作等分处理，分为高质量区、较高质量区、中质量区、较低质量区和低质量区。从图 3 可以看出，2020 年珠江—西江经济带生态环境质量空间分布由西向东大体上呈"较高—中—高—低—较低"的态势，对比各地级市的生态环境质量指数，佛山最低，其次为广州。佛山位于广东省中部、珠江三角洲腹地，毗邻港澳，是珠江—西江经济带的重要节点城市，其作为中国民营经济最为发达的城市之一，土地开发强度偏大，各类用地布局呈碎片化，且建设用地的整体效率偏低，研究期内工矿生产用地与城镇生活用地面积不断扩大。广州位于广东省中南部，地理位置优越、经济增长快速、城市化发展迅速，研究期内城镇生活用地与生产用地不断扩张。

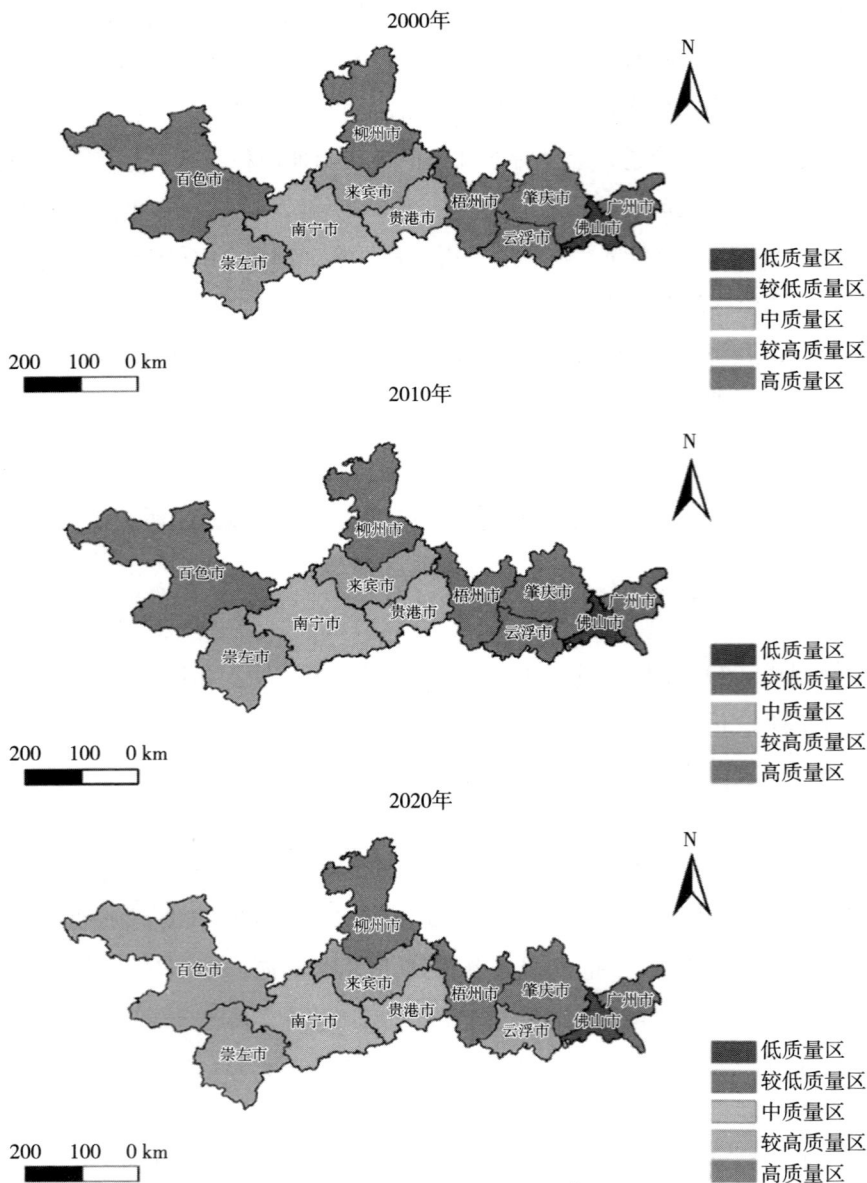

图3 2000~2020年珠江—西江经济带各地级市生态环境质量空间分布

资料来源：该图基于自然资源部标准地图服务网站下载的审图号为 GS（2022）4309 的标准地图制作，底图无修改。

梧州的生态环境质量指数最高。梧州位于广西东部,地处西江黄金水道,生态环境优美,被称为"中国优秀旅游城市""国家森林城市""国家园林城市",森林覆盖率高达75.3%。其经济发展水平相对落后,城市化速度相对缓慢,加之原始环境保持较好,使生态环境质量指数一直处于珠江—西江经济带首位。生态环境质量指数下降最多的是百色,百色作为农业大市,农业生产用地面积不断增长,其生态环境质量指数因此下降。

(二)影响生态环境质量的主要功能用地转型

在同一区域内,生态环境质量往往同时呈现改善与恶化两种趋势,这两种趋势往往会相互抵消,从而使生态环境质量在总体上呈现较为稳定的形势,所以生态环境质量指数的相对稳定并不意味着生态环境没有变化。表5为2000~2020年珠江—西江经济带主要功能用地转型的生态环境质量指数变化和贡献率。可以看出,2000~2020年农业生产用地、牧草生态用地、水域生态用地向林地生态用地的转化,是生态环境质量改善的主导因素,生态环境质量改善贡献比重分别为62.19%、25.70%、5.23%。与之相反,林地生态用地向农业生产用地、牧草生态用地和水域生态用地的转化,是生态环境质量恶化的主导因素,共占生态环境质量恶化贡献率的78.64%。2010~2020年的主要功能用地转型对生态环境质量的影响与2000~2010年相似。总体来说,珠江—西江经济带同时存在生态环境质量改善和恶化两种趋势,且生态环境质量恶化的趋势大于生态环境质量改善的趋势。因此,珠江—西江经济带生态环境质量指数小幅下降,但总体上变化不大。

表5 2000~2020年珠江—西江经济带主要功能用地转型的生态环境质量指数变化和贡献率

单位:%

模式	2000~2010年			2010~2020年		
	功能用地转型	指数变化	贡献比重	功能用地转型	指数变化	贡献比重
导致生态环境质量改善	农业生产用地—林地生态用地	0.01085	62.19	农业生产用地—林地生态用地	0.02950	61.38
	牧草生态用地—林地生态用地	0.00448	25.70	牧草生态用地—林地生态用地	0.01074	22.34

续表

模式	2000~2010 年			2010~2020 年		
	功能用地转型	指数变化	贡献比重	功能用地转型	指数变化	贡献比重
导致生态环境质量改善	水域生态用地—林地生态用地	0.00091	5.23	水域生态用地—林地生态用地	0.00253	5.27
	农村生活用地—林地生态用地	0.00068	3.87	农村生活用地—林地生态用地	0.00185	3.85
	农村生活用地—农业生产用地	0.00017	0.96	农村生活用地—农业生产用地	0.00069	1.44
	水域生态用地—农业生产用地	0.00011	0.63	水域生态用地—农业生产用地	0.00048	1.00
	总计	0.01720	98.58	总计	0.04579	95.28
导致生态环境质量恶化	林地生态用地—农业生产用地	−0.01071	53.65	林地生态用地—农业生产用地	−0.04676	54.42
	林地生态用地—牧草生态用地	−0.00402	20.12	林地生态用地—牧草生态用地	−0.01251	14.56
	林地生态用地—水域生态用地	−0.00097	4.87	林地生态用地—水域生态用地	−0.00297	3.46
	林地生态用地—农村生活用地	−0.00073	3.68	林地生态用地—农村生活用地	−0.00187	2.18
	林地生态用地—工矿生产用地	−0.00045	2.23	林地生态用地—工矿生产用地	−0.00145	1.69
	林地生态用地—城镇生活用地	−0.00040	2.01	农业生产用地—农村生活用地	−0.00059	0.69
	总计	−0.01728	86.56	总计	−0.06615	77.00

五 研究结论及对策建议

（一）研究结论

珠江—西江经济带作为流域生态文明建设试验区，其土地利用转型对生态文明建设和环境保护有极大的影响。本报告基于"三生空间"视角，借助遥感和地理信息系统技术，通过土地利用转移矩阵对珠江—西江经济带土地利用转型进行研究，并利用生态环境质量指数和贡献率对这一时期内珠江—西江经济带土地利用转型的生态效应进行定量分析,结论如下。

第一,2000~2020 年,珠江—西江经济带土地利用转型变化明显,主要体现在生态用地面积的减少,以及生产用地和生活用地面积的增加。从二级地类上来看,林地生态用地、牧草生态用地、水域生态用地、其他生态用地和农村生活用地面积呈现减少趋势,农业生产用地、工矿生产用地和城镇生活用地面积则大大增加。

第二,2000~2020 年,珠江—西江经济带的生态环境质量存在改善和恶化两种趋势,总体来看,恶化的趋势更加显著,经济带的生态环境质量指数从 2000 年的 0.635 持续下降到 2020 年的 0.602,生态环境质量恶化。生态环境质量恶化的主要因素是农业生产用地、牧草生态用地和水域生态用地对林地生态用地的侵占,生态环境质量改善的主要因素是农业生产用地、牧草生态用地和水域生态用地向林地生态用地转化。

第三,珠江—西江经济带生态环境效应差异明显。从空间上看,东部最低,西部略高,生态环境质量较高的地区位于广西与广东的交界处。但在区域发展过程中,西部部分地区出现了生态环境质量的下降,这是由于西部部分地区传统产业较多,产业转型压力较大。从时间上看,珠江—西江经济带各地级市的生态环境质量指数有小幅下降,研究期内百色大量林地生态用地转化为农业生产用地,所以其生态环境质量指数降幅最大。

第四,2000~2020 年,珠江—西江经济带不同功能用地的重心有不同程度的迁移。各功能用地重心在 2000~2010 年的迁移幅度较小,在 2010~2020 年的迁移幅度较大。总体来看,各类功能用地在空间分布上仍不均衡,且研究期内生态用地、农村生活用地和城镇生活用地的不均衡性加剧,工矿生产用地和农业生产用地的不均衡性降低。从空间上看,生态用地和农村生活用地重心一直向经济带西部迁移,农业生产用地重心则一直向东迁移,工矿生产用地重心先向东迁移后向西迁移,城镇生活用地重心先向西迁移后向东迁移。

(二)对策建议

珠江—西江经济带是珠江三角洲转型发展的战略腹地,是西南地区重要

235

的出海口，是面向港澳和东盟开放合作的前沿地带。经济带具有优越的航运条件、丰富的自然资源、良好的产业基础，发展潜力巨大。其跨越了西部欠发达地区和东部发达地区，不同地区的资源禀赋、产业发展水平差异较大。经济带的开放发展有利于转变经济发展方式，促进区域协调发展，实现经济的提质增效。目前，经济带仍面临一系列困难和挑战，包括流域比较优势发挥不充分、产业结构和布局不合理、城乡区域发展不平衡等。针对珠江—西江经济带土地利用转型现状及其生态环境效应，本报告提出以下对策建议。

1. 因地制宜地进行土地管理，推进生态文明建设

珠江—西江经济带自西向东跨越的不同地区资源禀赋差异较大、产业发展水平不同。研究期内各类功能用地的不均衡性加剧，在进行国土空间规划与管理的过程中，要综合考虑区域的生态环境承载力、生态脆弱性和经济发展水平；在进行相关政策及规划的制定时，也应综合考量不同地区的生态环境承载力，优化"三生空间"的配置，不断推进珠江—西江经济带生态文明建设。

2. 加强生态用地系统规划，提高生态环境质量

2000~2020年，大量生态用地被侵占是珠江—西江经济带生态环境质量指数下降的主导因素。针对这一现象，珠江—西江经济带各市应加强合作，统筹协调生态环境保护与经济发展之间的关系，推进跨区域的生态保护。同时，应继续采取生态系统自我调节与政策引导相结合的方式，促进珠江—西江经济带生态环境向好发展。

3. 创新用地制度，提高土地利用效率

研究期内生产用地和生活用地快速扩张，这种不合理的扩张方式对生态环境造成了不可逆转的影响。应建立新的用地制度，节约集约利用土地资源，提升土地使用效率，用最小的生产用地扩张规模达到经济发展的目的。对于农业生产用地和工矿生产用地，应对其进行合理的整治；对于农业生产用地，应对其进行土地平整，完善配套设施，以同时达到农田防护和生态保持的目的，让其成为旱涝保收、高产稳产的高标准农田；对于工矿生产用地，应完善配套设施、提高用地效率，争取以最小的扩张规模促进经济发

展。以提高土地利用效率为目的，优化"三生空间"的配置，对不合理的空间配置进行优化调整，以实现产业集聚和土地资源节约集约利用的目标。同时，应构建系统化的土地利用转型管控体系，对土地利用转型进行监测，预防不合理的土地利用扩张，利用卫星遥感数据、地理探测等技术对土地系统的变化进行动态监测，结合人工智能与大数据对土地系统的运行进行预测，最大限度地减小对生态环境的影响，提升土地利用效率。

参考文献

张占录、赵茜宇：《土地利用的八维空间解析》，《人文地理》2018 年第 6 期。

黄金川、林浩曦、漆潇潇：《面向国土空间优化的三生空间研究进展》，《地理科学进展》2017 年第 3 期。

陈万旭等：《中国土地利用变化生态环境效应的空间分异性与形成机理》，《地理研究》2019 年第 9 期。

龙花楼：《论土地利用转型与乡村转型发展》，《地理科学进展》2012 年第 2 期。

李秀彬：《农地利用变化假说与相关的环境效应命题》，《地球科学进展》2008 年第 11 期。

梁国付、丁圣彦：《气候和土地利用变化对径流变化影响研究——以伊洛河流域伊河上游地区为例》，《地理科学》2012 年第 5 期。

廖柳文等：《基于土地利用转型的湖南省生态弹性研究》，《经济地理》2015 年第 9 期。

杨清可等：《基于"三生空间"的土地利用转型与生态环境效应——以长江三角洲核心区为例》，《地理科学》2018 年第 1 期。

苑韶峰、唐奕钰、申屠楚宁：《土地利用转型时空演变及其生态环境效应——基于长江经济带 127 个地级市的实证研究》，《经济地理》2019 年第 9 期。

勾蒙蒙等：《"三生空间"视角下三峡库区土地利用转型的生态系统服务价值效应》，《应用生态学报》2021 年第 11 期。

董建红等：《"三生"空间视角下土地利用转型的生态环境效应及驱动力——以甘肃省为例》，《生态学报》2021 年第 15 期。

刘永强等：《土地利用转型的生态系统服务价值效应分析——以湖南省为例》，《地理研究》2015 年第 4 期。

岳健、张雪梅：《关于我国土地利用分类问题的讨论》，《干旱区地理》2003 年第

1 期。

刘平辉、郝晋珉：《土地利用分类系统的新模式——依据土地利用的产业结构而进行划分的探讨》，《中国土地科学》2003 年第 1 期。

易湘生、王静爱、岳耀杰：《基于沙区土地功能分类的土地利用变化与模式研究——以陕北榆阳沙区为例》，《北京师范大学学报》（自然科学版）2008 年第 4 期。

陈婧、史培军：《土地利用功能分类探讨》，《北京师范大学学报》（自然科学版）2005 年第 5 期。

李晓文等：《西北干旱区城市土地利用变化及其区域生态环境效应——以甘肃河西地区为例》，《第四纪研究》2003 年第 3 期。

巩杰、钱彩云、钱大文：《1977—2013 年疏勒河中下游土地利用变化与环境响应》，《干旱区研究》2017 年第 4 期。

严金明、陈昊、夏方舟：《"多规合一"与空间规划：认知、导向与路径》，《中国土地科学》2017 年第 1 期。

谭宇文、张翔：《基于"三调"用地特征的国土空间高效配置与利用研究——以佛山市为例》，《规划师》2022 年第 8 期。

Perring, P., DeFrenne, P., Baeten, L., et al., "Global Environmental Change Effects on Ecosystems: The Importance of Land-use Legacies," *Global Change Biology* 4 (2016).

Vitousek, M., "Beyond Global Warming: Ecology and Global Change," *Ecology* 7 (1994).

Grainger, A., "National Land Use Morphology: Patterns and Possibilities," *Geography* (1995).

Long, H., "Land Use Policy in China: Introduction," *Land Use Policy* 40 (2014).

Peng, F., et al., "Effects of the Land Use Change on Ecosystem Service Value in Chengdu, Western China from 1978 to 2010," *Journal of the Indian Society of Remote Sensing* 2 (2016).

Oliver, A., Webster, A., "Tutorial Guide to Geostatistics: Computing and Modelling Variograms and Kriging," *Catena* 113 (2014).

B.10
绿色发展背景下珠江—西江经济带（广西）提振乡村消费路径研究

聂宇欣*

摘　要： 绿色发展是高质量发展的鲜明底色，培育绿色理念、促进绿色消费是推动经济高质量发展的内在要求，是实现高质量发展的重要支撑。在居民消费结构绿色转型的大趋势下，提振珠江—西江经济带（广西）乡村消费对于助力区域释放消费潜力、加快消费回稳具有重要意义。珠江—西江经济带（广西）农村居民消费需求不足，面临增收基础不牢固、供需不匹配、消费环境亟待改善、绿色消费意识尚未形成等问题，应深化改革，提升消费能力，从供给、需求两个层面同时发力，缩小城乡原发性、积累型差距，完善金融政策，强化宣传引导，完善制度保障和激励政策。

关键词： 绿色发展　乡村消费　珠江—西江经济带（广西）

2022 年中央经济工作会议指出，要把恢复和扩大消费摆在优先位置，这是充分发挥我国超大规模市场优势的一种主动选择。党的二十大报告强调"增强消费对经济发展的基础性作用""倡导绿色消费，推动形成绿色低碳的生产方式和生活方式"。消费，一边连着居民的衣食住行，一边连着区域的经济发展。消费的提质升级体现出经济总量与日俱增的潜力，体现出国家战略与人民生活、国家发展与大众期待同频共振的时代指向，体现出人民群众物

---

* 聂宇欣，广西社会科学院宏观经济所助理研究员，研究方向为区域经济、城乡发展。

质生活、精神文化生活的高水平供给和高品质消费。近年来，农村居民收入水平的稳步提升，带动了乡村消费规模的不断扩大。珠江—西江经济带（广西）应进一步激活乡村消费，做大做强乡村消费市场，拉动消费增长，为区域经济社会高质量发展提供有力支撑。

一　珠江—西江经济带（广西）农村居民消费现状分析

（一）珠江—西江经济带（广西）农村居民总体收入状况

2020~2022年，珠江—西江经济带（广西）农村居民人均可支配收入年增长率基本保持在8%以上，连续多年跑赢"城镇居民"（见表1）。除柳州外，南宁、梧州、贵港、百色、来宾、崇左的农村居民人均可支配收入年增长率均超过8%，其中南宁、贵港的农村居民人均可支配收入年增长率均为8.5%，与全区平均水平持平；梧州、百色分别为9.2%、9.0%，比全区平均水平分别高出0.7个、0.5个百分点。当前，珠江—西江经济带（广西）农村居民人均可支配收入不断迈上新台阶，收入结构日趋优化。具体表现在以下几方面。一是农村劳动力就业稳定，推动工资性收入快速增长。珠江—西江经济带（广西）各市积极承接粤港澳大湾区产业有序转移，在吸纳当地农民就业、促进农村富余劳动力在家门口解决就业问题方面发挥了积极的作用；各市针对具有劳动能力并有就业培训意愿的农民开展职业技能培训，持续加强就业帮扶车间、农民工创业园、零工市场建设，将招工触角直接深入村户，现场提供"一站式"服务，为促进工资性收入成为农村居民收入的主要来源奠定坚实基础。二是农村产业结构优化，促进经营净收入增长。各种优惠政策的扶持促使珠江—西江经济带（广西）农业优势产业扩大规模、利用多种渠道拓宽销路，取得良好效果，农产品增值空间不断拓展。产业结构调整步伐加快，乡村休闲旅游等新产业、新业态蓬勃发展，建筑、餐饮、批发零售等非农行业拓宽了农民家庭经营收入增长渠道。三是改革"多轮驱动"，带动财产净收入不断增长。近年来，农村综合改革的不断深化使农民分享到更多的改革成果。集体经济、土地流转产生的收益让农民的财产净收入有了多渠道的来源，比例不断提高。四是政策红利持续释放，促进转移净收入较快增长。农村综合配套改革的不断深化，各类政策性补贴的稳步提高和及时落实让广大农民公平享受公共服务。

表1 2020~2022年珠江—西江经济带（广西）城乡居民人均可支配收入

单位：元，%

地区	城镇居民人均可支配收入				农村居民人均可支配收入				城乡居民人均可支配收入比（农村居民人均可支配收入=1）		
	2020年	2021年	2022年	年增长率	2020年	2021年	2022年	年增长率	2020年	2021年	2022年
广西全区	35859	38530	39703	5.2	14815	16363	17433	8.5	2.42	2.35	2.28
南宁	38542	41394	42636	5.2	16130	17808	19001	8.5	2.39	2.32	2.24
柳州	38479	41442	42479	5.1	15848	17369	18411	7.8	2.43	2.39	2.31
梧州	34591	37185	38524	5.5	14660	16331	17474	9.2	2.36	2.28	2.20
贵港	34002	36756	37748	5.4	16619	18381	19576	8.5	2.05	2.00	1.93
百色	33964	36375	37721	5.4	13305	14755	15817	9.0	2.55	2.47	2.38
来宾	36173	38705	40021	5.2	13950	15317	16405	8.4	2.59	2.53	2.44
崇左	34562	36947	38166	5.1	14306	15694	16761	8.2	2.42	2.35	2.28

资料来源：根据广西壮族自治区统计局及珠江—西江经济带（广西）各市统计局网站数据整理而得。

（二）珠江—西江经济带（广西）农村居民消费状况

1. 消费水平逐年提升，消费结构加速升级

以2021年为例，珠江—西江经济带（广西）各市农村居民消费水平不断提升，贵港、来宾、崇左的农村居民人均消费支出较2020年相比增长率均超过10%（见表2）。从消费结构来看，农村居民八大类消费支出[①]占比结构呈现"三增五降"态势，生存型消费支出仍占据主导地位，发展型消费支出增长较快，与生活质量密切相关的消费支出占总消费支出的比重持续

[①] 农村居民八大类消费支出：食品烟酒、衣着、居住、生活用品及服务、交通通信、教育文化娱乐、医疗保健、其他用品和服务。

上升。食品烟酒消费依然是农村居民八大类消费支出中比重最高的支出，农村居民开始追求饮食质量、食物种类的多样化，注重营养均衡；居住环境的变化趋势也较为明显，住房条件不断改善，配套设施更加完善。农村居民在衣食、居住基本得到保障的条件下，对社会交往和人际关系的需求增长，因此关于人际交往的交通通信消费支出日渐提高。此外，农村居民对精神文化等深层次的消费需求也在逐渐增长，农村居民对子女教育的重视程度不断提升，教育文化娱乐消费支出持续增长。

表2 2020~2021年珠江—西江经济带（广西）农村居民消费状况

单位：元，%

地区	城镇居民人均消费支出		农村居民人均消费支出			城乡居民消费支出比（农村居民人均消费支出＝1）		城镇居民家庭恩格尔系数		农村居民家庭恩格尔系数	
	2020年	2021年	2020年	2021年	增长率	2020年	2021年	2020年	2021年	2020年	2021年
广西全区	20907	22438	12431	14658	17.9	1.68	1.53	33.90	31.40	34.60	33.30
南宁	—	—	—	—	—	—	—	—	—	—	—
柳州	23254	24672	11185	11990	7.2	2.08	2.06	36.80	34.85	37.30	36.67
梧州	—	23991	—	9984	—	—	2.40	31.40	31.00	31.90	31.30
贵港	20293	22647	10404	11528	10.80	1.95	1.96	35.00	34.81	36.50	36.33
百色	19298	20186	9335	10016	7.30	2.07	2.02	34.40	33.50	34.80	33.80
来宾	19529	20525	11243	13087	16.40	1.74	1.57	37.10	35.70	34.70	33.40
崇左	19763	21463	8937	10045	12.40	2.21	2.14	35.80	35.00	35.90	35.00

资料来源：根据广西壮族自治区统计局及珠江—西江经济带（广西）各市统计局网站数据整理而得。

2. 消费理念不断更新，消费亮点层出不穷

2021年，珠江—西江经济带（广西）各市农村居民家庭恩格尔系数与上年相比均有不同程度的下降，标志着生活质量进一步提高。近年来，农村居民家庭的耐用消费品更新换代提速，时尚化、个性化成为消费潮流。服务性消费成为消费升级的一大趋势，娱乐健身、休闲度假逐渐融入日常生活，极大地带动了文化娱乐相关消费持续增长。与此同时，"互联网+"突破了时空的局限，用丰富的产品和优质的服务让新的消费习惯在广大农村市场迅速得到认可，多元化、多层面、多梯度为乡村消费需求的增长带来持久性拉动力。此外，医疗保障制度更加完善以及农村居民的健康意识增强，带动医疗保健消费支出增长；珠江—西江经济带（广西）交通基础设施建设持续发力、不断完善，形成高效畅通的交通网络，为居民出行更加便利提供了有力支撑；越来越多农村居民享受到交通方式日趋多元及通信技术迅猛发展所带来的红利，相应的消费支出也在日益上升。

3. 消费下沉趋势明显，农村居民消费倾向偏低

随着乡村振兴战略、数字经济发展战略的实施和深入推进，以社交电商、"直播带货"为代表的新兴消费开始崭露头角，有效打破了农村居民的消费壁垒，促进其消费观念的转变，为消费升级提供了土壤，消费下沉的趋势愈加凸显。根据相关统计数据计算，2021 年珠江—西江经济带（广西）农村居民人均消费倾向①同比呈上升趋势，柳州、梧州、贵港、百色、崇左的农村居民人均消费倾向偏低（见图 1），与全区相比分别低 17.54 个、25.43个、23.85 个、18.69 个、22.56 个百分点，其消费意愿和需求亟待挖掘。

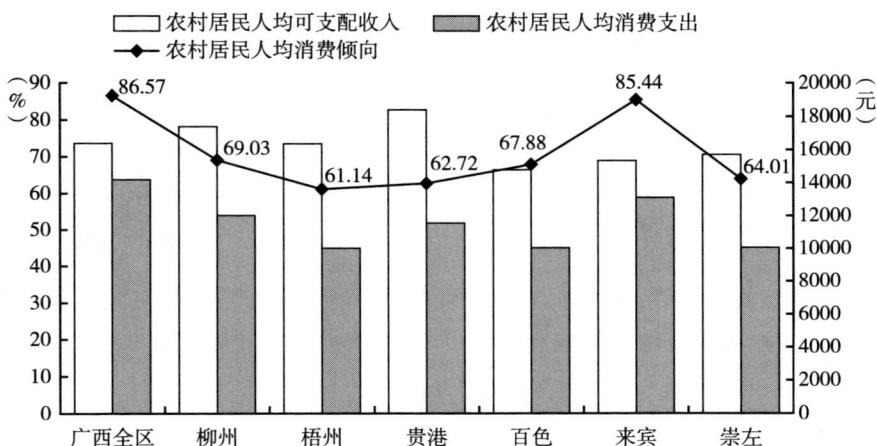

图 1　2021 年珠江—西江经济带（广西）农村居民人均消费倾向

说明：因南宁市农村居民消费支出数据暂缺，未纳入统计。

资料来源：根据广西壮族自治区统计局及珠江—西江经济带（广西）各市统计局网站数据整理而得。

---

① 农村居民人均消费倾向，通常用农村居民人均消费支出占农村居民人均可支配收入的比重来表示。

二 珠江—西江经济带（广西）提振农村居民消费的支撑因素

（一）农民增收能力提升的引擎效应

收入是影响消费的核心因素，提高农村居民收入是提振乡村消费的基础，多措并举拓宽农民增收渠道是增强农村居民消费能力的前提。近年来，珠江—西江经济带（广西）各市把推进农业产业化作为发展现代农业、助力乡村振兴的重要抓手，做强做优特色农业产业，拓宽农民增收渠道。立足地域特色，围绕一二三产业融合发展，补链条、聚集群，以补齐农产品加工短板为重点，构建农业全产业链体系，实现农产品多重转化增值，切实把产业发展真正落到促进农民增收上来。南宁、贵港等市抢抓市场机遇，积极发展中央厨房、预制菜加工等新形态，布局主食加工、方便食品、净菜加工，探索预制菜加工新模式。贵港积极探索"鱼稻共生"生态种养模式，打造有技术支撑力量、有特色技术模式、有科学规范管理、有自主品牌产品的可复制推广的新型鱼稻综合种养基地，实现"一水两用，一田双收，稳粮增效，鱼稻共赢"，既盘活了农村土地资源，提高了土地使用率，又做到了生态保护、农民增收"两不误"。玉林在养殖产业转型、生态养殖发展上用真功、发真力，结合各地实际和市场需求，积极引导农户因地制宜地探索新项目，在做好生态环保文章的同时进一步拓宽农民增收渠道。梧州市坚持"兴产业、强帮扶、稳政策"的思路，强化产业带动、强化就业帮扶、强化政策兜底，不断促进联农带农作用的发挥。

（二）公共服务与基础设施改善的拉动效应

农村水电路气、住房、通信、医疗、教育等基础设施和公共服务的不断改善，以及物流网络体系的日益完善，为乡村消费市场增长提供了强劲动力和广阔的发展空间，释放出巨大的乡村消费拉动效应。农村寄递物流成为农产品出村进城、消费品下乡进村的重要渠道之一①。2022年，广西建立健全县、乡、村寄递服务体系，推动农村地区流通体系建设，支持农村寄递物流体系建设有序推进，解决一直以来农村居民收寄快递存在的末端网点少、配送时间长、运输成本高等难点、堵点，更好地满足农村生产生活和消费升级需求。玉林市博白县作为农村寄递物流体系六个试点县之一，采取"快递+电商"模式，整合县域快递物流企业，入驻县级农村电商公共仓储物流配送中心，进行统仓共配，解决快递进村投递量少、距离远、营利难等问题，走出快递进村营利的新路子。据悉，2022年博白县每月村级快件量已超10万件，各村级站点已实现每月增收2000元。此外，快递进村大大促进了农产品的销售，北流百香果、博白桂圆肉、容县沙田柚等本土农特产品通过到达田间地头的物流销往全国市场。截至2022年11月，玉林全市快递服务涵盖1367个行政村，建制村快递服务覆盖率100%，实现"村村通快递"，市、县、乡、村四级物流体系得到进一步完善，大大促进了乡村消费市场的双向畅通，有效激活了乡村消费市场。据统计，玉林全市农村快速投递量占全区的比重达20%；2022年1~10月，玉林市农产品网络零售额达9.8亿元，农村网络零售额达16.9亿元，分别占全区的19.0%、16.8%。2022年，梧州市平均每天的电商业务量超5万件，带动全市快件量月均增长超过120%。其中，2022年1~9月，农村地区寄出快件约300万件，投递超600万件，带动农村网络销售和消费2.14亿元。

（三）县域商业体系加速推进的促进效应

建设县域商业体系是推动农民增收与消费提质良性循环的重要内容。2022年1月，自治区商务厅等17部门联合印发《关于加强县域商业体系建设促进农村消费的实施方案》，提出全面贯彻落实中央对县域商业体系建设的决策部署，构建以县城为中心、乡镇为重点、村为基础的县域商业体系，

---

① 《国务院办公厅关于加快农村寄递物流体系建设的意见》，中国政府网，2021年8月20日，http://www.gov.cn/zhengce/content/2021-08/20/content_ 5632311.htm。

解决农村消费和生产在节点建设以及流通方面的短板问题。珠江—西江经济带（广西）各市加快县城、乡镇和村三级商业设施改造升级，构建乡村新型便利店、连锁化便利化商场、集贸市场等业态齐全的商业体系，打造符合珠江—西江经济带（广西）各市农村发展实际的现代化商贸流通体系。依托"万村千乡"市场工程、电子商务进农村综合示范项目建设村级服务站点，提供商品零售、快递收发、生活缴费、农资供应等服务，丰富乡村消费市场，满足农民基本生活服务和消费升级需要。

（四）农村居民消费升级的联动效应

近年来，珠江—西江经济带（广西）农村地区消费总量呈现可观的增长态势。就这一角度而言，乡村消费升级趋势明显，正从传统生产型消费向发展型消费转变。具体表现为两个方面。一是消费品种。农村居民对食品、衣物等基本消费品的需求逐渐下降，对文化、教育等享受型消费品的需求持续增长，消费品种多元化趋势已经显现。二是消费品质。个性化、品质化消费成为越来越多农民的新追求，如交通工具的消费升级，汽车在农村居民耐用消费品拥有量中的增长速度最快。休闲娱乐逐步与城市接轨，除了购物和出行，乡村的休闲娱乐方式也在积极地和城市接轨，品牌餐饮连锁店、民宿逐渐崭露头角。此外，除了产品本身的质量，服务的过程体验，如配送时效性等流通因素也成为农村居民的关注点。

（五）政策红利加快释放的催化效应

农村市场潜力巨大，从中央到地方陆续出台扩大乡村消费的相关政策，涵盖提振大宗消费、建设县域商业体系、贯通县域电子商务体系、完善快递物流配送、促进绿色消费等多方面。2022年3月，住建部、工信部等六部门联合下发《关于开展2022年绿色建材下乡活动的通知》，鼓励有条件的地区对绿色建材消费予以适当补贴或贷款贴息；2022年7月，商务部等部门发布《关于促进绿色智能家电消费若干措施的通知》，提出开展绿色智能家电下乡行动。2022年12月，《广西强商贸扩内需促消费行动方案（2022—

2025年）》出台，明确推动绿色消费，支持开展家电以旧换新、废旧家电回收利用，促进绿色家电及新能源汽车消费。在新一轮政策利好的推动下，珠江—西江经济带（广西）乡村消费能力逐步提升，消费潜力加速释放。

三 绿色发展背景下珠江—西江经济带（广西）提振乡村消费面临的难点问题

（一）农村居民增收基础不牢固，消费能力偏弱

珠江—西江经济带（广西）农村居民收入、消费在全区尚处于较低水平。从2020~2022年城乡居民人均可支配收入比看，城乡居民人均可支配收入差距呈逐年缩小态势。然而，城乡居民人均可支配收入的绝对差额呈增长趋势，如柳州市的城乡居民人均可支配收入比由2020年的2.43降至2022年的2.31，但城乡居民人均可支配收入绝对差额却在逐步增长，由2020年的22631元增长至24068元，城乡居民人均可支配收入差距过大。居民收入水平是消费的前提和基础，就业形势严峻、就业压力加大会持续影响农村居民的消费能力。农村居民消费信心不足，预期收入的下降导致理性消费意识不断增强，农村居民普遍倾向于将闲余的资金用于储蓄，在一定程度上影响了消费意愿。此外，子女教育、医疗和养老等因素造成刚性支出压力加大，不可避免地影响了农村居民在其他领域的消费支出。

（二）供需匹配度有待提升，消费需求受到制约

当前，国家大力实施乡村振兴战略，加大对返乡就业创业的政策支持力度，越来越多的年轻人选择返乡就业创业。一方面，新型城镇化人口和返乡就业创业人群的消费理念和消费方式日渐向大城市看齐，对商品服务质量和体验的要求不断提升，带动消费结构不断升级；另一方面，农村商业体系发展相对滞后，农村居民消费方式相对单一，普遍存在供应链体系陈旧、商品和服务供给不足等问题。因此，在现有的供给结构下，珠江—西江经济带（广西）农村居民对产品服务多样化的消费需求尚未得到满足，养老、健

康、住房、文化教育、休闲娱乐等消费领域多层次、多元化的消费需求与现有参差不齐的消费供给之间的矛盾日益凸显。

（三）消费环境存在薄弱环节，亟待补短板强弱项

目前，珠江—西江经济带（广西）的县域物流仓储等基础设施发展较为滞后，电商服务点少、配送时间长、成本高，数字化建设、农村信贷等基本公共服务有待加强，消费者权益保障不健全、市场监管不力、消费环境还需进一步优化，这些短板弱项在很大程度上影响了农村居民消费升级的进程，亟待补齐强化，在优化消费环境上下功夫，为挖掘乡村消费潜力夯实基础。

（四）绿色消费意识尚未形成，产品市场仍待完善

近年来，绿色消费受到全社会的广泛关注。作为一种新的消费理念，其倡导可持续、适度节制消费，保护生态，避免或减少对环境的破坏。从国家到自治区层面都对进一步促进绿色消费作出积极部署，无不彰显力推绿色消费的决心。对于地处经济欠发达地区的珠江—西江经济带（广西）农村居民而言，一方面，绿色消费处于起步阶段，受文化素质不高、受教育程度偏低、思想观念相对保守、对新鲜事物接受慢的限制，农村居民对"双碳"战略的认知和理解相对较弱，环保意识和绿色低碳消费理念的培养任重而道远；另一方面，由于购买力有限，农民对消费商品的价格极其敏感，而绿色产品因在技术研发及生产过程中投入了大量财力而价位较高，大多超出了农村居民的价格承受范围，影响了农村居民的绿色消费积极性。

四　绿色发展背景下珠江—西江经济带（广西）提振乡村消费的路径思考

当前，应从实际出发，在更深层次、更广范围、更高水平破除乡村消费的体制机制障碍，加大政策扶持力度，着力消除影响农村居民消费升级的不和谐因素，增强供给与需求的适配性，精准有效地提振乡村消费。

（一）政策导向

在绿色发展背景下，破除农村居民消费最直接、最突出、最迫切的体制机制障碍。

1. 抓关键：深化改革，提升农村居民的消费能力

充分认识提振乡村消费是扩大内需的重要突破口，是推进乡村振兴、实现农业农村现代化的重要举措。牢牢把握扩大内需这个战略基点，从战略和全局的高度加强组织领导，统筹协调重要事项。加快完善促进农村居民增收长效机制，以产业振兴为中心，把握好承接粤港澳大湾区产业转移的契机，加强城乡产业协同布局，通过内培外引，扶持一批好项目、好企业入驻乡村，创造更多就业机会，带动村民增收。盘活用好乡村资源，促进乡村经济多元化发展，强化职业技能培训，积极拓展促进农村居民收入提升的空间通道，以保障和改善民生为出发点和落脚点，夯实消费持续提档升级的基础。加快教育、医疗、社保领域的改革，逐步解决城乡公共服务供需失衡以及高成本导致的居民边际消费下降问题，最大限度地缓解农村居民对消费的"后顾之忧"。

2. 抓重点：供给、需求两个层面同时发力

农村居民消费主要包括熟人社会、价格敏感、闲暇娱乐三大特征。针对当前部分商品和服务与农村居民需求不符的现状，一方面，应推动传统消费提档升级，针对衣食住行等刚需消费，积极搭建城乡商业资源对接平台，引导城区实体商场、超市、品牌店、便利店等实现渠道下沉，将更多、更好的品牌商品销往农村，满足农民消费升级需求。聚焦汽车、家电等农民群众关注度高、需求性强的产品领域，释放居民家庭消费潜力，加大家电以旧换新力度，不断提高消费供给的层次和水平。另一方面，应围绕农村居民消费需求特点，带动新产品、新服务、新技术、新理念下乡，开发合适的产品和品牌，连锁化发展亲子、餐饮、文化娱乐等居民生活服务，增加乡村消费市场的有效供给。创新消费业态和模式，促进线上线下消费有机融合，畅通农产品进城和工业品下乡渠道，从更好地满足农村居民日益增长的美好生活需要

出发，完善双向流通体系，提升农村居民消费便利度。

3. 谋长远：缩小城乡原发性、积累型差距

城乡之间存在的差距迫切要求强化政府在促进农村公共服务、推动城乡居民基本权利平等方面的职能。因此，应紧密结合珠江—西江经济带（广西）各市实际，加大激活乡村消费市场的政策供给力度，加快补齐基础设施、供应链服务、乡村消费品流通体系等方面的短板，提高乡村消费市场的流动性，确保产业链、供应链的畅通；优化乡村消费网络节点布局，促进公共服务均等化，进一步提升乡村消费水平；加强乡村消费市场的诚信体系建设，强化监督执法力度，保障乡村消费者维权渠道畅通无阻，发展多元化乡村消费金融主体，创新金融产品及服务体系，切实让农村居民能消费、敢消费、愿消费，充分激发乡村消费市场的活力。

（二）操作层面

细化政策，完善金融政策、强化宣传引导、完善制度保障和激励政策，解决好乡村消费中的牵动性、引领性问题。

1. 强化金融政策支持和引导

在统筹防范化解相关领域风险的前提下，珠江—西江经济带（广西）各市应引导金融机构针对农村居民的消费需求开发"适销对路"的金融产品，构建更适合乡村消费者的贷款机制，提高消费者的贷款可得性；加大对重点消费领域的信贷支持力度，尤其是在养老、文旅、大健康等新兴产业方面推出更多符合产业发展方向、贴近消费需求的专属信贷产品，减轻农村居民的消费负担。同时，各地政府应致力于建立完善农村信用体系，解决农户与金融机构的信息不对称问题，促进优质金融资源持续稳定流向"三农"领域，探索构建符合金融机构与农村居民双方实际需求的农村信用平台，实现信息征集、信息审核、信息评价、信息更新一体化①，进一步赋能农村居

---

① 王琨媛、黄耀宇：《互联网金融对农村居民消费升级的影响效应分析》，《商业经济研究》2023 年第 2 期。

民消费升级。

2. 强化绿色消费宣传引导

加强顶层设计，多渠道开展绿色消费政策宣传，协同引导和培育绿色低碳消费新风尚。充分借助广播、电视、报纸、网络、微信公众号等媒体和平台，加大对"双碳"战略、绿色建材、绿色家电下乡政策以及使用绿色产品好处的宣传力度，正确引导和鼓励农村居民进行绿色消费。处理好发扬勤俭节约光荣传统与提高人们生活水平的辩证关系，破除传统观念束缚，树立与生产力发展水平、居民收入水平相适应的适度、合理的消费观念。围绕广西促消费系列活动进行全方位、多维度的宣传推广，吸引更多消费者，提振乡村消费。

3. 完善绿色消费制度保障和激励政策

建立绿色消费信息平台，定期发布绿色低碳产品清单和购买指南，提高绿色低碳产品生产和消费的透明度。对农村居民购买指定范围的绿色低碳产品给予一定比例的财政资金补贴，从根本上提高农村居民的绿色消费积极性。与此同时，鼓励企业扩大绿色生产，不断提供品种丰富、品质优良的绿色产品；对于参与绿色建材、绿色家电下乡活动的企业、电商平台、商场，应给予一定的补贴或优惠，提升参与度。探索绿色消费券、绿色积分、直接补贴、降价降息等多种方式[1]，进一步提升绿色消费对珠江—西江经济带（广西）经济高质量发展的促进作用。

---

[1] 张晓月：《以倡导绿色消费大力促进绿色发展》，《重庆日报》2022 年 11 月 17 日。

地 区 篇
Regional Reports

B.11
绿色金融促进绿色农业发展：
基于广西梧州的实践

刘俊杰　农云丽*

摘　要： 党的二十大报告强调，要推动绿色发展，加快发展方式绿色转型。引领绿色发展，发展绿色金融，应该把金融支持绿色农业发展摆在更加突出的位置。本报告以广西梧州为例，结合梧州绿色农业信贷规模不断扩大、资本市场支持力度不断加大、相关绿色金融政策陆续出台及绿色农业发展取得明显成效的现状，揭示绿色金融促进绿色农业发展过程中存在的绿色信贷发展相对薄弱、绿色金融基础设施建设相对落后、绿色金融制度政策供给不足问题，提出扩大绿色信贷规模、完善绿色金融基础设施建设、加强绿色金融支持绿色农业的顶层设计等对策建议。

* 刘俊杰，博士，广西师范大学经济管理学院教授，珠江—西江经济带发展研究院副院长、研究员，研究方向为区域发展与城乡关系、区域产业结构与产业组织、区域可持续发展；农云丽，广西师范大学经济管理学院硕士研究生，研究方向为区域金融。

关键词： 绿色金融　绿色农业　高质量发展　广西梧州

一　引言

党的二十大报告指出大自然是人类赖以生存发展的基本条件，尊重自然、顺应自然、保护自然，是全面建设社会主义现代化国家的内在要求[①]，并从加快发展方式绿色转型，深入推进环境污染防治，提升生态系统多样性、稳定性、持续性，积极稳妥推进碳达峰碳中和等方面作出具体部署。《"十四五"全国农业绿色发展规划》也明确提出，"十四五"期间，我国将打造绿色低碳农业产业链，推动农业绿色发展、低碳发展、循环发展，全链条拓展农业绿色发展空间，培育绿色低碳新增长点，加快形成发展新动能。为落实绿色发展相关战略及规划，全国各地逐渐加快推动绿色低碳发展的步伐。2022年3月，梧州市人民政府印发《关于加快建立健全绿色低碳循环发展经济体系实施方案的通知》，强调加快农业绿色发展，鼓励绿色低碳技术研发，发展生态循环农业[②]。深入发展绿色农业离不开绿色金融的支持和保障，我国绿色金融工具种类日益丰富，主要包括绿色信贷、绿色债券、绿色衍生工具、绿色股票、碳交易等，其中绿色信贷在农业项目融资中占有较高的比重，绿色金融的发展在减少农业污染方面的作用较大。本报告通过分析广西梧州绿色金融对绿色农业发展的促进作用，指出绿色金融支持绿色农业发展过程中存在的不足与问题，分析成因并给出相应的对策建议，响应国家"力争在2030年前实现碳达峰，2060年前实现碳中和"的号召。

[①] 《高举中国特色社会主义伟大旗帜　为全面建设社会主义现代化国家而团结奋斗——在中国共产党第二十次全国代表大会上的报告》，中国政府网，2022年10月16日，http://www.gov.cn/gongbao/content/2022/content_ 5722378.htm。

[②] 《梧州市人民政府印发关于加快建立健全绿色低碳循环发展经济体系实施方案的通知（梧政发〔2022〕6号）》，梧州政府网，2022年3月9日，http://www.wuzhou.gov.cn/zfxxgk_ 2/fdzdgknr/wjzl/zfwj/wzf/t11383423.shtml。

二 文献综述

（一）关于绿色金融概念的研究

有关绿色金融概念的研究起步于国外，由"环境金融""低碳金融"等概念发展而来，研究观点大致分为两种。一是认为绿色金融是支持生态文明、保护环境的经济活动或金融服务。1974 年，德国生态银行将绿色金融定义为支持生态文明建设、理性、可持续的经济金融活动"。Cowan 认为，绿色金融是一种保护环境的倡议活动和提供资金支持的经济活动。2016 年，中国人民银行等七部委在《关于构建绿色金融体系的指导意见》中指明，绿色金融是一种金融服务，目的为环境改善、应对气候变化和资源节约高效利用。马骏认为，绿色金融是一种通过金融服务工具把资金投入环保绿色行业的特殊活动。二是认为绿色金融是一种金融政策、战略及手段。高建良指出，绿色金融是金融机构促进社会可持续发展的战略。Salazar 认为，绿色金融是促进金融与环境行业实现互通的创新服务方式。Labatt 认为，绿色金融是一种转移环境风险、实现生态环境良好发展的创新金融手段。安伟指出，绿色金融是推动经济和生态环境协调发展的重要手段之一。王波认为，绿色金融是金融机构进行"绿色化改造"、推动自身可持续发展的金融战略。何茜认为，绿色金融是生态环境保护的新手段，用于解决资源与环境问题。

（二）关于绿色金融促进农业发展的研究

马九杰等人通过对绿色金融创新的国际经验及我国绿色金融发展状况的分析，阐明绿色金融对农业可持续发展的作用和意义。周淑芬等人采用问卷调查法分析研究部分企业、农户和金融机构对绿色金融政策和产品的了解程度及绿色金融支持现状，发现存在农业产业融资渠道不完善、农户对绿色金融及政策缺乏了解等问题，据此提出相关对策建议。张军伟等人通过实证分析金融支持对绿色农业发展的激励效应，得出农村信贷和农业保险对绿色农业发展的影响不明显的结论。王四春等人认为，绿色金融有助于绿色发展理念融入农业，促进生态、智慧、低碳农业发展。马骏等人指出，中国在金融支持绿色农业发展上存在绿色农业的标准尚未统一合规、金融支持绿色农业的范围不够明确、缺乏针对绿色农业融资主体的信用体系等问题。杨晓玉等人认为，绿色金融为农业高质量发展提供强有力的资金保障，在碳达峰碳中和的国内国际新环境下，选择绿色金融支持农业高质量发展的现实路径具有深远的意义。庞洁等人认为，金融支持农业绿色发展大有可为，绿色信贷、绿色保险、绿色债券、绿色基金、碳金融等金融产品具有广泛的应用场景。

综上，学者们对绿色金融概念及绿色金融促进农业发展问题进行了大量研究，但是对绿色金融促进绿色农业发展的研究相对较少，还有待深化。本报告以广西梧州为例，结合梧州绿色农业信贷规模不断扩大、资本市场支持力度不断加大、相关绿色金融政策陆续出台及绿色农业发展取得明显成效的现状，分析绿色金融促进绿色农业发展过程中存在的绿色信贷发展相对薄弱、绿色金融基础设施建设相对落后、绿色金融制度政策供给不足问题，提出扩大绿色信贷规模、完善绿色金融基础设施建设、加强绿色金融支持绿色农业的顶层设计等对策建议。

三　梧州绿色金融促进绿色农业发展现状

（一）梧州绿色金融在绿色农业领域的发展情况

1. 绿色农业信贷规模不断扩大

随着梧州市果蔬、蚕桑、中药材等行业绿色化改造的推进，绿色农业信贷规模不断扩大。2018~2022 年，梧州市将绿色农业作为信贷投放的重要对象，绿色农业的银行信贷额逐年增长，而高污染类型企业的银行信贷额逐年下降。据中国人民银行南宁中心支行统计，截至 2022 年 6 月末，梧州市绿色农业信贷余额为 44.7 亿元，同比增长 45.33%。其中，生态农业信贷余额为 13.17 亿元，同比增长 458%。2022 年 1~7 月，梧州市的绿色农业信贷增速为 24.36%，排全区第 1 位；梧州市区农信社绿色信贷余额比年初增长 38.2%；农行梧州分行绿色信贷余额为 11.52 亿元，比年初增长 59.11%；邮储银行梧州分行绿色信贷余额为 3.85 亿元。信贷主要投向污水处理、资源再生利用、绿色食品制造、清洁能源供给等方面，这证明梧州市的银行信贷主要集中在绿色农业领域，信贷投放偏向绿色农业。

2. 资本市场支持力度不断加大

梧州市作为广西直接融资改革创新试点城市，享受了诸多政策红利，资本市场对绿色农业发展的支持力度不断加大。2022 年 5 月，广西"专精特新板"在北部湾股交所正式开板，为绿色农业直接融资提供了重要平台；广西农行发行首笔"确权贷"，切实解决绿色企业现金流紧张难题；绿色保险范围不断扩大，由传统的绿色农业保险向环境污染责任险等其他绿色险种拓展。梧州市对绿色农业发展的融资支持，充分展示了资本市场在绿色农业发展过程中的重要性和显著的支持作用。根据梧州市生态环境局公布的数据，2021 年梧州市长洲区农村秸秆回收点不断增多，长洲区综合利用处理秸秆约 500 吨，秸秆机械收割直接粉碎还田量达到 90%；同时，长岛区农村秸秆回收点通过较低的贷款利率获得资金建立秸秆收储中心，收购的秸秆用于加工生产有机肥，有效解决了秸秆焚烧带来的环境污染问题。

3. 相关绿色金融政策陆续出台

2018 年 7 月，广西壮族自治区人民政府转发《关于构建绿色金融体系的实施意见》，明确要求大力发展绿色信贷，引导银行业金融资金流向绿色农业，并切实督促实施。2020 年 12 月，《关于金融支持粤桂合作特别试验区加快发展的若干措施》出台，鼓励梧州市开设融资服务线上对接平台，为绿色产业发展提供"一站式"服务。融资制度的创新给梧州市绿色农业发展提供了强大的金融支持。2021 年 10 月，梧州市入选广西直接融资改革创新试点城市。2022 年 2 月，梧州市制定出台《梧州市金融工作办公室 2022 年工作要点》，提出制定农村绿色金融具体改革目标，以发挥绿色金融对绿色农业发展的助推作用，并提出以建立绿色金融项目库为切入点发展绿色金融①。2022 年 3 月，梧州市人民政府印发《关于加快建立健全绿色低碳循环发展经济体系实施方案的通知》，明确支持梧州市绿色农业发展工作，制定了"到 2025 年全市畜禽粪污资源化利用率达 88% 以上、农作物秸秆综合利用率达 86% 以上"的目标。由此可见，陆续出台的绿色金融政策为梧州市绿色农业发展指明了道路。

（二）梧州市绿色农业发展成效

党的十八大以来，梧州市在习近平生态文明思想的指导下，认真贯彻执行党中央关于绿色农业建设的一系列重要指示，以改善生态环境质量为核心，绿色农业发展取得明显成效。在农业生产绿色化方面，2022 年，梧州市绿色有机农产品总数达 52 个，较上年同期增长 23.8%，远超任务指标，农产品质量安全例行监测合格率超 99%，农业生产"三品一标"水平不断提高。在农业资源保护方面，2022 年，梧州市共完成耕地撂荒治理 468 亩、"非粮化"治理 298 亩，粮食安全和耕地保护相关政策得到严格落实。在农业产地环境方面，梧州市大力推动生态环境保护工作，农作物秸秆综合利用率、农膜回收率、畜禽粪污资源化利用率分别达到 86.7%、83.5%、93.6%，均实现同比增长。在农业绿色发展技术方面，梧州市大力推进有机肥替代化肥、水肥一体化、绿肥种植等关键技术，积极推广生物防治、物理防治、高效低风险农药防治等绿色防治技术，2022 年肥料抽检合格率为 96.88%，2020 年和 2021 年的肥料抽检合格率分别为 90.60% 和 88.57%，肥料的质量较往年有显著提升。在农村人居环境方面，梧州市完成 2 条农村黑臭水体治理，实现农村生活污水治理设施运行率达 100% 的目标，但全市完成农村生活污水阶段治理的行政村覆盖率仅为 3.25%，农村生活污水治理基础设施建设问题突出。此外，梧州市农业绿色发展试验示范基地环境、经济效益显著。总之，梧州市绿色农业在相关

---

① 《梧州市金融工作办公室关于印发 2022 年工作要点的通知（梧金办〔2022〕1 号）》，梧州市金融工作办公室网站，2022 年 2 月 17 日，http://jrb.wuzhou.gov.cn/tzgg/t13005306.shtml。

的政策举措支持下得到发展，但仍有些许不足，未来需进一步探索农业绿色发展富民兴村新模式。

四 绿色金融促进绿色农业发展进程中面临的问题

（一）绿色信贷发展相对薄弱，金融产品单一

据广西农信社统计，截至 2022 年 3 月末，广西农信社绿色信贷余额为 54 亿元，占全部信贷余额的 1.16%；据中国人民银行广西分行统计，截至 2022 年 6 月末，梧州市生态农业信贷余额占梧州市绿色信贷余额的 29.46%，梧州市绿色信贷余额占广西绿色信贷余额的 0.94%左右，低于全国 6.92%的平均水平。而早在 2021 年上半年，南宁市的绿色信贷余额占广西绿色信贷余额的比重就已经达到 54.56%。由此可见，梧州市绿色信贷余额在广西的占比远远低于南宁市。绿色农业开发、绿色交通、水资源开发等项目缺乏资金，这些项目大多属于长期项目，风险和回报难以评估和控制，而金融机构发放的农业信贷如"惠农 e 贷""集保贷"等属于中短期流动资金信贷。尽管梧州市农业信贷余额位居广西各地级市前列，但其中涉及低碳、绿色、生态的专项信贷不多。对绿色金融的积极探索，使广西在绿色信贷、绿色债券、绿色保险方面得到了持续快速的发展，南宁市的绿色专营机构已达到 78 个，拥有绿色产业风险保障类等 45 个绿色保险以及 59 个投资额总计达 93.5 亿元的重大绿色项目。与南宁市相比，梧州市的绿色债券和绿色保险产品不足，在发展绿色农业方面缺少政府专项绿色债券、绿色保险、绿色基金和绿色专营机构支持，绿色农业金融产品过于单一，无法满足绿色农业多元化融资需要。

（二）绿色金融基础设施建设相对落后

绿色项目库、绿色项目融资平台是开展绿色金融业务的重要基础设施，而在广西，仅南宁、柳州市建立了绿色项目库，仅柳州市开发了广西首个绿色项目融资平台——绿色金融综合服务平台。梧州市绿色金融基础设施建

设尚未完成，不仅缺乏绿色项目库及绿色项目融资平台，而且金融机构网点数较少，不及南宁市、桂林市、玉林市。在绿色农业领域，梧州市缺乏绿色统计指标体系、绿色核算体系、绿色信息披露体系、绿色评价体系，在采集、计算和评估节能减排、碳排放和碳足迹数据方面受到制约。

（三）绿色金融制度政策供给不足，政策体系有待完善

在梧州市发布的政策文件中，与绿色低碳农业相关的有 5 个；在已发布的绿色金融与绿色农业相关政策文件中，综合性指导文件有 3 个，占比达75%；专项指导文件有 1 个，占比达 25%。无论是综合性指导文件，还是专项指导文件，数量都较少。总体上看，广西各个城市均已发布绿色金融相关政策，尤其是入选绿色金融改革创新示范区的 4 个城市（南宁、柳州、桂林、贺州）在政策机制创新方面较为领先，均发布了绿色金融综合性指导文件。其中，柳州市共发布绿色金融相关政策文件 19 个，桂林市共发布 8 个，相较于柳州市、桂林市，梧州市在绿色信贷及其他绿色金融产品层面的政策推动力及政策市场效果有待加强。广西壮族自治区金融办等八部门联合发布的《关于构建绿色金融体系的实施意见》中提出积极运用再贷款支持绿色信贷发展，随后，贺州市在《贺州市构建绿色金融体系实施方案》中明确指出，积极运用再贷款、再贴现、常备借贷便利等货币政策工具支持绿色信贷方面表现突出的金融机构。而梧州市在绿色信贷、绿色债券贴息政策及再贷款定向支持绿色项目政策方面仍有欠缺，并没有出台专项政策文件。另外，在梧州市发布的绿色金融相关政策中，有关担保和风险补偿机制的内容并不具体，担保支持范围、补偿奖励机制、财政专项资金规模等政策不全面，缺乏有针对性的绿色金融风险防范制度。

五 绿色金融促进绿色农业发展面临问题的成因

（一）绿色金融市场大环境所致

虽然我国已经积极推出各种绿色金融产品，但绿色信贷在我国绿色金融

市场所占的比例仍然很高。《中国绿色金融发展研究报告2021》指出，绿色信贷占整个绿色金融资金总额的90%以上，而绿色债券、绿色基金、绿色保险等发展相对缓慢，绿色债券用于绿色农业的资金只占总额的3.2%左右，且碳排放权交易市场仍处于空白阶段。《地方绿色金融发展指数与评估报告（2020年）》显示，2020年我国地方绿色金融发展评价结果总得分情况中，广西排在第22位，处于第三梯队（见图1）。由此可见，广西绿色金融发展水平较低。2021年上半年，广西绿色债券发行总额为15亿元，排全国23个省份中的倒数第6名①。绿色债券、绿色基金、绿色信贷、绿色股票等直接融资发展水平较低，难以有效满足绿色低碳科技创新相关企业和项目的发展需求。另外，广西绿色信贷投放行业主要集中在绿色交通运输、垃圾处理及污染防治、清洁能源、可再生能源和资源循环利用等领域，绿色建筑、节能环保服务、绿色农业领域较少，行业分布差异较大，整体发展不均衡。从全国和广西来看，绿色金融市场规模还有很大的发展空间，仍缺乏支持绿色农业发展的资金和金融产品，且金融创新发展主要依靠政府及金融机构推动，导致梧州市支持绿色农业发展的绿色信贷发展薄弱、金融产品单一。

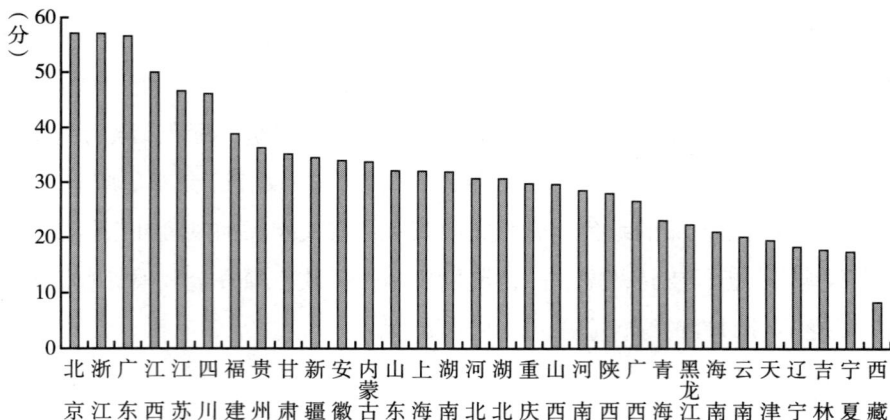

图1　2020年我国地方绿色金融发展评价结果总得分情况对比

资料来源：《地方绿色金融发展指数与评估报告（2020年）》。

---

① 资料来源：中央财经大学固定收益协会、海南省绿色金融研究院。

（二）绿色金融基础设施建设缺乏专项资金支持

梧州市绿色金融基础设施建设与资金投入有关。绿色金融在投资端通过绿色金融工具发挥杠杆作用，提高其投资转化率，需要绿色金融科技创新资金投入。绿色金融基础设施建设具有投入成本高、技术创新要求高、建设周期长的特点，导致金融机构对绿色金融基础设施的重视程度不高，缺乏用于宣传和推广绿色金融综合性服务平台的专项资金，难以为绿色项目投融资提供便利。梧州市绿色金融发展仅依靠政策推动，未明确提供专项资金支持，且梧州市绿色金融发展内在驱动力不足，无法依靠绿色金融发展水平及科技创新发展能力建立绿色金融综合性服务平台，因此梧州市绿色金融基础设施发展不完善。

（三）绿色金融政策体系不完善，缺乏绿色金融专业指导机构

美国、日本等发达国家的绿色金融政策体系都较为成熟，而我国目前的绿色金融政策体系仍面临诸多问题和挑战，如绿色金融标准尚未完全统一，科技、人才等要素支撑不足，环境信息披露水平较低，激励和约束机制有待强化。在地方绿色金融政策中，广西的绿色金融相关制度及激励机制不完善，且制定的方案、规章、条款等多基于宏观层面，针对性及可操作性并不高，没有专门、全面的绿色金融规章制度，导致绿色金融政策体系不够完善。地方绿色金融委员会是推动绿色金融政策落地的重要保障，在开展绿色金融研究方面具有较强的组织能力和专业优势。2015 年，中国金融学会绿色金融专业委员会成立，截至 2022 年 10 月，全国共有 19 个省份设立了省级绿色金融专业委员会等专业协会。而广西未成立区级或市级绿色金融专业委员会，仅在部分银行本部设立绿色金融部门。地方绿色金融专业委员会的缺乏使金融机构、企业和政策制定部门之间的联系不够密切，从而影响广西区级政府指导地方开展绿色金融研究的深入程度及各个地级市具体绿色金融政策的发布和推行。

六 绿色金融促进绿色农业发展的对策建议

（一）扩大绿色信贷规模，丰富绿色金融产品

梧州市还处于绿色金融发展初期，其发展规模不够大、市场程度不够深，需要更多金融工具的支持。应发挥政府引导作用，完善相应的激励政策，推动绿色农业产品和碳排放权等相关金融产品的研究设计与实践；助力发展绿色金融服务市场，为金融机构创造便利条件，吸纳新金融机构入驻，鼓励旧金融机构发展，提升绿色金融服务的广度和深度；鼓励金融机构开发专属金融产品以支持新型农业经营主体和农村新产业、新业态，增加首贷、信用贷等贷款产品，拓展可获得性贷款资金来源。金融机构应加大林业有效信贷投入力度，设立林业贷款专门窗口或快速服务通道，创新林业抵押担保模式；创新发展绿色资产证券化、绿色融资租赁、绿色信托、绿色保险、绿色债券等业务，开发有梧州特色的绿色金融产品。此外，应持续拓宽投融资渠道，降低绿色企业投资准入门槛及融资成本，支持绿色企业上市挂牌，鼓励上市绿色企业增资扩股，利用政府基金引导社会资金参与绿色农业融资和再融资。

（二）完善绿色金融基础设施建设

建立一套完善系统的绿色金融基础设施是绿色金融支持绿色农业发展的基础。虽然梧州市构建"六堡茶"全产业链金融服务体系效果显著，但在绿色金融基础设施建设方面仍存在较大的发展空间。一是借鉴田东县开展农村金融改革的成功经验，加强农村地区金融基础设施建设，搭建两广金融改革创新综合试验平台。整合农业生产污染排放、环境违法、节能减排等信息，为参与者提供评估、审核、管理服务，解决金融机构与农户、小农场之间的信息不对称问题。二是完善绿色项目遴选程序，建立绿色项目库，探索制定绿色企业和项目认证规范管理制度。三是完善绿色金融统

计体系，逐步完善绿色金融产品统计工作，科学评估绿色金融活动对农业环境的影响。

（三）加强绿色金融支持绿色农业的顶层设计

绿色农业持续发展需要健全绿色金融政策体系。一是建立绿色金融支持政策体系，强化法律法规政策支撑，促进产业政策与金融政策协调配合，促使农业、生态环境、金融等相关部门加快信息资源整合，加强绿色政策指引。根据社会经济发展特征，完善强制性绿色企业社会责任、环境风险等相关信息披露等方面的政策法规。二是建立绿色金融项目评价体系。重点围绕节能减排技术改造、新能源开发利用等项目制定绿色金融项目评价标准。完善绿色信贷、绿色债券贴息政策及再贷款定向支持绿色项目政策。对绿色农业贷款和保险进行贴息、奖励及风险补偿，发展绿色农业保险，有效增强绿色农业抵抗自然灾害和意外事故的能力，从而提高农业生产者的参与积极性，稳定绿色产品生产供给。三是成立绿色金融专业指导机构，为出台绿色农业或绿色金融政策、制度提供依据。绿色金融发展离不开专业研究的支撑。成立绿色金融专业指导机构，推广绿色金融理念，促进基础研究、成果转化及对外交流合作，聚焦绿色金融政策落实、绿色金融市场机制建设，推动研究成果的转化、应用和推广。

参考文献

马骏：《论构建中国绿色金融体系》，《金融论坛》2015 年第 5 期。

高建良：《"绿色金融"与金融可持续发展》，《金融理论与教学》1998 年第 4 期。

安伟：《绿色金融的内涵、机理和实践初探》，《经济经纬》2008 年第 5 期。

王波、郑联盛：《新常态下我国绿色金融发展的长效机制研究》，《技术经济与管理研究》2018 年第 8 期。

何茜：《绿色金融的起源、发展和全球实践》，《西南大学学报》（社会科学版）2021 年第 1 期。

马九杰、杨晨：《绿色金融创新与可持续发展导向的农业供给侧结构性改革研究——以北京市为例》，《农村金融研究》2017 年第 12 期。

周淑芬、李妍、王康：《绿色金融视角下农业循环经济发展的政策支持研究——以河北省为例》，《中国农业资源与区划》2017 年第 7 期。

张军伟、费建翔、徐永辰：《金融支持对绿色农业发展的激励效应》，《中南财经政法大学学报》2020 年第 6 期。

王四春、许雪芳：《推进绿色金融助力乡村振兴》，《人民论坛》2020 年第 8 期。

马骏等：《绿色金融、普惠金融与绿色农业发展》，《金融论坛》2021 年第 3 期。

杨晓玉、周丹：《绿色金融支持农业高质量发展的机遇、困难和现实路径》，《农业经济》2022 年第 8 期。

庞洁、胡钰、金书秦：《金融支持农业绿色发展：机遇、场景与政策需求》，《农村金融研究》2022 年第 7 期。

周运兰、杨锐：《广西绿色金融发展问题及对策研究》，《科技创业月刊》2021 年第 3 期。

苏露：《碳达峰碳中和愿景下广西绿色金融发展路径研究》，《市场论坛》2021 年第 12 期。

朱兰、郭熙保：《党的十八大以来中国绿色金融体系的构建》，《改革》2022 年第 6 期。

罗永宣：《建设金融开放门户背景下资源富集区着力发展绿色金融研究——以广西河池市为例》，《金融理论与实践》2020 年第 2 期。

The Cowan, E., "Topical Issues In Environmental Fiance," *Journal Compilation* 3 (2007).

Salazar, J., "Environmental Finance: Linking Two World", Presented at a Workshop on Financial Innovations for Biodiversity Bratislava, Slovakia, 1998.

Labatt, S., White, R., *Environmental Finance: A Guide to Environmental Risk Assessment and Financial Products* (Canada: John Wiley & Sons. Inc, 2002).

B.12
"双碳"目标下广州推动绿色低碳
发展的对策研究

叶茂贵*

摘　要： 近年来，广州建立健全"双碳"协调推进机制，不断加大碳排放强度削减幅度，深入推进经济结构绿色转型，健全绿色金融发展机制，打造高品质生态环境，走出了一条具有广州特色的绿色低碳发展道路。但是，对标国家"推动绿色发展，促进人与自然和谐共生"的要求，对照人民群众对美好生态生活环境的热切期盼，广州能源结构调整还存在诸多困难，能源利用效率提升难度较大，新能源产业发展不平衡不充分，生态环境改善基础不稳固。面向未来，建议广州创新绿色低碳发展模式，提高低碳清洁能源消费比重，培育壮大新能源产业集群，加强绿色技术研发应用，高水平建设人民向往的美丽宜居城市。

关键词： 绿色低碳　新能源产业　广州

绿色低碳是实现"双碳"目标的关键，也是推动中国式现代化的内在要求。党的二十大提出，加快发展方式绿色转型，深入推进环境污染防治，提升生态系统多样性、稳定性、持续性，积极稳妥推进碳达峰碳中和。当前，广州常规能源消费、高耗能行业占比较高，高质量绿色发展水平还需进一步提升，必须完整、准确、全面贯彻新发展理念，深刻认识中国式现代化

---

* 叶茂贵，广东亚太创新经济研究院战略研究所副所长，研究方向为产业经济、区域经济。

的内涵和要求，多管齐下推进能源、技术、产业革命，推动结构转换、动能转变、低碳转型，以绿色集约发展提升城市综合实力，让美丽宜居花城成为广州推进现代化建设的生动写照。

一 广州促进绿色低碳发展取得明显成效

（一）不断调整优化能源结构

多年来，广州积极优化能源结构，坚持控煤、减油，努力增加天然气、非化石能源等清洁能源，切实加强清洁电力保障。具体来说，制定煤炭消费减量替代行动计划，相继关停广州发电厂、旺隆热电厂、黄埔发电厂9台共112.5万千瓦时煤电机组；加快车辆电能替代基础设施规划建设，推进船舶岸电改造，推动燃气热电联产和分布式能源站项目建设，持续扩大天然气管网覆盖范围，大力发展太阳能光伏发电产业，促进能源消费结构日益多样化。2021年，全市规模以上工业单位增加值能耗下降6.65%；截至2022年9月底，在规模以上工业三大主要能源消费品种中，煤炭、天然气、电力消费量同比分别下降9.2%、12.4%、2.6%；六大高耗能行业能耗均实现不同程度的下降，累计综合能源消费量达948.33万吨标准煤，较上年同期下降5.5%。2015~2020年，煤炭消费占比从19.81%下降至12.40%，油品消费占比从42.03%下降至36.67%，天然气消费占比从5.58%上升至8.93%。截至2020年底，在役燃气发电装机容量占比从2015年的19%提高到44%；累计建成太阳能分布式光伏发电项目总装机容量约60万千瓦，较2015年增长44万千瓦。

（二）有序推进能耗"双控"工作

编制全市能源资源节约总体方案，围绕工业、交通、建筑、商贸、绿色生活等重点领域推行清洁生产和节能减排，引导公共机构开展能源资源节约工作，推动企业实现减污降碳增效。广泛征集重点节能减排技术及成果，举办技术交流、节能培训、节能宣传等活动。分年度部署全市能耗"双控"工作，指导和推动各区强化对重点用能单位的监督管理。加强重大项目能耗管控，严格控制高耗能、高排放项目，实施新（扩）建项目节能审查，对于能源消费总量已超过预期目标的地区，落实新上项目等量替代和用能承诺制等政策，尽最大努力从源头减少能源消耗。完善重点用能单位监测服务机制，每年度开展节能目标责任评价考核，对存在违法违规行为的用能单位，要求限期整改及提供节能降耗建议，倒逼企业提升用能效率。强化用能形势分析研判，充分利用广州市能源管理与辅助决策平台，积极进行在线监测和数据对接，针对能源利用状况实施月度通报制，及时预判研判全市能耗"双控"工作形势。

（三）大力促进绿色低碳产业发展

推进新能源和节能环保产业发展。在新能源领域，重点打造湾区氢能孵化中心、南沙核电装备产业园区、从化明珠工业园分布式光伏发电国家应用示范区、白云电器节能与智能电气产业园等平台，聚焦发展智能电网、储能、动力装备等细分行业，加快推动氢能全产业链布局，积极促进可燃冰开采及产业化发展，集聚和孵化了东方重机、中能建广东院、金发科技、三菱重工东方燃气轮机、白云电器等代表性企业和机构。在节能环保领域，以番禺区、黄埔区、增城区、南沙区为发展主阵地，依托广州开发区节能环保产业集聚区、番禺节能科技园、增城低碳总部园、新能源综合利用示范区、南沙核电装备产业园及循环经济产业园等产业载体，大力推动产业的生态化发展。

持续增强智能网联与新能源汽车产业的竞争力。作为全国最重要的汽车生产基地之一，广州着力构建"一核三极多节点"的智能网联与新能源汽车产业格局，深入推进"三电"系统和新能源发展，持续加快新能源汽车场景开放和推广应用，集聚了12家整车制造企业、1200多家汽车零部件生产和贸易企业，广汽埃安、小鹏汽车、小马智行、文远知行等一批新能源汽车自主品牌和智能出行领军企业迅速崛起。依托云从科技、佳都科技等企业，逐步完善人工智能、车路协同等技术领域内的产业生态。集聚中汽中心华南基地、工信部电子五所、威凯检测、广电计量等智能汽车测试研发平台。成立粤港澳大湾区自动驾驶产业联盟，成功举办广州市新能源智能汽车发展促进会、中国（广州）智能网联汽车高峰论坛、亚太智能网联汽车创新论坛（广州站）、2021年世界智能汽车大会、中国汽车智能制造论坛等多个国际会议和高峰论坛。2022年，广州新能源汽车产量为31.37万辆，同比增长1.1倍；实现增加值446.61亿元，同比增长1.2倍。

加大节能环保项目和绿色产品支持力度。一方面，自2018年起的3年内，广州共争取中央预算内资金约2.8亿元，用于支持9个节能环保领域项目升级改造；面向全市67个试点园区，累计发放市促进工业和信息化产业高质量发展资金超1.6亿元；利用市新兴产业发展资金，安排约1.1亿元支持新能源领域项目建设；鼓励各区实施节能专项资金支持政策，并作为节能目标责任评价考核内容之一。另一方面，加大环卫领域新能源汽车和设备采购力度，鼓励各区根据实际需求购置新能源环卫作业车辆，继续推进新能源环卫专用车研发和改装车应用，大力推广应用氢能源电池的密闭式桶装垃圾车和纯电动高压冲洗车。

（四）健全绿色金融发展机制

近年来，广州以打造绿色金融改革创新试验区为重点，积极构建具有地方特色的绿色金融服务体系，大力推进碳排放权及其他环境权益交易，进一步健全绿色低碳发展机制。推进绿色金融改革创新，由财政安排资金支持绿色金融机构、绿色企业发展及绿色金融专业人才集聚，鼓励发放绿色贷款和发行绿色债券，花都区、黄埔区出台区级政策，形成范围更广、力度更大的政策体系。不断创新、丰富绿色金融产品和服务，成功设立服务绿色低碳转型的广州期货交易所，推动各银行成立绿色分行，建行广州分行成立全国首家气候支行。引导金融机构聚焦碳市场、绿色供应链、节能减排和生态农业等领域，推出绿色金融产品，支持在穗企业参与发行全国首批碳中和债、碳中和资产证券化产品；充分依托国际金融论坛（IFF）全球年会、广州金交会等平台，策划举办各类绿色金融会议，加强绿色金融交流合作。聚力开展碳金融业务，推动广州碳排放权交易中心创新碳金融产品，成功推动国内首个新能源金属期货品种——工业硅期货上市。积极探索开展碳普惠试点，正式上线全国首个城市碳普惠推广平台广州碳普惠平台，广州碳排放权交易中心2022年共有会员2866名，完成广东省碳排放配额（GDEA）交易量1460.91万吨，GDEA交易金额达10.30亿元，分别占全国碳交易试点的23.52%、33.45%（见表1），均排全国首位。

表1　广碳所 2022 年完成 GDEA 交易量和交易金额

时间	GDEA 交易量（万吨）	占全国碳交易试点比重（%）	GDEA 交易金额（亿元）	占全国碳交易试点比重（%）
2022 年	1460.91	23.52	10.30	33.45
2012~2022 年累计	21414.05	36.37	56.39	35.22

资料来源：根据广州碳排放权交易中心 2022 年度市场报告整理。

（五）持续改善生态环境品质

党的十八大以来，广州坚定践行习近平生态文明思想，不断提高城市综合承载力，打造高品质生活环境。持续提升公园绿地覆盖率，以"公园城市"理念均衡绿地分布，整合形成"生态公园—城市公园—社区公园—游园（口袋公园）"四级公园体系，解决老城区"缺绿少绿"问题。截至 2021 年底，全市人均公园绿地面积达 17.20 平方米（见表2），居国内主要城市前列。持续打好蓝天碧水保卫战。扎实开展餐饮、交通、船舶等领域的挥发性有机物治理工作，保持扬尘整治高压监管态势；持续推进城镇污水处理提质增效，新（扩）建污水处理厂、污水管网；切实加强饮用水水源生态环境保护，开展饮用水水源地生态环境保护专项行动；强化近岸海域污染治理和入海排污口排查整治，推进实施美丽海岸建设项目;建立生态环境、海洋、海事、海警等多部门综合执法协作机制,协调推进港口船舶污染物防治和海漂垃圾治理。2022 年,全市环境空气质量达标天数比例为 83.8%,连续多年占比超八成(见图1);$PM_{2.5}$平均值为 26 微克/米^3,同比下降 16.1%;PM_{10}平均值、二氧化氮平均值、二氧化硫平均值分别为 43 微克/米^3、28 微克/米^3、6 微克/米^3,分别同比下降 24.6%、34.9%、25.0%。

表 2　2015~2021 年广州公园绿地面积及公园数量情况

年份	公园绿地面积 (公顷)	人均公园绿地面积 (平方米)	公园个数(个)	公园面积 (公顷)
2015	27200	16.50	246	5193
2016	29473	16.80	247	5198
2017	26863	17.06	247	5198
2018	30189	17.30	247	5198
2019	32081	17.96	247	5198
2020	32358	17.33	247	5198
2021	32360	17.20	387	76624

资料来源:根据历年《广州统计年鉴》整理。

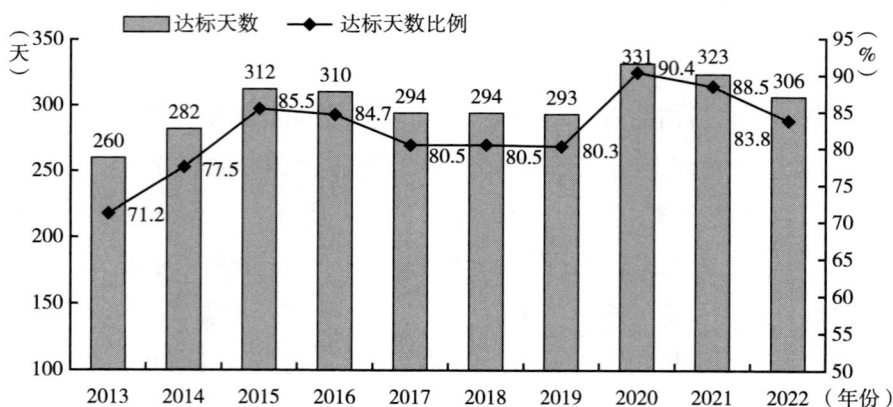

图 1　2013~2022 年广州环境空气质量达标情况

资料来源:根据历年广州市环境空气质量状况整理。

二 对标绿色美丽广州建设要求仍有不足

（一）能源结构调整仍然存在诸多困难

"双碳"目标下，由于能源的锁定效应和工业发展的需求，广州短期内的能源结构调整面临较大压力。整体来看，全市能源消费总量仍然处于高位，重大项目用能需求仍在不断增长，2021年能源消费总量达6575.64万吨标准煤，同比增长6.2%，为2012年来能源消费的高点（见图2）；"十四五"时期，全市每年能源消费量达1万吨标准煤以上的项目将超过100个，预计每年新增能源消费量将达上百万吨标准煤。尽管近年来广州市不断优化调整能源结构，关停燃煤机组，大力发展新能源汽车产业，煤炭消费比重呈现下降趋势，但传统化石能源仍占较高比重，以公路货运为主的运输结构没有根本改变，柴油车排放物仍在影响空气质量。庞大的人口基数也带来较多的能源、水资源消耗以及污染物排放，使广州面临较大的降碳减碳压力。

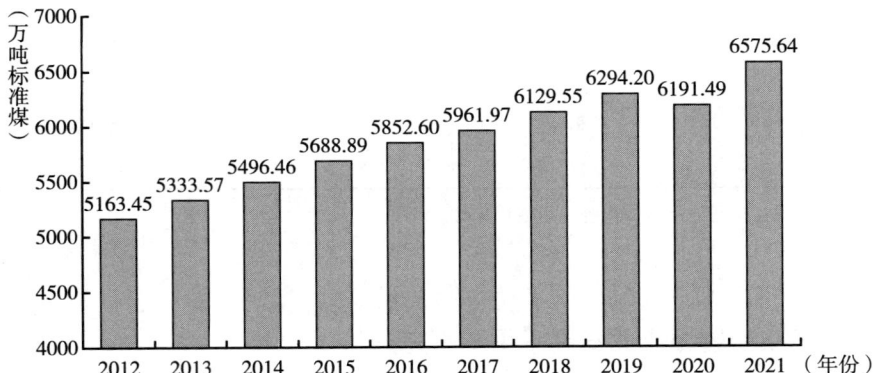

图2 2012~2021年广州能源消费总量

资料来源：根据历年《广州统计年鉴》整理。

（二）能源利用效率提升难度较大

经过长期努力，广州"十二五""十三五"期间的能耗强度分别下降20.1%、19.4%，2012~2021年累计下降约36%。短时间内，产业结构调整优化带来的能耗强度降低的速度将逐渐变缓。同时，随着节能降耗工作的深入推进，企业开展节能降耗行动的边际效应减弱，节能降耗产生的收益难以覆盖成本，企业实施节能降耗改造的积极性、主动性将大打折扣，广州面临比过去更大的能效提升难度。从规模以上工业企业能源加工转换效率来看，总体提升幅度不大，2021年，全市火力发电加工转换效率为42.44%，同比提高1.52个百分点；供热加工转换效率为86.53%，同比提高0.16个百分点；炼油加工转换效率为97.53%，同比下降0.63个百分点（见表3）。

表3　2016~2021年广州规模以上工业企业能源加工转换效率情况

单位：%

年份	火力发电	供热	炼油
2016	40.33	87.03	97.51
2017	40.94	87.46	97.81
2018	40.24	85.55	98.16
2019	39.59	85.59	99.02
2020	40.92	86.37	98.16
2021	42.44	86.53	97.53

资料来源：根据历年《广州统计年鉴》整理。

（三）新能源产业发展不平衡不充分

在绿色高质量发展的道路上，先进能源低碳环保技术及其衍生的新产业将成为城市角逐的重点领域。广州过去坚持创新驱动发展，推动技术研发与产业发展相互促进，新能源产业规模稳中有增，骨干企业逐步成长。但是，广州目前仍存在资源利用不够充分、自主创新能力不够强大等问题，氢能产业发展标准、规范体系仍需完善，液态储氢、有机质储氢及固态储氢技术尚需攻关，可燃冰研究开发仍处于起步阶段，综合能源、储能、智能电网等新型技术应用及产业化培育面临要素保障不足等问题。另外，广州汽车产业呈现"燃油车占比高、新能源车占比低"的特点，在减碳和产能过剩背景下保稳定、促转型的任务十分艰巨。近年来，广州新能源汽车产业虽然加快发展，但规模仍较小。2022 年，广州新能源汽车产量仅占全市汽车总产量的10.0%（上海为 32.69%，重庆为 17.7%）；占全国新能源汽车产量的比重为 4.44%，低于西安（14.39%）、上海（14.01%）、深圳（7.79%）和重庆（5.23%）（见图 3），广汽埃安、小鹏汽车在销量、品牌等方面与特斯拉、比亚迪相比尚有较大差距。

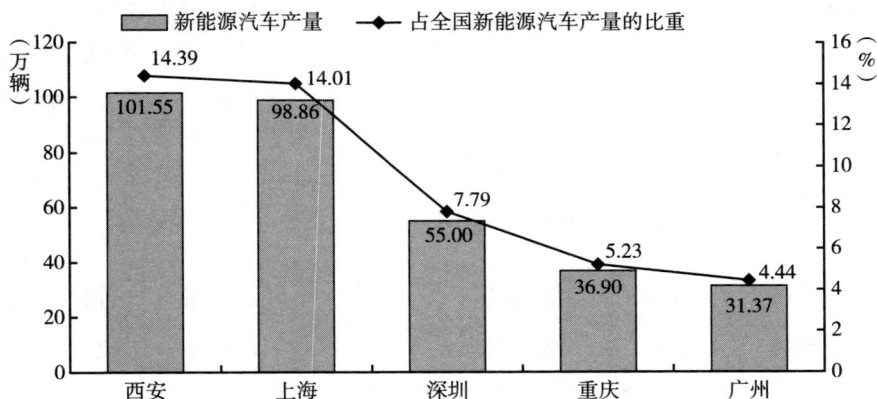

图 3　2022 年广州与国内重要城市新能源汽车产量及其占全国新能源汽车产量的比重
资料来源：根据各城市公布数据整理。

（四）生态环境质量改善基础不稳固

当前，广州生态环境质量改善取得明显成效，但基础还不牢固，离满足人民对美好生活的向往仍有明显差距。全市污染物排放强度仍偏高，累积性生态环境问题不容忽视，生态环境质量尚未得到根本改善。臭氧尚未进入稳定下降通道，挥发性有机物和氮氧化物协同减排水平有待提升。国考断面水质改善幅度虽较大，但与考核目标尚有一定差距，重点流域周边部分一级支流水质仍为劣 V 类，河涌整治亟待向末梢拓展。土壤污染防治形势依然严峻，重金属污染风险持续累积，农用地安全利用水平有待提高。全市建设用地需求仍处于增长状态，山林、河流、湖泊、湿地等重要生态用地面积有所减少，城市开发与生态用地保护之间的矛盾凸显。

三 "双碳"目标下广州加快推进绿色低碳发展的若干建议

广州大力推进节能减排工作，不断优化能源结构，健全低碳发展机制，全面绿色转型取得积极进展。面向未来，广州应按照建设绿色美丽广州的部署要求，聚焦突出问题，推进清洁能源转化利用，大力发展绿色低碳产业，完善城市绿色空间布局，高质量打造城市景观带、生活带、文化带，加快建成绿色低碳、美丽宜居的现代化国际大都市。

（一）创新绿色低碳发展模式

一是探索生态产品价值实现机制。在从化、增城北部等区域研究生态产品价值核算技术规范、指标体系和核算方法，为科学评估生态系统生产总值（GEP）提供依据，成为向世界展示中国生态文明建设成果的重要窗口。加强碳汇监测与核算，完成森林生态系统碳库计量工作，逐步建立碳汇数据库，探索碳汇价值实现路径。二是创建绿色生态办公示范区。为有效应对全球气候变化、资源能源短缺、生态环境恶化的挑战，应在全市大力推广普及绿色低碳建筑，严格执行节能强制性标准，在项目报建、施工阶段 100% 按照节能强制性标准执行，加强节能建筑材料质量监测，围绕检查中发现的问题逐一跟踪督促，落实整改到位。三是打造湿地生态修复典范。以海珠湿地为先行区域，确定环海珠湿地永久保护边界，在海珠湿地建设中央湿地环路，推进生态环境导向开发模式（EOD）试点，形成界限分明的"湿地+林荫大道+都市圈"城市公共空间格局。通过"湿地+"模式,引导泛消费产业、文化产业等多元产业协调发展,构建海珠湿地产业生态。创建国际湿地城市,争取《湿地公约》缔约方大会永久会址落户海珠,申报联合国改善居住环境最佳范例奖。

(二)推动能源清洁高效利用

一是加强天然气气源保障。筑牢能源安全底盘,增加西北部和南部气源路径,支持区域内天然气管网互联互通,协调深圳、珠海、惠州等城市的上游气源,建成广州液化天然气(LNG)应急调峰气源站等项目,形成与天然气消费需求相匹配的储气能力。大力推进天然气在工业、商业、交通、民生等领域的高效利用,结合工业园区和产业集聚区供热需求,规划布局天然气热电联产及分布式能源站项目。二是因地制宜地开发可再生能源。大力支持黄埔区、从化区建设分布式光伏发电项目,鼓励公共机构利用新建建筑屋顶开发利用可再生能源。规划布局生物质能项目,加快建成一批生物质电厂。三是加强清洁能源利用。支持恒运电厂、中电荔新电厂开展煤电改造升级,大力提升煤电机组的能效利用水平。加快淘汰低效落后工艺与技术,重点在制造业、农业等领域推广电能替代新技术。加快新能源汽车推广应用,优化节能车增量指标配置,研究出台新能源汽车市内免限行、高速路免收费措施,并借鉴上海市经验,鼓励商场和商务楼宇物业经营主体减免新能源汽车停车费,支持在单位内部停车场配建充电设施。

(三)促进新能源产业做大做强

一是应对"双碳"形势推动氢能发展。以黄埔区、南沙区为主要承载地,串点成链打造广州氢能产业走廊,围绕氢能上、中、下游产业核心技术及关键部件,加快布局和构建氢燃料电池全产业链;以需求为导向,聚焦储运和转化等环节,探索开展技术研究和示范应用;适度超前合理布局,预留氢能产业配套设施用地,加快推进氢气管网、氢运输网络、加氢站等氢能基础设施建设；支持黄埔氢能产业创新核心区建设，加快推进一批氢能源电池项目落户达产。二是积极推进天然气水合物产业化。推进国家级天然气水合物科研及产业化总部基地建设，发挥天然气水合物领域科研优势，在重大科技专项中给予稳定支持，鼓励在穗机构联合国内外力量开展产学研合作，建立完善推进天然气水合物大规模开发利用的市场化机制，尽快推进生产性试采向产业化开采过渡。引进港澳及国际海洋科研、海洋装备制造、天然气水合物勘查开采等机构和企业，探索在南沙区建设天然气水合物商业化示范区。三是打造智能网联与新能源汽车产业链。引育并举提升整车产能，前瞻布局电池、车规级芯片、激光雷达、智能座舱等关键零部件赛道。支持广汽集团、小鹏汽车与华为等企业开展跨界合作，聚焦计算与通信架构等领域，强强联合打造智能网联与新能源汽车创新链。深化国有企业改革创新，探索产业链投资容错机制，完善市场化选人用人机制，支持广汽集团打造世界一流汽车企业。拓宽应用场景，争取逐步在南沙、黄埔、番禺等区全面推广自动驾驶汽车的商业化运营。

（四）强化绿色技术创新与推广

一是聚力突破前沿和关键核心绿色技术。统筹利用科技创新资源，实施未来技术攻关计划，重点突破储能、固态电池、燃料电池、节能技术、清洁设备等多个领域的核心技术壁垒，推动新能源、智慧交通、绿色包装、碳捕集利用与封存等领域产生一批绿色低碳技术成果。二是强化政产学研协同创新。推动政府、市场和社会有机结合，用好国家级和省级实验室及高等院校科研资源，积极承接港澳在新能源、节能环保等领域的创新成果，支持领军企业与科研院所、新型研发机构、上下游企业组建产学研创新联合体，通过设立集中攻关项目、分摊研发资金、共享专利等方式，构建需求驱动的协同创新链，深度开展绿色低碳技术研究和产业化应用。三是培育招引绿色低碳领域专业人才。鼓励科研机构和企业交流协作，引导领军企业设立博士后流动站、创新中心等创新载体，培养、储备符合经济发展绿色化、低碳化需求的专业人才。支持广州碳排放权交易中心与高等院校、新型研发机构开展合作，通过支持学科教学、提供实习实践机会、开展专业培训等方式，共同培养高水平"双碳"人才。

（五）高水平建设人民向往的美丽宜居城市

一是高质量打造城市景观带、生活带、文化带。用"绣花"功夫打造世界一流的滨水活力区，结合地标建筑的布局，对城市天际线、滨江水岸线进行管控与优化，与广州的传统中轴线、新中轴线相融合。开展对珠江岸线空间结构等的规划设计，鼓励沿岸区域实施整体开发，强化土地规划建设全周期管理，盘活存量发展新空间。统一规划设计沿江建筑的造型和外观，完善临江楼宇外观、广告、灯光等的设置规范，美化沿岸灯光夜景。做好珠江航道、沿江主要文化景观和设施的命名、宣传、推广工作，讲好云山珠水广州故事。二是强化文化资源保护利用与传承发展。坚持保护优先、合理利用，活化历史街区、红色史迹、工业遗址。探索通过引进社会资本、提取土地出让金等形式开展文化遗产保护。实施文化遗产联合保护计划，支持黄埔古港、南海神庙联动打造海丝文化精品，建设"白鹅潭—太古仓—聚龙村—广钢遗迹公园"近代工业旅游区，展现丝路文化、美食文化和工业文化。融合创新创意、都市潮流、工业遗产、革命历史、岭南生态元素，推动文商旅产业形态由简单叠加向产业链、价值链交叉重组转变，打造北京路、天河路、广州塔等文商旅融合圈及夜间文化和旅游消费集聚区。三是深入推进自然生态文明建设。高标准、高质量推进华南国家植物园建设，进一步强化植物迁地保护，提升展示、观光、休闲、科普、文化功能。建设国际一流的公园城市，高水平规划一批新城市公园、社区公园和口袋公园，以公园建设促进城市蓝绿空间交织，打造高品质、有温度的绿色开放空间。深化水环境治理，落实好"河长制"，狠抓"散乱污"治理，加强源头控制和水质保护，强化水资源治理；加强生态环保规划，建立多规协调的生态保护红线体系，构筑生态安全屏障。做好珠江沿岸的生态设计，为候鸟迁徙和鱼类洄游留下生态廊道，推动绿地、湿地、水体成为一个有机的生态整体。

参考文献

段娟：《新时代中国以绿色发展优化区域经济布局的实践探索与展望》，《中国井冈山干部学院学报》2022 年第 6 期。

宋国新、董雪：《我国"双碳"目标实现的主要挑战与路径选择》，《东北亚经济研究》2022 年第 6 期。

赵阳、李悦菡、赵霞：《"双碳"目标下我国制造业的机遇与挑战》，《产业创新研究》2022 年第 22 期。

袁晓玲等：《高质量发展视域下中国城市"双碳"目标实现的现状、挑战与对策》，《西安交通大学学报》（社会科学版）2022 年第 5 期。

刘燕华、李宇航、王文涛：《中国实现"双碳"目标的挑战、机遇与行动》，《中国人口·资源与环境》2021 年第 9 期。

申森：《实现碳达峰碳中和是一场广泛而深刻的经济社会变革——学习习近平关于实现"双碳"目标重要论述》，《党的文献》2022 年第 5 期。

广州市统计局、国家统计局广州调查队编《广州统计年鉴 2022》，中国统计出版社，2022。

《陈云贤出席广东省广州市绿色金融改革创新试验区获批及建设情况新闻发布会发展绿色金融　推动绿色发展》，广州政府网，2017 年 7 月 12 日，http：//www. gd. gov. cn/gkmlpt/content/0/146/post_ 146157. html#43。

B.13
基于"双碳"目标的南宁绿色发展对策研究

谭洪波[*]

摘　要： 本报告首先从南宁市经济发展大盘、产业结构调整、城市综合承载力、城市生态环境和绿色转型发展五个方面总结了近年来南宁市绿色发展的成效，随后从绿色发展转型、国土空间体系构建、产业转型升级、能源体系构建、资源节约利用、生态环境保护和绿色环境创建七个方面归纳了南宁市绿色发展的重要举措，最后提出绿色发展对策建议。

关键词： 生态环境　绿色发展　碳达峰碳中和　南宁市

绿水青山就是金山银山。2021 年 4 月，习近平总书记在视察广西时强调："要把碳达峰、碳中和纳入经济社会发展和生态文明建设整体布局，建立健全绿色低碳循环发展的经济体系，推动经济社会发展全面绿色转型。"[①]党的二十大报告强调，推动绿色发展，促进人与自然和谐共生；习近平总书记在参加广西代表团讨论时特别提出"在推动绿色发展上实现更大进展"[②]。这些重要论述为南宁市推进经济社会高质量发展指明了前进方向。近年来，

---

　* 谭洪波，广西壮族自治区南宁市发展与改革委员会经济贸易和区域开放科副科长。

① 《习近平：把碳达峰、碳中和纳入经济社会发展和生态文明建设整体布局》，搜狐网，2021年 4 月 27 日，https：//www.sohu.com/a/463304880_ 119666。
② 《保护最美漓江　推动绿色发展》，"天眼新闻"百家号，2022 年 10 月 18 日，https：//bai jiahao.baidu.com/s？id＝1746993436623569503&wfr＝spider&for＝pc。

南宁市始终以习近平生态文明思想为指导，坚定不移走好生态优先、绿色发展之路，坚决贯彻落实国家和自治区《关于完整准确全面贯彻新发展理念做好碳达峰碳中和工作的意见》，贯彻落实《中共广西壮族自治区委员会关于厚植生态环境优势推动绿色发展迈出新步伐的决定》，坚持把绿色发展理念贯穿全市经济社会发展全过程和各领域，持续巩固生态环境优势，大力推动首府绿色发展迈出新步伐。

一　南宁绿色发展卓有成效

（一）全市经济大盘稳定运行

2022年，全市地区生产总值达5218.34亿元，同比增长1.4%，其中第一、第二、第三产业增加值分别同比增长4.4%、0.1%、1.2%；一般公共预算收入扣除留抵退税因素后同比增长7.5%，规模以上工业增加值同比增长1.9%，建筑业总产值同比增长12.4%，工业投资同比增长53.2%，外贸进出口总额同比增长22.9%；城镇新增就业7.44万人，居民消费价格指数同比上涨1.7%，居民人均可支配收入名义同比增长3.7%。

（二）产业结构调整取得成效

2022年，南宁市三次产业比重为11.53∶22.67∶65.80，与2021年相比，第三产业比重上升1.1个百分点，对经济增长的贡献率超过75%。工业用地和投资结构发生积极变化，工业千亿元重点产业加速培育，引进附加值高、产业链长、绿色智能的太阳纸业、比亚迪等一批百亿元项目。产业发展和科技创新成为经济增长新动力，经济循环从"房地产—基建—金融"向"产业—科技创新—金融"转变。高新技术企业保有量达1581家，新增国家级创新创业平台6家、国家级专精特新"小巨人"企业4家。获批国家知识产权强市建设示范城市。现代服务业提质增效，其中，金融业再创新高，2022年全市本外币存款余额增长9.4%，占全区的39%，保费收入增长

11.25%，增速在西部省会城市中排第 1 位；营利性服务业增势迅猛，2022年全市规模以上其他营利性服务业营业收入完成 718.52 亿元，同比增长35.5%，总量占全区的比重超三成。人力资源服务业、工程技术与设计服务业、互联网和软件信息技术服务业等 3 个行业全年增速分别达 54.6%、51.6%、44.2%，成为生产性服务业的重要增长动力；科学研究和技术服务业营业收入比 2021 年翻了一番，增速高达 149.6%。

（三）城市综合承载力持续增强

城市公共交通服务水平有效提升，截至 2022 年，南宁市共开通运营轨道交通线路 5 条、定制公交线路 278 条。加快实施新一轮城市轨道交通建设，开工建设轨道交通 6 号线华南城东站。绿色出行品质不断提升，2022 年新增新能源汽车 60994 辆，新能源汽车保有量达到 116273 辆，新建电动汽车充电桩5314 个，总数达 16452 个；施划电动汽车专用停车位 2416 个，总数达 12022个，超额完成新能源汽车推广任务。获评国家公交都市建设示范市、全国绿色出行创建达标城市。加快建设污水管网、雨水管网、燃气管网等地下管网，大力推进天然气进村入户建设。2022 年实施城市更新项目 165 个，开工建设 252 个老旧小区，开放运营"老南宁三街两巷"二期项目。

（四）城市生态环境持续改善

持续打好蓝天碧水净土保卫战，2022 年，南宁市区环境空气质量优良率为 96.7%，在全国 168 个重点城市中排名第十六，在全国省会城市中排名第六。提前完成"十四五"时期大气主要污染物累计减排任务。全市主要流域地表水水质优良比例为 100%，市县两级饮用水水源水质达标率保持100%，入选全国首批农村黑臭水体治理试点城市。完成 23 个山水林田湖草生态保护与修复工程。率先在全市制定出台重点建设用地土壤污染状况调查实施细则，狠抓土壤污染源头风险管控。完成中央生态环境保护督察反馈意见整改年度目标任务。城镇生活垃圾无害化处理率保持 100%，城镇生活垃圾回收利用率在 35% 以上，生活垃圾分类工作在全国考核中位列前十。

（五）绿色转型发展全面加快

2022 年，南宁市持续强化"两高一低"项目清单管理制度，用好用足自治区能耗"双控"优化政策措施，积极推动能耗强度低、技术先进的工业项目进行用能申报，获自治区节能审查机关批复项目 20 项，批复项目数稳居全区第一。加快构建碳达峰碳中和政策体系，入选"十四五"时期国家"无废城市"和废旧物资循环利用体系建设重点城市名单。投产并网风力、光伏、生物质、垃圾焚烧等发电项目 164 万千瓦。

二 南宁绿色发展重要举措

（一）推进经济社会发展全面绿色转型

1. 加快构建碳达峰碳中和政策体系

南宁市高位推动政策体系建设，成立以市委、市政府主要领导为组长的南宁市碳达峰碳中和领导小组，印发实施《南宁市完整准确全面贯彻新发展理念做好碳达峰碳中和工作实施方案》《南宁市厚植生态环境优势推动绿色发展迈出新步伐实施方案》，加快编制《南宁市城乡建设领域碳达峰行动实施方案》《南宁市绿色金融支持碳达峰碳中和实施方案》等配套政策文件。扎实推进中国—东盟"碳中和"数字丝绸之路平台设计工作。认真贯彻落实《中共广西壮族自治区委员会关于厚植生态环境优势推动绿色发展迈出新步伐的决定》，坚决完成生态环境保护各项目标任务，不断擦亮"中国绿城"金字招牌。

2. 大力发展循环经济

南宁市印发实施《南宁市循环经济发展"十四五"规划》，大力推动自治区级以上园区开展循环化改造工作。成功申报"十四五"时期国家"无废城市"和废旧物资循环利用体系建设重点城市。规划建设跨境再生资源产业园，积极打造跨境再生资源产业链，努力将本市建设成中国南部—东盟区域极具影响力的跨境再生原材料集聚区、跨境再生资源产业生产基地、跨境再生资源贸易服务中心。在国家发展改革委环资司组织召开的废旧物资循环利用体系重点城市建设工作推进会上，南宁市作为 3 个代表城市之一做了经验交流发言。

3. 健全完善绿色低碳政策机制

积极参与全国碳排放权交易市场，组织 21 家重点碳排放单位完成年度碳排放报告工作，配合自治区完成第三方核查，组织 4 家发电行业重点排放单位公布温室气体排放信息。落实资源综合利用、节能减排等税收优惠政策。

（二）加快构建绿色发展的国土空间体系

1. 优化区域发展空间布局

围绕建设面向东盟开放合作的国际化大都市，科学制定国土空间规划，向东加快规划建设东部新城，向南推进临空经济示范区与国际铁路港协调联动，"一体两翼"产业格局加快形成，城市发展空间进一步拓展。南宁市"三区三线"划定方案已得到自然资源部正式批复并启用，南宁市生产、生活、生态总体空间格局基本明晰。科学制定南宁都市圈发展规划，提升南宁作为中心城市的发展能级，发挥辐射带动作用，统筹推进南宁都市圈资源要素合理布局。

2. 严格耕地保护

加快制定严格耕地用途管制相关政策文件，严格落实耕地保护硬措施。建立田长制体系，严控严管永久基本农田占用与补划，开展退林还耕、退园还耕、耕地撂荒治理等耕地保护系列专项行动，严格耕地用途管制，坚决遏制耕地"非农化"，严格管控耕地"非粮化"。

3. 构建具有鲜明特色的蓝绿空间

积极参与共建珠江—西江千里绿色生态走廊，着力打造邕江及 18 条内河水系景观绿道，加强绿道与滨水绿地联动，建设独具南宁特色的绿道网体系。深化邕江综合整治，不断提升"百里秀美邕江"蓝绿空间品质。

（三）加快推动产业转型升级

1. 推动工业领域绿色低碳发展

积极推动工业绿色转型升级，大力发展低耗能、高附加值产业，全力打造新能源汽车及零部件、电子信息制造、铝精深加工、高端金属及化工新材料、食品加工、林产品加工六大千亿元产业。推动新能源汽车及零部件产业垂直整合发展，以比亚迪为代表的"链主"企业形成了龙头带动的集聚效应，吸引一大批新能源和新能源汽车产业链项目落地，竣工投产或开工建设新能源电池项目 5 个，总产能超 100 亿千瓦时，南宁市成为比亚迪全球最大、国内建设速度最快的电池生产基地，在新能源和新能源汽车产业新赛道上抢占了一席之地。南宁市 31 个项目被列入自治区"双百双新"项目库，数量位居全区第一。2022 年，南宁市工业投资同比增长 53.2%，投资增速和总量均位居全区第一，增速创 2001 年以来新高。重点产业占规上工业总产值的比重达 65.5%，较 2021 年提高 2.5 个百分点。深入实施绿色制造工程，2022 年以来共有 6 家企业获批自治区绿色工厂、6 种产品被列入自治区绿色设计产品名单；高新区进入绿色园区名单、广西太古可口可乐饮料有限公司进入绿色供应链管理核心企业名单，入榜数量居全区前列。华纳新材料等 5 个节能技术改造项目获 2022 年自治区工业绿色发展示范节能技术改造项目专项资金支持，预计节能 2 万吨标准煤。严格实施南宁市坚决遏制"两高"项目盲目发展暨能耗"双控"联席会议制度，持续强化"两高"项目清单管理制度。

2. 提升农业绿色发展水平

深入实施乡村振兴"6+6"全产业链建设行动，率先在全国发布预制菜地方标准，率先在全市启动乡村振兴产业示范区创建工作；南宁横州市获批创建国家农业现代化示范区。截至 2022 年底，全市累计创建自治区级现代农业产业园 6 个、自治区级现代特色农业示范区 78 个，创建数量均位居全区第一。

3. 大力发展生态旅游

积极构建环首府生态旅游圈、环大明山生态旅游圈和百里秀美邕江文化旅游发展轴"两圈一轴"生态旅游产业发展格局，推动生态旅游产业发展。积极推进生态旅游产业与农业、林业、水利、体育、康养等产业融合发展，培育融合发展新业态，延伸生态旅游产业链。精心打造"环绿城南宁森林旅游圈"等重点项目，加大全市森林康养、森林体验等基地的建设力度，推动森林康养产业提质升级。充分发挥大健康和文旅产业链链长工作机制效能，推动"文旅+康养"产业融合发展，推动美丽南方康养中心等自治区级中医药健康旅游示范基地建设。南宁市上林县巷贤镇、马山县古零镇等 2 个镇以及宾阳县古辣镇马界村等 8 个村分别荣获"广西生态特色文化旅游示范镇""广西生态特色文化旅游示范村"称号。

4. 推进绿色金融改革创新示范区建设

南宁市建立"绿色金融+信易贷"综合服务平台，入驻金融机构 53 家，促成融资授信金额 1032 亿元，累计放款 866 亿元。制定金融支持碳达峰碳中和实施方案，在全区率先开展碳账户、碳交易、碳金融政策研究和项目谋划。广西北部湾银行南宁分行落地首笔广西"泛糖产融服务平台"供应链金融业务。率先在全市制定出台《南宁市绿色项目认定方案》《南宁市绿色企业认定方案》，建立南宁市绿色项目库，为绿色产业项目提供金融支撑。获批数字人民币和本外币合一银行账户试点，落地全国首笔 NRA 账户跨境电子银行承兑汇票业务、广西首单企业人员海外安全防卫保险等一批金融创新项目。

（四）加快构建清洁低碳安全高效能源体系

1. 严格落实能耗"双控"制度

南宁市坚决担起节能降碳目标责任，编制完成《南宁市"十四五"节能减排综合实施方案》，科学分解各县（市、区），开发区以及各行业的节能减排目标任务。严格落实节能审查制度，用好用足自治区能耗"双控"政策措施，按照"以最先进的设备、最优的工艺、最小的排放实现最大的产值"的"四最"要求，引导用能指标向能耗低的工业企业（项目）流动。围绕解决工业企业用电和生活用电混用问题、落后用能设备专项清理整顿等方面，对全市 64 家企业进行监督检查，推动一批项目实施节能降碳改造。

2. 积极发展非化石能源

2022 年，南宁市实现风电项目投产并网 87 万千瓦、光伏发电项目投产并网 36 万千瓦、生物质发电项目投产并网 31 万千瓦、垃圾焚烧发电投产并网 10 万千瓦。积极开展可再生能源项目申报纳规工作，纳入《广西陆上风电中长期发展规划》的陆上风电项目有 43 个，总装机容量达 574 万千瓦；集中式光伏项目有 14 个，总装机容量达 191 万千瓦。

3. 积极参与能源体制机制改革

鼓励企业积极参与绿色电力交易和能源体制机制改革，红狮水泥、富桂精密等参与绿色电力交易的企业获颁南方电网绿色电力证书和绿色电力消费凭证。

（五）提高资源节约和循环高效利用水平

1. 加快推进低碳交通运输体系建设

持续推进运输结构调整，大力发展多式联运。跨境铁路方面，2022 年，中越（南宁—河内）跨境集装箱班列累计开行 265 列，累计发送 7628 标准箱，初步实现中国南宁至越南北宁、北江公路 12 小时和铁路 24 小时"厂对厂"通达。跨境航空方面，2022 年新开通南宁—金奈、南宁—新德里、南宁—河内、南宁—雅加达等 4 条国际货运航线，吴圩机场在飞国际货运航线达 11 条，国际货邮吞吐量达 7.31 万吨，增长 2 倍以上，增速位居全国 29 个千万级机场第一。推进新能源与清洁能源车辆更新、公共交通充电桩建设工作，全市拥有新能源、清洁能源公交车 3333 辆，占比达 96.5%，7050 辆巡游出租汽车全部实现清洁化。建设"轨道+公交+慢行"便捷换乘体系，绿色出行比例提升至 80.2%，绿色出行服务满意度达 85.7%。2022 年 8 月，南宁市获评国家公交都市建设示范城市；2023 年 1 月，南宁市获评全国绿色出行创建达标城市。

2. 提升城乡建设绿色低碳发展质量

大力发展节能低碳建筑，南宁市竣工民用建筑面积中，绿色建筑面积占

93%，100%的新建建筑执行建筑节能强制性标准，完成建筑节能22万吨标准煤。稳步推进装配式建筑推广工作，2022年采用"三板"技术的新开工项目有6项，建筑面积达85万平方米。深入开展绿色建材产品、低碳产品认证工作，共有16家企业获得绿色建材产品和低碳产品认证。持续推广可再生能源建筑应用，可再生能源建筑应用面积年均新增300万平方米。

3. 加强绿色低碳科技攻关和推广应用

将节能环保、污染治理等科技工作纳入《2022年南宁市科学研究与技术开发计划项目申报指南》。审查碳达峰碳中和领域科技项目35项，立项支持废旧混凝土资源化利用、固废材料高效利用、污染修复等关键技术研究及示范项目11项。

（六）加强生态环境保护修复工作

1. 持续巩固提升碳汇能力

坚持山水林田湖草沙湿地系统治理，林业草原生态建设成效显著，国土绿化水平持续提升。"十三五"时期以来，全市累计植树造林12.47万公顷，义务植树6900多万株，森林面积达1.16万公顷，森林覆盖率达48.86%，草原综合植被盖度达83.63%。稳步推进"绿美乡村"建设工程村屯绿化美化景观提升项目，全市39个乡村获评"国家森林乡村"，打造了一批"绿色村庄""森林村庄""生态文化村"等典型村屯。扎实推进森林生态效益补偿工作。

2. 开展生态产品总值核算试点工作

组织横州市申报自治区生态产品总值核算试点，围绕固碳、空气净化、局部气候调节等构建生态产品总值核算体系。开展生态产品价值实现试点工作，"兴宁区那考河流域综合治理""邕宁区生态壮乡"案例入选全区生态产品价值实现典型案例。率先在全区开展自然资源资产负债表编制工作，建立南宁市自然资源资产负债表编制制度。

3. 深入打好污染防治攻坚战

制定出台《南宁市城镇排水与污水处理条例》等生态环境保护地方性

法规。持续狠抓城区内河流域综合治理，开展城市建成区入河排污口排查专项行动，加强臭氧污染防治、移动源污染防治、扬尘污染管控等。2022 年，南宁市空气质量总体改善，空气质量综合指数为 3.14，空气质量逐步提升。2021~2022 年，南宁市累计减排氮氧化物 2437 吨、挥发性有机物 1381 吨，超额完成自治区下达的累计减排任务。持续开展农村人居环境整治提升行动，获评全国首批"四好农村路"建设市域突出单位，建成市级乡村振兴（生态综合）示范村 45 个，"厕所革命"整村示范项目完工率达 100%。开展农村黑臭水体治理 51 处，成功入选全国首批农村黑臭水体治理试点城市。生活垃圾得到有效处理的行政村比例达 99.3%。

（七）持续开展绿色环境创建行动

绿色低碳宣传方面，结合"节能宣传周""低碳日"等活动，在全市各级主要新闻媒体及其所属新媒体平台加强节能降碳宣传。节约型机关创建方面，178 家单位申报创建节约型机关，76% 的县级以上党政机关达到创建标准。绿色学校创建方面，897 所学校通过广西绿色学校审批。绿色商场创建方面，鼓励大型商业综合体等消费场所进行节能、节水改造。

三　南宁绿色发展对策建议

下一步，南宁市将继续坚持以习近平新时代中国特色社会主义思想为指导，全面贯彻落实党的二十大精神和中央经济工作会议精神，认真学习贯彻习近平总书记对广西"五个更大"重要要求，全面贯彻落实习近平总书记视察广西"4·27"重要讲话和对广西工作系列重要指示精神，牢固树立和践行绿色发展理念，积极稳妥推进碳达峰碳中和工作，着力推进全面绿色转型，持续推动"中国绿城"品质升级，实现城市可持续发展。

一是持续构建绿色低碳循环经济体系。持续完善碳达峰碳中和"1+1+N"政策体系，落实碳达峰"十大行动"。深入开展生态产品总值核算试点，探索建立生态产品总值核算体系，推动生态产品总值核算与价值实现机制相互衔接，为加快绿色发展提供科学依据和决策支持。扎实推进废旧物资循环利用体系建设重点城市、"无废城市"和跨境再生资源产业园建设，高标准建立绿色低碳循环经济体系。加快构建"中国绿城"标准体系，为建设生态宜居美丽南宁提供有力保障，推动"中国绿城"走向世界。

二是加快推动产业绿色转型发展。围绕"强龙头、补链条、聚集群"，加快推动新旧动能转换和产业转型升级，坚持把绿色发展理念贯彻落实到项目谋划建设各环节全过程，确保项目建设符合能耗和碳排放"双控"要求。坚决遏制"两高"项目盲目发展，落实"四最"要求，推动高耗能行业节能降碳改造。加快绿色能源发展，重点发展光伏、风能、生物质能等新能源发电，建设抽水蓄能、化学储能等项目，加快建设南宁抽水蓄能电站。深入推进绿色金融改革创新示范区和保险创新综合示范区建设。参与国家低碳试点示范工作，推动林业碳汇资源项目开发。

三是持续巩固生态环境优势。加强环境保护和治理，强化落实河湖长制、林长制，打好蓝天碧水净土保卫战。加快实施重要生态系统保护和修复重大工程，重点保护和修复国家重点生态功能区、生态保护红线、自然保护地。深入开展绿色家庭、绿色学校、绿色社区等绿色环境创建行动。

B.14
柳州市推进绿色低碳发展现状、制约与对策

韦仕盼　韦敏松*

摘　要： 柳州市自然资源、生态环境、经济发展、工业发展等协同推进，节能减排降污取得一定成效，但仍面临能耗基数大、能源结构高碳化、产业结构重型化、绿色低碳技术水平较低等问题，补短板、强弱项任务依然十分艰巨。结合柳州市现阶段发展情况，建议从推进社会经济发展全面绿色转型、构建低碳高效产业结构体系、打造清洁低碳高效能源体系、提升绿色低碳技术能力和推进重点领域试点示范建设等方面统筹推进全市绿色高质量发展。

关键词： 碳达峰　绿色低碳发展　柳州市

绿色低碳发展是促进碳达峰碳中和以及经济高质量发展的重要路径，是区域经济发展的重要阶段。党的二十大报告提出，要"加快发展方式绿色转型，积极稳妥推进碳达峰碳中和，推进生态优先、节约集约、绿色低碳发展"。柳州市是广西重要的工业城市，计划建设I型大城市，深入推进绿色低碳发展影响广泛而深远。新时期，结合柳州市现有发展基础和面临的问题，进一步厘清绿色低碳发展的思路，明确工作要点，走

---

* 韦仕盼，广西壮族自治区柳州市发展与改革委员会能源科干部；韦敏松，广西壮族自治区柳州市发展与改革委员会能源科科员。

出一条有柳州特色的绿色低碳发展之路，对于柳州市建设宜居宜业生态城市具有重要的现实意义。

一 基础概况

柳州市地处中亚热带向南亚热带过渡的季风气候带，气候温和，雨量充沛，土地肥沃，良好的气候条件和多样化的生态环境为林业发展提供了有利条件。柳江流域具有丰富的水资源，柳江为柳州第一大河流，自西北往东南流经贵州独山县、榕江县、从江县，后进入广西三江侗族自治县、融安县、融水苗族自治县、罗城县、柳城县、柳州市、鹿寨县，最后从象州县石龙镇三江口汇入黔江，全长755公里，干流流域面积5.8万平方公里。柳江流域支流水力资源丰富，全市水力资源理论蕴藏量144.27万千瓦，可开发量110.43万千瓦，已开发34.47万千瓦。柳州市的主要优势矿种为白云岩、熔剂用灰岩、水泥用灰岩、化肥用蛇纹岩、重晶石、高岭土、水泥配料用砂岩、水泥配料用页岩、砖瓦用页岩等非金属矿产，具有行业发展的有利条件。

根据市级生产总值统一核算结果，2022年柳州市生产总值达3109.09亿元，按不变价格计算，比上年下降1.0%。分产业看，第一产业增加值达285.23亿元，比上年增长4.6%；第二产业增加值达1292.44亿元，比上年下降1.6%；第三产业增加值达1531.42亿元，比上年下降1.4%。

二 绿色低碳发展主要成效

（一）林业和园林方面

2022年，按照"经济要稳住、发展要安全"的总体要求，全市共完成植树造林29.35万亩，完成任务15万亩的195.7%；完成6个村屯绿化美化景观提升项目，100%完成任务；建设珍贵树种种植点355个，完成种植点任务 216 个的 164.4%；全市育苗面积达到 4500 亩，累计培育各类苗木 6554 万株，市属苗圃林场荣获自治区"壮美林场"称号，全市森林覆盖率达到 67.22%。

推进城建计划园林专项项目 15 个，完成投资 0.25 亿元，投资完成率达 108%；科学安排填平补齐项目和城维项目 103 个，完成年度投资 2850 万元；成功举办"春花秋水 画卷柳州"花卉展，为国庆节和党的二十大召开营造良好的环境氛围，中央电视台新闻联播、《人民日报》、人民网、中新网、《中国建设报》分别报道了柳州市花展情况，有效提高了柳州市的知名度和美誉度；积极开展为民办实事项目，建设完成 11 个口袋公园；继续开展规划核实工作，核实通过近 90 个项目，核实绿地面积约 60 万平方米；2022 年，全市建成区绿化覆盖率达到 44%，绿地率达到 37.01%，人均公园绿地面积达到 12.96 平方米。春季 28 万株洋紫荆绽放吸引国家媒体报道，《鲜花添美景 春意闹龙城》在《中国建设报》发表，《洋紫荆花开香满城》在新华网发布。

（二）生态环境方面

全力推进生态环境高水平保护和经济高质量发展，生态环境保护工作取得了新成效，实现了新突破。柳州市成为首批国家气候投融资试点城市，也是广西唯一的国家气候投融资试点城市；成功跨入国家"十四五"时期"无废城市"建设行列。地表水水质保持全国第一，地表水水质优良比例为 100%，市、县级集中式饮用水水源地水质达标率为 100%，水功能区水质达标率为 100%；空气质量优良天数比例为 91.8%，可吸入颗粒物（PM_{10}）、细颗粒物（$PM_{2.5}$）等主要指标浓度持续下降，未发生重度及以上污染天气。实施春季大气污染防治攻坚行动，春节期间空气优良率为 100%。开展秋冬季大气污染防治攻坚行动，以秸秆禁烧、臭氧和扬尘治理、工业企业排放监管等工作为重点，加强部门联动，确保环境空气质量稳中向好。加强秸秆禁烧和综合利用，完善网格化管理体系，推广柳城县秸秆综合利用经验，实施制糖企业包干处理蔗叶试点，全市秸秆禁烧视频监控火点覆盖率为 97.26%，秸秆综合利用率为 89.79%。

开展城市建成区入河排污口排查专项行动，确认排污口 703 个，完成监测 302 个，完成溯源 702 个。实施九曲河环境综合整治项目、新圩江饮用水源地保护工程（一期）等 6 个中央资金项目，九曲河水质明显提升。巩固黑臭水体治理成果，充分发挥"长治久清"工作机制与河长制作用，竹鹅溪水体水质稳定。推进畜禽粪污资源化利用，畜禽粪污综合利用率为 95.71%，规模养殖场粪污处理设备配套率为 98.91%，大型养殖场粪污处理设备配套率为 100%。强化执纪监督，市纪委监委印发《护航柳江流域生态环境监督工作方案》，通过"四监督四推动"，共同守护柳江水质。

构建绿色制造体系，推动产业优化升级，3 家企业获评自治区级绿色工厂，3 个产品获评自治区级绿色产品，广西特种变压器公司获评自治区级绿色供应链管理企业。推进绿色低碳生产，2 家预制混凝土生产企业获绿色建材产品认证证书，实现绿色建材产品认证证书"零的突破"。深化循环经济建设，通过国家循环经济试点城市验收，推进建筑节能和绿色建筑建设，竣工绿色建筑占新建建筑的 88.74%。

（三）全面推进工业高质量发展

落实建设现代制造城的具体工作部署，努力克服投资增长乏力、经济下行压力加大的不利形势，坚持稳中求进工作总基调，全面贯彻新发展理念，全面实施柳州"企业服务年"活动，积极化危为机，加快转型升级步伐，全市工业经济保持平稳健康发展，汽车行业也从高速增长阶段步入新常态发展阶段。2021 年，全年全部工业总产值比上年增长 6.1%，其中规模以上工业总产值增长 6.0%。全部工业增加值下降 1.0%，其中规模以上工业增加值下降 1.8%。规模以上工业销售产值增长 6.0%。规模以上汽车、冶金、机械三大支柱行业工业总产值比上年增长 5.9%。其中，汽车工业总产值下降 0.8%；冶金工业总产值增长 17.6%；机械工业总产值增长 6.3%。面对严峻的发展形势，柳州加快创新驱动发展，优化产业项目布局，补齐工业发展短板，不断增强发展后劲。2021 年，柳州新增规模以上工业企业 204 家，总数达 1129 家；工业总产值超亿元的企业有 386 家，超百亿元的有 7 家。

习近平总书记视察柳工，肯定柳工是标志性的装备制造企业①。柳工加快技术创新和产品革新，研发并生产了多款纯电动工程机械产品，发布 886H 大型装载机和 990F 大型挖掘机。5T 电动装载机、22T 电动挖掘机为专门针对青藏高原工况定制、全球首创的"高原型纯电动装载机"和"纯电动挖掘机"，成为在建川藏铁路项目的首选产品。螺蛳粉特色产业成为发展亮点。习近平总书记视察柳州螺蛳粉生产集聚区时指出，发展特色产业是地方做实做强做优实体经济的一大实招②。新能源汽车发展形势良好，柳州乘用车电动化率累计达到 31.6%，超过北上广深等一线城市，全国排名第一。全年新能源汽车产量突破 40 万辆，增长超 3 倍。五菱小型新能源汽车月均上线率达 96.33%，高于全国 78.75% 的均值；累计行驶里程超过 41 亿公里，节约燃油超 3 亿升，减少碳排放超 5 亿千克。工业出口创历史新高。2021 年前三季度，全市规模以上工业企业完成出口交货值 120 亿元，增长 107%，创历史新高。汽车行业完成出口 76.2 亿元，增长 153.5%；钢铁行业完成出口 4.9 亿元，增长 179.2%；机械行业完成出口 37 亿元，增长 59.4%。

（四）节能减排降污现状

绿色发展成效凸显，柳州先后荣获"国家园林城市""国家森林城市""国家卫生城市""全国绿化模范城市"等殊荣。深入开展国家循环经济示范城市、国家低碳试点城市建设，园区企业集中供热供汽覆盖率达 85%，工业固体废物处置利用率、工业水循环利用率均达 90% 以上。工业绿色发展取得重大成效。单位能耗大幅下降，绿色制造体系示范取得突破。截至

---

① 《探访柳工自主创新的密钥》，"人民网"百家号，2021 年 5 月 11 日，https：//baijiahao. baidu. com/s？id=1699412370217261171&wfr=spider&for=pc。

② 《习近平在广西考察：解放思想深化改革凝心聚力担当实干 建设新时代中国特色社会主义壮美广西》，中国政府网，2021 年 4 月 27 日，http：//www. gov. cn/xinwen/2021-04/27/content_ 5603266. htm。

2021 年底，柳州市已有 6 家国家级绿色工厂，6 家自治区级绿色工厂，1 个国家级绿色园区——柳州高新技术产业开发区，3 个自治区级绿色园区——鹿寨经开区、河西高新区、柳江新兴工业园，以及 2 个国家级绿色产品，3 个自治区级绿色产品，1 个自治区级绿色供应链。

（五）深化农作物秸秆综合利用和畜禽粪污资源化利用

2021 年，全市秸秆产生量达 136.8 万吨，利用量达 104.5 万吨，秸秆综合利用率达 76.39%，较上年稳步提升；畜禽粪污综合利用率达 95.71%，规模养殖场粪污处理设备配套率达 98.91%，大型养殖场粪污处理设备配套率达 100%。

（六）加强水电开发利用

2021 年，柳州市水电站新增装机 50550 千瓦，全年发电量达 33.25 亿千瓦时，以目前水电能源的技术可开发量估算，可替代约 162 万吨原煤，水电能源开发利用的二氧化碳减排量约为 289 万吨。柳州因地制宜地发展绿色小水电，已创建 6 座绿色小水电示范电站，数量居全区前列，充分发挥了绿色小水电清洁可再生能源的作用。

（七）在交通运输行业持续开展新能源车辆推广应用

截至 2022 年 10 月，柳州恒达巴士股份有限公司公交车总数为 1237 辆，新能源公交车 793 辆，2015~2021 年该公司新增、更新车辆中新能源公交车比重达 100%。截至 2022 年初，柳州共有新能源巡游车 2180 辆，新能源化率达 78.8%；网约车新能源化率超过 76%。截至 2021 年底，共建成 8 个出租汽车综合服务站、7 个换电服务中心，覆盖柳州市四大城区，服务站日均服务 4000 台出租汽车，换电站全市日均换电总次数超 1272 次，单车日均换电次数超 1.5 次，提供换电服务 32136 次，累计输出电量超 95 万度，已形成充换并存、以充为辅、换电站加速建设的局面。

（八）深入推进建筑节能和绿色建筑工作

组织开展绿色建筑和建筑节能专项检查，大力开展低碳节能宣传，柳州市（含市辖五县）通过施工图审查备案的民用建筑项目全部按照绿色建筑标准设计，面积达243万平方米，设计阶段绿色建筑标准执行率达100%。2022年1~9月，新建民用建筑面积达690.1万平方米，节约14.27万吨标准煤，超额完成自治区下达的目标任务；新建绿色建筑竣工面积达613.1万平方米，竣工绿色建筑占新建绿色建筑的88.74%。推动新能源汽车配套基础设施建设，2022年，全市施工图审查备案阶段计划安装或预留安装条件车位数量累计达2417个。

三　面临的问题和短板

（一）能耗基数大，经济发展对能源需求敏感

当前，柳州市还处于工业化、城镇化中后期，能源需求预计年均增速4%左右，既要控排放，又要保增长，给碳达峰带来巨大挑战。"十三五"期间，柳州市煤炭占一次能源消费比重下降约10个百分点，油品、天然气、一次电力、生物质能消费比重均有所提高，但随着社会经济的持续快速发展，柳州市的地区生产总值还需要保持较高速增长，将会产生稳定增长的能源需求。柳州市"十四五"规划对照建设广西副中心城市的要求，将发展的战略目标定位为"广西高质量发展先行区""制造业高质量发展示范区"。在单位地区生产总值保持较高增速的情况下实现碳排放强度下降的目标，需要更大的节能和能源替代力度，这对柳州市完成经济结构调整、产业转型、城市转型极具挑战。

（二）能源结构高碳化，清洁能源消费占比较低

柳州市是能源匮乏的内陆城市，能源消费以化石能源为主，煤炭是第一

大消费能源，其次是电能；可再生能源刚起步，尚未形成规模，且开发利用成本较高。2020年，柳州市化石能源占一次能源消费的比重约为76%，煤炭占比约为63.42%（2020年全国煤炭占比为56.8%），呈现"一煤独大"的格局。尽管全市大力发展绿色清洁能源，但受资源和成本等客观因素影响，煤炭始终占据能源消费的主导地位，消费占比保持在60%左右；天然气消费比重偏低，风电、光伏发电、水电等可再生能源开发利用规模普遍较小，特别是受可再生能源资源禀赋约束，以及清洁能源替代成本较高、建设用地、财政补贴等扶持政策力度不够的影响，清洁能源的规模化、集中式、跨越式发展缓慢，占比短期内难以大幅提高。

（三）产业结构重型化，新兴产业发展动力不足

2020年，柳州市规模以上工业企业综合能源消费达1154.81万吨标准煤，其中七大高耗能行业综合能源消费达1022.79万吨标准煤，约占规上工业企业综合能源消费的88.57%，同比增长2.30%，拉动规模以上工业企业综合能源消费增长2.1个百分点，产业结构高碳特征明显。2020年，柳州市三次产业结构为7.28∶47.25∶45.47，产业结构不优，第二产业占主导地位，服务业比重不高，服务发展不够专业化、高端化、精细化和集群化，与柳州市"十四五"规划中提出的产业结构优化目标还有一定差距。从产业内部结构看，高新技术产业比重相对较低，新兴行业发展相对滞后，传统行业比重较高。

（四）技术创新和储备不足，重点行业节能降碳空间较小

低碳科技创新体系尚未建立，科技支撑基础薄弱，科技人才的吸引和培养有待加强。资源循环利用、零碳能源、负排放等领域以及关键技术、前沿引领技术、颠覆性创新技术研发方面的人才匮乏，关键材料、仪器设备、核心工艺、工业控制装置等方面的绿色技术瓶颈有待突破。缺乏具有前瞻性、系统性、战略性的低排放技术研发和创新项目。新能源、再生资源利用、碳汇等绿色低碳科技成果转化应用能力不强，缺乏关键性低碳技术和产品的示

范和引领。通过结构调整、技术进步、管理水平提高等各项创新路径,柳州市促进重点高耗能行业能耗普遍下降,部分产品能效已达到国内先进水平,从能耗占比最高的钢铁行业来看,柳钢吨钢综合能耗已处于先进水平,节能降碳空间变窄。

四 推进绿色高质量发展实施对策

(一)推进经济社会发展全面绿色转型

1.切实强化低碳发展规划导向

将碳达峰碳中和目标要求全面融入经济社会发展中长期规划,全面调整优化能源、产业、交通运输、空间结构,强化市级发展规划、国土空间规划、专项规划、区域规划和"三线一单"生态环境分区管控体系的支撑保障。加强各级各类规划间的衔接,确保各县区、各领域在落实全市碳达峰碳中和目标、发展方向、重大政策、重大工程等方面协调统一。

2.优化绿色低碳发展区域布局

落实主体功能区划要求,构建有利于碳达峰碳中和的国土空间开发保护新格局。立足柳州生产服务型国家物流枢纽建设,打造广西面向东盟国际大通道的核心枢纽,对接粤港澳大湾区建设、西部陆海新通道建设、长江经济带发展、中部地区高质量发展等国家重大战略,优化提升"一主三新"城市发展格局,推动"一核两翼三组团多支点"城镇体系协调发展和重点区域低碳转型,支持有条件的县区率先实现碳达峰。

3.加快推进低碳城市建设

加强低碳城市建设宣传教育,提高全社会对碳达峰碳中和的认知度和认可度。引导和支持各类市场主体适应低碳发展要求,提升低碳创新水平。以示范创建为载体,推广绿色低碳生产生活方式,扩大绿色低碳产品供给和消费,倡导形成简约适度、绿色低碳的生活方式。鼓励公众积极参与舆论监督和社会监督,推动形成崇尚低碳的良好社会氛围。

（二）构建低碳高效产业结构体系

1. 打造绿色低碳优势产业集群

加快构建绿色低碳循环发展经济体系和绿色低碳优势产业集群。大力发展清洁能源、动力及储能电池、新能源汽车、节能环保产业，建设国内领先的新能源高技术产业基地，培育跨区域产业生态。加快推进融安、融水、三江风电场建设，充分利用企业厂房屋顶、农村荒山荒地建设光伏电场，拓展风电、光伏发电应用场景，建设清洁能源示范引领区。积极发展动力及储能电池产业，做强电池电芯、电池系统、电池核心构件主件、正极材料、隔膜等关键环节，健全电池回收综合利用链条。加快发展新能源汽车产业，推动电池、电机、电控设计生产协同配套，鼓励企业做好燃料电池汽车、氢燃料汽车技术储备，有序开展产品研发和示范应用。积极布局新型储能新赛道，推动氢能"制储输用"全产业链发展，探索压缩空气储能、固体氧化物燃料电池储能等新技术路线。以推进节能环保装备高端化和节能环保服务专业化为方向，重点发展装配式建筑、再生资源利用、工业再制造等节能环保产业，建设区域性节能环保先进基地。

2. 推动战略性新兴产业高质量发展

推动战略性新兴产业强链补链，围绕智能电网、轨道交通、机器人、芯片、光电产品、智能终端、工业互联网、现代中药、高端医疗器械等战略性新兴产业重点产业链，聚焦"微笑曲线"两端，完善产业链发展规划，绘制重点产业链全景图，制定专项产业政策。开展产业项目建设活动，以培育头部企业、有根企业为目标，强化公共平台的支撑作用，实施"链长+链主企业+领军人才+中介机构"全流程招商引智。聚焦企业全生命周期科技服务需求，强化专业化服务能力建设。增强产业链韧性，实施产业链市场主体梯度培育计划，支持龙头企业上市以及冲刺世界500强、中国500强，培育一大批"专精特新"企业，加速形成"大企业顶天立地、小企业铺天盖地"的良好局面。

3. 提升工业企业绿色竞争力

推动工业领域节能降碳，加快淘汰重点工业领域落后产能。围绕提升传统产业绿色化水平，着力打造绿色供应链，开展汽车、机械、智能家电等重点领域绿色供应链管理示范，支持创建绿色工厂，全面开展清洁生产审核和评价认证，争取建设绿色产业示范基地。推进工业低碳工艺革新、数字化转型和绿色制造体系建设，推动钢铁、电力、化工、建材等重点领域对照标杆水平实施节能降碳技术改造，鼓励国有企业、骨干企业开展示范性改造，培育一批具有显著绿色优势的"小巨人"企业。完善再生资源收储运体系，创新发展"互联网＋再生资源"新模式，积极推动废旧（锂）电池、建筑垃圾、餐厨垃圾、工业固体废弃物循环再利用，加快建设静脉产业园，打造"无废城市"。高水平开展园区循环化改造，培育一批近零碳专业园区和绿色工业园区。推动互联网、大数据、人工智能等新兴技术与产业深度融合，加速赋能产业绿色发展。

4. 提升服务业低碳发展水平

构建低碳服务业体系，加快推进现代服务业集聚区建设。加快服务业绿色转型，推进现代服务业与先进制造业、现代农业深度融合，促进数字赋能服务业升级。围绕制造业数字化、服务化、高端化升级方向，加强细分化培育，推动生产性服务业高质量发展。加快信息服务业绿色转型，科学规划和统筹部署数据中心等新型基础设施，实施大中型数据中心、网络机房绿色建设和改造。推进碳中和服务，发展绿色低碳产业治理技术服务、产品认证服务、知识产权保护和数据服务，培育低碳服务整体供应商。倡导大中型活动碳中和，推进会展业绿色发展，打造会展龙头企业，推动办展设施循环使用。积极推进文化、旅游、体育、大健康等产业深度融合发展。

5. 加快推进农业绿色发展

立足各县区林果蔬畜糖等特色资源优势，聚焦主导产业和要素资源，持续升级畜禽水产养殖、糖料蔗、水果等九大优势特色产业集群，加快发展林下经济、竹木加工、森林康养和森林旅游等高附加值产业。推广绿色生产技术和模式，提升农产品加工转化水平，培育"柳字号"农业品牌。增加优质绿色农产品供给，鼓励开展绿色食品、有机产品认证，加强农产品质量安全追溯，提升农产品绿色化、优质化、品牌化水平。大力发展循环农业，加快农业废弃物资源化利用，促进农业发展提质增效。

6. 坚决遏制"两高一低"项目盲目发展

严把项目建设准入关口，严格"散乱污危"企业禁入机制，强化新建项目能耗"双控"影响评估和用能指标来源审查。贯彻落实国家新增可再生能源不纳入能耗"双控"考核等政策，提升能耗要素保障水平，大力支持重大项目建设。统筹推进"两高一低"项目清理整改，实行台账管理、分类处置、动态监控。突出标准引领作用，推动"两高一低"企业对标行业先进水平，深挖节能降碳潜力，实施改造升级，提前谋划碳核算、碳交易工作。逐步实施建设项目碳排放评价，将单位产品综合能耗、碳排放强度纳入"标准地"指标体系，完善高碳低效产业退出机制。加强"两高一低"项目节能监察及能耗在线监测，加快重点用能企业能耗在线监测系统建设。印发实施《柳州市"十四五"节能减排综合实施方案》，落实能耗"双控"目标责任评价考核制度。加大节能挖潜与淘汰落后产能力度，促进"两高一低"项目提质增效。

（三）打造清洁低碳高效能源体系

1. 严格能源消费强度和总量控制

完善能耗"双控"制度，强化能耗和碳排放强度约束管控，合理控制能源消费总量。严格源头管控，做好园区规划、产业布局、结构调整、节能审查与能耗"双控"的衔接，新上高耗能项目必须符合国家产业政策且能效达到行业标杆或先进水平。加强能耗、碳排放控制目标分析预警，对能耗强度下降目标完成形势严峻的县区实行项目缓批限批、能耗等量或减量替代。落实节能监察制度，强化节能监察和执法，加强节能事中事后监管和重点用能单位节能管理，严格责任落实和评价考核。建立全市统筹、各县区负总责、部门落实行业责任、企业落实主体责任的能耗"双控"及碳排放控制管理体制，完善通报、约谈、督导、考核机制，强化考核结果运用。

2. 大幅提升能源利用效率

把节能贯穿于经济社会发展全过程和各领域，大力提升工业、建筑、交通运输、公共机构、数据中心、新型基础设施等重点领域能效水平，全面开展能效对标，打造一批能效"领跑者"。谋划建设柳州能源"双碳"数智管理平台，强化能源、建筑等领域数智赋能，提升数字化治理能力。建立健全重点行业能效监测与评价体系。完善重点用能单位能源管理体系，强化节能管理和目标责任，高质量使用能耗在线监测系统，推动年综合能耗超过5000吨的重点用能单位接入能耗在线监测系统并强化数据应用。推行合同能源管理、合同节水管理、节能综合服务等市场化节能方式。

3. 严格控制化石能源消费

加快煤炭替代步伐，积极推进终端用能领域电能替代，因地制宜地推行以电代煤、以气代煤，逐步减少直至禁止煤炭散烧。推广新能源车船、热泵、电窑炉等新兴用能方式，全面提升生产生活终端用能设备的电气化率。充分发挥煤电基础保供和应急调峰作用，推进现役煤电机组节能升级和灵活性改造。严格能效约束，突出先进标准引领，推动钢铁、建材、化工等重点领域节能减煤降碳。控制石油消费增速，推动成品油质量升级，提升油品消费领域能效水平。推进天然气管道网建设，合理布局天然气调峰电站，打通天然气干线管网"南气北上"通道。扩大天然气利用规模，推动城区焦炉煤气替代为天然气，扩大各县区天然气民用和工商业利用市场。加强能源安全运行管理，持续提升能源稳定供应、应急保障和风险管控能力。

4. 积极发展非化石能源

加快风能、太阳能资源开发利用，积极推广生态友好型"光伏+农渔牧业"光伏电站建设，打造"北三县"百万千瓦风电基地。加快多类别生物质能利用步伐，有序推动大型生物质供热锅炉和生物质热解项目，因地制宜地推动城镇生活垃圾发电进程。统筹水电开发和生态保护，加快鹿寨、融水抽水蓄能电站项目建设。开展"新能源+储能"示范应用，打造一批风力发电储能、光伏发电储能、电池储能工程化应用示范项目，推动氢能利用及运营模式示范。推动煤炭等化石能源和新能源优化组合，增强新能源消纳能力。加快建设智能电网，提高供电可靠性以及区外大规模受入、区内大范围转移和分布式电源就近消纳能力。

（四）提升绿色低碳技术能力

1. 积极推进低碳技术开发

围绕化石能源绿色开发、低碳利用、减污降碳等开展技术创新，重点加强低碳建筑材料、低碳工业原料、低含氟原料等源头减排关键技术开发；加强全产业链及跨产业低碳技术集成耦合、低碳工业流程再造、重点领域效率提升等过程减排关键技术开发；加强减污降碳协同治理与生态循环，二氧化碳捕集、运输、封存以及非二氧化碳温室气体减排等末端减排关键技术开发。

2. 加大零碳技术储备力度

开发新型太阳能、风能、地热能、生物质能、核能等零碳电力技术以及机械能、热化学、电化学等储能技术，加强高比例可再生能源并网、特高压输电、新型直流配电、分布式能源等先进能源互联网技术研究。开发可再生能源、资源制氢、储氢、运氢和用氢技术以及低品位余热利用等零碳非电能源技术。开发生物质利用、氨能利用、废弃物循环利用、非含氟气体利用、能量回收利用等零碳原料、燃料替代技术。开发钢铁、化工、建材、石化、有色等重点行业的零碳工业流程再造技术。

3. 推进碳负排技术成果转移转化

加强二氧化碳地质利用、二氧化碳高效转化燃料化学品、直接空气碳捕集、生物炭土壤改良等碳负排技术创新；研究碳负排技术与减缓和适应气候变化之间的协同关系，引领构建生态安全的碳负排技术体系；攻关固碳技术核心难点，推动森林、草原、湿地、土壤、冻土的固碳技术升级，提升生态系统碳汇。

（五）推进重点领域试点示范建设

1. 加快低碳城市建设

积极探索适合本地区的低碳绿色发展模式和发展路径，加快建立以低碳为特征的工业、能源、建筑、交通等产业体系和低碳生活方式；积极探索创新经验和做法，按照低碳理念规划建设城市交通、能源、供排水、供热、污水、垃圾处理等基础设施，提高低碳发展管理能力。研究制定支持绿色低碳发展的配套政策，加快建立绿色低碳循环发展的经济体系，积极倡导低碳绿色生活方式和消费模式。

2. 推广低碳社区发展模式

结合柳州低碳社区建设，推广柳州鱼峰低碳社区模式，开展一系列低碳宣传活动，发动、组织和引导社区居民参与低碳社区建设，培养居民低碳生活习惯，并发挥鱼峰低碳社区模式的带动性，总结并推广低碳社区建设经验。

3. 建设碳普惠试点项目

建设广西柳州碳普惠推广平台，探索开展碳普惠制建设工作。建立健全广西柳州碳普惠核证减排量交易及补充机制，同步编制碳普惠核证减排量方法学；结合自身实际情况，因地制宜地开发创新具有自身特色的碳普惠模式，聚焦民众低碳生活关注热点，探索不同场景下的碳普惠机制应用；在柳州的社区、公共交通、旅游、低碳产品、降碳技术等绿色低碳领域制定相应的减排量核算规则，设计激励机制，在每个绿色低碳领域推广 1~2 个碳普惠试点。

4. 开展国家气候投融资试点建设

依托柳州作为自治区绿色金融改革示范区的优势，开展国家气候投融资试点。完善气候投融资配套政策体系，探索运用投资补助、贷款贴息等多种手段，创新激励约束机制，推动企业减排，发挥碳排放标准的预期引领和倒逼促进作用，做好气候项目的储备。探索建立气候投融资绿色金融体系，催生一批气候金融和第三方综合服务新兴业态，培育一批有竞争力的气候友好型新兴市场主体，探索形成以点带面、可持续、可推广的气候投融资发展模式。

B.15
肇庆市绿色发展现状与对策

刘俊杰　宋恩　王己妃*

摘　要： 党的十八大以来，肇庆多措并举推进工业、服务业、农业等产业绿色高质量转型，聚力建设粤港澳大湾区绿色能源基地，一批科技创新型、环境友好型项目相继引进落地。但肇庆同时面临产业结构与环境治理要求不相适应、综合规划引导调控力度不足等问题。对此，本报告提出以下对策建议：坚持综合规划管理的有效导向，大力构建绿色发展的空间体系和产业体系，健全完善绿色发展体制机制，以文化传承、文化培育推动绿色发展，倡导绿色低碳生活方式和消费方式。

关键词： 绿色发展　循环经济　生态文明建设　肇庆市

　　肇庆是粤港澳大湾区、珠江—西江经济带承东启西的重要节点城市，也是广佛肇经济圈、广州都市圈的重要组成部分。随着肇庆全域纳入粤港澳大湾区，粤桂黔高铁经济带、珠江西岸先进装备制造产业带在此地交汇，肇庆将成为"三大经济带"地缘优势叠加的重要区域。在粤港澳大湾区城市群中，肇庆占地面积最大（6.0%以上），土地开发强度最小（6.5%），森林覆盖率最高（70.7%），风能、光能、水能资源丰富。作为国家生态文明建

---

* 刘俊杰，博士，广西师范大学经济管理学院教授，珠江—西江经济带发展研究院副院长、研究员，研究方向为区域发展与城乡关系、区域产业结构与产业组织、区域可持续发展；宋恩，广西师范大学硕士研究生，研究方向为金融市场与金融投资；王己妃，广西师范大学硕士研究生，研究方向为世界经济。

设示范市，肇庆发展绿色产业的条件得天独厚。

近年来，肇庆始终坚持生态优先、绿色发展，以更高标准打好蓝天碧水净土保卫战；立足自身生态、历史、人文资源禀赋，坚持绿色赋能、文化赋能和旅游赋能相互促进，持续擦亮"山湖城江林泉峡"名片，着力构筑"三廊三网，四屏多点"生态安全格局，成效显著。但受发展基础、资源环境等的制约，肇庆生态环境保护的结构性、根源性、趋势性压力尚未得到根本缓解，全民生态环境保护意识有待增强。保持绿色发展战略定力，聚焦绿色发展方向，建立和完善生态保护红线制度，以减污降碳为总抓手推动经济社会全面绿色转型，巩固提升绿色生态优势和国家生态文明建设示范市创建成效，筑牢粤港澳大湾区西部生态屏障，具有重要战略意义。

一　肇庆市绿色发展现状

（一）产业绿色发展方兴未艾

2021 年，肇庆 GDP 为 2649.99 亿元，居全省第 12 位；同比增长10.5%，位居全省第二；全年全部工业增加值较 2020 年增长 16.6%，规模以上工业增加值增长 18.6%（见图 1）。

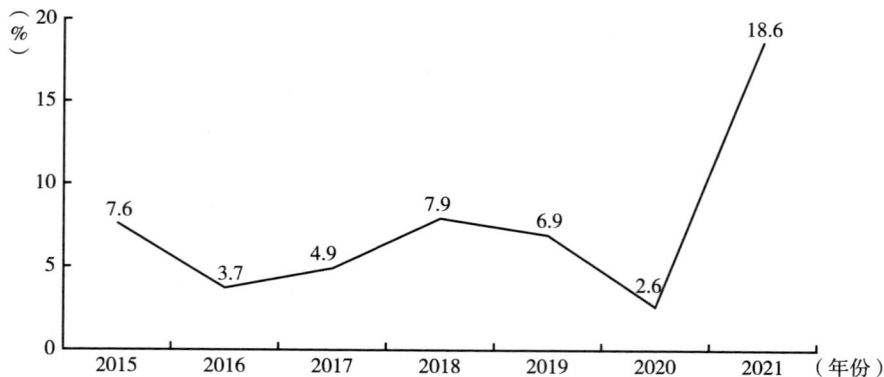

图 1　2015～2021 年肇庆规模以上工业增加值增速

资料来源：历年《肇庆统计年鉴》。

1. 先进制造业稳步增长

2021 年，肇庆先进制造业增加值比上年增长 22.3%，占规模以上工业增加值比重的 33.8%。其中，生物医药及高性能医疗器械业增长 60.9%，高端电子信息制造业增长 26.4%，先进装备制造业增长 23.7%，先进轻纺制造业增长 18.1%，新材料制造业增长 16.1%，石油化工业增长 14.1%。

2. 污染物排放量逐年降低

污染物排放方面，工业二氧化硫的排放量自 2015 年开始呈大幅下降的态势，2016 年的工业二氧化硫排放量较 2015 年减少 35.6%，2021 年的工业二氧化硫排放量较 2020 年减少 50.0%（见图 2），这主要得益于环保力度的加大和产业结构的优化调整。工业废水排放量在 2021 年小幅增长，2012~2020 年呈递减态势（见图 3）。

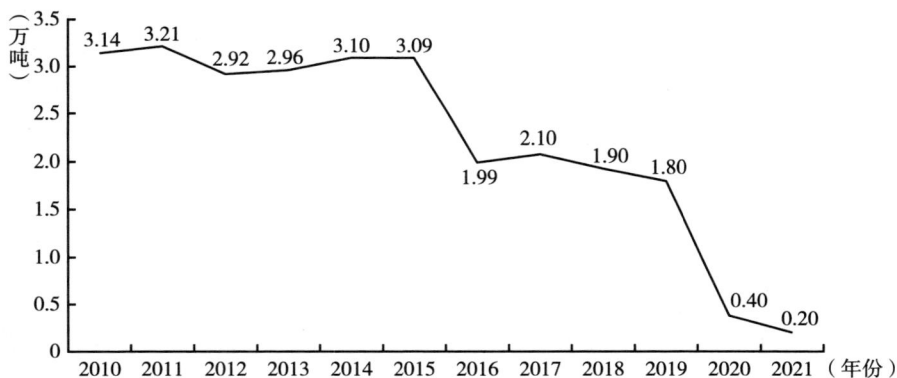

（万吨）

年份	数值
2010	3.14
2011	3.21
2012	2.92
2013	2.96
2014	3.10
2015	3.09
2016	1.99
2017	2.10
2018	1.90
2019	1.80
2020	0.40
2021	0.20

图 2　2010~2021 年肇庆工业二氧化硫排放量

资料来源：历年《肇庆统计年鉴》。

3. 绿色基础设施建设稳步推进

2021 年，全市安排重点项目 310 个，总投资 4827.11 亿元，年度计划投资 762 亿元。全年 310 个市重点项目完成投资 958.95 亿元，完成年度计划投资的 125.8%。宁德时代动力及储能电池肇庆项目（一期）、肇庆市金利大道（双金公路）工程、粤港澳大湾区肇庆（怀集）绿色农副产品集散基地项目等一批低碳绿色产业项目顺利开工建设；总投资 120 亿元的风华高

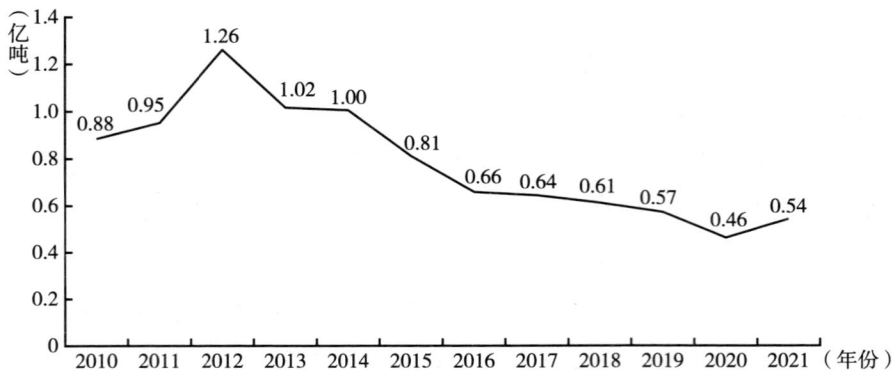

图3　2010~2021年肇庆工业废水排放量

资料来源：历年《肇庆统计年鉴》。

科高端电容和电阻项目加快推进，投资超100亿元的万达国家度假区项目成功落户肇庆并动工建设。

围绕粤港澳大湾区（肇庆）绿色能源基地的建设目标，肇庆正在打造一批光伏、抽水蓄能、新型储能、农林生物质发电等示范引领项目，全面推动建设光伏200万千瓦、风电32万千瓦、抽水蓄能120万千瓦、天然气热电联产196万千瓦、储能电站10万千瓦。

4. 农业绿色发展加速转型升级

作为粤港澳大湾区绿色农业基地，肇庆大力推进绿色农业规模化、品牌化、标准化。2021年，肇庆的粮食播种总面积达299.34万亩，总产量达122.43万吨，产业规模位居全省前三、珠三角第一。其中，水稻种植面积达251.68万亩，产量达108.05万吨；蔬菜种植面积达137.83万亩，产量达312.57万吨，位居全省第六、珠三角第三。畜禽、水果、水产等其他重要农产品生产稳中有增，稳产保供能力总体提升。2021年，完成人工造林面积861.2公顷，低效林改造1125.9公顷，人工更新3811.4公顷，其中林业重点工程完成人工造林面积205.2公顷。全市森林覆盖率达到70.77%，居全国地级市前列。

农业转型升级步伐加快。现代农业发展"611"工程持续推进，粮食、水果、蔬菜、畜禽、水产、医药六大主导产业产值首次突破 600 亿元，全市累计创建了 12 个省级现代农业产业园，累计培育了市级以上农业龙头企业 115 家（其中国家级 1 家、省级 49 家、市级 65 家）。粤港澳大湾区（肇庆高要）预制菜产业园启动建设，总规划面积 7000 亩，已吸引厦门建发、佛山国通等 11 家企业开展项目遴选。农产品流通平台建设稳步推进。粤港澳大湾区肇庆（怀集）绿色农副产品集散基地建设加快，粤港澳大湾区肇庆（怀集）绿色农副产品检验检测中心和大西南（怀集）农产品进出口服务平台建成启用，农产品交易博览中心一期工程建成，截至 2021 年底，已有 29 家食品、加工、流通企业进驻该中心，投资额达 38.17 亿元。

5. 农产品市场体系建设成效显著

以德庆贡柑为示范，深入推动市场体系建设。聚力新基建赋能、新营销加温、新市场破题、新体系提质、新农人引领"五个新"建设，打好产业、市场、文化、科技四张牌，推出德庆贡柑认养新模式，推动 RCEP 柑橘采购中心成功落户、德庆贡柑"柑贸全球"。开拓"一果两用、品果留皮"新领域，催生新业态，吸引百名主播田头直播，完善德庆贡柑线上线下销售渠道，线上线下均价分别同比增长 19.7%、12.5%。德庆贡柑成功进入德国、荷兰、加拿大、泰国、越南、柬埔寨等多国市场，带动高要预制菜、肇庆蜂蜜等产品首次出口海外，实现以柑橘"小球"带动肇庆农产品融入世界"大球"。

（二）"无废城市"与绿色城市双管齐下

近年来，肇庆在绿色发展中从"开源""节流"两个方面同时发力，效果显著。绿色城市旨在通过不断优化生态环境，提高森林覆盖率，建设生态绿洲，此为"开源"；"无废城市"旨在通过建设专有项目，减少污染物的排放，探索低碳绿色循环发展路径，减量化、资源化利用固体废物，实现城市绿色发展，此为"节流"。作为珠三角核心区生态屏障，近年来肇庆共投入 5269.26 万元，完成林业核心生态工程 37.34 万亩，建成生态公益林 387.66 万亩、林业自然维护区 11 个共 57.23 万亩、森林公园 67 个共 229 万亩、"万村绿"工程 372 项。通过"无废城市"和绿色城市双推进，2022 年 4 月，肇庆成功入选"十四五"时期国家"无废城市"建设名单，一批工作基础好、代表性强的企业着力创建绿色工厂、绿色供应链和绿色产品，推进肇庆工业园区循环化、绿色化改造以及绿色园区、生态园区建设；引导各类固体废物资源化利用，加快华南园区废塑料再生利用先进技术应用及推广；绿色数字养殖以及化学农药、化学肥料等投入品源头管控进一步强化。2021年，肇庆人均公园绿地面积达17.57平方米，建成区绿化覆盖率达39.69%（见图4），8个县（市、区）均被省授予"广东省林业生态县（市、区）"称号。截至2021年底，全市森林覆盖率达67.9%，比珠三角平均水平高出近20个百分点。

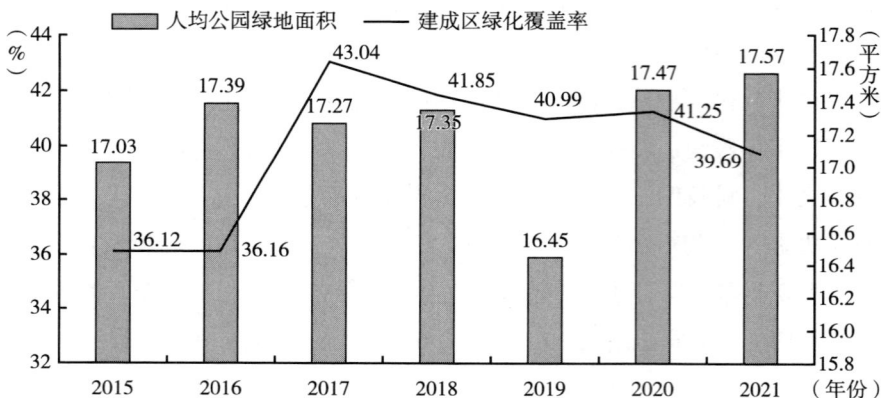

图4 2015~2021年肇庆人均公园绿地面积与建成区绿化覆盖率

资料来源：历年《肇庆统计年鉴》。

近年来，肇庆坚持生态优先、绿色发展，打赢污染防治攻坚战，空气、水质量在全国城市中排前30位，成功创建国家生态文明建设示范市，产业结构、生产方式、生活方式和空间格局不断优化升级。

2021年1~11月，肇庆国考断面水环境质量在全国排名第十四，省内排名第一；国考地表水断面水质优良率达100%，劣Ⅴ类水质全面消除，黑臭水体基本消除。西江、北江等大江大河水质稳定达到Ⅱ类。统筹推进城乡生态宜居空间塑造，大力推动公园绿地系统建设，建成星湖、怀集燕湖2个国家湿地公园，累计批建森林公园151个，"湾区生态绿洲"建设成效显著。

（三）绿色技术不断创新

2021年，肇庆科学技术支出超29.5亿元（见图5），占GDP的比重为1.11%，连续3年呈现增长态势；财政科技投入为10.94亿元，比2012年增长1.3倍。2020年，肇庆专利申请数为8131件，发明专利数为1662件（见图6）。2019年开始，肇庆专利申请数与发明专利数激增，对科学技术高度重视的后发效应开始显现。

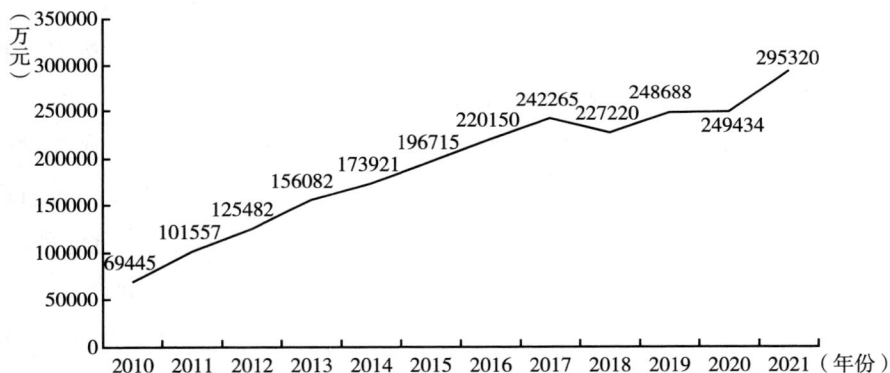

图5 2010~2021年肇庆科学技术支出

资料来源：历年《肇庆统计年鉴》。

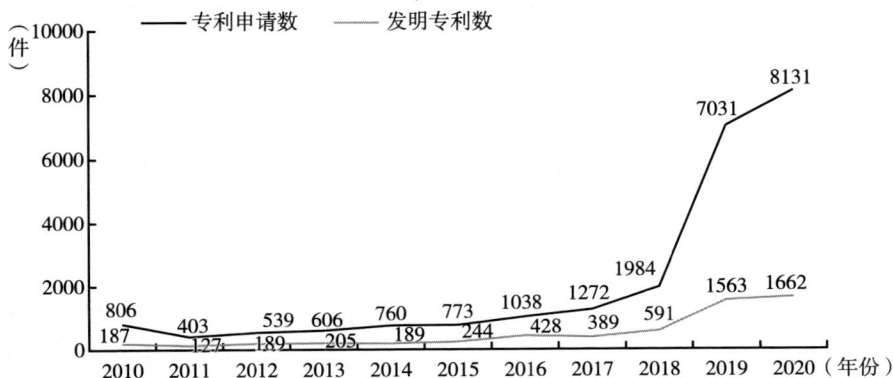

图6 2010~2020年肇庆专利申请数和发明专利数

资料来源：历年《肇庆统计年鉴》。

截至 2021 年底，肇庆高新技术企业总量突破 1000 家，达 1092 家，是 2015 年的 5 倍，年均增速达 37.9%，超过全省平均水平；新增市级以上新型研发机构 32 家，新增科技企业孵化器 38 家，其中国家级 5 家、省级 4 家，拥有省级以上创新平台 237 家，其中国家级创新平台 8 家。除此之外，肇庆还建成了 10 所本科以上高等教育机构，其中肇庆学院成功创建国家级大学科技园，为全省的 6 家之一，同时获批省市共建广东省环境健康与资源利用重点实验室，成为肇庆首家学科类省重点实验室；建成了 32 家新型研发机构和 30 家高水平的科技企业孵化器及众创空间，拥有省级以上科技创新平台载体 162 家，省级新型研发机构 5 家、市级 27 家，建设市级以上科技企业孵化器 30 家，实现了县域全覆盖。

"鱼塘种稻"是肇庆有效解决稳粮保供的新模式、新技术，在粮食安全、提质增效、绿色发展方面具有重大意义。观星（肇庆）农业科技有限公司与肇庆市农科所携手，初步采用 200 多块浮床开展试点。"鱼塘种稻"好处颇多，一方面，鱼塘的水面空间以及塘底肥泥和养殖尾水得到有效利用，种出来的稻谷更生态、健康，实现了资源的阶梯利用；另一方面，水稻浮床在夏季高温季节可以提供遮阳屏障，有利于鱼虾栖息。

二　肇庆市推进绿色发展存在的主要问题

（一）产业结构与环境治理的要求不相适应

肇庆工业总量占经济总量的将近一半，但工业发展仍然过多依赖传统粗放型行业，工业结构不优导致污染排放根源难断，全市六大高耗能产业产值占比达 37.6%，大气污染物二氧化硫的排放量达到 75%；六大水污染源行业产值占比达 23.6%，废水排放量占比高达 80.4%。产业调整任务艰巨，全市 2000 亩以上规模的园区有 22 个，以散、小、弱为主要特点，开发模式粗放，主导产业不突出，不少园区缺乏足够的节能环保监管能力。除此之外，作为传统农业大市的肇庆，农业"大而不强"的问题仍然比较突出，农业面源污染总量高、分布散，治理推进速度缓慢。农业化肥施用量偏高，亩均达 37.8 公斤，高于全国平均水平；农业入河污染物超过 50%、水产养殖污染物超过 60%，这些污染物最终流入西江流域，给环境治理增加了难度。

（二）综合规划引导调控力度不足

国土开发模式较为粗放，国土空间开发保护制度尚未完善，生态红线仍未全面划定。全市单位 GDP 耗地量是全省平均水平的 2 倍多，全市人均建设用地面积超过 200 平方米，高于国家要求。虽然 2013 年肇庆在全省率先出台市一级主体功能区规划，但在实际操作中存在把关不严、配套措施不到位的问题。一直以来，工业布局主要集中于城区上风向的东南片区，没有针对核心城区"荷包式"地形容易对大气污染产生聚敛效应的情况进行优化调整，特别是陶瓷、水泥等大气污染严重的行业大都分布在高要区、鼎湖区、四会市等地，形成了全市主要的污染物排放集中点。产业沿河布局的现状仍未从根本上扭转，超过 55% 的工业废水和超过 65% 的化学污染物最终排入西江。

（三）总量管控仍然有待深化

能源结构调整缓慢，能源消费仍然过度依赖煤炭，煤炭能耗比重居高不下，早在 2014 年就接近总能耗的 60%，远高于全省平均水平。2017 年，肇庆市以建筑陶瓷和水泥生产为主的非金属矿物制品业的煤炭消费量占比仍然高达 65%。现有陶瓷企业"煤改气""油改气"未全面完成，截至 2020 年 6 月，肇庆约 1/3 的生产线完成了"煤改气"改造，但为了降低生产成本，天然气的使用比例仍然处于较低水平。

（四）区域管理失衡有所加剧

总体上，肇庆东南地区的环保监管和准入规制相对严格，而山区相对宽松。从环保投入来看，东南地区环保财政支出达 2.5 亿元，山区只有 1.9 亿元，分别占其总支出的 1.0% 和 0.7%。沿江污水处理厂等环保设施主要集中在东南地区，山区污水处理设施特别是管网建设明显滞后。

三 肇庆市推进绿色发展的对策建议

（一）坚持综合规划管理的有效导向

进一步明确城乡发展方向定位。一是产业定位，依托城乡现阶段的发展实际，对外部环境与内部环境现状进行充分梳理，并结合经济发展态势，从地方特色、要素禀赋、环境等多个方面进行综合衡量，明确职能定位；二是对城乡发展空间进行绿色高质量协调发展规划，使产业定位与空间规划能够相辅相成、互相融合、互相促进，从而形成全新的城乡发展势头，同时积极学习和借鉴优秀城乡规划区的管理理念，健全创新服务体系，进一步优化和改善产业配套与公共服务配套，进一步优化工业、农业发展的资源配置，推动形成竞争与合作并存的集约型发展模式，推进城乡融合发展。

（二）大力构建绿色发展的空间体系和产业体系

一方面，构建科学协调的发展空间。肇庆东南地区城镇化水平相对较高，但资源环境压力较大；山区生态相对较好，但经济社会发展相对滞后。各地应依据自身自然资源禀赋、环境承受能力及现有发展状况，认真落实《肇庆市主体功能区规划》，重视错位发展，体现差异化，推动市县空间"一张图"管理。另一方面，构建节约高效的生产空间。肇庆要想在粤港澳大湾区中赢得发展的机遇和主动权，必须把产业强市、产业"绿市"放在重要位置。一是举全市之力，推动高耗能低效益产业企业转型升级，通过鼓励土地节约集约利用、资金支持、成立落后产能退出转型基金等方式，有序引导传统产业转型退出；二是强化产业的绿色发展，构建以绿色产业为主的现代产业体系，按照错位分工、配套互补、协同发展原则，重点发展新能源汽车、节能环保、数字经济、先进装备制造等产业。

（三）健全完善绿色发展体制机制

首先，把法治融入绿色发展。严守相关法律法规底线，对破坏生态、污染环境的违法犯罪行为严惩不贷；严格按照程序进行重大项目上报，依法保障公众在重大环境问题上的知情权、监督权；对产业项目严格把关，严格环境准入；把推进绿色发展纳入全市经济社会发展总体布局并融入各专项规划，确保绿色发展规划落地实施。其次，积极开展绿色金融研究，完善绿色金融体系，推动肇庆绿色发展。研究制定借贷和投资的绿色准入标准，尝试发行绿色债券、绿色基金，探索绿色保险、绿色信贷业务，严格限制"两高"企业的贷款，探索"绿水青山就是金山银山"的金融路径。最后，全面加强党对生态环境保护的领导，强化"守土有责""绿色发展"的责任意识，把生态环保指标纳入地方党政领导班子年度综合考评。

（四）以文化传承、文化培育推动绿色发展

深度挖掘美丽肇庆的生态文化底蕴，进一步加强生态文化培育。一是打造生态文化品牌。充分挖掘"山、水、岩、洞"等自然资源特色，弘扬传统文化，举办生态文明专题文艺活动、作品展，深化群众对肇庆生态文化品牌的认识。二是建设生态文明教育基地。以鼎湖砚洲岛等风景名胜区、绿色示范企业为重点，建设生态文明教育基地。三是提供生态文化体验服务。结合鼎湖砚洲岛生态文化休闲度假区等文化旅游、健康休闲项目建设，打造生态文化旅游带。

（五）倡导绿色低碳生活方式和消费方式

加大节能宣传力度，增强全社会节能意识。提倡全民控制空调温度、节约生活用电等，倡导合理健康的消费模式和生活模式。强化餐饮服务节约意识，制止餐饮浪费行为。推进生活垃圾分类和减量化、资源化，推进塑料污

染治理。加强绿色产品和服务认证管理，鼓励企业认证绿色产品、有机产品，引导居民使用节能环保产品，促进绿色产品消费。倡导绿色出行，推广绿色低碳运输工具，在公交、城市物流配送、港口和机场等领域加快推广与应用新能源车辆。

B.16
云浮市推动绿色高质量发展路径研究

肖　梅*

摘　要： 近年来，云浮将绿色发展作为全市经济社会发展的最大优势，在生态环境保护、工业绿色低碳发展、城乡人居环境改善等方面取得了明显成效，但仍存在部分环境质量指标改善压力大、生态资源的利用效率较低、产业绿色转型任务仍十分艰巨等短板和弱项。为了推动云浮绿色高质量发展，建议加强生态资源高效开发与利用、构建绿色低碳产业体系、建设强富绿美新镇域、健全绿色发展长效机制、强化绿色基础设施建设、加大区域开放合作力度，推动云浮在奋力打造生态发展新标杆中突围争先。

关键词： 绿色发展　低碳产业体系　粤北生态屏障　云浮市

云浮地处广东省北部生态发展区，是广东省重要的水源涵养区和生态屏障，具备人文、生态、区位、自然资源"四大优势"，拥有禅文化、硫化工、西江水、石材产业、温氏集团、南药产业等"六张名片"，是生态发展区中有着充分腾飞基础的地区。近年来，云浮始终坚持在发展中保护、在保护中发展，全力推动建设粤北生态发展区，不断开创生态环境高水平保护和经济社会高质量发展协同共进的新局面，绿色发展稳步推进。

---

* 肖梅，广东亚太创新经济研究院规划咨询部高级研究员，研究方向为产业经济、区域经济。

一 云浮市绿色发展取得的主要成效

（一）生态环境持续优化

近年来，云浮全面巩固拓展粤北生态屏障功能，创建"护绿、增绿、管绿、用绿、活绿"机制，打造"一带三山"森林绿廊，被列入广东省首批生态产品价值实现机制试点名单。2021年，云浮空气质量优良率达97%，六项空气污染物指标阶段性浓度均达到国家二级标准。西江云浮段水质常年保持Ⅱ类及以上，4个国控断面水质优良率达100%，水环境质量位列全省第一。2022年，云浮完成高质量水源林建设5.17万亩，建成碧道61.4公里，全市森林覆盖率达68.33%，在省水土保持工作考核中被评为优秀等次。截至2021年底，云浮森林面积达798.11万亩，森林覆盖率达68.23%，活立木蓄积量达2881万立方米，成功创建国家园林城市。云浮硫铁矿矿山地质环境复绿治理项目入选广东首届国土空间生态修复十大范例，生态系统格局与生物多样性保护整体稳定。

（二）工业绿色低碳发展取得积极成效

2021年，云浮规上工业增加值能耗下降6%，完成全年下降5%的目标。云浮坚持走循环经济发展道路，有序推进陶瓷等产能退出，大力支持企业开发以硫酸为主要生产原料的硫化工深加工产品，形成了包括硫铁矿、硫酸、余热发电、磷肥/复合肥、钛白粉/涂料、硫酸渣等产品的循环经济产业链。率先布局发展氢能产业，成为2021年首批国家燃料电池汽车示范城市群成员，是国内"氢能发展基础最好、发展步伐最快、产业集聚度最高"的地区之一。云浮已建成全球最大的燃料电池电堆生产线，电堆产品国内市场占有率排名第一，产品装车已接近5000辆，占国内总量的一半左右。24家企业通过市级以上清洁生产审核，超额完成省下达的20家目标任务。佛山（云浮）产业转移工业园获批2021年省级循环化改造试点园区。

（三）城乡人居环境得到明显改善

污水处理设施实现镇级、工业园区 100% 覆盖，全市农村生活污水治理率、生活垃圾有效处理率、无害化卫生户厕普及率均超额完成任务目标。2021年，全市 7621 个自然村污水收集率大于 40%，完成省下达的目标，全市 55 个镇实现生活污水处理设施全覆盖，农村人居环境明显改善。强化畜禽养殖污染治理，严格规范畜禽养殖禁养区管理，完成全市各县（市、区）畜禽养殖禁养区矢量化边界图绘制工作，形成全市畜禽养殖禁养区"一张图"。

二 云浮市绿色发展存在的短板和弱项

经过不断的努力和探索，云浮生态环境保护取得显著成效，但对标更高质量、更高水平的"美丽云浮"建设目标，仍存在环境指标改善、生态资源利用、产业绿色转型、环保基础设施建设等方面的问题，绿色发展水平有待进一步提高。

（一）部分环境质量指标改善压力大

水泥、石材、硫化工、陶瓷等传统产业对云浮的空气质量，尤其是臭氧及颗粒物的防控影响较大，臭氧指标总体呈逐年上升趋势，在全省臭氧区域性污染影响下，云浮的防治压力不断加大。2015～2020 年，臭氧作为首要污染物的比例从 4.5% 上升到 57.7%，浓度从 $90\mu g/m^3$ 上升到 $120\mu g/m^3$。同时，部分国考断面水质达标基础不牢固，个别一级支流水质仍不稳定，部分时段波动较大，仍需进一步开展系统化治理。

（二）生态资源的利用效率较低

近几年，云浮的能源和水资源利用效率虽不断提高，但与全省平均水平相比仍然有较大差距。2020 年，云浮万元 GDP 用水量、万元工业增加值用水量分别是广东省平均水平的 3.63 倍、1.69 倍。能源产业仍以燃煤发电为主，风电、光伏发电等新兴能源应用仍处于起步阶段。目前适宜开发地区的水电资源已基本开发完毕，可供开发建设的风力发电一般选址在高山，容易造成水土流失、水资源污染等问题；受土地资源约束，新增集中式光伏发电并网规模较小。林业产业经营管理水平整体不高，大规模企业少，产业链不长，精深加工水平不高，森林康养、森林旅游业发展仍然不够完善，未能形成特色品牌。

（三）产业绿色转型任务仍十分艰巨

目前，云浮大部分企业依然处于产业链低附加值环节，存在过度依赖传统要素投入、发展方式粗放、科技化水平低、智能化绿色化水平不高等问题，整体竞争力不强。农产品加工业整体发展薄弱，云浮142家市级农业龙头企业中，从事农产品加工的规上企业仅有43家，综合加工率不到50%，深加工率不到20%。以预制菜产业发展为例，全市11家预制菜加工企业总产能只有13.52万吨，2021年产值为8.76亿元，而相邻的肇庆拥有预制菜企业26家，2021年共实现营业收入26.68亿元。传统工业经济体量大，工业结构性污染问题突出。水泥、石材、不锈钢、硫化工等传统产业仍是制造业增加值的主要贡献来源，占比为50%左右；信息技术应用创新、氢能与汽车制造等战略性新兴产业仍处于起步建设和规模提升阶段。单位工业增加值能耗和单位税收能耗均远高于全省平均水平，传统产业节能改造的空间逐步缩小，节能潜力挖掘有限，绿色循环化、清洁化改造等工作难度加大。

（四）环境基础设施支撑能力有待进一步提升

云浮属于经济欠发达地区，政府财力相对薄弱，在镇村污水处理设施等环境基础设施、能力建设方面的投入仍然不足，部分污水垃圾处理项目建成后缺少运行资金，筹集资金机制不健全，影响设施正常运行。基础设施短板有待补齐，镇级污水处理设施减排效益未能全面发挥，仍有部分污水处理厂处于试运行阶段，污水处理厂普遍存在进水污染物浓度较高、水量偏低、配套管网不完善等问题。天然气管道未能全面贯通有用气需求的工业园区及工业集聚区。

三　云浮市推动绿色高质量发展的对策建议

紧扣云浮"打造粤北生态发展新高地、建设高质量发展的美丽云浮"目标定位，扎实践行"绿水青山就是金山银山"理念，聚焦生态资源开发与利用、绿色低碳产业体系构建、强富绿美新镇域建设等方面，走具有云浮特色的绿色发展之路，厚植高质量发展的鲜明底色。

（一）加强生态资源高效开发与利用

加快发展绿色资源经济，统筹推进矿产资源、林下经济、水资源经济发展，拓展产业链、延伸价值链，着力推动经济发展。

推进矿产资源全产业链发展。突出集群发展、生态优先、阳光开采，探索建立"矿督"制度，着力打造绿色矿业发展示范区。充分发挥矿产资源富集优势，加强与央企、省属国企和珠三角地区市属国企的对接合作，吸引上下游配套企业和资金、技术、人才等资源要素，借力扩大云浮矿产产品市场。积极谋划一批优质项目，推动本地矿业向"原料输出—产品输出—回收利用"循环经济产业链拓展。探索将矿业文化同全域旅游发展相结合，引导资源型矿山企业调整产业结构，支持将废旧矿山建设成具有观光游览、休闲养生、科普教育等功能的矿山公园。

因地制宜地发展林下经济。大力推动林产品加工业转型升级，进一步提升储藏、保鲜、烘干、分级、包装能力和水平，培育发展森林食品、药品。提升林下经济质量管理和品牌建设能力，积极推进种植、加工、生产、销售环节质量、服务和技术标准建设，统筹推进林下经济示范基地标准化建设。对接粤港澳大湾区市场需求，积极引进发达城市林业龙头企业，共同打造林产品生产、精深加工、仓储保鲜、冷链物流、电子商务等产业链。整合森林生态景观资源，培育发展森林观光、林果采摘、森林康养、乡村民宿等生态旅游休闲项目。

持续做好云浮"水文章"。持续擦亮云浮西江"水名片",依法治理、整合、升级一批航运码头,带动临港经济、现代物流产业加快发展;依托西江、罗定江、新兴江和南山河打造生态复合廊道,积极推动水上运动产业发展,支持有条件的区域建设水上运动中心,建设完善亲水平台、水上栈道、休闲广场等设施。开展水文化遗产调查认定,大力推进水文化遗产保护与利用,打造一批美丽水利风景区、水利科普教育基地和社会实践基地。

(二)构建绿色低碳产业体系

坚持以实体经济为本、制造业当家,聚焦具有比较优势的特色产业,鼓励和支持企业运用新技术推进绿色化转型,推动传统产业从资源型、加工型向生态型、科技型优化升级,同时大力发展新兴产业,培育产业发展新动能。

推动传统优势特色产业绿色化转型。实施制造业数字化、绿色化升级改造重大工程,开展数字化转型"试验田"建设,以石材、不锈钢制品等特色产业链为核心,打造一批行业级工业互联网平台,推动制造业生产方式向柔性、智能、精细化转变。推进传统产业入园发展,以西江生态经济走廊为重点加快产业集中布局,打造氢能源、现代农业、自然资源等"十大园区经济"。推动基础设施共建共享,促进园内企业废物资源交换利用,打造智慧生态园区。全面推行循环化生产方式,明确落后产能退出工作清单,清查重污染、高排放行业企业违法违规情况,综合运用价格、土地、市场准入制度、安全生产规范等多种手段,加快推进落后产能退出。

培育壮大特色新兴产业集群。瞄准广东省20个新兴产业集群,立足云浮现有产业基础与新兴产业未来发展趋势,加快培育生物医药、氢能、信创产业等特色新兴产业集群,形成新的增长点。充分发挥"南药产业之都"的优势,全面构建初加工、精深加工、仓储物流等配套产业链,加快发展"康养旅游""食药同源""医养结合"等新产业、新业态,不断壮大生物医药产业集群。支持本地龙头企业加强新一代燃料电池电堆、燃料电池系统研发和产业化，提高氢能终端产品生产加工和组装配套能力，打造全国领先的氢能燃料电池整车制造基地。依托省市共建信息技术应用创新产业园，创新实践"应用+制造+服务"模式，促进信创产品逐步在教育、卫生、金融等领域应用推广，着力推动云浮信创应用走在全省乃至全国前列。

鼓励引入市场化主体在云浮开发建设康养文旅型项目，探索建立旅居养老产业合作机制，建设粤港澳大湾区旅居养老基地。

强化科技创新支撑。加快推动云浮高新区创建国家高新区，整合空间资源，完善高新区"一区多园"管理机制。支持罗定市、郁南县依托产业转移工业园创建省级高新区，深入对接粤港澳大湾区先进生产力，推动粤港澳大湾区外溢创新资源落地各产业转移园区。重点建设中国中医科学院中药资源中心药用资源种质库，探索组建猪禽育种全国重点实验室，培育建设一批高水平的省级重点实验室和新型研究机构，持续提升科技创新能力。围绕现代农业产品加工、医药制造等环节，打造若干检验检测、中试服务等共性技术服务平台。

（三）建设强富绿美新镇域

突出因地制宜、分类指导、精准施策，坚持以镇带村、镇村联动，持续发展壮大镇域经济，增强城镇综合承载力，打造绿美人居环境，引领带动乡村振兴取得战略性成果。

全力打造镇域绿色品牌。坚持"一镇一品"的发展战略，依托自身的资源禀赋、地缘优势、产业历史等要素，因地制宜地培育镇域特色品牌。充分利用生态人文资源挖掘镇域品牌的历史价值，将石艺、南药、不锈钢制品等打造成镇域经济新名片，支持乡镇南药品种申报地理标志、集体商标、证明商标，支持乡镇创建区域公共品牌。鼓励农业主体积极申报"粤字号""圳品"等农业品牌，打造若干个省内闻名的"云浮号"农业产业基地。大力打造乡村旅游精品示范村，打造乡村旅游精品线路、红色旅游精品线路、省级历史文化线路，培育旅游风情小镇、文化和旅游特色村、文化旅游名村等特色文旅品牌。

推进农业绿色发展。加强农产品质量和食品安全监管，培育绿色农产品、有机农产品和地理标志农产品，试行食用农产品达标合格证制度，擦亮"国家农产品质量安全市"招牌。全面建强现代农业产业园区主阵地，重点打造畜禽、南药、稻米等优势产业集群，完善精深加工、冷链仓储、流通销售等产业链条，延伸健康文旅、家庭农场、亲子教育农场等领域产业，提高农业全产业链效益。培育发展预制菜产业，创建预制菜现代农业产业园，推动明基水产集团、温氏佳味、金津食品等企业做大做强。完善农业龙头企业和农业产业园联农带农机制，大力实施"南粤农技"工程，培育一批农业、林业、水产种养加工技术能手、经营人才和头雁企业。

全面实施人居环境整治提升行动。全面整治圩镇环境，开展"干净整洁平安有序"文明圩镇创建活动，集中开展垃圾、污水和公厕专项治理，实施"六乱整治"，绿化、美化、亮化圩镇环境。

推进污水管网建设与改造，推动城镇生活污水处理提质增效，补齐老旧城区、城郊地区生活污水管网短板，推进生活污水管网全覆盖。以圩镇和中心村为重点，因地制宜地选用农村生活污水治理模式及处理技术工艺，加快推进污水排放管道改造升级。深入开展农村改厕情况摸底，建立完善厕所档案，提高厕所粪污有效处理和资源化利用水平，不断建立健全长效管护机制。持续开展以"三清理""三拆除""三整治"为重点的村庄清洁行动，以行政村为单元建立村庄清洁行动工作机制，推动村庄清洁行动制度化、常态化、长效化。

（四）健全绿色发展长效机制

注重发挥政府在组织领导、规划引领、资金投入、制度创新等方面的主导作用，实行严格的生态环境保护制度，探索建立生态产品价值实现机制，全力打通生态产品价值实现路径，建设有利于绿色发展的长效机制。

强化生态环境保护机制。在云浮敏感区、敏感点布设主要污染物监测网络，建立资源环境承载力动态数据库和预警响应系统，对水资源、环境容量、土地资源超载区实行限制性措施。持续巩固以河长制、湖长制、林长制为重点的全要素全领域监管格局，持续提升减污降碳工作质效。结合国土空间规划，探索建立一套系统、完整、规范的资源环境承载力综合评价指标体系。推进重点领域节能减排，加强源头管理，科学建立"两高"项目动态管理台账，强化节能降耗工作措施。统筹考虑臭氧污染区域传输规律和季节性特征，加强重点区域、重点时段、重点领域、重点行业治理，强化分区、分时、分类的差异化、精细化协同管控。明确产业分类标准，确定排污总量的控制指标，禁止超标产业项目入驻，从源头上减少能源资源消耗和环境污染。

探索生态产品价值实现路径。利用网格化监测手段，开展生态产品及其提供和蕴含的种植养殖、美学娱乐等基础信息调查，形成生态产品目录清单。发挥政府主导和市场化机制作用，鼓励各类市场主体通过多样化的交易活动，促进林木、农田、水域、湿地等生态产品价值实现。试点采取租赁、托管等多种方式收储和整合零散的生态资源，促进生态资源集约化和规模化利用。携手粤港澳大湾区城市开展绿色金融创新，鼓励银行、证券、保险、基金等金融机构在云浮设立子公司或分支机构；加大对绿色产业的信贷支持力度，鼓励金融机构积极创新服务和产品，打通"资源—资产—资本—资金"的生态产业化转化通道。与粤港澳大湾区城市共同开展"双碳"市场能力建设培训、碳排放权交易、碳汇资源开发及生态产品价值制度建设，探索共建生态产品交易市场，推动开展用能权、用水权、排污权、碳排放权交易，创新生态产品价值异地转化模式。

（五）强化绿色基础设施建设

围绕落实碳达峰和碳中和的战略部署，加强能源、水利等基础设施的统筹规划建设，推动绿色低碳综合设施网络建设，构建绿色低碳的现代化基础设施体系，夯实绿色发展基础。

加快构建绿色能源体系。加快完善电网基础设施，强化骨干电网建设，改善中心城区电网薄弱的状况，加大农村电网升级改造力度，确保农村电网合理建设运营，全面提升农村电网"最后一公里"供电质量，进一步解决农村"低电压""卡脖子"等问题。提升天然气普及率和利用水平，在具有稳定热电负荷的工业园区和产业集聚区合理规划天然气热电联产项目，建设天然气主干管网及城市接驳管线，打通天然气管道的"最后一公里"。完善能源保供应急预案体系，制定大面积停电、天然气长输管道突发事件等的应急保障预案。加强应急统筹组织，增强应对极端天气、突发事件及受遏制等极端状态下能源供应短缺、供应中断等突发性事件的能力。

完善水利基础设施。优化水资源配置布局，以西江、南江、新兴江等主要江河和云浮中型水库为主体，构建布局合理、水源可靠、丰枯互济、多源互补的城乡供水安全保障体系。强化农村供水保障，以县为单元，健全农村供水建管机制，建立农村供水"三同五化"①保障体系。提升水旱灾害防御能力，统筹推进河流治理，提高西江、南江、新兴江等主要河流及支流的防洪能力，持续做好病险水库（山塘）水闸除险加固工作，实施小型水库除险加固，加快小型水库安全运行管理标准化建设。推进水利工程智慧化建设、改造与优化升级，积极构建数字孪生流域和数字孪生工程，开展智慧化模拟，支撑精准化决策，建设具有预报、预警、预演、预案功能的智慧水利体系。

构建绿色低碳综合设施网络。加快新型基础设施建设，扩大5G基站、新能源汽车充电桩、大数据中心、人工智能等新基建领域的投资，以信息化、数字化、智能化带动绿色低碳发展。推动传统基础设施绿色低碳和数字化改造，加大天然气、纯电动以及氢能等清洁燃料车船的推广应用力度，推进已建和在建的公交场站增建加氢站及充换电设施。建立基础设施养护维护管理机制，提高养护维护专业化、信息化、自动化水平。

（六）加大区域开放合作力度

坚定不移实施"东融湾区"战略，坚持从战略全局中把握建设美丽广东和世界一流美丽大湾区的深刻意义，加强与粤港澳大湾区在生态领域的开

---

① "三同五化"，即城乡供水同标准、同质量、同服务和规模化发展、标准化建设、一体化管理、专业化运作、智慧化服务。

放合作，推动云浮更好地融入粤港澳大湾区市场。

创新区域合作联动机制。深度对接省"双十"战略性新兴产业集群布局，研究制定云浮承接粤港澳大湾区产业疏解清单与重大产业项目清单，积极参与粤港澳大湾区产业链分工。切实落实对口帮扶工作，完善佛山对口帮扶云浮产业园区的开发建设机制，完善运营管理模式和创新招商引资方式。因地制宜地采用"湾区总部+云浮基地""湾区研发+云浮制造""湾区企业+云浮资源"等合作模式，有序承接粤港澳大湾区低污染、低能耗的绿色产业大项目，助力强镇兴村富民。积极争取珠三角各市在云浮探索采取"园中园"等方式布局发展"飞地经济"，鼓励云浮各县（市、区）通过租赁购置物业、设置"园中园"、建设孵化器、打造招商展示平台等方式，探索在珠三角设立"反向飞地"。建立健全利益共享机制，推动"飞地"园区所产生的财税收益、主要经济统计指标按照共建双方商定比例核算，可根据实际情况变化进行动态调整。

加强与粤港澳大湾区的科技创新合作。鼓励粤港澳大湾区高等院校、科研院所与国家高新技术企业在云浮设立分支机构，积极引进或共建技术创新中心、重点实验室、检验（认证）中心、协同创新研究院等平台，共同开展环保科技重点项目攻关，争取国家级重大科技项目在云浮落地实施。聚焦信创、生物医药、清洁能源、绿色化工等绿色产业，联合开展绿色技术研究和产业化应用。健全科技资源共享机制，争取粤港澳大湾区科技基础设施、专业技术服务平台、科技信息资源和大型科研仪器设备面向云浮开放，建立"湾区平台、云浮可用""湾区创新、云浮配合"的新机制。

参考文献

习近平：《高举中国特色社会主义伟大旗帜　为全面建设社会主义现代化国家而团结奋斗——在中国共产党第二十次全国代表大会上的报告》，人民出版社，2022。
中共中央宣传部、中华人民共和国生态环境部编《习近平生态文明思想学习纲要》，学习出版社、人民出版社，2022。

柳晓娟等：《长江经济带矿业绿色发展空间格局与驱动机制研究》，《矿业研究与开发》2021 年第 4 期。

张玉芳、畅田颖、胡炜霞：《山西省城市绿色发展效率评价》，《陕西理工大学学报》（自然科学版）2021 年第 6 期。

段佳换：《河北省绿色产业发展评价与路径优化研究》，硕士学位论文，河北经贸大学，2021。

管永林、周宏春、马光文：《中国经济绿色发展综合评价研究》，《生态经济》2020 年第 12 期。

吴武林、程俊恒、白华：《"十四五"时期中国绿色发展趋势分析与政策展望》，《经济研究参考》2020 年第 12 期。

商迪、李华晶、姚珺：《绿色经济、绿色增长和绿色发展：概念内涵与研究评析》，《外国经济与管理》2020 年第 12 期。

徐鑫：《山东省绿色城镇化机制与效率评价研究》，硕士学位论文，山东师范大学，2020。

张沛、梁鑫：《河南省山区县域乡村绿色发展水平评价及提升对策研究》，《工业建筑》2020 年第 7 期。

B.17
梧州市推进绿色发展现状与对策

谢晓茵　常晓娜*

摘　要： 绿色发展是加快推进生态文明建设的内在要求，是新时代中国高质量发展的必由之路。近年来，梧州市多举措推进工业、服务业、农业等产业绿色发展，一批科技创新型、环境友好型项目引进落地。但同时，梧州市面临产业结构调优进程缓慢、行业用能结构亟待调整、农业产业项目发展受阻等问题。为此，梧州市将加快建立健全绿色低碳循环发展体系，优化产业结构，促进产业转型升级；加快工业绿色升级，提升农业、服务业领域的绿色发展水平，发展绿色能源，提升绿色技术水平；加强产业融合对接粤港澳大湾区，倡导绿色低碳生活方式和消费方式。

关键词： 绿色发展　产业转型　梧州市

党的十八大以来，梧州市立足生态、资源、区位及交通四大优势，深入践行习近平生态文明思想和习近平对广西工作系列重要指示精神，认真贯彻落实党中央关于生态文明建设的各项决策部署，坚持问题导向、系统治理观念，完整、准确、全面贯彻新发展理念。

梧州市位于珠江—西江流域中心地带，地处珠三角经济圈、北部湾经济圈、大西南经济圈和珠江—西江经济带的交汇节点，与粤港澳大湾区一水相连，享有"绿城水都"的美誉。梧州市在推动珠江—西江流域经济发展和

---

* 谢晓茵，广西师范大学硕士研究生，研究方向为人口、资源与环境经济学；常晓娜，广西师范大学硕士研究生，研究方向为人口、资源与环境经济学。

粤桂区域协调发展上具有独特优势，肩负着建设成广西"东融"枢纽门户城市、加快构建"南向、北联、东融、西合"全方位开放发展新格局的重任。为确保实现碳达峰碳中和目标，促进经济社会绿色低碳循环发展，梧州市于2022年3月出台《梧州市人民政府关于加快建立健全绿色低碳循环发展经济体系的实施方案》（以下简称《方案》）。《方案》提出，梧州市将加快健全绿色低碳循环发展的生产体系、流通体系和消费体系，加快基础设施绿色升级，构建市场导向的绿色技术创新体系，以推动绿色低碳循环发展。

一　梧州市推进绿色发展的现状

2021年，梧州市总体绿色发展取得新成效。一是经济运行稳健有力。全年GDP同比增长10%，增速排名保持在全区第一方阵，其中，第一、第二、第三产业增加值分别增长8.5%、12.2%、9.1%。县域经济协同发力，6个县（市、区）GDP增速超过全区平均水平。二是产业振兴提档进位，实现工业增产增效、服务业提质提速和农业稳产增收。三是生态文明建设实现新进步。不断加强生态环境保护治理，巩固生态品牌优势，促进生态产品价值转化，六堡茶、蜂业、油茶等生态特色产业蓬勃发展。四是绿色低碳发展取得新成效。取得低碳产品认证、中国绿色建材产品认证、国家有机产品认证、香港优质"正"印认证等高端质量认证证书74张，增长64.44%，认证数量位居全区第一。大力发展低耗能、高产出项目和绿色能源，建设了一批光伏发电、风电等重大新能源项目，推进减污、降碳、循环发展，构建绿色低碳循环发展体系，促进产业绿色转型。

（一）大力推进工业绿色发展

工业实现增产增效。2021年，全市75.8%的工业行业实现增长。规模以上工业总产值完成1508.1亿元，同比增长31.4%。规模以上工业增加值同比增长15.0%（见图1）。其中，农副食品加工业增加值比上年增长

26.2%，木材加工和木竹藤棕草制品业增长 19.9%，石油煤炭及其他燃料加工业下降 45.3%，非金属矿物制品业增长 24.3%，黑色金属冶炼及压延加工业增长 44.2%，有色金属冶炼及压延加工业增长 39.4%，专用设备制造业增长 45.2%，电气机械及器材制造业增长 20.0%，计算机、通信和其他电子设备制造业增长 72.0%，电力、热力生产和供应业增长 12.2%。工业投资增长 46%，综合排名位居全区第一，工业税收增长 24.9%，获评"2021 年上半年广西工业投资工作先进市"。全市规模以上工业企业数量超过 550 家，2021 年新增规模以上工业企业 90 家，其中 8 家企业入选广西工业龙头企业名单。在污染物排放方面，2016 年工业二氧化硫排放量实现大幅降低，较 2015 年减少 53.9%（见图 2）。2012～2021 年，除 2018 年与 2019 年的工业废水排放量小幅增长外，其余年份的工业废水排放量均呈下降态势（见图 3）。

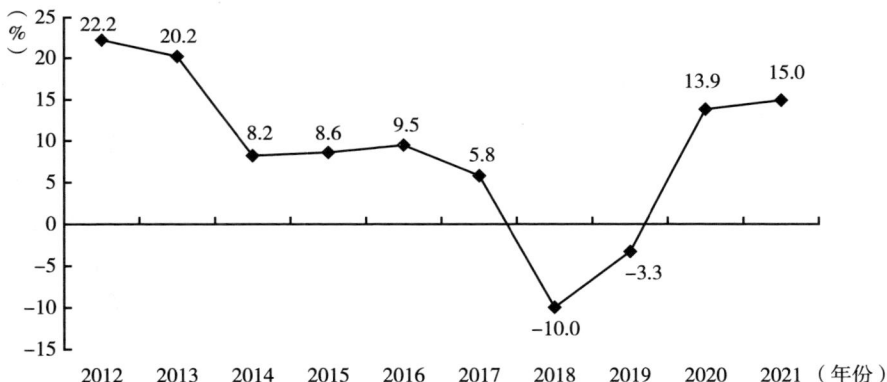

图 1　2012～2021 年梧州市规模以上工业增加值增速

资料来源：历年《梧州统计年鉴》。

项目建设提速增效。2021 年，全市统筹推进 192 个重点工业项目建设，形成"复产一批、达产一批、开竣工一批"的良好局面。伟正新型工业化绿色循环经济产业示范区、永达高端轻工板材生产线（一期）、震宇年处理 80 万吨含铅锑锡再生综合利用等 121 个项目开工建设；翅冀钢铁、建晖纸业林浆纸一体化、沐邦高科 TOPCON 光伏电池、鑫峰铝业年产 50 万吨再生

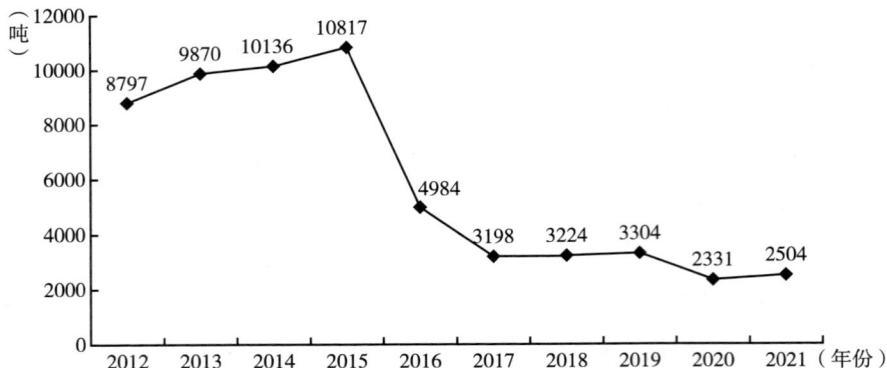

图2 2012～2021年梧州市工业二氧化硫排放量

资料来源：历年《中国城市统计年鉴》。

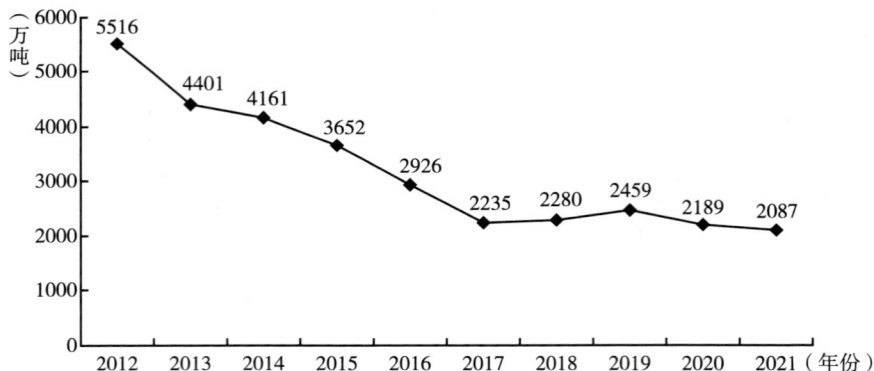

图3 2012～2021年梧州市工业废水排放量

资料来源：历年《中国城市统计年鉴》。

铝等重大项目取得明显进展；长燊触碰盖板、浔江实业智能制造精密机械加工等25个项目竣工投产。

培育战略性新兴产业。重点发展新一代信息技术、生物医药、新材料、节能环保等战略性新兴产业，67家企业获得广西战略性新兴产业企业认定。其中，2021年新增广西战略性新兴产业企业22家，全市战略性新兴产业产值占全市GDP的23%。中恒集团成为广西唯一的国家第二批先进制造业和现代服务业融合发展试点企业，藤县荣获"中国陶瓷产业基地"和 2020 年度"广西高质量发展进步县"称号。

培育一批"专精特新"中小企业。33 家企业被认定为自治区"专精特新"中小企业。其中，睿奕新能源等 6 家企业被认定为国家专精特新"小巨人"企业，金升铜业等 8 家企业获评第一批广西工业龙头企业。

（二）服务业持续提质增速

2021 年，全市服务业增加值比上年增长 9.1%。其中，批发和零售业增加值为 110.35 亿元，增长 14.6%；住宿和餐饮业增加值为 14.48 亿元，增长 18.1%；交通运输、仓储和邮政业增加值为 32.99 亿元，增长 16.1%；金融业增加值为 77.99 亿元，增长 5.5%；房地产业增加值为 112.0 亿元，增长 3.6%。成功举办第 18 届梧州宝石节、"33 消费节"、"国潮梧州"好物节等活动，拉动了消费回升。交通运输业加快恢复，公路、水路运输周转量分别增长 20%、29%，充分发挥西江水运优势，打造西江生态旅游带。依托中心城区的集聚效应，大力发展岭南文化休闲游、城市夜游、西江内河风情游和养生休闲旅游等城市休闲旅游产品，构建以六堡茶文化和茶船古道文化为发展特色的六堡茶生态文化旅游区。数字经济提速发展，京东（梧州）数字经济产业园进驻企业超过 70 家，营业额超 8 亿元；神冠集团被认定为广西数字化车间；梧州市数据共享交换平台等 11 个项目获评第三批数字广西建设标杆引领重点示范项目。

（三）持续推进现代农业产业发展

农业基础不断稳固。2021 年，全市第一产业增加值增长 8.5%，水果、蔬菜、家禽、水产品产量稳中有升。农林牧渔业总产值比上年增长 9.7%。农业产值增长 6.0%，畜牧业产值增长 19.0%，林业产值增长 11.5%，渔业产值增长 3.2%。蔬菜产量增长 8.4%，茶叶产量增长 62.7%，生猪出栏量增长 36.7%。全市完成植树造林 29 万亩，国家储备林基地完成造林 5.19 万亩，森林覆盖率达 75.40%（见图 4），居全国地级市前列。

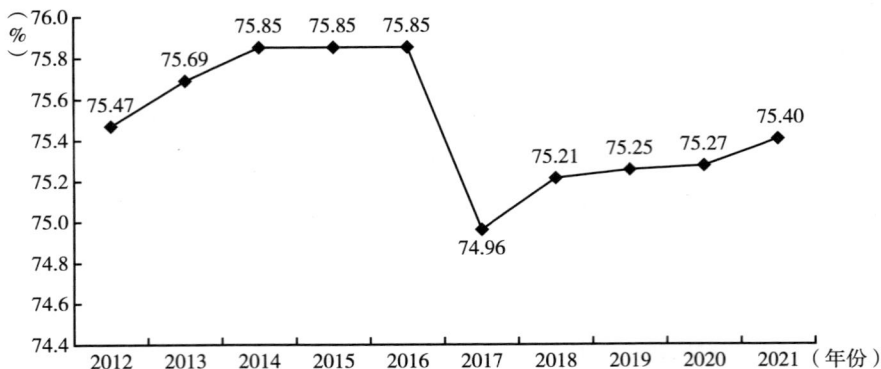

图 4　2012~2021 年梧州市森林覆盖率

资料来源：历年《广西统计年鉴》。

培育新型农业经营主体。培育发展农业产业化重点龙头企业、农民合作社示范社和示范家庭农场。2021 年，全市新增 2 家国家级、6 家自治区级农业产业化重点龙头企业，梧州茶厂、甜蜜家被认定为农业产业化国家重点龙头企业。苍梧县入选全国农业全产业链典型县，岑溪市和藤县入选国家农产品产地冷藏保鲜整县推进试点县。

特色优势农业形成集群。筹措资金 4.97 亿元推动农村特色产业升级，养蜂量和蜂蜜产量稳居全区第一。"梧州农品"品牌打响，4 个农业品牌进入"广西好嘢"农业品牌目录，3 家企业生产基地获得粤港澳大湾区"菜篮子"生产基地认定，9 家企业入选供深、供港和出口农产品示范基地，带动了优质稻、名优水果、六堡茶、油茶、蔬菜、蜂蜜、食用菌以及畜牧、水产养殖等特色优势产业高质量发展。

六堡茶产业持续发展。六堡茶被评为 2021 年中国茶叶最具品牌发展力三大品牌之一，获批创建六堡茶国家地理标志产品保护示范区。茶园种植面积在 2018 年后加速增长（见图 5）。2021 年，全市茶园种植面积达 12093 公顷，7 个县（市、区）的茶种植面积均呈增长态势。2021 年，梧州市茶叶产量达 0.68 万吨，实现较快增长。同时，梧州市大力推广林茶共存模式，开展林茶共存的茶园建设，形成"茶中有林，林中有茶"的复合型业态。

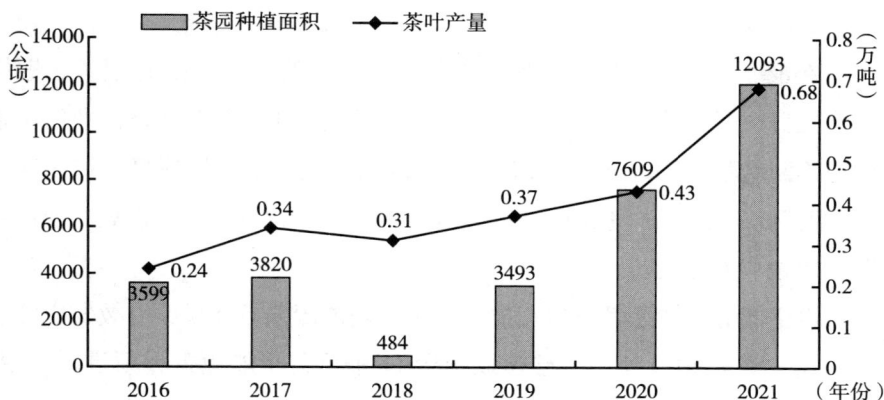

图5 2016~2021年梧州市茶园种植面积与茶叶产量

资料来源：历年《梧州统计年鉴》。

大力发展有机农业。2021年全市水产品产量达8.31万吨，同比增长3.28%。实施生态种养，建设生态有机水稻种植基地。渔业转型升级，形成池塘生态养殖、稻渔综合种养、陆基设施化循环水养殖等养殖新模式，推动渔业发展与自然生态有机融合。补齐绿色农业发展短板，推进农业投入品减量化、生产清洁化、废弃物资源循环利用化、生产模式生态化，构建"发展绿色农业"与"生态环境保护"有机衔接的格局。

（四）大力发展循环经济

形成完整的循环经济产业链。梧州循环经济产业园区先后被评为国家级绿色园区、国家"城市矿产"示范基地、国家工业资源综合利用基地、国家绿色产业示范基地。园区以循环再生产业为主导，已基本形成再生铜、再生铝、再生锌、再生塑料、再生不锈钢、再生铅、再制造、电子信息、宝玉石等九大循环经济产业链，循环经济产业已发展成全市最大的支柱产业。2021年，梧州市用占全广西4.0%的能耗总量创造了占全广西5.5%的GDP，全市单位GDP能耗强度为0.44吨标准煤，远低于广西平均水平（0.53吨标准煤）。循环经济产业形成年超1000万吨的再生资源加工处理能力，全年总产值突破 600 亿元。

精准定位主导产业招商，加强项目建设。围绕主导产业补短板、锻链条、聚集群，开展精准招商，集聚绿色产业链上下游，循环经济产业园区承载能力不断增强。2021 年，全市 20 个园区的基础设施建设项目获得政府专项债额度 33.7 亿元，完成自治区重大项目投资 7.5 亿元，完成"双百双新"项目投资 6 亿元。

可再生能源产业蓬勃发展。推动绿色清洁能源项目建设，有效转变能源利用方式。截至 2021 年底，已建成投运 11 个可再生能源重大项目。其中，3 个水电项目总装机容量达 75.9 万千瓦，4 个风电项目总装机容量达 19.8 万千瓦，2 个集中光伏发电项目总装机容量达 3.6 万千瓦，2 个生物质发电项目总装机容量达 6 万千瓦。2018~2021 年，梧州市争取再生资源企业补助资金 14 亿元，补助资金主要用于再生资源企业扩规升级、污染治理、加大科技投入力度等。天然气用户市场化改革取得明显成效，企业配气价格下降 41%。

（五）绿色先进技术不断创新

加快科技创新体系建设。梧州市以企业为主体，在科技创新投入、创新型企业培育、产学研深度合作、创新人才引进等领域出台了一系列措施，促进了产业转型升级。2020 年，全市科学技术支出达 18321 万元。2021 年，全市规上工业企业研发经费投入 9.356 亿元，同比增长 35%。2016~2021 年，全市专利申请授权数稳步增加，2021 年为 1914 件，其中发明专利申请授权数为 86 件（见图 6）。

加大科技研发平台建设力度。为推进以企业为主体的技术创新体系的建设，梧州市围绕产业技术发展需要，积极依托骨干企业和高校院所，建立产学研合作关系，加强工程技术研究中心建设，充分发挥工程技术研究中心的研发带动作用，促进产业技术创新，提高企业自主创新能力和产业核心竞争力。梧州循环经济产业园区累计获得工信部"双创"资金支持 3700 万元，推动了华南再制造产业孵化中心、广西资源循环技术与装备产业研究院等创新研究服务平台建设。

图 6　2016～2021 年梧州市专利申请授权数和发明专利申请授权数

资料来源：历年《中国城市统计年鉴》。

（六）推进绿色城市更新

2021 年，全市绿化覆盖面积达 6730.47 公顷，建成区绿化覆盖率为 43.02%（见图 7）。城镇污水处理实现提质增效，城市生活污水集中收集率达 61.34%。国家地表水考核断面水环境质量全国排名第十三。建设美丽幸福河湖 7 条，纳入广西第一、第二批美丽幸福河湖名录。提升改造城市道路 21 条，建设地下管网 285 公里，新增海绵城市达标面积 4.48 平方公里、城市绿道 16.3 公里。公园城市建设试点工作取得新进展，实施广西公园城市试点项目 42 个，完成投资 8.9 亿元。城镇生活垃圾无害化处理率达 100%。

（七）全力推进东融开放

加快推进基础设施建设，积极打造交通物流枢纽。加快推进柳广铁路柳州至梧州段、南深铁路玉林至岑溪段等与粤港澳大湾区互联互通。组建面向粤港澳大湾区的靶向招商指挥部，新引进三类 500 强企业 11 家、500 强项目 17 个，其中投资超 100 亿元的项目 1 个，招商引资区外到位资金完成 620 亿元。优化升级产业对接平台，融入粤港澳大湾区产业发展体系。产业园区平台建设水平持续提升。梧州综合保税区获国务院批复设立，成为广西第 5

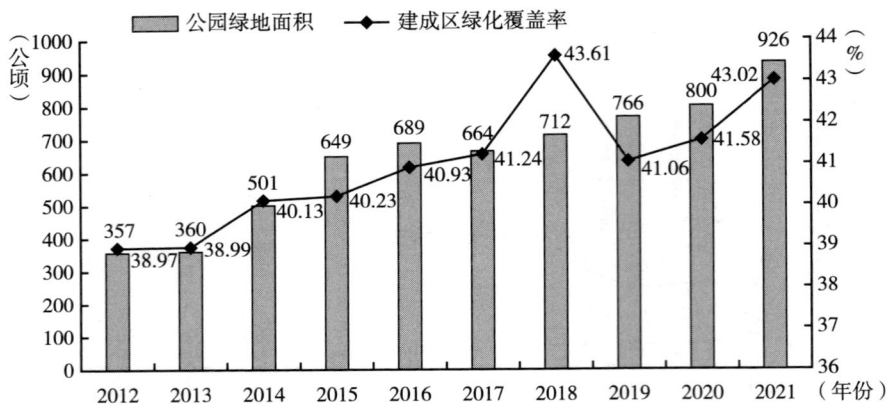

图7　2012～2021年梧州市公园绿地面积与建成区绿化覆盖率

资料来源：历年《中国城市建设统计年鉴》。

个综合保税区。藤县中和陶瓷产业园成为承接粤港澳大湾区产业链整体转移的典范。中国—东盟技术转移中心、华南技术转移中心在粤桂合作特别试验区落户。成功举办第十四届西江经济带合作与发展论坛。市东融电商大厦成为电商产业集群发展的重要载体。人才东融"13条"落地见效，为打造东融枢纽门户城市提供坚强人才支撑。

二　梧州市推进绿色发展存在的主要问题

（一）产业结构调优进程缓慢

传统产业转型升级进程和新旧动能转换较慢。受能耗等因素制约，新投产的项目较少，重大项目推进缓慢。新能源开发速度缓慢，再生铜产业生产态势不稳。再生资源回收利用企业数量偏少，再生资源回收利用率不高，尚未建立再生资源交易市场，废旧物资循环利用体系尚未完善。受原材料价格不断上涨等因素影响，梧州市再生铜加工企业出现生产经营效益持续下滑甚至停产情况。产业承接不足，产业对接平台亟待优化升级，创新平台建设亟须进一步加强。

（二）行业用能结构亟待调整

能耗"双控"压力较大。工业能源消费量较高，六大高耗能行业投资增长较快，仍占据主导地位，且能耗过于集中在重点企业，直接影响全市能耗走势。由于资源分布和产业布局不均，各县（市、区）能耗存在较大差异。高耗能行业对能源的需求不断增长，同时加大了节能降耗、应对气候变化和开展环境保护工作的难度。受用能紧平衡形势影响较大，行业用能结构亟待调整。

（三）农业产业项目发展受阻

一是农业资金投入力度不够，农业项目吸资势弱。现有农业项目的经营规模小而散，导致新、精、特、奇类水果的种植与销售整体呈现效益不佳、规模优势不显、市场份额偏低等现象，难以吸引社会资金投入。二是产业项目发展基础较为薄弱，水、电、路等基础设施建设仍相对滞后。三是全产业链发展程度不高。梧州市农业项目整体建设规模不大、标准不高、示范带动力不强。四是产业集聚程度低。产业链条不完整，特别是砂糖橘、蔬菜等高效产业发展需要的保鲜库、物流仓库等公共资源投入相对不足，不能满足产业发展需要。五是农科成果推广滞后、转化难度大。新农科信息传播范围有限，农销载体数量偏少，部分已经推广的农科成果效益偏低，新农科成果转化进程滞后。六是核心技术难以突破。乡村基础设施配套不足、经济发展滞后、农科队伍缩减和农贸市场等商贸流通设施建设进程缓慢等各种因素，致使冷链物流、农贸集散基地、果质检验中心等难以创建。七是六堡茶等生态产品价值转化不足，资金缺口较大、规模化程度不高、茶旅融合发展滞后。茶园道路、绿化花化、观光步道、厕所、停车场、餐饮民宿等基础设施建设滞后，茶旅结合度不高，招商工作开展困难，营业收入低，茶旅相互促进的作用不明显，市场和龙头企业培育不足，品牌效应不明显。

三 梧州市推进绿色发展的对策建议

（一）加快工业绿色转型升级

大力发展低耗能、高产出项目。加快推进25个"双百双新"项目建设，开展支柱产业补链、强链、延链项目。完善能耗指标配置办法，促进新增用能优先向低耗能、高附加值产业配置，加快淘汰落后产能，提高能耗产出率、贡献率，推进能耗"双控"向碳排放总量和强度"双控"转变。培育一批名优品牌企业、单项冠军企业和"专精特新"企业。实施品牌发展战略，推动老字号、老品牌企业振兴。实施产业链、创新链融合工程及百企科技创新工程，推动重点用能企业进行技术改造并积极争取上级资金，创建绿色工厂。全面推行工业清洁生产。优化生产工序，在"双超双有高耗能"行业实施清洁生产审核，加强节能降碳环保技术、清洁生产技术、资源综合利用技术的推广应用，推动新建工业项目单位产品物耗、能耗、水耗等达到清洁生产国内先进水平。推广应用节能新技术、新产品，促进陶瓷、不锈钢等传统高耗能行业的能效水平持续提升。在钢铁、化工、制药等行业开展绿色化改造，推广绿色基础共性技术在再制造领域的应用。推行产品绿色设计，加快绿色制造体系建设。出台"散乱污"企业认定和管理办法，加快实施排污许可证制度，加强工业生产过程中的危险废物监管。

（二）提速发展现代服务业

加快发展生产性服务业。发展现代物流、现代商务服务、现代金融等重点领域生产性服务业，推动服务产品和服务模式创新。加快发展第三方物流，培育物流龙头企业，实施"快递进村""快递进厂"服务。推进会展业绿色发展，推动梧州会展中心项目建设，引导会展与商业、旅游和文化等产业联动发展。加快商贸企业绿色升级，推动酒店、餐饮等行业限制和减少使用一次性用品。续建绿地梧州市城际空间站，大力推进绿色金融改革。

发展壮大生活性服务业。推广共享住宿、共享出行等模式。加快信息服务业绿色转型，推进网络机房绿色建设和改造，建立绿色运营维护体系。

（三）大力发展现代化农业

构建绿色生态种植体系，大力发展规模养殖和特色种植，做大做强优质果蔬、中药材等优势产业，推动产业循环发展，打造全国农业产业强镇和"一村一品"示范村镇。加强绿色食品、有机农产品认证，加强白色污染治理。倡导农业节水，推广高效节水技术，减少农药用量，净化产地环境，促进畜禽粪污、秸秆等农林废弃物综合利用。建设农田生态廊道，推广生态种养模式，提高农田生物多样性。发展生态循环林业，推进林下生态种植、养殖和旅游等林下经济产业发展。建设现代特色农业示范园区，发展粮油、蔬菜、水果等特色产业集群，推动苍梧县创建国家级水产健康养殖和生态养殖示范区。培育家庭农场等新型农业经营主体。大力发展设施农业和农产品加工业，引进农业产业化重点企业，延伸农业产业链条。以藤县、蒙山县为重点推进现代特色农业示范区建设，打造粤港澳大湾区优质农副产品供给地。聚焦六堡茶、蜂蜜等特色优势产业，持续开展品牌创建工作，完善农产品质量安全监管、溯源体系，打通产、供、销链条，让更多安全优质的农副产品进入粤港澳大湾区市场。推进农业与旅游、教育、文化、健康等产业深度融合。推动六堡茶标准化、品牌化和体系化，开拓六堡茶国内外市场，不断提升六堡茶的品牌知名度和市场占有率。

（四）发展绿色能源

抓好煤炭清洁高效利用，推动能源梯级利用，鼓励建设电、热、冷、气等多种能源协同互济的综合能源项目。推进光伏发电、风力发电等新能源项目建设，大力发展分布式光伏发电，推进"渔光互补"、"茶光互补"、矿山修复光伏等项目，推进藤县屋顶分布式光伏开发试点建设。推动梧州支线（苍梧段）、藤县支线等一批天然气管道建设，提高天然气利用水平。鼓励钢铁、陶瓷等行业企业采用新技术、新工艺、新装备，提高能源循环利用效率。大力发展循环再生产业。推动梧州循环经济产业园区发展，加快再生铜、再生铝、再生塑料、再制造等再生资源产业链上下游延伸，建立健全资源循环型产业体系。鼓励企业建立废旧物资循环利用体系。推进大型回收企业与个体回收者开展合作，引导规范化拆解，推广"互联网+回收"等新型回收模式，推动建筑垃圾资源化利用。促进新型节能绿色产业、新业态、新模式发展。

（五）提升绿色技术水平

加快绿色低碳技术研发。加强绿色技术创新，实施科技攻关项目。加大研发经费投入力度，围绕战略性新兴产业建设一批新型研发机构、产学研联盟等绿色创新平台，加强企业与高校、科研院所的产学研合作。实施高端创新人才引育工程，推行"人才+项目"双招双引模式，引进培育更多战略科技人才、青年科技人才、高水平创新团队。加速科技成果转化，充分发挥企业、高校、科研机构的优势，加强对创业投资等各类基金的引导，建立绿色技术创新项目孵化器、创新创业基地，对产业创新创业项目进行孵化，加快绿色技术创新成果转化应用。深化粤桂协同创新和科技专项合作，推动更多创新科技成果在试验区落地转化。

（六）加强产业融合对接粤港澳大湾区

发挥梧州市区位优势，以东融为重点，推动构建布局合理、主导产业突出的"一带支撑"（即东融发展战略支撑带）、"两翼协同"（即南北两翼区域发展）空间格局，为打造珠江—西江经济带区域性中心城市、东融枢纽门户城市以及加快建好广西"东大门"提供强有力的产业支撑。要改变粗放式的产业承接模式，围绕五大主导产业深度融入粤港澳大湾区产业发展体系，加快实施全产业链承接产业转移，打造粤港澳大湾区产业协同发展的集聚地。

参考文献

林伯强：《碳中和进程中的中国经济高质量增长》，《经济研究》2022 年第 1 期。

陈诗一：《低碳经济》，《经济研究》2022 年第 6 期。

徐政、左晟吉、丁守海：《碳达峰、碳中和赋能高质量发展：内在逻辑与实现路径》，《经济学家》2021 年第 11 期。

童昀、何彪：《旅游经济的绿色发展效应及其形成机制——中国 92 个旅游依赖型城市的实证》，《中国人口·资源与环境》2022 年第 4 期。

余壮雄、陈婕、董洁妙：《通往低碳经济之路：产业规划的视角》，《经济研究》2020 年第 5 期。

B.18
来宾市推进绿色发展现状、问题与对策

刘阳河[*]

摘　要： 近年来，来宾市践行"两山"理念，扎实推进节能减排和生态环境保护，持续深入打好蓝天碧水净土保卫战，把碳达峰碳中和纳入经济社会发展和生态文明建设整体布局，绿色发展成效显著。但目前，来宾市仍然存在能耗总量和强度"双控"形势严峻、产业结构不合理、工业化程度低、企业节能技改意愿不强、新能源项目推进约束多、生态保护和生态修复工作保障不足等问题。建议从进一步完善制度、延伸产业链、发展高端引领性产业、提升能源综合利用效率、大力发展新能源产业和保障生态保护修复工作六个方面加大绿色发展政策力度。

关键词： 绿色发展　碳达峰碳中和　来宾市

　　来宾市是未来珠江—西江经济带高质量发展的重要节点，是广西内陆承接东部产业转移的新高地，也是以桂中水陆联运区域物流枢纽基地为支撑的西部陆海新通道东线重要节点城市。近年来，来宾市践行"两山"理念，扎实推进节能减排和生态环境保护，持续深入打好蓝天碧水净土保卫战，把碳达峰碳中和纳入经济社会发展和生态文明建设整体布局，积极应对气候变化；加强生物多样性保护，构建自然保护地体系，强化生物安全监管，统筹

---

[*] 刘阳河，广西壮族自治区来宾市发改委规划科干部。

推进山水林田湖草系统治理与修复，生态环境质量持续改善，为新时期本市经济社会高质量发展打下了坚实的生态环境基础。

一　来宾市绿色发展工作回顾

（一）加大重点行业企业技术改造力度，努力提升行业能效水平

全面推动铁合金、建材、火电、制糖、造纸、化工等行业分年度分行业实施节能改造。截至 2023 年初，广铁公司锰系新材料产业基地升级改造项目的冶炼车间 4 个炉桩基施工量已完成 99%；银海铝业一期技改已完成一八工区的改造，挂阳极填料后可进行生产，二七工区完成电解槽安装，正在进行扎槽（装炉）工作，扎槽工作完成后可满足生产条件，三六工区和四五工区正在有序对电解槽进行改造；全市 11 个糖业发展专项资金项目中，除广西糖业集团红河制糖有限公司新增的丙膏连续煮糖系统项目未完成建设外，其他 10 个项目都已完成建设并投入使用；广西汇宾钙业公司、合山市华纳新材料公司等碳酸钙企业节能技改有序推进；兴宾区坤升年产 200 万吨钙塑新材料循环经济产业链项目、国锐新型建材有限公司石灰岩开发绿色建材及白云岩深加工项目已开工建设；仙鹤碳酸钙项目已完成可研初稿，计划以技改形式对碳酸钙项目进行立项。指导银海铝一期等 52 家重点用能企业推进节能改造，节余 74 万吨标准煤能耗空间，全年能耗强度下降 10% 以上。

根据统计口径，2022 年 1~10 月，全市规模以上工业综合能源消费量达 325.65 万吨标准煤，同比增长-15.1%；规模以上万元工业增加值能耗同比增长-17.8%。

（二）大力发展新能源，不断优化绿色电力供给结构

首先，积极发展绿色电力，推动陆上风电、光伏等新能源项目建设。截至 2023 年 3 月，全市新能源装机容量 75.94 万千瓦，其中，风电项目 39.54 万千瓦，光伏项目 26 万千瓦，生物质项目 10.4 万千瓦。一是重点统筹推进已获建设指标的 3 个风电项目，总装机容量 21 万千瓦。其中，象州沐恩风

电场项目装机容量 5 万千瓦，已完成 2.1 万千瓦并网，力争 2023 年第二季度全容量并网；忻城宿邓风电场二期工程装机容量 11 万千瓦，已完成 5 台风机基础开挖，计划 2023 年实现首批风机并网；象州百丈风电场三期工程装机容量 5 万千瓦，已获得林地批复手续，已完成道路设计和选址，正在开展 EPC 总承包招投标，计划于 2023 年 6 月开工建设。二是重点统筹推进 15 个已获建设指标的光伏项目，总装机容量 127.6 万千瓦。在建的国家大基地项目中，兴宾区良江镇农光互补项目装机容量 11.5 万千瓦，已安装光伏板 5.5 万千瓦，并网 3.6 万千瓦；兴宾区小平阳镇农光互补项目装机容量 11.5 万千瓦，已完成项目选址及可研报告编制，项目国土空间规划衔接方案、用地预审等材料已报相关部门审核。象州风光储一体化项目的 6 个光伏子项目已全部开工建设，共完成 2.5 万千瓦光伏组件安装。

其次，强化服务与监管，多举措保障新能源项目顺利实施。紧盯全年新能源投资目标，督促各县（市、区）加强与项目业主的沟通联系，及时掌握新能源项目推进情况，督促项目业主在保证质量和安全的前提下抢时间、赶工期、抓进度，努力促成更多实质性投资。一是重点推动象州百丈风电场三期工程、兴宾区小平阳镇农光互补项目开工建设；二是推进象州沐恩风电场项目、兴宾区良江镇农光互补项目全容量并网，象州风光储一体化项目首批光伏子项目实现并网；三是加快屋顶分布式光伏项目建设，督促各县（市、区）加大屋顶分布式光伏项目建设力度，分解具体任务到各乡镇，按照签约率、开工率等进行通报，推动屋顶分布式光伏项目建设有量的飞跃；四是加快水面光伏项目建设，积极与上级部门沟通对接，密切关注水面光伏项目调整获批情况，确保项目在 2023 年全部开工建设，力争部分项目并网。

最后，积极做好新能源项目竞配工作。组织各县（市、区）和各能源企业扎实做好新能源项目前期工作，并协调自然资源、林业等部门排查敏感因素，增强项目竞配能力，稳妥有序发展壮大新能源产业。力争 2023 年获得 100 万千瓦以上的风电、光伏项目建设指标，全力将资源优势转化为产业发展优势，为建设千万千瓦级清洁能源产业基地奠定基础。

（三）积极落实促进新能源规模化发展的价格机制，鼓励企业使用绿色电力

按照《广西壮族自治区发展和改革委员会关于进一步简化可再生能源发电项目上网电价管理方式的通知》要求，简化可再生能源发电项目上网电价批复或调整流程，提高效率。印发《关于放开部分政府定价项目并加强价格监管的通知》，明确放开"电动汽车充换电服务费"定价项目，给予企业更大的自主经营权，提高企业应对市场变化的效率和经营效益。印发《关于落实取消我区工商业目录销售电价工作有关事项的函》，有序推动来宾市工商业及其他用电主体进入交易市场购电，充分发挥市场在资源配置中的决定性作用。

（四）以实施林业重点工作为抓手，全力推进生态保护修复

如表1所示，2018年以来，全市累计完成植树造林155.68万亩；采取抚育间伐、除草、施肥、修枝等技术措施，累计抚育中幼林面积454.37万亩；通过植树节、"纪念林"等不同形式开展义务植树，每年义务植树超过450万株，总计义务植树2380.71万株，全市人均义务植树8株。出台油茶产业"双千"计划工作方案和补助资金管理实施细则，将油茶产业发展作为巩固脱贫攻坚成果和推进乡村产业振兴的有效衔接，加强项目管理和补助资金兑现，新造油茶林7.30万亩，累计兑现油茶造林补助资金3117万元。加强饮用水水源保护区保护，出台市级饮用水水源保护区树种结构调整和更新改造工作方案，累计完成树种结构调整9.56万亩，林种结构单一、林相单调、森林生态效益不高等状况逐步得到改善。因地制宜地开展石漠化综合治理工作，累计完成石漠化综合治理18.90万亩，项目实施地区的水土流失和石漠化状况得到改善，植被覆盖度增长。2022年推动国家储备林项目建设，出台全市国家储备林建设实施方案，市委、市人民政府启动项目集中攻坚，全市包装国家储备林项目9个，项目总规模105.42万亩，规模投资92.879亿元，贷款70.1亿元，银行授信资金37亿元，放款到位资金6.35

亿元，收储林地 8.8 万亩。2021 年以来，实施重点区域生态保护和修复项目，累计规模达 4.23 万亩，提高了森林覆盖率和林木蓄积量；加大林木良种选育推广力度，全市累计完成种苗培育 10064.00 万株，植树造林项目建设得到有效保障。

表 1　2018~2022 年来宾市营林项目完成情况

单位：万亩，万株

项目	2018 年	2019 年	2020 年	2021 年	2022 年	合计
植树造林	32.10	30.35	32.47	26.72	34.04	155.68
油茶种植	1.57	1.82	2.01	0.88	1.02	7.30
石漠化综合治理	5.84	5.37	3.84	3.05	0.80	18.90
森林抚育	87.57	85.52	96.26	81.51	103.51	454.37
重点区域项目	—	—	—	1.15	3.08	4.23
树种结构调整	3.20	2.32	1.82	1.16	1.06	9.56
种苗培育	1340.00	915.00	2004.00	3059.00	2746.00	10064.00
义务植树	479.30	476.10	473.70	486.71	464.90	2380.71

资料来源：来宾市林业局公布的历年营造林进度统计表。

截至 2022 年底，来宾市下辖 6 个县（市、区），全市森林面积达 1126.35 万亩，森林覆盖率达 53.65%，森林总蓄积量达 4312.7 万立方米，全市木材年产量达 387 万立方米。此外，来宾市积极与自治区林业局对接，充分发挥森林"碳库"的重要作用，扎实有序做好林草应对气候变化工作。目前，来宾市已将金秀瑶族自治县作为林业碳汇试点县，相关材料已上报自治区。

（五）加快推进固体废弃物处理项目建设，发展再生循环利用产业

一是制定《来宾市 2022 年危险废物处置规划意见与思路报告》，统筹推进固体废弃物项目建设。广西合山虎鹰建材有限公司水泥窑协同处置 10 万吨/年工业废物项目建设已完成设备安装；广西飞南资源利用有限公司象州县铜资源环保再生综合利用 30 万吨危险废物项目（一期）已完成大部分厂房、宿舍楼、功能设施建设，正在进行设备安装以及调试，项目建设进度达 85%；广西来宾鲁宝能源有限公司 10 万吨/年废矿物油、20 万吨/年煤焦油及精馏残渣综合利用项目已获得环评批复，危险废物经营许可证申请已通过专家评审。二是充分发挥企业引领作用。打造新能源电动车产业园、三江口森林工业城、三江口节能环保产业园、汽车配件产业园等特色产业示范点，带动园区产业转型和升级，促进资源利用一体化和物质循环利用；引进理昂农林废弃物热电有限公司、华萱环保科技有限公司、港萱环保科技有限公司、广西家得宝日用品有限公司等一批相关环保产业落地投产；积极与广西锦象水泥有限公司对水泥窑协同处置固体废物进行探讨，鼓励企业大力发展固废资源再生循环利用。三是加强对在建和已建项目的事中事后监管，督促企业落实主体责任，切实抓好安全生产。2022 年以来，市应急部门共检查危化品企业 26 家次，发现隐患 228 项，立案查处企业 1 家，处罚主要负责人 1 人，行政处罚罚款累计达 12 万元。

（六）推进环境污染第三方治理园区建设，实现产业低碳绿色循环发展方面

一是组织广西湘桂华糖制糖集团来宾纸业有限责任公司、来宾市广能热力有限公司申报节能技术改造项目；组织广西投资集团来宾发电有限公司申报统调发电机组灵活性改造项目；组织广西合山虎鹰环保科技有限公司和广西中金岭南矿业有限责任公司申报工业固废综合利用示范项目。二是组织广西汇元锰业有限责任公司和广西植护云商实业有限公司申报自治区绿色工厂，对华润水泥（武宣）有限公司"绿色工厂"示范称号进行复核。三是持续推进热电联产建设，持续扩大供汽规模。2022 年 1~11 月，来宾市工业园区供热管网新接入集中供热企业 3 家，成功向造纸、冶炼、制药、环保建材、生态软瓷、生物提纯、餐具消毒、商务洗涤、食品加工、服饰加工等十多个行业企业供热，2022 年 1~11 月，供热产值达 32297.54 万元，同比增长 70.27%，"热电联产"效益进一步凸显。

二 当前面临的困难问题

2021 年 8 月 12 日，国家发改委印发《2021 年上半年各地能耗双控目标完成情况晴雨表》，明确指出广西在能耗强度降低、能源消费总量控制方面已进入一级预警状态，桂林、梧州、北海、防州、河池等 8 个地区的能耗强度不降反升，暂停"两高"项目节能审查。这对来宾市的影响主要表现为以下几点。一是新引进项目用能空间有限。按照来宾市"十四五"时期GDP 年均增速 8.5%、能耗强度下降 14.5% 的目标推算，"十四五"时期来宾市的能耗增量约为 168.96 万吨标准煤，已获批复和待批复的新增能耗总和达 177.4 万吨标准煤，超过了新增用能空间，理论上来说，来宾市已没有新增用能空间，后续新增项目需通过节能技改或淘汰落后产能解决用能问题。经与市工信局对接，目前来宾市"十四五"时期可技改或淘汰的能耗已全部用于已申报项目，很难再通过节能技改或淘汰落后产能腾出空间用于新上项目。二是难以再引进资源型高耗能项目。来宾市经济发展对资源的依赖性较高，高新产业较少，能耗强度相对较高，项目节能审批难度大，难以在经济增长和绿色发展之间找到平衡。

（一）能耗总量和强度"双控"形势仍然严峻

虽然 2021 年来宾市的能耗强度下降了 4.4%，超过"能耗强度下降3.43%"的目标，但应清醒地认识到，这不是产业结构调整的成效，而是因为限电生产持续时间较长、重点企业银海铝业一期技改期间停机生产。随着银海铝业一期技改完成复产、新建成的水泥生产项目陆续达产，仙鹤高性能纸基新材料产业园加快建成，2023 年乃至今后一段时间内，来宾市的能耗形势将日益严峻。

（二）产业结构不合理，高耗能产业能耗比重大

2021 年，来宾市 GDP 完成 832 亿元（现价），增长 10.5%，高于全年

预期目标 0.5 个百分点，排全区第 2 位，GDP 能耗强度下降 4.4%。全市规上工业综合能耗 476.43 万吨标准煤（当量值），同比增长 3.2%；单位工业增加值能耗 3.42 吨标准煤，同比下降 8.2%。全市高耗能行业综合能源消费量 414.71 万吨标准煤，占全市规模以上工业综合能源消费量的比重为 87%，比 2015 年提高 5.0 个百分点，比 2020 年下降 0.2 个百分点，高耗能行业能耗占规模以上工业能耗的比重居高不下，来宾市依托高耗能行业发展的形势没有改变。

（三）工业化水平较低，难以摆脱对高耗能项目的依赖

来宾市经济基础相对薄弱，经济发展对资源的依赖度仍较高，还处于以资源换产业的初期阶段，工业基础薄弱，产业结构和模式总体处于中低层次，能源消费和碳排放仍处于上升期。电力、热力生产和供应业，农副食品加工业，黑色金属冶炼和压延加工业，造纸和纸制品业，非金属矿物制品业，有色金属冶炼和压延加工业以及化学原料和化学制品制造业七大行业既是高耗能行业，也是来宾市工业经济的支柱产业，难以在短期内实现产业淘汰或全面升级改造。

（四）重点用能企业节能技改意愿不强，主动转型意图不明显

来宾市通过购买服务的形式，邀请第三方专业机构对全市重点用能企业节能技改工作进行摸底调研。调研结果显示，除部分国有企业制订了完整的"十四五"时期节能技改计划并主动实施以外，其余企业的节能技改工作均是"小打小闹、贴贴补补"。

（五）新能源项目推进约束多，绿色电力装机容量占比有限

一是政策变化对集中式光伏项目推进影响较大。受《水利部关于加强河湖水域岸线空间管控的指导意见》影响，来宾市已获得保障性建设指标的合山灰场光伏电站二期项目等 8 个项目难以开工建设。二是林地定额紧缺，各类风电、光伏项目占用林地无法及时安排用地指标，国家大型光伏基

地项目兴宾区小平阳镇农光互补光伏发电项目建设用地问题尚未解决；合山市北河光伏电站项目用地用林问题尚未解决。来宾市获得的市级林地定额严重不足，尚有 150 个项目 1768 公顷未安排林地定额。

（六）生态保护和生态修复工作保障不足

一是生态建设资金仍旧缺乏。林业生产周期长，最快的桉树种植也要 5 年才能获取经济效益。随着造林成本，特别是油茶"双千"计划造林成本的逐年增加，生态建设融资平台不完善、财政支持力度有限、部分业主投资不到位等问题日益突出，大量新造林因无资金投入管护而成为低产林，生态建设成效不好。二是技术培训和知识更新跟不上。县、乡级技术人员多年没有进行系统培训，不具备现代林业工作所需要的技术，不会使用电子图、电子表格等。三是基层队伍不健全。当前，来宾市大部分乡镇林业站的技术人员较少且年龄偏大，检查验收工作做得不到位，加上机构改革后乡镇一级林业站工作人员的工作以乡镇中心为主，进度收报和检查验收等工作相对滞后，不能按时提供工作数据，制约了生态工作的顺利开展。

三 对策建议

（一）把紧政策关，遏制"两高"项目盲目发展

在制定重大政策、布局重大项目时，要与能耗"双控"目标充分做好衔接，严控"两高"项目新增产能，确有必要建设的，能耗指标要实行减量替代，并确保完成能耗"双控"目标任务要求。严禁违法违规新上"两高"项目。在能耗刚性约束下精准招商选商，加大对工业增加值能耗低的项目的招商力度，降低单位能耗强度，提高项目综合质量效益，促进高质量发展。

（二）大力延伸产业链，提高产品附加值

目前，来宾市高耗能行业的产品以初级产品为主，对 GDP 的贡献较小。

在造纸行业，纸浆仍是主要产品，而附加值更高、能耗更小的高端产品则相对较少。应围绕自治区"强龙头、补链条、聚集群"的要求，大力发展可降解材料等综合利用产业链，打造全国重要的可降解环保餐具生产基地；着力补链强链，推动铝基新材料产业园、汇源锰业高纯硫酸锰等集群项目加快建设，打造广西重要的铝精深加工产业基地和国家级锰系新材料产业园；大力推动木材加工业向高端家具家居产业发展。

（三）以更大决心发展高端引领性产业

结合发展趋势和市情，瞄准生物医药、人工智能、新能源、新一代信息技术中的若干领域强力攻关，加强引领扶持，降低经济增长对能耗的惯性依赖。实际工作中，可以进一步选准切口，集中资源力量，如人工智能领域的智慧农业、智慧医疗、智慧康养，有一定基础和广阔市场前景，通过努力完全有希望在全国全区发展大局中竖起旗帜、占有位置。要防止战略短视和行为短视，不能要求产业谋划推进一两年就见大成效，要有工作韧劲和长远眼光。

（四）全面提升能源综合利用效率

总的思路举措是技改、挖潜、关停落后产能。近年来，来宾市在热电联产和直供电方面取得了一定成效，对降低能耗强度和碳排放强度起到了积极作用。来宾电厂热电联产项目 1 吨标准煤能生产 8 吨蒸汽，每吨蒸汽能节约 0.0288 吨标准煤，提高了电能和热能的价值，相应提升了能耗（煤炭）价值。同时，加大节能挖潜力度，对能耗 5000 吨标准煤以上的项目进行排查，推动高耗能企业加大技术改造力度，优化生产工艺，提高能源利用率，降低能源消耗；制定稳妥方案，有序推动落后产能关停退出，为新产业、新项目腾出空间。

（五）大力发展新能源产业

中央经济工作会议提出，新增可再生能源和原料用能不纳入能源消费总量控制。要抓住当前窗口期，充分用好政策，加快推进风电、光伏项目，已开工建设的尽快投产并网，已获建设指标的尽快开工。因地制宜地发展生物质能，通过加快新能源项目建设，增加清洁能源电力供应，助力实现"双碳"目标。

（六）千方百计解决生态保护修复工作保障问题

生态保护修复工作是生态文明建设的重要组成部分，要将生态保护修复工作与"双碳"目标有效结合，明确目标责任，采取有效措施，压实责任主体，逐步实现效益最大化。加大建设资金筹措力度，保障项目资金。通过向上申请项目建设资金、银行贷款、合股经营等多种方式解决资金短缺问题。加强基层队伍建设，提供技术支撑。通过培育"土专家""林秀才"等方式加强对基层人员的技术技能培训，改善基层人员办公条件，提高工作效率，为项目建设提供人员保障、技术支撑。

B.19
百色市"双碳"目标下的绿色可持续发展

黄红岸 *

摘　要： 本报告从绿色低碳产业、重点领域用能效率、绿色循环再利用水平、绿色能源体系、应对气候变化工作五个方面总结了百色市2022年的绿色发展成效，指出百色市目前存在节能减排目标未完成、能源消费强度偏大、高耗能产业比重较高、重点行业产业链不长、面临资源枯竭型城市困境、人才支撑能力及创新活力不足等问题，并据此提出百色市实现绿色可持续发展的相应对策：做好绿色规划，制定绿色评价体系；保绿创绿共举，不断提高绿色容量；大力推进资源综合利用和循环利用；构建清洁能源供给体系，促进能源低碳发展；升级产业结构，催生绿色发展动力；补齐拉长铝产业链；开发新材料新技术。

关键词： 生态环境　绿色发展　"双碳"目标　百色市

广西百色市曾是深度贫困地区的典型代表，如期打赢脱贫攻坚战以来，伴随乡村振兴的号角，百色市以持续巩固拓展脱贫攻坚成果为基础，以绿色发展为牵引，树立"绿水青山就是金山银山"的环境意识，大力发展绿色生态产业，推动传统资源型企业向环境友好型企业转型升级，绿色发展成效显著。作为后发展、欠发达地区，随着工业化、城镇化、农业产业化加快推进和城镇人口持续增长，百色市所面临的经济社会发展与环境容量之间的矛盾

---

* 黄红岸，广西壮族自治区百色市发展与改革委员会能源科干部。

日益突出，存量消减和增量控制任务依旧艰巨。绿色发展是建立在生态环境容量和资源承载力约束条件下，以节约资源、保护环境实现可持续发展的新型发展模式，是以效率、和谐、可持续为目标的经济增长和社会发展方式，是建设生态文明的基本途径。"十四五"以及今后一个时期，百色市推进节能降碳减污、实现绿色发展面临的机遇与挑战并存，全面推进绿色发展任重道远。

一 绿色发展的现状与形势

"十三五"时期，百色市地区生产总值突破千亿元大关，年均增长8%左右，2019年地区生产总值、城乡居民人均可支配收入比2010年翻一番，提前实现两个翻番目标，经济实力位居左右江革命老区城市前列。产业结构进一步优化，第三产业占比首次突破40%。

2020年，百色市能源消费总量达到1925.7万吨标准煤，全社会用电量达到418.2亿千瓦时，"十三五"时期年均增速分别为11.2%、23.1%，分别高于自治区7.6个、14.4个百分点，位列全区第一。百色市能源消费品种以化石能源为主，2020年，百色市化石能源消费量占全市能源消费总量的60.4%。能源消费部门以工业部门为主，2020年，百色市工业部门能源消费量占能源消费总量的90%；其次为居民生活和服务业，分别占4.5%、4.0%；农业和建筑业占比分别为0.85%、0.65%。

（一）绿色低碳产业加快发展

加快传统产业绿色转型升级，重点优化铝产业结构，实施铝产业补链、强链、延链专项行动，年产1000万只铝轮毂、50万吨高性能铝板带箔等一批铝精深加工项目投产，铝产业进入广西千亿元产业集群行列，国家生态型铝产业示范基地基本建成。战略性新兴产业发展壮大，紧紧围绕建设生态型铝产业示范基地和"工业强市"的发展战略，培育壮大战略性新兴产业，技术改造投资年均增长10%，完成科技创新项目128项。获评瞪羚企业4

家、自治区级企业技术中心 8 家、广西智能工厂 6 家。铝基新材料、锰基新材料、风电、光伏发电等一批新产业取得新突破。积极淘汰落后产能项目，科学制定并严格落实各年度淘汰落后产能项目计划，促使能耗、环保、安全、技术达不到标准，生产不合格产品以及淘汰类产能项目依法依规关停退出，实施淘汰落后产能项目动态监管。"十三五"期间，全市累计淘汰落后产能项目 8 项，释放产能空间 10.35 万吨。其中，淘汰落后铁合金产能 9.35万吨、工业硅产能 1 万吨；关闭煤矿矿井 11 处，化解煤炭过剩产能 318万吨。

（二）重点领域用能效率显著提升

工业领域，各重点用能产业能耗指标持续下降。加快推进绿色制造体系、重点节能示范工程建设，建成 2 家国家级绿色工厂、6 家自治区级绿色工厂，以及 2 个绿色园区和 5 家节水型企业；组织企业实施自治区级节能技改项目 9 个、工业循环经济项目 5 个、资源循环再利用项目 1 个、工业绿色发展专项资金项目 1 个。重点领域和行业单位产品能耗持续下降，"十三五"期间，火力发电标准煤耗下降 10.23%，机制纸及纸板综合能耗下降33.80%，吨水泥综合能耗下降 7.82%，单位氧化铝综合能耗下降 5.99%，水泥、硅锰合金、氧化铝、电解铝、火电等主要工业品单耗低于全国平均水平。严控高耗能行业过快增长，开展节能专项监察工作超 120 项，促进重点行业企业达标，建立百色市重点耗能企业能耗监控平台。

建筑领域，绿色建筑快速发展。严格执行绿色建筑标准，积极开展覆盖全市 12 个县（市、区）的绿色建筑标准专项检查，城镇新建民用建筑100%执行国家节能强制性标准，城镇绿色建筑占新建建筑面积的比例超过50%。推行《百色市（中心城区）可再生能源建筑应用专项规划（2018—2025）》，稳步推进可再生能源建筑应用。累计建设绿色建筑面积达 90.63万平方米，获得绿色建筑二星级标识的建筑面积约为 19.09 万平方米。积极运用太阳能、污水源热泵等新能源、新技术对既有建筑进行节能改造，其中公共机构完成既有建筑节能改造面积 243.5 万平方米。

交通领域，积极推进绿色交通建设。积极开展绿色公路建设，银川至百色高速公路乐业至百色段入选交通运输部首批绿色公路建设典型示范工程。加快建设绿色低碳的交通运输体系，城市公共交通占机动化出行的比例达21.72%。积极开展公路绿化养护工作，完成农村公路路侧绿化建设任务，在养公路总里程达 14432 公里，绿色里程达 11063 公里，平均绿化率达80%。持续优化车辆结构，淘汰高耗能营运"老旧黄标车"。积极应用节能新技术，推广应用新能源汽车，全市新能源公交车达 592 辆，占公交车总保有量的 68.44%。出台《百色市港口和船舶污染物接收转运及处置设施建设方案》《百色市防治船舶及其有关作业活动污染水域环境应急能力建设规划》等政策文件，提出对港口污染物接收、转运、处置设施建设方案，明确针对船舶有关作业活动可能造成的船舶水上污染事故、防治船舶污染水域环境应急能力建设目标和任务。

公共机构领域，打造绿色公共机构，能耗持续下降。全力打造绿色公共机构，已成功创建国家级节约型公共机构示范单位 9 家、自治区节水型单位6 家，县级及以上党政机关建成节约型机关 402 家。强化公共机构能耗实时监测平台和能源管理，35 个公共机构能耗监测系统接入市级能耗监测平台。加快推进可再生能源利用，公共机构建成太阳能光伏项目 14 个、太阳能热水项目 17 个。公共机构累计建成新能源汽车充电桩 355 台，推广新能源汽车1500 余辆。市本级，县（市、区）及乡镇机关等公共机构办公区垃圾分类设施配备已实现全覆盖。截至 2020 年底，全市公共机构人均综合能耗为 44.89千克标准煤，单位建筑面积能耗为 2.61 千克标准煤，人均用水量为 24.82 立方米，分别比 2015 年下降 34.54%、23.91%、6.13%。

（三）绿色循环再利用水平进一步提高

"十三五"期间，百色市加强铝产业、石油化工、氯碱化工、铁合金、硅锰、铜等行业普遍技术更新、中水回用和污水集中处理，全面实现园区循环化改造。推进固废再资源化利用，百色市成功入选国家发展改革委、工业和信息化部发布的工业资源综合利用基地名单（第二批），加快建设 12 个重点基地示范项目,加强采选矿技术和冶炼废渣、尾矿综合利用,发挥龙头企业的示范引领作用,推动大宗固废综合利用产业集聚发展,探索工业固废区域整体协同解决方案,实现工业固废由"低效、低值、分散利用"向"高效、高值、规模利用"转变。全市赤泥减量化处理技术得到全面提升,形成年处理赤泥1130万吨、提取铁精矿160万吨、提取镓100吨的生产能力。

(四)绿色能源体系加快构建

"十三五"期间,百色市着力强化能源基础设施建设,持续推动能源结构优化,加快推进能源绿色转型。推动"黔电入百"工程并网运行,实现瓦村水电站等清洁水电建成投产。推进煤炭清洁高效利用,提高天然气消费比例,油气管网建设取得积极进展,建成百色分输站、平果天然气支线管道工程、田东天然气支线管道工程,平果工业园、百色工业区、新山铝产业示范园区已对接天然气长输管道,对中铝广西分公司、平铝集团、广银铝业、蓝星化工、浩海碳素等60多家重点企业实施"煤改气"及"直供气"工程。深度开发水电,积极开发利用风能、太阳能、生物质能等可再生能源,风电实现"零的突破"。推进田林瓦村水电站、田东县江城镇光伏电站等光伏发电项目及乐业扶贫风电、田阳玉凤风电场等风电项目建成并实现并网发电。百色市26个项目获得新能源建设指标,装机容量267.7万千瓦(其中风电项目14个,装机容量161.8万千瓦;光伏项目12个,装机容量105.9万千瓦)。2022年,百色市建成8个集中式风电、光伏项目以及一批地面分布式光伏项目,新增装机容量83万千瓦;建成新能源项目14个,并网装机容量123万千瓦;新能源项目完成投资65亿元,占全市年度固定资产投资的7.8%。

4个垃圾发电项目列入规划,其中,平果市生活垃圾焚烧发电项目(一期)已建成投产,并网容量2.4万千瓦;靖西市1.5万千瓦生活垃圾焚烧发电项目(一期)于2021年9月开工建设,完成项目投资1.57亿元,预计于2023年12月建成投产并网发电;百色市生活垃圾焚烧发电项目已获得立项批复、建设用地选址意见、项目用地选址红线图和项目用地林地使用意见,并获得项目建设用地预审、社会稳定风险评估、建设用地工程地质勘察、水文地质勘察相关可研报告和实施方案批复，2022年11月完成项目PPP招标工作，预计2023年6月前开工建设。

4个生物质发电项目列入规划，均加紧开展前期工作，预计2023年下半年开工。全力推进平果市、右江区和田东县屋顶分布式光伏项目开发试点工作，2022年实现8.1万千瓦并网。加快推进抽水蓄能项目建设，田东、田林抽水蓄能项目列入国家规划，田东抽水蓄能项目列入"十四五"规划建设项目，田林抽水蓄能项目初步列入"十五五"规划建设项目，装机容量均为120万千瓦，田东、田林抽水蓄能项目均已完成预可研报告评审，争取2023年内实现开工。

此外，还有3个项目列入广西集中共享新型储能示范项目，分别为长江三峡集团平果10.3万千瓦/20.6万千瓦时项目、京能国际集团田阳10万千瓦/20万千瓦时项目、中广核集团凌云10万千瓦/20万千瓦时项目，3个项目各项前期工作均有序推进，中广核集团凌云10万千瓦/20万千瓦时项目于2023年3月开工建设，另外2个项目将于2023年6月底前开工建设。水电、火电项目积极推进，吉利百矿集团2×660MW清洁高效煤电项目列入广西"十四五"煤电建设规划，占国家能源局批复的广西"十四五"新增煤电建设指标的21%，项目已获得自治区发展改革委核准，争取于2023年6月开工建设；八渡水电站项目就相关建设要素与黔西南州人民政府达成一致意见，已完成大唐桂冠、黔西南州、百色市三方协议的草拟工作，黔西南州已通过州常务会发函百色市及大唐桂冠征求意见。新能源汽车推广取得积极进展，2022年新注册登记4486辆，累计建成充电基础设施3620个，其中2022年建成1241个，完成年度目标任务的114.9%，排全区第7名。累计施划了新能源汽车专用停车位2726个，其中，2021~2022年实际新增1587个，增长率为135.5%，排全区第9名。

（五）应对气候变化工作成效显著

深入推进国家气候适应型城市试点建设，出台《百色国家气候适应型城市建设试点行动方案》及相关制度,将气候适应理念纳入城市总体规划和其他行业发展专项规划,试点建设的主要指标、重点行动和重大项目基本完成。巩固生态系统碳汇能力,全市森林面积达 4030.7 万亩,其中天然林1970.0 万亩,占 49%,人工林 2060.7 万亩(其中纯林 1599.29 万亩,占77.61%;混交林 52.77 万亩,占 2.56%;竹林 43.00 万亩,占 2.09%;国家特别规定灌木林 262.53 万亩,占 12.74%;人工造林未成林地 103.11 万亩,占 5.00%),占 51%。全市森林覆盖率高达 73.03%,活立木蓄积量达1.54 亿立方米,林地面积、森林面积、活立木蓄积量均位居广西第一。百色市获"全国绿化先进集体""全国绿化模范城市""国家森林城市"等荣誉称号。积极参与全国碳排放权交易市场建设,11 家发电企业已完成碳排放权交易开户手续,具备碳排放权交易基本条件。加大低碳技术推广应用力度,积极组织高能耗企业开展低碳产品认证工作,共获得低碳产品认证证书15 张,占全区总量的 65.22%。

二 面临的机遇与挑战

"十四五"时期是百色市推动经济社会发展全面绿色转型、加快建成低碳生态美丽百色的关键时期,百色市的绿色发展在这一时期面临诸多挑战与机遇。

(一)节能减排目标未完成

"十三五"期间,全市能源消费年均增长 11.52%,能源消费弹性系数达 1.46,高于全区平均水平 0.6 个百分点。单位地区生产总值能耗五年累计上升 16.74%,单位地区生产总值二氧化碳排放量五年累计上升 33.72%,未完成自治区下达的目标任务。

(二)能源消费强度偏大

百色市属于资源型城市,能源消费量高的资源型产业占比高。2020 年,全市单位地区生产总值能源消费强度是自治区平均水平的 2.4 倍左右，未完成自治区下达的"能源消费强度降低 19%"的目标。以高耗能为主的产业结构，以及以煤炭、煤电等传统能源为主的利用方式未得到根本改变。火电平均发电标准煤耗率为 311 克标准煤/千瓦时，高于自治区 294 克标准煤/千瓦时的平均水平，煤电清洁高效利用水平有待提升。

（三）高耗能产业比重较高

百色市产业结构仍然偏重，2016~2020 年，全市规模以上工业六大高耗能行业综合能源消费量占规模以上工业综合能源消费量的比重超过 95%，高耗能、高排放企业占比较高，轻重工业比例失衡，资源要素约束趋紧。

（四）重点行业产业链不长

全市大部分工业产品为初级产品，精深加工产品品种少，产品性能、精度等达不到高端市场要求。作为主导产业的铝加工业，铝材加工产量不足仍是其薄弱环节，仅有吉利百矿集团高端铝合金材料进入汽车等领域，大部分企业仍以生产建筑用铝、工业用铝、电子家电用铝等领域中低端产品为主，严重制约了铝加工业向精深加工延伸。

（五）面临资源枯竭型城市困境

全市经济发展依赖资源产业，铝、煤电、铁合金等产业对资源的依赖程度非常高，矿产资源不断被开采，百色市将面临资源枯竭型城市发展困境。如果不转变发展理念、采取果断措施，百色市的经济可持续发展能力将减弱。

（六）人才支撑能力及创新活力不足

国家加快推进"双碳"战略，对生态建设、环境保护、节能降碳领域的综合性人才提出了更高要求。全市节能基础薄弱，节能降碳工作体制机制、政策体系、标准规范不健全，相关领域专业人才不足，节能统计机构没有配备充足的专职统计人员，人才的专业能力不能满足当前节能降碳工作的需要。

三　百色实现绿色可持续发展的对策

实现碳达峰碳中和，是以习近平同志为核心的党中央统筹国内国际两个大局作出的重大战略决策，是着力解决资源环境约束突出问题、实现中华民族永续发展的必然选择。2021年以来，国家加快制定碳达峰碳中和"1+N"政策体系，对重大工作进行系统谋划、总体部署。自治区党委、政府高度重视、狠抓落实，把碳达峰碳中和纳入经济社会发展和生态文明建设整体布局，高标准严要求狠抓能耗"双控"。百色市作为以资源型产业为主的地区，必须加快调整产业结构、优化能源结构、提高产品能效、增加森林碳汇，统筹推进经济发展、能源安全、碳排放、居民生活，有效促进经济社会的绿色可持续发展。

（一）做好绿色规划，制定绿色评价体系

科学设计，做好绿色规划。建设资源节约型与环境友好型社会，制定绿色规划和绿色评价标准，以健全完善的制度体系来提供持久而稳定的制度供给和保障。

（二）保绿创绿共举，不断提高绿色容量

1. 保护绿色资源，保障绿色发展

首先，要树立绿色环保理念。对政府而言，要实施绿色战略部署、绿色招商引资、绿色财政补贴、绿色税收优惠等一系列绿色引领行动，引导绿色消费行为，发挥模范引领作用。对企业而言，要推行低碳生产、循环利用的观念，着力推动绿色产业技术升级，形成清洁生产方式。对公众而言，要大力倡导绿色低碳观念，开展节能减排出行活动，形成低碳绿色消费的价值观念。其次，要加大环境污染治理力度。加强江河海洋治理，实

行最严格的水质管理制度。加强水资源环境治理，尤其是强化企业的排污监管。加强城市环境治理，解决好垃圾分类、回收和处理问题，建立汽车尾气超标淘汰制度，加快使用天然气等清洁能源的步伐，严控煤炭使用和噪声。加强农村环境治理，利用美丽乡村建设和精准扶贫契机，增强农民环保意识，改善农村环保基础设施，开发秸秆、沼气、太阳能等清洁能源，提升农村生态质量。

2. 加强生态保护和修复

加强各类生态系统的保护和修复。坚持保护优先、以自然恢复为主，将自然修复与人工促进相结合，加强水土流失整治。持续开展国土绿化行动，巩固新一轮退耕还林成果，稳步推进水土保持、石漠化综合治理、坡耕地水土流失综合治理等重点生态保护和修复工程。加强矿山环境治理，推进绿色矿山建设，制定切实可行的绿色矿山建设工作方案，选择资源节约型、环境友好型开采方式。鼓励矿业产业科技创新，推动矿业产业向高端化、智能化转型升级。

（三）大力推进资源综合利用和循环利用

以资源综合利用、节能产品和服务为重点，围绕矿产资源综合利用，工业废物（固体废物、废气、废液）回收和资源化利用，城乡生活垃圾综合利用等资源循环利用产业、高效节能产业、先进环保产业等领域，发展节能环保设备和技术服务，推动稀有金属提取、固废回收等资源化产业发展，对钛白粉废酸、铝大修渣和碳渣、铝灰渣等危废进行资源化、无害化处理。

（四）构建清洁能源供给体系，促进能源低碳发展

1. 大力开发光伏发电

推广"光伏+"多元利用，推进光伏发电与农业、交通、建筑、信息产业、环境治理等融合发展。重点推进"石漠化+光伏""尾矿库+光伏""赤泥堆场+光伏"等试点，申报建设国家大型风光电基地。开展"千家万户沐

光行动",全面推进屋顶分布式光伏,重点推进右江区、平果市、田东县等县(市、区)的屋顶分布式光伏开发试点项目。探索推进地面分布式光伏建设,在符合条件的农村闲置土地、已有项目闲置建设用地,废弃煤矿土地以及已淘汰的矿山、尾矿、废矿建设一批分布式光伏发电项目,力争"十四五"期间的光伏并网装机容量达400万千瓦。

2. 规模化开发风力发电

加强对全市风能资源的调查和评价,积极引进实力强、经验丰富的龙头开发企业,规模化、基地化开发风电,打造百万千瓦级风电基地。因地制宜地在资源条件较好的工业园区、港口码头等区域推动分散式风电项目建设。推进落实"千乡万村驭风行动",有序开展乡村分散式风电开发。力争"十四五"期间的风电并网装机容量达300万千瓦。

3. 积极发展生物质能

科学规划生活垃圾发电项目布局,分别在右江、平果、靖西、田林等人口较为密集的县(市、区)发展集中式生活垃圾焚烧发电项目,力争2025年全市生活垃圾燃烧发电项目装机容量达6万千瓦以上。在生物质资源富集区及重点产业园区推进一批生物质热电联产项目,重点推进凌云县生物质发电项目(一期)和右江、平果、田林、田东等县(市、区)生物质热电联产项目建设,力争"十四五"期间新增生物质热电联产装机20万千瓦。因地制宜地发展生物质燃料,在有机废物资源较密集区域探索开展生物天然气开发试点,支持整合城乡餐厨废物资源,利用废弃油脂加工生物醇基燃料。

4. 科学有序开发水电

合理开展水电建设。推进南盘江、驮娘江、右江等主要河流梯级水电站新建及改扩建工程,重点推进八渡水电站项目建设。在靖西、德保、隆林、西林等水资源较为丰富的地区,深度排查水电建设资源,调整优化小水电布局,加强分类指导,严格按照生态功能保护区的管控要求,引导小水电规范发展和合理退出。

积极开展抽水蓄能前期工作。结合电力和新能源发展需求,加大对中小型抽水蓄能电站的勘探开发力度。重点在右江、田林、凌云、乐业等水资源相对丰富地区推进抽水蓄能选址等前期工作，加强场址保护，争取"十四五"时期将百色右江抽水蓄能电站等项目纳入国家抽水蓄能中长期发展规划。加快开展已纳入规划的田东、田林等抽水蓄能站点的前期工作，确保顺利开工建设。

（五）升级产业结构，催生绿色发展动力

引进和培育高新技术产业，促进产业经济由粗放型向集约型转变。实施智能制造、技术改造、工业强基、质量品牌、服务型制造、绿色制造等六大工程，促进传统产业向价值链高端升级，推动传统产业转型升级和提质增效，研发高附加值产品，提升工业"四基"能力。促进新一代信息技术与制造业技术融合发展，培育智能制造示范园区和智能制造示范企业，培育国家级两化融合管理体系贯标试点企业。

推动对外引进、对内培养的人才政策，结合百色市高等院校优势，为企业智能化转型提供人才。引进先进的智能制造企业，以现代化企业带动传统企业的智能化转型，全面提高智能制造水平。加快工业互联网发展，推进新一代信息技术与制造业融合发展，加快建设5G工业通信专网，推动企业深度上云，应用工业（云）互联网平台，推动百色"工业大脑"建设。引进软件和信息技术服务、电子信息、高端集成电路等一批数字项目。

（六）补齐拉长铝产业链

高质量推进铝产业发展，优化铝产业结构，大力发展再生铝，加快拓展铝产业链条，重点推进铝精深加工，实现铝制品向终端化、高端化发展，做大做强做优铝产业集群，建设中国—东盟新兴铝产业基地。壮大铝产业龙头企业，培育资源节约型、环境友好型、质量效益型企业，推动吉利百矿集团打造铝全产业链。加大铝产业龙头企业引进力度，鼓励龙头企业与上下游配套企业整合重组，充分发挥龙头企业集聚带动效应，打造平果、田阳新山铝精深加工核心集聚区。

（七）开发新材料新技术

围绕新材料、节能环保、生物医药等领域，培育新产业、新业态，打造新产业、新业态集聚中心。壮大新材料产业，加快新材料产业规划布局，以铝基新材料、锰基新材料、精细化工新材料为基础，积极发展高性能有色金属及合金材料、新型金属功能材料、表面功能材料、新型能源材料、新型催化材料及助剂、纳米材料、石墨烯材料等新材料产业。积极开发高附加值新材料，提高关键战略材料生产研发比重，加强新材料基础研究、应用技术研究，发展节能环保产业。

Abstract

Pearl River-Xijiang Economic Belt Development Report 2022—2023—Green Development under the "Double Carbon" Target, guided by Xi Jinping's Socialism Thought with Chinese Characteristics in the New Era, focuses on the "double carbon" target and green development, and promotes the construction of ecological civilization in the river basin in all aspects. The study analyzes the situation and characteristics of green development in the Pearl River-Xijiang Economic Belt in recent years, and provides an outlook on carbon emissions and green development after 2022 and even during the 14th Five-Year Plan period. The research covers the carbon emission and green development of cities and counties along the river, the realistic basis for the optimization of land space and ecological civilization construction in the river basin, the analysis of the experience model and shortcomings of green development in the river basin, and the discussion of the main ideas and countermeasures for promoting energy conservation and emission reduction and green development, the coordination of human-land relationship and the optimization of land space in the economic zone from multiple perspectives. The content framework of this book consists of three parts: general report, thematic studies, and the status of regional green development.

The report concludes that since the 19th Party Congress, the ecological and environmental governance capacity of the Pearl River-Xijiang River Economic Belt has been significantly enhanced, the level of green development has been continuously improved, the outstanding environmental problems in the basin have been effectively solved, the upstream and downstream co-construction and shared "big environmental protection" pattern has taken initial shape, and the construction of ecological civilization has basically entered the institutionalized and rule of law track. Each region along the economic belt has introduced a series of planning policies or local laws and regulations related to the optimization of land space, the use of natural resources, the optimization of energy structure, industrial green transformation, etc. The top-level design of ecological civilization and the institutional system has been improved. However, there are still problems in the Pearl River-Xijiang Economic Belt, such as the lack of awareness of the "double carbon" target and green development, large regional disparity in green development performance, no fundamental change in the sloppy development mode, insufficient exploration of the value of ecological products and services, and no long-term mechanism for the transformation of green water and green mountains into golden mountains. During the 14th Five-Year Plan period, the Pearl River-West River Economic Belt should focus on promoting the innovation and exploration practice of green development under the "double carbon" target constraint, improving the coordination mechanism of green development, and building a green development system with the participation of multiple subjects, incentives and constraints, and a complete system. system. Establish the concept of "two mountains" development, change the development mode, and give full play to the role of the central city. In view of the reality that there is a big gap in green development, each region should combine its location advantages and development foundation, apply policies according to the region, change the rough and consuming development mode, transform the traditional industrial structure, and improve the green infrastructure and innovation capacity construction. At the same time, we should strengthen ecological compensation in the watershed and build an incentive mechanism for cross-regional cities to collaborate in maintaining the ecological environment, so as to achieve the "double carbon" target on schedule. The report proposes countermeasures and ideas on how to seize opportunities in the future, especially the opportunities for spatial optimization and coordinated development of the river basin economic belt, further strengthen the planning and leading of green construction and sharing in the economic zone, highlight the development orientation of total factor productivity in the river basin economic zone, promote the innovative and green development, open development and coordinated and integrated development of the economic zone, and build the river basin economic zone into a green and high-quality development demonstration zone.

This book focuses on regional high-quality development in the context of carbon peak and carbon neutral, energy structure optimization and energy use efficiency, county economic development and green high-quality transformation, digital economy and advanced industrial structure, coordination and control of population-resource-environment-economy-society system, spatial optimization of "three lives", urbanization and The research directions are set in such areas as urbanization and green transformation. It aims to comprehensively reflect the realistic basis, development advantages and strategic opportunities, problems and countermeasures for the comprehensive promotion of green and high-quality development in the Pearl River-Xijiang Economic Belt.

The regional chapter of this book focuses on the current situation of resource and environment base and economic and social development in different regions of the economic belt, revealing constraints and shortcomings, and proposing goals and countermeasures for future green development.

Keywords: Pearl River-Xijiang Economic Belt; Green Development; "Double Darbon" Target; Total Factor Productivity

Contents

I General Report

Abstract: Based on the current situation of green development in the Pearl River-Xijiang River Economic Belt, this study constructs a comprehensive evaluation system for green development in the economic zone, reveals the factors influencing green development and proposes relevant countermeasures. The results show that the green development level of 11 cities in the economic zone has improved significantly in the past 15 years, and the green development status has been improving, but the regional changes are uneven, the green development gap is obvious, and the spatial agglomeration phenomenon is significant, with a more obvious spatial heterogeneity. The factors influencing the change of green development have comprehensive and synergistic characteristics, the environmental carrying capacity is the premise; the economic driving force is the foundation; the leading force of science and technology is the fundamental driving force; the policy support force forms a kind of "command" development characteristics based on the constraint index assessment, top-down. Accordingly, it is proposed that the comprehensive implementation of green low-carbon technology innovation action, transformation of the development mode, play the role of the central city is an important entry point to improve the level of green development of the Pearl River-Xijiang Economic Belt. Combining with its own location advantages and development foundation, while focusing on improving green infrastructure and public service construction, the Guangxi section needs to focus on accelerating the pace of transformation of traditional industries, improving the quality and efficiency of economic development, and promoting the value of ecological resources for sustainable value-added; the Guangdong section focuses on the role of high-end innovation on energy conservation and emission reduction, and comprehensively cultivates green energy-saving consumption, production and living patterns. Optimize the energy use structure of the basin economic zone, improve the ecological compensation mechanism, promote the common construction and sharing of cross-regional green achievements, and narrow the inter-regional green development gap.

Keywords: Green Development; "Double Carbon" Target; Spatial and Temporal Differences; Pearl River-Xijiang Economic Belt

Ⅱ Special Reports

B.2 Pearl River-Xijiang Economic Belt (Guangxi) in the
Context of Carbon Peaking and Carbon Neutrality
Study on Green and High Quality Development

Pi Xiaoming / 063

Abstract: Since the development of the Pearl River-Xijiang Economic Belt has been upgraded to a national strategy, Guangdong and Guangxi have complemented each other's advantages and achieved obvious results in the joint development of green industries, joint prevention and treatment of ecological environment, and joint construction and sharing of green infrastructure and public services, laying a solid foundation for Guangxi to fully connect to the Guangdong-Hong Kong-Macau-Great Bay Area and deepen Guangdong-Guangxi cooperation. In view of the difficult task of industrial structure adjustment under the constraint of carbon peak and carbon neutral target, the continuous increase of traditional high-carbon energy dependence, the uneven degree of green digitalization and information transformation, the lack of green science and technology innovation capacity and other constraints, the Guangxi section of the Pearl River-Xijiang Economic Belt will persistently align with the " double carbon " target, and empower industrial transformation with ecological advantages. Transformation, promote energy "low carbon" supply-side reform, consolidate ecological security barrier, promote green low carbon cycle and "production, city and people" deep integration, and promote the green and high-quality development of Guangxi section of the economic belt with high-level ecological environment protection.

Keywords: Carbon Peaking and Carbon Neutrality; Green and High-quality Development; Pearl River-Xijiang Economic Belt (Guangxi)

B.3 Study on the High-quality Economic Development of
Countries in the Pearl River-Xijiang Economic
Belt and Its Regional Differences

Zhang Lin, Yu Wenlan / 082

Abstract: High-quality development theory is an important content of General Secretary Xi Jinping's economic thought on socialism with Chinese characteristics in the new era, and in the context of promoting high-quality economic development, high-quality economic development in counties has become an important driving force for high-quality regional economic development. This paper selects four indicators that can reflect the level of high-quality economic development of counties in the Pearl River-Xijiang Economic

Belt, systematically measures the level of high-quality economic development of 72 counties in the Pearl River-Xijiang Economic Belt from 2014 to 2020 using the entropy value method, and analyzes the degree of economic differences between Guangdong, Guangxi and county urban areas in the Pearl River-Xijiang Economic Belt using the Thayer Index. The study found that: in terms of the total economic quality development score, the economic efficiency of Guangxi counties is higher than that of Guangdong counties. For the top-ranked counties and districts, their economy is in a stable growth trend and the difference expands, while the economic development of the bottom-ranked counties and districts tends to be unchanged and the difference is smaller. In terms of regional economic differences, the urban-rural economic differences in the Pearl River-Xijiang Economic Belt and the economic differences in Guangxi, Guangdong are on a decreasing trend, which indicates that the regional economic development gap is narrowing, and the intra-group gap is always higher than the inter-group gap, indicating that the economic differences mainly come from the urban-rural gap within the counties.

Keywords: High-quality Economic Development of Counties; Entropy Method; Thayer Index; Regional Economic Disparity; Pearl River-Xijiang Economic Belt

B. 4 Energy Efficiency Measurement and Driver Analysis of the Pearl River-Xijiang Economic Belt

Li Qiangyi, Chang Xiaona, Ge Jiexiao and Zhang Xiaohui / 100

Abstract: This study takes the Pearl River-West River Economic Belt from 2005 to 2020 as the object, uses SBM-DEA model, kernel density estimation, and Thayer index to analyze the spatial and temporal evolution patterns of energy efficiency in different cities in the region, and uses classical econometric models to analyze the energy efficiency of the Pearl River-Xijiang Economic Belt The results show that The results show that the energy efficiency of the Pearl River-Xijiang economic Belt shows an overall fluctuating upward trend during 2005−2020, with an "olive-shaped" characteristic and "high in the east-low in the west" distribution. The heterogeneity analysis shows that the influence of factors such as land urbanization level, openness to the outside world and industrial structure on energy efficiency varies significantly among different regions and areas with different levels of economic development. Accordingly, in order to promote the high-quality development of the Pearl River-Xijiang Economic Belt and improve energy use efficiency, policy suggestions such as strengthening regional cooperation, building consensus on regional development, and playing an active role in industrial agglomeration are proposed to achieve long-term and sustainable development of the Pearl River-Xijiang economic belt.

Keywords: Energy Efficiency; Regional Cooperation; Industrial Agglomeration; Pearl River-Xijiang Economic Belt

Abstract: The comprehensive implementation of "double carbon" strategy is an important element to participate in global climate governance and build a community of human destiny. Based on the background of "double carbon", this paper elaborates the situation facing the implementation of "double carbon" strategy in Guangxi from five aspects: ecological environment and natural resources, population and urbanization development, current situation and trend of industrial development, energy consumption and carbon emission, analyzes the main shortcomings and constraints in Guangxi The main shortcomings and constraints to achieve the goal of "double carbon" in Guangxi, and put forward six measures to implement the goal of "double carbon" strategy in Guangxi: first, accelerate the construction of green and low-carbon modern industrial system; second, accelerate the construction of clean and low-carbon safe and efficient energy system; third, accelerate the The construction of low-carbon transportation system; the fourth, the construction of urban and rural green low-carbon development system; the fifth, accelerate the construction of green low-carbon national action system; the sixth, accelerate the construction of policy and institutional protection system.

Keywords: "Double Carbon" Strategy; Industrial Transformation and Upgrading; Energy Consumption; Guangxi

B.6 Impact of the Development of Digital Economy in the Pearl River-Xijiang Economic Belt on the Advanced Industrial Structure

Su Fanglin, *Li Gang* / 154

Abstract: In order to investigate the influence of digital economy on regional industrial structure, this paper investigates the influence of regional digital development level on industrial structure advanced transformation from the perspective of regional industrial structure advanced transformation with the help of mediating effect model based on the panel data of 11 cities in Pearl River-Xijiang Economic Belt from 2011 to 2020. It is found that the development of digital economy in the Pearl River-Xijiang Economic Belt has a significant role in promoting the transformation of advanced industrial structure, the level of financial development plays a partly mediating role in this process, and the economic development effect, foreign investment and government intervention all have a significant role in the advanced industrial structure. We should actively develop digital infrastructure, cultivate digital talents, actively introduce foreign investment, scientifically and reasonably strengthen government intervention, play the role of the core city radiation and the role of China Asean Information Port, and promote the application of digital information elements in the whole society.

Keywords: Digital Economy; Advanced Industrial Structure; Intermediary Effect; Pearl River-Xijiang Economic Belt

B . 7　Evaluation and Optimal Regulation of Coordinated
　　　Development of Population-resource-environment-
　　　economy-society System in Guangxi Xijiang Basin

Liu Junjie, Liu Hui / 172

Abstract: This paper takes the Guangxi Xijiang River Basin as the research object, quantitatively evaluates the comprehensive development level and system coordinated development degree of five subsystems of human-land relationship in the basin, and explores the main obstacle factors affecting the coordinated development of the system. The study shows that: the five subsystems of 11 cities in the basin all have a three-level echelon pattern; the degree of coordinated development of the basin system can be divided into four categories, with Nanning, Liuzhou and Guilin as intermediate coordinated development, Wuzhou as primary coordinated development, Yulin, Baise, Hezhou, Hechi, Laibin and Chongzuo as barely coordinated development, and Guigang as near coordinated development; the obstructive factors restricting the coordinated development of the basin system mainly come from the population subsystem, the economic subsystem and the social subsystem, Economic subsystem and social subsystem, among which, gross regional product, fixed asset investment, the proportion of population with college education and above, and per capita financial income are the main obstacle factors. We propose countermeasures such as increasing education investment, improving resource utilization efficiency, strengthening ecological environment construction and improving independent innovation ability.

Keywords: Human-Land Relationship; Coordinated Development; Optimal Regulation; Guangxi Xijiang River Basin

B.8　Study on Green Development Level of Pearl River-Xijiang

—*Economic Belt-Based on Super-efficient SBM Model*

Yu Yingjing，*Chen Lingqiao* / 203

Abstract：Green development is the way to achieve sustainable development of China's economy. This paper measures the green development efficiency of the Pearl River-Xijiang Economic Belt from 2003 to 2019 based on the super-efficient SBM model，and analyzes the comprehensive green development efficiency of each city. The results show that：the green development efficiency of the Pearl River-Xijiang economic belt shows a U-shaped change trend of declining，then steady and then rising，and the coefficient of variation of green development efficiency is characterized by M-shaped fluctuation and decline；the overall efficiency improvement of the economic belt mainly relies on pure technical efficiency to pull，while the lower scale efficiency restricts the green development of the region；the comprehensive green development efficiency of each city shows different characteristics：The green development efficiency of six cities，Guangzhou，Foshan，Zhaoqing，Nanning，Laibin and Baise，shows an overall rising trend，the green development efficiency of Yunfu，Guigang and Chongzuo shows an overall decreasing trend，and the green development efficiency of Wuzhou and Liuzhou shows irregular fluctuations. Accordingly，relevant countermeasures such as accelerating innovation drive，joint prevention and treatment of environment，improving infrastructure and promoting coordinated development are proposed.

Keywords：Green Development Efficiency；Super-efficient SBM Model；Pearl River-Xijiang Economic Belt

B . 9 Ecological and Environmental Effects of Land Use

Transformation in the Pearl River-Xijiang

Economic Belt under the Perspective of

Three Life Spaces *Liu Junjie, Chen Tao /* 220

Abstract: Using 11 prefecture-level cities in the Pearl River-Xijiang Economic Belt as the study area, based on three phases of land use remote sensing data in 2000, 2010 and 2020, the land use transformation and ecological environment contribution ratio of land use transformation were quantitatively analyzed according to the "production-ecology-living" land use dominant function classification, using the land use transfer matrix, ecological environment quality index and land use transformation. The results show that the land use transformation and ecological environment effects in the Pearl River-Xijiang Economic Belt from 2000 to 2020 were quantitatively analyzed by the methods of land use transfer matrix, ecological environment quality index and ecological environment contribution rate of land use transformation. The results show that the change of land use function transfer in the economic belt from 2000 to 2020 is mainly reflected in the decrease of ecological land and the increase of production land and living land, and the conversion of forestland ecological land to agricultural production land is the main factor of ecological weakening in the economic belt. Comparing the ecological quality index of each prefecture-level city in the river economic belt, Foshan is the smallest and Wuzhou is the largest. Spatially, the ecological environmental quality index is relatively high in the three cities at the border of the two regions and relatively low in the eastern region. In terms of time, the overall eco-environmental quality index of the economic zone has a small decrease, with the ecological quality index of Baise city area decreasing the most. Accordingly, countermeasures such as land management according to local conditions, strengthening ecological land system planning, and innovative land use system are proposed.

Keywords: Three Living Spaces; Land Use Transformation; Pearl River-Xijiang Economic Belt

B.10 Study on the Path of Boosting Rural Consumption in the
Pearl River-Xijiang Economic Belt（Guangxi）in the
Context of Green Development *Nie Yuxin* / 239

Abstract：Green development is the distinctive color of high-quality development，cultivating green concepts and promoting green consumption are the inherent requirements for promoting high-quality economic development and an important support for achieving high-quality development. Under the general trend of green transformation of residents' consumption structure，promoting rural consumption in the Pearl River-Xijiang Economic Belt（Guangxi）is of great significance to help the region release consumption potential and accelerate consumption stabilization. Insufficient consumption demand of rural residents in the Pearl River-Xijiang Economic Belt（Guangxi）faces problems such as a weak foundation for increasing income，a mismatch between supply and demand，a consumption environment that needs to be improved，and a green consumption awareness that has not yet been formed，etc. The rural consumption should be boosted by deepening reforms to enhance consumption capacity，making efforts at both supply and demand levels，narrowing the gap between urban and rural sources and accumulation，and improving finance，publicity and guidance，and institutional incentives.

Keywords：Green Development；Rural Consumption；Pearl River-Xijiang Economic Belt（Guangxi）

Ⅲ Regional Reports

B.11 Green Finance for Green Agriculture Development：A
Practice based on Wuzhou，Guangxi
Liu Junjie，*Nong Yunli* / 252

Abstract：The report of the 20th Party Congress emphasizes the need to promote green development and accelerate the green transformation of development methods. And to lead green development and develop green finance, financial support for green agricultural development should be put in a more prominent position. Taking Wuzhou City of Guangxi as an example, this paper reveals the relatively weak development of green credit, the relatively backward construction of green financial infrastructure and the insufficient supply of green financial system and policies in the process of green finance for green agricultural development, taking into account the expanding scale of green agricultural credit, the increasing support of capital market, the successive introduction of relevant green financial policies and the obvious development of green agriculture in Wuzhou. Finally, countermeasure suggestions such as expanding the scale of green credit, improving the construction of green financial infrastructure, and strengthening the top-level design of green financial support for green agriculture are proposed.

Keywords: Green Finance; Green Agriculture; High-quality Development; Guangxi Wuzhou

B. 12　Study on Countermeasures to Promote Green and Low

Carbon Development in Guangzhou under the

"Double Carbon" Target　　　　　*Ye Maogui* / 265

Abstract: In recent years, Guangzhou has established and improved the " double carbon " coordination and promotion mechanism, continuously improved the reduction of carbon emission intensity, deeply promoted the green transformation of economic structure, improved the green financial development mechanism, created a high-quality ecological environment, and walked out of the green low-carbon development road with Guangzhou characteristics. However, against the national requirements of " promoting green development and harmonious coexistence between human beings and nature " and the people's ardent expectation for a better ecological living environment, there are still many challenges in the adjustment of Guangzhou's energy structure, more efforts are needed to enhance energy utilization efficiency, the development of new energy industry is still insufficient, and the effectiveness of ecological environment improvement is still The results of ecological environment improvement are still not solid. For the future, it is suggested that Guangzhou should innovate green and low-carbon development mode, increase the proportion of low-carbon and clean energy consumption, cultivate and expand new energy industry clusters, strengthen the research and application of green technology, and build a beautiful and livable city that people aspire to with high quality.

Keywords: Green Low-carbon; New Energy Industry; Guangzhou

B.13 Countermeasures for Nanning's Green Development Based on the "Double Carbon" Goal *Tan Hongbo* / 279

Abstract: This paper first summarizes the current situation and effectiveness of green development in recent years from five aspects: economic development, industrial structure adjustment, comprehensive urban carrying capacity, urban ecological environment and green transformation development of Nanning City; after that, it summarizes seven aspects: green development transformation, construction of territorial spatial system, industrial transformation and upgrading, construction of energy system, resource utilization level, ecological environmental protection and green environment creation in Nanning City. After that, the future development and main direction of Nanning City are summarized from seven aspects: green development transformation, construction of land space system, industrial transformation and upgrading, construction of energy system, resource utilization level, ecological environmental protection and green environment creation.

Keywords: Ecological Environment; Green Development; Carbon Peaking and Carbon Neutrality; Nanning City

B.14 Current Situation, Constraints and Countermeasures to
Promote Green and Low-carbon Development
in Liuzhou   *Wei Shipan, Wei Minsong* / 290

Abstract: Liuzhou City, natural resources, ecological environment, economic development, industrial development and other synergistic promotion, energy saving, emission reduction and pollution reduction has achieved certain results. However, it still faces the problems of large energy consumption base, high-carbon energy structure, medium-sized industrial structure, low level of green and low-carbon technology, etc. The task of making up short boards and strengthening weak points is still very difficult. Combined with the current stage of development in Liuzhou, it is recommended to promote the city's green and high-quality development from the aspects of promoting comprehensive socio-economic green transformation, building a low-carbon and efficient industrial system, creating a clean and low-carbon energy system, enhancing green and low-carbon technology capacity and promoting pilot demonstration construction in key areas.

Keywords: Carbon Peaking; Green Low-carbon Development; Liuzhou City

B.15 Status of Green Development in Zhaoqing City and
Countermeasures   *Liu Junjie, Song En and Wang Jifei* / 305

Abstract: Since the 18th Party Congress, Zhaoqing has taken many measures to promote the green and high-quality transformation of industry, service industry, agriculture and other industries, and focused on building a green energy base in the Guangdong-Hong Kong-Macao Bay Area, and a number of science and technology innovation and environment-friendly projects have been introduced and landed. However, at the same time, it also faces the problems of incompatibility between industrial structure and environmental governance requirements, and insufficient comprehensive guidance and regulation. Adhering to the effective guidance of comprehensive planning and management, vigorously building a green development space system, improving the institutional mechanism of green development, promoting the green transformation of industry with technological progress, advocating green low-carbon lifestyle and consumption, etc. are still the main directions for the future.

Keywords: Green Development; Circular Economy; Ecological Civilization Construction; Zhaoqing City

B.16 Study on the Path of Promoting Green and
High-quality Development in Yunfu

Xiao Mei / 317

Abstract: In recent years, Yunfu has taken green development as the biggest advantage of the city's economic and social development, and achieved obvious results in ecological environmental protection, industrial green and low-carbon development, urban and rural habitat environment, but still faces problems in some environmental quality indicators such as high pressure for improvement, low efficiency in the use of ecological resources and high pressure for industrial green transformation. In order to promote the green and high-quality development of Yunfu, it is recommended to strengthen the efficient development and utilization of ecological resources, build a green and low-carbon industrial system, build a strong, rich, green and beautiful new township, improve the long-term mechanism of green development, strengthen the construction of green infrastructure and increase regional open cooperation, so as to promote Yunfu's efforts to break through and compete for the first place in building a new benchmark of ecological development.

Keywords: Green Development; Low-carbon Industrial System; Ecological Barrier in Northern Guangdong; Yunfu

B. 17   The Current Situation and Countermeasures for

Promoting Green Development in Wuzhou

Abstract: Green development is an inherent requirement for accelerating the construction of ecological civilization and a necessary path for China's high-quality development in the new era. In recent years, Wuzhou City has taken many initiatives to promote the green development of industry, service industry, agriculture and other industries, and a number of science and technology innovative and environment-friendly projects have been introduced and landed. But at the same time, it also faces the problem of slow industrial structure adjustment process, industry energy structure needs to be adjusted, the development of agricultural industry projects is hampered, the level of green science and technology innovation is still low. To this end, Wuzhou City will accelerate the establishment of a sound green low-carbon cycle development system, optimize the industrial structure, and promote industrial transformation and upgrading. Accelerate the green upgrade of industry, enhance the green development in the field of agriculture and service industry, develop green energy, improve the level of green technology, strengthen industrial integration to connect with the Great Bay Area, and advocate green low-carbon lifestyle and consumption.

Keywords: Green Development; Industrial Transformation; Wuzhou City

B. 18   Current Situation, Problems and Countermeasures for

Promoting Green Development in Laibin City

Abstract: In recent years, Laibin City has been practicing the development concept of "two mountains", solidly promoting energy conservation and emission reduction and ecological environmental protection, continuously and deeply fighting the battle for blue sky, blue water and clean soil, and incorporating carbon peak and carbon neutral into the overall layout of economic and social development and ecological civilization construction, with remarkable results in green development. However, there are still problems in Laibin, such as serious situation of double control of total energy consumption and intensity, unreasonable industrial structure, low industrialization, weak willingness of enterprises to transform energy conservation, many constraints in promoting new energy projects, and insufficient guarantee of ecological protection and ecological restoration work. It is recommended to increase the green development policy from six aspects: further improving the system, extending the industrial chain, developing high-end leading industries, improving the comprehensive energy utilization efficiency, vigorously developing new energy industries and guaranteeing the ecological environment restoration work.

Keywords: Green Development; Carbon Peaking and Carbon Neutrality; Laibin City

B.19 Green and Sustainable Development under the "Double Carbon" Target in Baise City　　*Huang Hong'an / 355*

Abstract: This paper summarizes the effectiveness of Baise City's green development in 2022 from five aspects: green low-carbon industries, energy efficiency in key areas, green recycling and reuse level, green energy system, and work on climate change. It is pointed out that Baise City currently has the problems of unfulfilled energy conservation and emission reduction targets, high energy consumption intensity, large proportion of high energy-consuming industries, short industrial chain in key industries, facing the dilemma of resource-depleted cities, and insufficient talent support capacity and innovation vitality. Finally, the corresponding countermeasures to achieve green and sustainable development in Baise City are proposed accordingly: make good green planning and formulate green evaluation system; preserve and create green together to continuously improve green capacity; vigorously promote comprehensive utilization and recycling of resources; build clean energy supply system and promote low-carbon energy development; upgrade industrial structure and give birth to green development momentum; complement and lengthen aluminum industry chain; and develop new materials and new technologies.

Keywords: Ecological Environment; Green Development; "Double Carbon" Target; Baise City

社会科学文献出版社

皮 书

智库成果出版与传播平台

✤ 皮书定义 ✤

皮书是对中国与世界发展状况和热点问题进行年度监测，以专业的角度、专家的视野和实证研究方法，针对某一领域或区域现状与发展态势展开分析和预测，具备前沿性、原创性、实证性、连续性、时效性等特点的公开出版物，由一系列权威研究报告组成。

✤ 皮书作者 ✤

皮书系列报告作者以国内外一流研究机构、知名高校等重点智库的研究人员为主，多为相关领域一流专家学者，他们的观点代表了当下学界对中国与世界的现实和未来最高水平的解读与分析。截至2022年底，皮书研创机构逾千家，报告作者累计超过10万人。

✤ 皮书荣誉 ✤

皮书作为中国社会科学院基础理论研究与应用对策研究融合发展的代表性成果，不仅是哲学社会科学工作者服务中国特色社会主义现代化建设的重要成果，更是助力中国特色新型智库建设、构建中国特色哲学社会科学"三大体系"的重要平台。皮书系列先后被列入"十二五""十三五""十四五"时期国家重点出版物出版专项规划项目；2013~2023年，重点皮书列入中国社会科学院国家哲学社会科学创新工程项目。

权威报告·连续出版·独家资源

皮书数据库
ANNUAL REPORT(YEARBOOK)
DATABASE

分析解读当下中国发展变迁的高端智库平台

所获荣誉

- 2020年，入选全国新闻出版深度融合发展创新案例
- 2019年，入选国家新闻出版署数字出版精品遴选推荐计划
- 2016年，入选"十三五"国家重点电子出版物出版规划骨干工程
- 2013年，荣获"中国出版政府奖·网络出版物奖"提名奖
- 连续多年荣获中国数字出版博览会"数字出版·优秀品牌"奖

皮书数据库　　"社科数托邦"
微信公众号

成为用户

　　登录网址www.pishu.com.cn访问皮书数据库网站或下载皮书数据库APP，通过手机号码验证或邮箱验证即可成为皮书数据库用户。

用户福利

- 已注册用户购书后可免费获赠100元皮书数据库充值卡。刮开充值卡涂层获取充值密码，登录并进入"会员中心"—"在线充值"—"充值卡充值"，充值成功即可购买和查看数据库内容。
- 用户福利最终解释权归社会科学文献出版社所有。

数据库服务热线：400-008-6695
数据库服务QQ：2475522410
数据库服务邮箱：database@ssap.cn
图书销售热线：010-59367070/7028
图书服务QQ：1265056568
图书服务邮箱：duzhe@ssap.cn

社会科学文献出版社　皮书系列
SOCIAL SCIENCES ACADEMIC PRESS (CHINA)
卡号：616799879438
密码：

S 基本子库
SUB DATABASE

中国社会发展数据库（下设 12 个专题子库）

紧扣人口、政治、外交、法律、教育、医疗卫生、资源环境等 12 个社会发展领域的前沿和热点，全面整合专业著作、智库报告、学术资讯、调研数据等类型资源，帮助用户追踪中国社会发展动态、研究社会发展战略与政策、了解社会热点问题、分析社会发展趋势。

中国经济发展数据库（下设 12 专题子库）

内容涵盖宏观经济、产业经济、工业经济、农业经济、财政金融、房地产经济、城市经济、商业贸易等 12 个重点经济领域，为把握经济运行态势、洞察经济发展规律、研判经济发展趋势、进行经济调控决策提供参考和依据。

中国行业发展数据库（下设 17 个专题子库）

以中国国民经济行业分类为依据，覆盖金融业、旅游业、交通运输业、能源矿产业、制造业等 100 多个行业，跟踪分析国民经济相关行业市场运行状况和政策导向，汇集行业发展前沿资讯，为投资、从业及各种经济决策提供理论支撑和实践指导。

中国区域发展数据库（下设 4 个专题子库）

对中国特定区域内的经济、社会、文化等领域现状与发展情况进行深度分析和预测，涉及省级行政区、城市群、城市、农村等不同维度，研究层级至县及县以下行政区，为学者研究地方经济社会宏观态势、经验模式、发展案例提供支撑，为地方政府决策提供参考。

中国文化传媒数据库（下设 18 个专题子库）

内容覆盖文化产业、新闻传播、电影娱乐、文学艺术、群众文化、图书情报等 18 个重点研究领域，聚焦文化传媒领域发展前沿、热点话题、行业实践，服务用户的教学科研、文化投资、企业规划等需要。

世界经济与国际关系数据库（下设 6 个专题子库）

整合世界经济、国际政治、世界文化与科技、全球性问题、国际组织与国际法、区域研究 6 大领域研究成果，对世界经济形势、国际形势进行连续性深度分析，对年度热点问题进行专题解读，为研判全球发展趋势提供事实和数据支持。

法律声明

"皮书系列"（含蓝皮书、绿皮书、黄皮书）之品牌由社会科学文献出版社最早使用并持续至今，现已被中国图书行业所熟知。"皮书系列"的相关商标已在国家商标管理部门商标局注册，包括但不限于 LOGO（）、皮书、Pishu、经济蓝皮书、社会蓝皮书等。"皮书系列"图书的注册商标专用权及封面设计、版式设计的著作权均为社会科学文献出版社所有。未经社会科学文献出版社书面授权许可，任何使用与"皮书系列"图书注册商标、封面设计、版式设计相同或者近似的文字、图形或其组合的行为均系侵权行为。

经作者授权，本书的专有出版权及信息网络传播权等为社会科学文献出版社享有。未经社会科学文献出版社书面授权许可，任何就本书内容的复制、发行或以数字形式进行网络传播的行为均系侵权行为。

社会科学文献出版社将通过法律途径追究上述侵权行为的法律责任，维护自身合法权益。

欢迎社会各界人士对侵犯社会科学文献出版社上述权利的侵权行为进行举报。电话：010-59367121，电子邮箱：fawubu@ssap.cn。

社会科学文献出版社